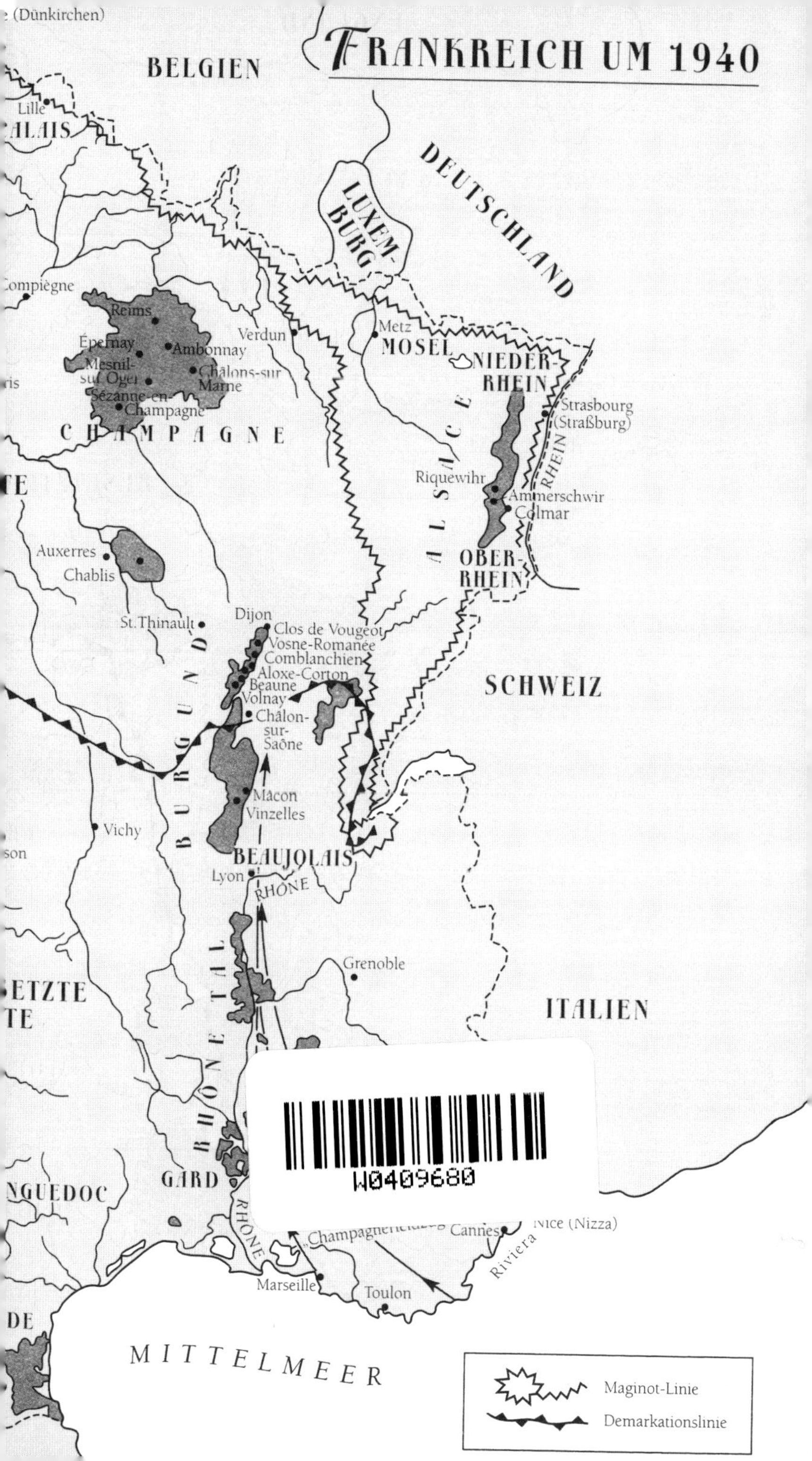
Frankreich um 1940
(Dünkirchen)
BELGIEN
Lille
DEUTSCHLAND
LUXEMBURG
Compiègne
Reims
Épernay
Ambonnay
Mesnil-sur Oger
Châlons-sur Marne
Sézanne-en-Champagne
CHAMPAGNE
Verdun
Metz
MOSEL
NIEDER-RHEIN
Strasbourg (Straßburg)
RHEIN
ALSACE
Riquewihr
Ammerschwir
Colmar
OBER-RHEIN
Auxerres
Chablis
St. Thinault
Dijon
Clos de Vougeot
Vosne-Romanée
Comblanchien
Aloxe-Corton
Beaune
Volnay
Châlon-sur-Saône
SCHWEIZ
BURGUND
Mâcon
Vinzelles
Vichy
BEAUJOLAIS
Lyon
RHÔNE
Grenoble
ITALIEN
RHÔNETAL
GARD
NGUEDOC
RHÔNE
Champagnerfeldzug
Cannes
Nice (Nizza)
Riviera
Marseille
Toulon
MITTELMEER
Maginot-Linie
Demarkationslinie

DON & PETIE KLADSTRUP

Wein & Krieg

BORDEAUX, CHAMPAGNER UND DIE SCHLACHT UM FRANKREICHS GRÖSSTEN REICHTUM

Aus dem Englischen
von Dietmar Zimmer

KLETT-COTTA

Die Autoren:

Don & Petie Kladstrup sind amerikanische Korrespondenten und leben heute, nachdem sie beruflich als politische Globetrotter aus aller Welt berichtet haben, in Paris.

Die »Kladstrups« sind in Frankreich bekannt, weil sie auf die weitgehend unbekannten Ereignisse im Zweiten Weltkrieg von »Wein und Krieg« stießen.

Bei ihren Recherchen stießen sie auf die Geschichte der Champagne und des Champagners. Petie Kladstrup ist freischaffende Journalistin, die zahlreiche Artikel über Frankreich, die Franzosen, ihre Geschichte und ihre Kultur veröffentlichte. Don Kladstrup hat für verschiedene Fernsehsender (u. a. CBS, CNN) aus aller Welt berichtet und erhielt für seine herausragenden Beiträge dreimal den Emmy, die Auszeichnungen des Robert F. Memorial und des Overseas Press Club of America.

Klett-Cotta
www.klett-cotta.de
Die Originalausgabe erschien unter dem Titel »Wine and War – The French, the Nazis and the Battle for France's Greatest Treasure«
im Verlag Broadway Basic Books, Doubleday, New York
Historische Beratung: Dr. J. Kim Munholland

Printed in Germany
Umschlag: Finken & Bumiller, Stuttgart,
obere Abbildung: © Steven Rothfeld/gettyimages
untere Abbildung: © akg-images
Gesetzt aus der 10 Punkt Berkeley
von Elstersatz, Wildflecken
Gedruckt und gebunden von CPI – Clausen & Bosse GmbH, Leck
ISBN 978-3-608-94850-9

Neunte Auflage, 2014

Bibliographische Information Der Deutschen Nationalibliothek
Die Deutsche Nationalbibliothek verzeichnet diese Publikation in der Deutschen Nationalbibliographie; detaillierte bibliographische Daten sind im Internet über <http://dnb.d-nb.de> abrufbar.

FÜR REGAN UND KWAN-LI,
UNSERE TÖCHTER
UND QUELL UNSERER INSPIRATION

Inhalt

Einleitung

Das Stahltor rührte sich nicht.

Die französischen Soldaten hatten alles versucht – vom Nachschlüssel bis zum Vorschlaghammer. Nichts hatte funktioniert. Jetzt versuchten sie es mit Sprengstoff.

Die Explosion erschütterte den Berg bis hinab ins Tal; Schutt und Geröll stürzten den Abhang hinunter. Als sich der Staub gelegt und der Rauch verzogen hatten, fanden die Soldaten das Tor einen Spaltbreit offen, gerade weit genug, daß Bernard de Nonancourt, ein 23jähriger Sergeant des Heeres aus der Champagne, sich hindurchquetschen konnte. Was er sah, verschlug ihm den Atem.

Vor sich hatte er einen Schatz, für den so mancher Kenner sein Leben gegeben hätte: eine halbe Million Flaschen der besten Weine aller Zeiten, Châteaux Lafite- und Mouton-Rothschild, Château Latour, Château d'Yquem und Romanée-Conti, alle sorgsam verpackt in Holzkisten oder aufgereiht in Regalen, die praktisch jeden Zentimeter des Gewölbes ausfüllten. In einer Ecke fanden sich seltene Portweine und Cognacs, darunter sogar viele aus dem 19. Jahrhundert.

Eines sprang de Nonancourt jedoch sofort ins Auge: Hunderte Flaschen 1928er Champagner der Marke Salon. Fünf Jahre zuvor, als er bei einer anderen Champagnerkellerei arbeitete, hatte er verwundert deutsche Soldaten beobachtet, die in das kleine Champagnestädtchen Le Mesnil-sur-Oger eingerückt waren und kistenweise Flaschen aus den Kellern der Firma Salon schleppten. Und nun stand er vor genau den Flaschen, deren Diebstahl er damals beobachtet hatte.

Der junge Soldat war völlig aufgeregt und konnte das Ganze kaum glauben.

Er konnte es nicht fassen, daß all diese kostbaren Schätze, in einer Höhle knapp unterhalb eines Berggipfels versteckt, einem Mann gehörten, der sich kaum weniger daraus hätte machen können – jemandem, der eigentlich überhaupt keinen Wein mochte.

Dieser Mann war Adolf Hitler.

Die Öffnung dieses Weinkellers hätte Bernard de Nonancourt sich vorher nicht träumen lassen. Tatsächlich hatte er noch nicht einmal etwas von der *Existenz* dieses Gewölbes geahnt. Am 4. Mai 1945 hatte Sergeant de Nonancourt, ein Panzerkommandant in General Leclercs Zweiter Französischer Panzerdivision, höchstens Gedanken dafür übrig, wie schön es war, am Leben geblieben zu sein. Nur wenige Tage zuvor hatte er die gute Nachricht erfahren: Die letzten deutschen Einheiten in Frankreich hatten sich ergeben. Sein Land war – endlich! – befreit. Jetzt drangen die Alliierten in Deutschland weiter vor, ihre Flugzeuge warfen Tausende Tonnen Bomben über deutschen Industrieanlagen, Flugplätzen und Werften ab. Zwar gab es weiterhin einzelne Widerstandsnester, doch die deutschen Truppen waren vollständig auf dem Rückzug, und die Soldaten ergaben sich in großer Zahl. Jeder wußte, daß der Krieg bald zu Ende war.

An jenem freundlichen Frühlingstag – das helle Sonnenlicht brach wärmend durch das frische Blattgrün – befand sich de Nonancourts Einheit unmittelbar vor ihrem Ziel: Berchtesgaden in den bayerischen Alpen, über der Stadt das »Walhalla der Nazigötter, -herren und -meister«,[1] wie der Historiker Stephen Ambrose den dortigen Gebäudekomplex hoch oben in den Bergen bezeichnete. Hitler hatte hier ein Anwesen, den Berghof, sowie auf dem Gipfel des Kehlsteins in über 1800 Meter Höhe ein steinernes Panoramagebäude, den sogenannten Adlerhorst, errichten lassen. Auch andere Nazigrößen wie Göring, Goebbels, Himmler und Bormann hatten dort Häuser.

In Berchtesgaden hatten sich die Regierungschefs Europas Ende der 30er Jahre getroffen, um sich von Hitler erniedrigen zu las-

sen,[2] Männer wie der österreichische Bundeskanzler und Außenminister Kurt Schuschnigg oder der britische Premierminister Neville Chamberlain. In Berchtesgaden horteten die Nazis auch einen großen Teil ihrer Kriegsbeute: Gold, Juwelen, Gemälde und andere in den besetzten Ländern geraubte Kunstschätze.

Den Mittelpunkt dieses »Walhalla« bildete natürlich der Berghof, Hitlers Wohnsitz, der nach außen wie ein Alpenhaus aussah, das auf einen Bergrücken gebaut war. Tatsächlich war es alles andere als das. Ein Besucher berichtete: »Hinter den idyllischen weißen Mauern und Blumen in den Fensterkästen versteckte sich eine palastartige Festung mit erstaunlichen Proportionen und Symbolen von Macht und Reichtum, die an ein mittelalterliches Schloß erinnerten.« Das Wohnzimmer des Berghofs war 18 Meter lang und 15 Meter breit, »so groß, daß sich die Besucher darin ganz verloren vorkamen«. Schwere Holzmöbel im alpenländischen Stil standen vor einem jadegrünen Kamin. Die Wände waren vollgehängt mit Gobelins und italienischen Gemälden. Es waren so viele Gemälde so vieler unterschiedlicher Stile, »daß der Raum eher dem Panoptikum eines verschrobenen Gemäldesammlers glich«.[3]

Nur wenige erhielten Zutritt zum »Adlerhorst«, einer mehrere hundert Meter höher gelegenen regelrechten Festung. Hitler selbst soll nur ganze drei Mal dort oben gewesen sein und sich beklagt haben, es sei zu hoch gelegen, die Luft dort zu dünn, und das Atmen falle ihm schwer. Dennoch war der »Adlerhorst« ein ingenieurtechnisches Meisterwerk. Erbaut über einen Zeitraum von drei Jahren und ausgelegt, um Bomben und Artillerieangriffen zu widerstehen, konnte die Anlage nur durch einen Aufzug erreicht werden, dessen Schacht in den harten Fels gesprengt worden war.

Nun, fünf Jahre später, stand de Nonancourt während einer Rast am Fuß des Berges und blickte zum Gipfel hinauf. Er versuchte, an die unermeßlichen Schrecken zu denken, die dort oben in einer so malerischen Umgebung ausgedacht worden waren. Da riß ihn ein Vorgesetzter aus seinen düsteren Phantasien.

»Sie da, de Nonancourt, Sie sind doch aus der Champagne, oder?«

Bevor Bernard antworten konnte, fuhr der Offizier mit fester Stimme fort: »Dann müssen Sie sich ja gut mit Weinen auskennen. Kommen Sie mal mit.«

Bernard sprang von seinem Panzer und folgte dem Offizier zu dessen Geländewagen, wo bereits eine kleine Gruppe anderer Soldaten versammelt war. »Dort oben«, sagte der Offizier und zeigte auf den »Adlerhorst« an der Spitze des Obersalzbergs, »ist ein Gewölbe mit einem richtigen Weinkeller. Dort hat Hitler den ganzen Wein versteckt, den er in Frankreich gestohlen hat. Den holen wir uns jetzt zurück, und jetzt sind Sie gefragt, de Nonancourt!«

Bernard war verblüfft. Er wußte, daß die Deutschen Millionen Flaschen Wein aus Frankreich geraubt hatten; er war sogar Augenzeuge einiger dieser Raubzüge gewesen, in dem Ort, wo er damals arbeitete. Aber ein Weinkeller auf einem Berggipfel – das war kaum zu glauben. Und die Aussicht, derjenige zu sein, der diese Schatzkammer als erster betreten sollte, kam ihm doch ziemlich verrückt vor.

Bernard wußte, daß seine Aufgabe nicht leicht war. Der 2400 Meter hohe Gipfel war steil, und einige Passagen des Aufstiegs waren wahrscheinlich vermint. Er fragte sich, ob nicht auch der Keller selbst mit Sprengfallen gesichert war.

Beim Gedanken an den Aufstieg und den möglichen Fund kam dann aber doch ein Hochgefühl in ihm auf. Seit dem Überfall der deutschen Truppen auf Frankreich 1940 hatte er wie viele andere junge Franzosen gehofft, der Krieg würde lange genug dauern, daß er selbst noch an der Befreiung würde teilnehmen und so in die Geschichte eingehen können. Jetzt wurde ihm klar, daß seine Chance gekommen war, denn Hitlers Flaschensammlung war viel mehr als nur ein Weinkeller; sie war ein Symbol für die Grausamkeit Nazi-Deutschlands und seine Gier nach den Schätzen und Reichtümern der Welt.

Wie aber kam ein junger Mann aus der Champagne nach Berchtesgaden und wurde einer der wenigen Augenzeugen der Schätze, die Hitler für sich selbst zusammengerafft hatte? Dies ist eine der faszinierendsten Geschichten des Zweiten Weltkriegs.

Wir selbst hatten durch einen bloßen Zufall davon erfahren.

Alles begann mit einem Ratespiel bei einer Weinprobe.

Wir waren im Loiretal unterwegs, um Gaston Huet von der Kellerei Vouvray zu einem Plan der französischen Regierung zu interviewen. Diese wollte in der Gegend einen neuen Tunnel für den Hochgeschwindigkeitszug TGV bauen. Die örtlichen Winzer, darunter Huet, damals Bürgermeister von Vouvray, waren auf den Barrikaden. Sie fürchteten, die Bahnlinie würde ihre Weinberge zerstören und ihre Weine ruinieren, die in den umliegenden Kalksteinhöhlen lagerten.

»In den Gewölben liegen Hunderttausende Flaschen«, sagte Huet, der sich an die Spitze der Protestbewegung gesetzt hatte. »Die Erschütterungen durch die Züge könnten katastrophale Folgen haben.«

Plötzlich entschuldigte sich Huet und verließ den Raum. Er kam mit einer Flasche und drei Gläsern zurück. »Das hier ist einer der Gründe, warum ich gegen diesen Zug bin«, meinte er und zeigte uns die Flasche, die kein Etikett trug. Sie war voller Spinnweben und staubbedeckt. Ohne noch ein einziges weiteres Wort zu verlieren, entkorkte Huet die Flasche und begann, die Gläser zu füllen. Der Wein hatte eine leuchtend goldene Farbe. Wir schauten einander erwartungsvoll an und blickten dann auf Huet. Ein verschmitztes Lächeln zog über sein Gesicht.

»Bitte, probieren Sie!«, forderte er uns auf.

Schon der erste Schluck machte uns ohne jeden Zweifel klar, daß wir es hier mit einem ganz außerordentlichen Tropfen zu tun hatten. Der Wein war umwerfend. Er war von üppiger Süße, und dennoch so frisch und lebendig, daß man hätte meinen können, er sei gerade erst frisch gekeltert worden – und das sagten wir Huet auch.

»Um was für einen Jahrgang handelt es sich wohl?«, fragte Huet.

Wir tippten auf 1976, ein großer Jahrgang für Loireweine, doch der Winzer schüttelte den Kopf und ließ uns noch einmal raten. 1969? Die gleiche Reaktion. Dann etwa 1959? Auch falsch.

Huets gute Laune steigerte sich mit jeder unserer falschen Antworten. Wir entschieden uns, noch einen Versuch zu wagen. »Wie wär's mit 1953?« Es sollte eher nach einem kennerischen Kommentar klingen als nach einer Frage, doch Huet ließ sich zu keiner Antwort bewegen. Sein Grinsen wurde noch ein wenig breiter, während wir immer noch damit beschäftigt waren, *was* wir da wohl einen Moment zuvor gekostet hatten.

»1947!«, sagte er schließlich. »Das ist möglicherweise der beste Wein, den ich je gemacht habe.« Das klang liebevoll und stolz zugleich, so wie jemand von seinem Lieblingsenkel spricht.

Als wir den Wein im Glas schwenkten, entfaltete er ein himmlisches Aroma von Honig und Aprikosen. Wir fragten Huet, der damals schon über 80 Jahre alt war, ob er jemals etwas Besseres getrunken hätte. Obwohl unsere Frage eher rhetorisch gemeint war, machte der alte Winzer eine lange Pause und wurde dann ganz ernst.

»Nur ein einziges Mal«, meinte er nachdenklich. »Das war während meiner Kriegsgefangenschaft im Zweiten Weltkrieg in Deutschland.« Und dann erzählte er uns eine der faszinierendsten Geschichten, die wir je gehört hatten – eine Geschichte über Mut, Einsamkeit, Verzweiflung und, zu guter Letzt, wie eine winzige Menge Wein Huet und seinen Mitgefangenen half, fünf Jahre Kriegsgefangenschaft zu überleben. »Ich kann mich noch nicht einmal genau daran erinnern, was das damals war«, meinte Huet. »Es war nicht mehr als ein Fingerhut voll, doch es war mein einziger Wein in den ganzen fünf Jahren, und es war wie eine Offenbarung.«

Eine Offenbarung für ihn, ein Rätsel für uns. Wir hatten nie zuvor über einen Zusammenhang zwischen Krieg und Wein nachgedacht. Dann jedoch erfuhren wir, daß diese beiden Begriffe bereits eine lange Geschichte eint. Schon im 6. Jahrhundert vor Christus befahl Kyros der Große, König von Persien, seinen Truppen Wein als Mittel gegen Infektionen und andere Krankheiten. Auch Julius Cäsar und Napoleon Bonaparte waren von den wohltätigen Wirkungen des Alkohols überzeugt.[4]

Napoleon ließ sogar ganze Wagenladungen von Champagner bei seinen Feldzügen mitführen, zumindest bei den meisten. Manche meinten sogar, daß er die Schlacht von Waterloo deswegen verlor, weil er nicht genug Zeit gehabt habe, Champagner mitzunehmen, und deswegen auf das belgische Bier als Stärkungsmittel angewiesen war.

Vielleicht auch eingedenk dieser historischen Erfahrung wurden den französischen Soldaten dann im Ersten Weltkrieg Champagnerkisten mitgegeben, um ihre Moral in den Schützengräben aufrechtzuerhalten. Zu Beginn des Zweiten Weltkriegs schickte die französische Regierung Vorrichtungen und Rezepte zur Zubereitung von Glühwein an die Front. Ein Regierungsverantwortlicher äußerte damals: »Eine Ration Glühwein ist nicht teuer, aber sehr hilfreich zur Vermeidung von Seuchen und um das Leben der Soldaten etwas zu erleichtern.«[5]

Seinen Höhepunkt als kriegsentscheidender Faktor erlebte der Wein vielleicht aber schon 300 Jahre früher, während des Dreißigjährigen Krieges, wo durch ihn die Zerstörung von Rothenburg ob der Tauber abgewendet werden konnte. Nach Angaben des Weinexperten Herbert M. Baus »war Rothenburg den 30000 Mann zählenden Truppen des kaiserlichen Feldherrn Tilly ausgeliefert, als dieser in einem Anflug von Großmut versprach, die Stadt zu verschonen, wenn einer ihrer Ratsherren einen Weinkrug von dreieinhalb Litern in einem Zug leeren konnte. Bürgermeister Nusch zeigte sich der Herausforderung gewachsen, und der Ort seiner Heldentat wird bis heute Freudengäßchen genannt.«[6]

Für uns hat die Freude am Wein immer auch besonders darin bestanden, den Genuß mit Freunden teilen zu können. Einer der größten Weine, die wir je serviert bekamen, war ein Grand Vin de Château Latour von 1905. Er war hervorragend, einfach unbeschreiblich, doch der Genuß wurde noch dadurch gesteigert, daß wir ihn mit einem guten Freund teilen durften, der ebenfalls diesem großen Jahrgang angehörte.

Und da war noch diese Flasche Rosé, die – in aller Offenheit – wirklich nichts Besonderes war, doch daß wir sie zusammen mit guten Freunden an jenem warmen Sommertag tranken, ließ diesen Tag zu einem ganz besonderen werden und uns diesen Wein ebensowenig vergessen – wenn auch auf seine eigene Art – wie den Latour von 1905.

André Simon, der bekannte französische Weinkenner, beschrieb Wein als »guten Ratgeber, einen wahren Freund, der uns niemals langweilt oder ärgert: Mit ihm schlafen wir weder ein, noch bleiben wir allzu wach ... er ist immer bereit, uns aufzuheitern, zu helfen, ohne jedoch zuviel dafür von uns zu verlangen.«[7]

Und doch trieben uns die phantastischen Weine, die wir bisher kennengelernt haben, gelegentlich auch dazu, Fragen zu stellen.

Die Geschichte von Gaston Huet hatte uns neugierig gemacht. Im Laufe der folgenden Jahre trafen wir uns mit weiteren Weinbauern und ließen uns deren Kriegserlebnisse erzählen; einige davon waren lustig, und andere rührten ans Herz. Und je mehr wir zuhörten, desto mehr wurde uns klar, daß wir diese Geschichten, wie so manche Flasche Wein, mit anderen teilen mochten. Wir fanden, daß diese Geschichten es wert waren, bewahrt und veröffentlicht zu werden – und zwar in diesem Buch.

Das Sammeln der Geschichten war nicht immer einfach. Einige Zeitzeugen hatten Angst und weigerten sich, über eine Zeit zu berichten, die überschattet wurde durch diejenigen, die mit dem Feind kollaboriert und versucht hatten, aus dem Krieg Profit zu schlagen. »Das ist eine viel zu heikle Angelegenheit«, sagte uns einer, der ein Interview ablehnte. »Es ist besser, die Toten ruhen und die Lebenden in Frieden leben zu lassen.«

Zahlreiche Dokumente im Zusammenhang mit der Kollaboration von Franzosen mit den deutschen Eroberern standen bis vor kurzem unter Verschluß. Andere waren noch gegen Ende des Krieges auf Befehl des deutschen Oberkommandos vernichtet worden.

Dann hatten wir mit Gedächtnisschwierigkeiten unserer Interviewpartner zu kämpfen, und zahlreiche Zeitzeugen lebten natürlich inzwischen nicht mehr. Mehr als einmal erhielten wir unmittelbar vor einem vereinbarten Interviewtermin die Nachricht, unser Gesprächspartner sei leider vor kurzem verstorben.

Obwohl unser Projekt also tatsächlich ein gewisser Wettlauf mit der Zeit war, mußten wir gelegentlich ganz langsam und behutsam vorgehen. Die Menschen der Kriegsgeneration wollten nicht immer offen über ihre Erinnerungen sprechen. Ihre erste Reaktion war oft: »Oh, das ist doch schon so lange her. Ich weiß das alles nicht mehr so genau …« Sie schwiegen, und es wurde still im Raum. Doch dann fiel ihnen gelegentlich doch noch etwas ein: »Aber wissen Sie, an eine Sache erinnere ich mich noch …« – und oft bekamen wir dann noch eine wundervolle Geschichte zu hören.

Aber auch jüngere Personen, die wir ansprachen, zögerten gelegentlich.

»Entschuldigen Sie, aber ich war damals doch noch ein Kind«, hörten wir nur allzu oft. »Ich kann mich an nichts mehr erinnern.« Aber nicht selten gab es durchaus noch Erinnerungen, und gerade diese Geschichten halfen uns manchmal erst recht weiter und lieferten uns besonders erhellende Einsichten in diese verwickelte Zeit.

Zum Beispiel Jean-Michel Cazes, Eigentümer von Château Lynch-Bages und Château Pichon Longueville Baron im Bordelais. Durch ihn erfuhren wir, daß der Krieg nicht nur auf den Schlachtfeldern, sondern gelegentlich sogar schon auf den Kinderspielplätzen tobte. Im Herbst 1940, so der damals achtjährige Cazes, wollten nach den Sommerferien alle »Deutsche« spielen. »Die Deutschen kamen uns damals alle so stark und klug vor«, erinnerte er sich. Zwei Jahre später, als die Besatzung auch im Alltagsleben der Franzosen deutliche Spuren hinterlassen hatte, änderte sich das. »Spätestens damals wollten alle in den Untergrund, sich der Résistance anschließen und gegen die Deutschen kämpfen. Das war so viel romantischer.« Und schließlich, als der Druck der Besatzungsarmee immer stärker wurde, wich die Romantik dem Realismus. »Wir beobachteten die Deutschen immer beim Marschieren, und da kamen sie uns nicht mehr nur einfach stark, sondern richtig furchteinflößend vor.« Und je mehr sich das Kriegsglück gegen die Deutschen wendete, veränderten sich auch die Spiele der Kinder auf der Straße: »Irgendwann wollten wir dann alle nur noch Amerikaner sein«, erinnerte sich Cazes. Am Ende des Krieges hatten sich alle völlig umorientiert: Überall spielte man nun »Cowboy und Indianer«.

Viele unserer Gesprächspartner stammten aus Familien mit langer Weinbautradition. Sie verstanden nicht nur viel vom Wein, sondern hatten auch einen oder sogar zwei Kriege miterlebt. Sie wußten also, was Überleben heißt. Für die Rothschilds von Château Lafite-Rothschild im Bordelais bedeutete dies, das Land zu

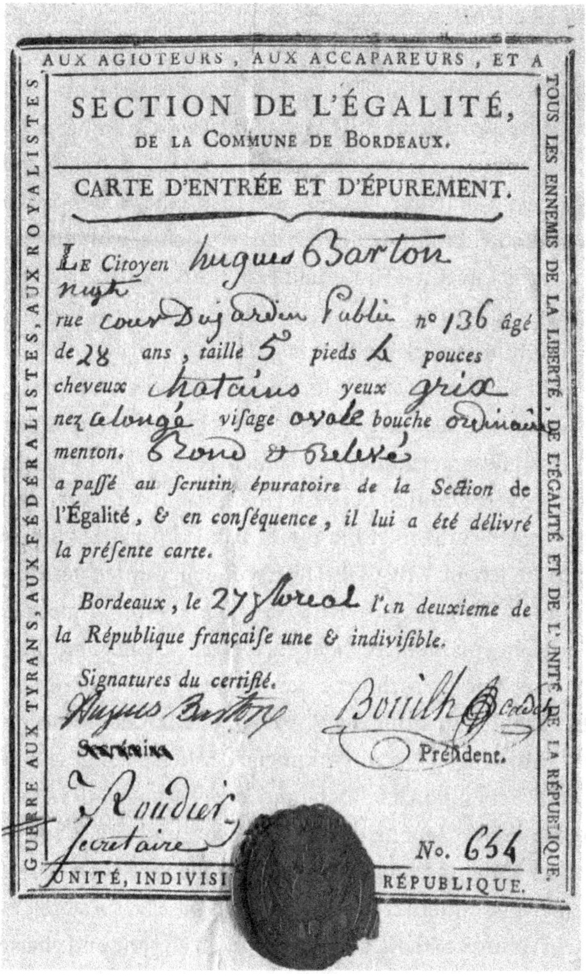
GUERRE AUX TYRANS, AUX FÉDÉRALISTES, AUX ROYALISTES

AUX AGIOTEURS, AUX ACCAPAREURS, ET A TOUS LES ENNEMIS DE LA LIBERTÉ, DE L'ÉGALITÉ ET DE L'UNITÉ DE LA RÉPUBLIQUE.

SECTION DE L'ÉGALITÉ,

DE LA COMMUNE DE BORDEAUX.

CARTE D'ENTRÉE ET D'ÉPUREMENT.

LE Citoyen hugues Barton

negt

rue cour du jardin Public n° 136 âgé de 28 ans, taille 5 pieds 4 pouces

cheveux chatains yeux gris

nez alongé visage ovale bouche ordinaire

menton. Rond & Relevé

a passé au scrutin épuratoire de la Section de l'Égalité, & en conséquence, il lui a été délivré la présente carte.

Bordeaux, le 27 floreal l'an deuxieme de la République française une & indivisible.

Signatures du certifié.

Hugues Barton

Bouilh

Président.

Roudier

secretaire

No. 654

UNITÉ, INDIVISI[...] RÉPUBLIQUE.

verlassen, bevor die Deutschen ihren Besitz beschlagnahmten. Für Henri Jayer aus Vosne-Romanée im Burgund hieß es, Wein gegen Lebensmittel zu tauschen, um seine Familie zu ernähren. Für Prinz Philippe Poniatowski aus Vouvray bedeutete es, seine besten Weine auf seinem Hof zu vergraben, um nach dem Krieg damit wieder sein Geschäft aufnehmen zu können.

Zum Überleben waren jedoch nicht immer Verzweiflungstaten notwendig; manchmal hatten Menschen auch einfach Glück. So wurde René Couly aus Chinon durch eine Reifenpanne gerettet. »Mein Vater war gerade als Lastwagenfahrer eingezogen worden, denn das konnte er«, erzählte uns sein Sohn. »Er folgte mit dem LKW seiner Kompanie, als ihn plötzlich eine Reifenpanne zum Stehen brachte. Er mußte den Reifen reparieren, während der Rest seiner Einheit in einen Hinterhalt geriet. Alle wurden gefangengenommen – außer ihm. Anschließend wendete mein Vater kurzerhand und fuhr zurück zu seinem Hof.«

Obwohl wir die meisten Informationen unseren Gesprächspartnern verdanken, kam es gelegentlich doch auch vor, daß der Wein selbst uns etwas »erzählte«. So sprach der 1940er La Tâche, den wir mit Robert Drouhin verkosteten, einem der renommiertesten Winzer und Weinhändler Burgunds, Bände über die Schwierigkeiten, die in jenem Kriegsjahr überwunden werden mußten, um einen guten Wein herzustellen. So waren 1940 die meisten Burgunderreben von Mehltau befallen, weil die Deutschen alle Metalle für ihre Kriegsmaschinerie konfisziert hatten, darunter auch Kupfer. Damit gab es für die Winzer aber auch kein Kupfersulfat, das als Mittel gegen Pilzerkrankungen der Reben eingesetzt wurde. Doch die Reben von La Tâche auf dem Weingut der Romanée-Conti hatten die Seuche damals überlebt, und der Wein war ein passender Höhepunkt unseres wundervollen Essens mit Drouhin. Zu dem Wein notierten wir später: »Schöne Farbe, würziges Bouquet, ein wenig verblaßt, aber immer noch elegant und charmant.«

Eine Flasche, die wir bei einer weiteren Gelegenheit zusammen mit Drouhin leerten, erzählte eine ganz andere Geschichte. Es war ein Weißwein, ein 1940er Clos des Mouches, ein sehr seltener Tropfen und einer der ersten weißen Clos de Mouches, den Roberts Vater je hergestellt hatte. Leider war der Wein ungenießbar geworden. Er war bräunlich und völlig maderisiert. »Der ist nicht mehr gut«, meinte Madame Françoise Drouhin, runzelte leicht die Stirn und stellte ihr Glas ab. »Interessant«, meinte dagegen ihr Gatte. Und er hatte recht. Wir konnten die Probleme praktisch schmecken, die die Drouhins bei der Herstellung dieses Weins gehabt haben mußten. Wir rochen eine Spur Pilz und hatten einen Hauch des Todes in der Nase.

Und noch etwas fiel uns auf: Die Flasche, in die der Wein abgefüllt war, war blaßblau anstatt des sonst üblichen Grünbraun, einer Farbe, die die Burgunder als *feuilles mortes*, also als »tote Blätter« oder »Herbstlaub« bezeichnen. »Dieser Wein könnte 1942 abgefüllt worden sein«, überlegte Monsieur Drouhin, »als jeder die alten Flaschen wiederverwenden mußte oder alles nehmen mußte, was es gerade gab. Daher auch die ungewöhnlichen Glasfarben.«

Doch wohin auch immer wir kamen, mit wem wir auch sprachen, eines wurde immer wieder betont, das Eine war unüberhörbar: wie wichtig Wein für Frankreich ist. Wein ist nicht nur einfach ein Getränk oder eine Handelsware, die man aus einer Flasche serviert. Wein ist viel mehr. Wie die französische Flagge, die Trikolore, bewegt der Wein Herz und Seele des Landes. »Der Wein läßt uns stolz auf unsere Vergangenheit sein«, meinte ein Regierungsvertreter, »er macht uns Mut und Hoffnung.« Wie sonst auch könnte man erklären, warum die *vignerons*, die Winzer der Champagne, sich 1915 noch an die Lese machten, obwohl bereits die ersten Granatsplitter die Weinberge durchpflügten. Oder warum König Karl VII. nach der Eroberung Burgunds 1447 als ersten Herrschaftsakt die gesamten Weinbestände von Volnay für sich selbst beschlagnahmen ließ. Oder warum ein Priester in einem kleinen Champagnedorf noch vor nicht allzu langer Zeit seinen Schäfchen predigte: »Unser Champagner ist nicht nur dazu da, um damit Geld zu verdienen. Er soll die Menschen auch froh machen.«

Vielleicht hat der französische Wein auch etwas Spirituelles. »Unser Wein reift langsam und edel; er trägt die Hoffnung auf ein langes Leben in sich«, erklärte mir ein Winzer. »Wir wissen, daß unser Land vor uns da war und auch noch da sein wird, wenn wir längst nicht mehr sind. Mit unserem Wein haben wir Kriege überstanden, die Revolution und die Reblaus. Jede Lese erfüllt aufs neue die Versprechen des Frühlings. Wir leben in einem ständigen Kreislauf. Das gibt uns einen Hauch von Ewigkeit.«

Vor einiger Zeit gab die französische Regierung eine Studie in Auftrag, um herauszufinden, was die Franzosen zu dem macht, was sie sind, oder genauer, wie es einer der Forscher ausdrückte, »die Grundlagen des französischen Geschichtsbewußtseins und der historischen Identität zu ergründen«. Am Ende der Untersuchung stand ein Bericht in sieben Bänden. Unter anderem waren die Franzosen befragt worden, was sie selbst an sich als »typisch französisch« empfanden. Auf den Plätzen eins bis drei der Antworten gab es wenig Überraschungen: Hier wurde genannt, in Frankreich geboren zu sein, die Freiheit verteidigen zu wollen sowie die französische Sprache. Doch gleich danach auf Platz vier kam – der Wein: insbesondere das Wissen um »guten« Wein und die Fähigkeit, einen solchen schätzen zu wissen. Für die Forscher freilich handelte es sich hierbei nicht um eine Überraschung. Sie kamen zu dem Schluß: »Wein ist ein Teil unserer Geschichte. Er ist das, was uns als Franzosen ausmacht.«[8]

Im Jahre 1932, ein Jahr vor der Machtergreifung Hitlers in Deutschland, hielt Hubert de Mirepoix, Präsident der französischen Winzervereinigung, auf der Jahrestagung der Organisation eine Rede darüber, »wie Wein zur französischen Rasse beigetragen hat, indem er ihr Fröhlichkeit und guten Geschmack gegeben hat, Qualitäten, die sie zutiefst unterscheidet von Leuten, die eine Menge Bier trinken«.[9]

Obwohl dieses Buch von Wein und Krieg handelt, ist es eigentlich kein Weinbuch, aber auch kein Buch über den Krieg. Es handelt von Menschen, die Witz, Fröhlichkeit und guten Geschmack versprühen und deren Liebe zur Rebe und Hingabe an einen Beruf ihnen beim Überleben half und bei ihrem Triumph über eines der dunkelsten und schwierigsten Kapitel der französischen Geschichte.

EINS

Aus Liebe zum Weinstock

Im späten August 1939 brach unter den französischen Weinbauern Aufregung um die Ernte aus. Zwei Monate vorher hatte alles noch so gut ausgesehen. Das Wetter war schön und versprach einen hervorragenden Jahrgang. Dann schlug das Wetter um. Sechs Wochen lang regnete es ununterbrochen, und die Temperaturen fielen in den Keller.

Ähnlich stand es um die Stimmung der Winzer, die sich in Bad Kreuznach an der Nahe zum internationalen Weinkongreß versammelt hatten.[10] Zuerst schien es kein anderes Thema als das Wetter zu geben – bis der nächste Redner angekündigt wurde. Es war Walther Darré, Reichsminister für Ernährung und Landwirtschaft (der als »Reichsbauernführer« auch einer der führenden Blut-und-Boden-Ideologen des Regimes war). Teilnehmer der Tagung hatten sich zuvor bereits daran gestoßen, daß der Versammlungsraum von einem großen Porträt Adolf Hitlers dominiert wurde. Auch sie hatten mit wachsender Besorgnis die Annexion Österreichs, die Besetzung von Teilen der Tschechoslowakei und den Abschluß eines militärischen Beistandspaktes mit Italiens Diktator Benito Mussolini verfolgt. Viele spürten bereits, daß ein Kriegsausbruch nur einen Schritt weit entfernt war, und erwarteten eine Äußerung Darrés zu den jüngsten Ereignissen.

Doch als der Reichsminister das Podium bestieg, sprach er keineswegs über Krieg. Nicht einmal über Wein. Vielmehr rief er die Kongreßteilnehmer dazu auf, die Eigeninteressen der Winzer und

Weinkellereien zu überwinden und sich statt dessen für die gegenseitige Verständigung friedliebender Völker einzusetzen. Das Auditorium zeigte sich nachhaltig verwundert.

Die Zuhörerschaft wußte nicht, daß fast zum gleichen Zeitpunkt Hitler selbst eine ganz andere Rede hielt – vor dem »Oberkommando der Wehrmacht« –, und zwar in Berchtesgaden, dem bevorzugten Urlaubsort der Nazigrößen. Der Führer unterrichtete seine Generäle über die unmittelbar bevorstehenden Ereignisse und erinnerte sie eindringlich: »Unsere Gegner sind kleine Würmer … Worauf es ankommt, wenn man einen Krieg beginnt und führt, ist nicht die Rechtschaffenheit, sondern der Sieg. Zeigen Sie kein Mitleid. Gehen Sie mit brutaler Entschlossenheit vor.«[11]

Kaum eine Woche später überfielen seine Truppen Polen. Es war der 1. September 1939. Die französischen Teilnehmer der Winzertagung wurden sofort nach Hause gerufen. Zwei Tage später erklärte Frankreich, gemeinsam mit Großbritannien, Australien und Neuseeland, Deutschland den Krieg.

Zum zweiten Mal innerhalb von kaum mehr als einer Generation standen die französischen Weinbauern vor der leidvollen Aufgabe, die Ernte einzubringen, bevor ihre Weinberge in Schlachtfelder verwandelt wurden. Wie 1914 organisierte die Regierung eine außerordentliche Hilfsaktion. Winzer wurden von der Einberufung zurückgestellt, Soldaten zur Weinlese eingesetzt, und Pferde kleiner Winzereibetriebe entgingen bis zum Ende der Weinlese der Requirierung.

Die Menschen erinnerten sich noch allzugut an die Schrecken des letzten Krieges, an diesen »Krieg, um alle Kriege zu beenden« (so ein damals in den USA gängiges geflügeltes Wort) – an die Grausamkeiten, Entbehrungen, und vor allem an die schrecklichen Verluste an Menschenleben. Bei einer Bevölkerung von 40 Millionen wurden im Ersten Weltkrieg fast anderthalb Millio-

nen junger Franzosen, die an der Schwelle des Erwerbslebens standen, getötet. Eine weitere Million Männer hatten Gliedmaßen verloren oder waren anderweitig so schwer verwundet, daß sie nicht mehr arbeiten konnten.

Fast jede französische Familie war von diesem Aderlaß betroffen – auch die Drouhins aus dem Burgund, die Miailhes aus dem Bordelais, die Nonancourts aus der Champagne, die Hugels aus dem Elsaß und die Huets aus dem Loiretal.

Gaston Huets Vater kehrte mit von Senfgas verätzten Lungen als Kriegsinvalide zurück. Auch Bernard de Nonancourts Vater litt sehr unter den Schrecken des Stellungskriegs im Schützengraben und starb kurz nach dem Krieg.

Die Mutter von Jean Miailhe hatte bei einem Angriff der deutschen Truppen auf ihr Dorf in Nordfrankreich ihre gesamte Familie verloren.

Die Familie Hugel, die nicht länger ihre französische Staatsangehörigkeit besaß, als das Elsaß nach dem Krieg von 1870/71 von den Deutschen annektiert worden war, hatte ihren Sohn nach

Frankreich geschickt, damit er der Zwangsrekrutierung zur deutschen Armee entging.

Maurice Drouhin, der den Ersten Weltkrieg in den Schützengräben überlebt hatte, entging zwar körperlichen Verwundungen, doch die Alpträume jener Erlebnisse quälten ihn noch Jahre später.

Wie fast alle Menschen in Frankreich zitterten auch diese Winzerfamilien vor dem Gespenst eines drohenden neuen Krieges.

Frankreich hatte den Ersten Weltkrieg gewonnen, doch der Preis dafür war ein schrecklicher gewesen. Würde es sich einen weiteren solchen Sieg leisten können? Viele Franzosen bezweifelten das, darunter auch Maurice Drouhin, der die Schrecken des Krieges aus der Nähe kennengelernt hatte.

Erinnerungen an seine Familie und seinen Weinberg waren Maurice Drouhins einziger Trost, als er mit seinen Männern in den blutgetränkten, schlammigen Schützengräben in Nordfrankreich kauerte und über einen Streifen Niemandsland hinweg den Feind beobachtete. Obwohl der Winter 1915 noch einen Teil des Landes im Griff hatte, wußte Maurice, daß zu Hause in Burgund die Reben allmählich zu treiben und die Arbeiter mit dem Beschneiden der Pflanzen beginnen würden. Wenn er die Augen schloß, konnte er es sich lebhaft vorstellen, die Männer mit ihren Werkzeugen, die sich langsam die langen Reihen der Rebstöcke entlangarbeiteten. Und er konnte fast die Kirchturmglocken hören, die sie jeden Tag zur Arbeit riefen.

Diese Glocken waren das erste, was Maurice jeden Morgen beim Aufwachen zu Hause in Beaune zu hören bekam. Für ihn gehörten diese Klänge zum Leben mit den Weinbergen. Er hörte sie über die Dörfer und die Weizenfelder, sie riefen die Kinder zur Schule und die Mütter zum Markt, die sich dort auf die Suche nach den frischesten Produkten des Tages machten. Die Glocken verkündeten die Zeit zum Mittag- und Abendessen, sie riefen die Menschen zum Beten und Feiern. Doch als der Erste Weltkrieg ausgebrochen war, da riefen sie die Menschen auch zum Trauern.

Jetzt, auf den Schlachtfeldern in Nordfrankreich, war Maurice vom Lärm der Artillerie und des Maschinengewehrfeuers umgeben, und von den Schreien der Verwundeten. Einmal sah er, wie sich inmitten eines Gefechts ein getroffener deutscher Soldat auf dem Boden krümmte und nicht mehr aufstehen konnte. Die Deutschen wagten sich nicht in den Kugelhagel, um ihren Kameraden zu bergen. Doch da befahl Maurice seinen Männern, das Feuer einzustellen, und hißte eine weiße Flagge. Anschließend rief er in tadellosem Deutsch den Soldaten gegenüber zu: »Holt euren Kameraden rüber. So lange schießen wir nicht.« Hastig kümmerten sich die Deutschen um den Verwundeten. Bevor sie jedoch hinter die Linien zurückkehrten, hielten sie direkt vor Maurice an und salutierten.

Später beschrieb Maurice den Vorfall in einem Brief an seine Frau Pauline. Diese war so gerührt, daß sie die Geschichte an eine Lokalzeitung weitergab, die sie veröffentlichte. Unter der Schlagzeile »Glorreiche Stunden« stand zu lesen: »Die Stunde des Ruhms schlägt nicht nur dem Helden auf dem Schlachtfeld, sondern auch so mancher Tat im Alltag, denn auch nach dem Krieg erweist sich des Soldaten wahres Herz und sein Charakter.«

Maurice wurde für seinen Kriegseinsatz hoch dekoriert, unter anderem mit der »Medaille für besondere Leistungen« der Regierung der Vereinigten Staaten, für die er von General Douglas MacArthur persönlich vorgeschlagen worden war. Doch bei allem Stolz über diese Medaille und sein Leben als Soldat waren Maurice seine Weinberge noch wichtiger – sie waren der Ort, wohin er zurückkehren konnte, als der »Krieg, um alle Kriege zu beenden«, endlich zu Ende war.

Das Leben zu dieser Zeit wurde noch von Legenden und Mythen bestimmt und hatte sich in vielerlei Hinsicht seit dem Mittelalter kaum verändert. »Es war damals unkomplizierter in den Weinbergen«, erinnerte sich Maurice' Sohn Robert Jahre später. »Unsere Lebensweise war wie unsere Art, Wein herzustellen, noch sehr naturverbunden und ursprünglich, *très à l'ancienne.*«

Sie kelterten ihren Wein noch genauso, wie es ihre Väter und Großväter getan hatten. Es gab keine fremden Experten, und so verließ sich jeder auf die erlernten Traditionen, mit denen er aufgewachsen war.

Gepflügt wurde mit dem Pferd. Beim Pflanzen, Ernten und Beschneiden der Reben beachtete man die Phasen des Mondes. Ältere Leute erinnerten die Jüngeren oft daran, daß das Geheimnis des Beschneidens einst entdeckt wurde, als sich der Esel des heiligen Martin einmal in einem Weinberg verlief.

Das sei, so erzählten sie, im Jahre 345 geschehen, als St. Martin, in Felle gehüllt und auf einem Esel reitend, auf eine Inspektionsreise zu einigen der Weinberge aufbrach, die seinem Kloster in der Nähe von Tours im Loiretal gehörten. Er liebte den Wein und hatte im Laufe der Jahre viel zur Weiterbildung der Mönche in den neuesten Weinbaumethoden beigetragen. Bei dieser Gelegenheit band er einmal seinen Esel an einer Zeile von Reben fest, um etwas zu erledigen. Als er zurückkehrte, stellte er zu seinem Schrekken fest, daß der Esel die Weinstöcke angefressen hatte; einige waren sogar fast vollständig abgekaut. Im darauffolgenden Jahr dagegen waren die Mönche erstaunt, daß gerade diese Reben besonders gut wuchsen und die besten Früchte hervorbrachten. Die Mönche ließen sich dieses Ereignis eine Lehre sein, und das Beschneiden der Reben gehörte von da an zu ihren regelmäßigen Tätigkeiten.

Das Tagwerk im Weinberg begann früh, und Feierabend war erst, wenn alle Arbeit getan war. Eine feste Stundenzahl pro Schicht gab es nicht. Durch das Beschneiden, Überprüfen auf Krankheiten und Festbinden von Trieben, die sich gelockert hatten – und all dies Tag für Tag, Woche für Woche, Monat für Monat –, kannten die Arbeiter schließlich jeden einzelnen Rebstock.

Sie überließen es den Weinstöcken, den Lebensrhythmus und das Tempo der Menschen festzulegen.

Nach der Lese wurden die Trauben mit den bloßen Füßen zerstampft. Dann wurde die Traubenmaische in riesige Bottiche gefüllt, woran sich ein Vorgang anschloß, der *pigeage* genannt wurde. Hierzu stiegen die Arbeiter nackt in die schäumende Flüssigkeit. Sie hielten sich an Ketten fest, die über ihrem Kopf angebracht waren, tauchten ein und zogen sich wieder hoch – und das wieder und wieder, wodurch das Gemisch belüftet und die Gärung unterstützt wurde. Das war eine gefährliche Arbeit. Fast jedes Jahr ertranken einige Arbeiter oder erstickten an dem Kohlendioxid, das bei der Gärung des Mostes freiwurde. Bei den

Opfern handelte es sich meist um Männer, denn in einigen Teilen Frankreichs waren die Frauen während der Weinlese vom Weingut verbannt – nicht wenige glaubten, durch ihre Anwesenheit würde der Wein sauer.

Und doch war die Zeit der Weinlese immer die fröhlichste im ganzen Jahr. Wenn die letzten Trauben geerntet und auf einem Pferdekarren verladen waren, wurde der Wagen mit wilden Blumen geschmückt und ein Blumenstrauß für die Gutsherrin gebunden. Diese hängte den Strauß dann über den Eingang zum Weinkeller, der *cave*, wo er dann bis zur nächsten Lese Glück bringen und natürlich für guten Wein sorgen sollte. Außerdem verstreute man Weinlaub auf der Erde, um die »guten Geister« zum Dableiben zu veranlassen.

Die Zeit, so erinnerte sich Robert Drouhin, hatte damals fast etwas Magisches; sie erschien ihm geradezu unendlich. Bei Rundgängen über die Felder hielten er und sein Vater oft an, um sich lange und ausführlich mit den Arbeitern zu unterhalten.

»Damals hatten die Leute noch viel mehr Charakter. Sie nahmen nie ein Blatt vor den Mund, um meinem Vater ihre Meinung zu sagen oder wie ihrer Ansicht nach einzelne Dinge zu regeln seien, und mein Vater hörte ihnen immer aufmerksam zu. Und für mich waren das die Augenblicke, in denen ich die Reben lieben lernte.«

Unglücklicherweise waren die Reben in jener Zeit zwischen den Kriegen in einem miserablen Zustand. Eine schlechte Ernte folgte der anderen, und das nicht nur wegen des Wetters. Vielmehr hatten zum Beispiel die Schlachten des Ersten Weltkriegs, die auch in der Champagne tobten, zahlreiche Anbauflächen verwüstet. Die Hänge waren von Schützengräben durchzogen, und riesige Krater übersäten die Erde. Am schlimmsten waren die Überreste von chemischen Kampfstoffen, die manche Anbaufläche auf Jahre hinaus unbrauchbar machten.

Der »Große Krieg«[12] war überdies zu einem Zeitpunkt ausgebrochen, als sich die französischen Winzer gerade einigermaßen von einer anderen Plage erholt hatten: Die Reblaus, lateinisch *Phylloxera*, ein Schadinsekt, das die Wurzeln der Weinreben zerstört, hatte Frankreich in der Mitte des 19. Jahrhunderts heimgesucht und zahlreiche Anbauflächen in etwas verwandelt, das ein Winzer einmal »Reihen von kahlen Holzstümpfen« nannte, die die Flächen »wie riesige Friedhöfe« aussehen ließen.[13] Im Laufe von 30 Jahren befiel die Plage nach und nach jeden einzelnen Weinberg Frankreichs, und die französische Regierung schrieb eine Belohnung von 300 000 Francs für ein Mittel gegen die Krankheit aus. Daraufhin wurden alle möglichen Lösungsvorschläge gemacht, darunter auch einige besonders bizarre, wie etwa, neben jeden Weinstock eine lebende Kröte zu setzen oder die Reben mit Weißwein zu bewässern. Manche Winzer bewässerten ihre Felder statt dessen mit Meerwasser, andere besprühten ihre Pflanzen mit allen möglichen Chemikalien – oder verbrannten sie einfach. Doch nichts schien zu funktionieren.

Die Lösung – so stellte sich schließlich heraus – war etwas vollkommen Unfranzösisches. Pflanzenzüchter entdeckten, daß die Reben gerettet werden konnten, wenn man sie auf Wurzelstöcke von amerikanischen Reben aufpfropfte, die gegen die Reblaus resistent waren. Doch das war ein langer und kostspieliger Prozeß. Sämtliche Weinstöcke im ganzen Land mußten ausgegraben und neu gepflanzt werden. Dann dauerte es nochmals einige Jahre, bis die neuen Pflanzen Früchte trugen, und nochmals eine ganze Zeit, bis sie hohe Erträge liefern konnten.[14]

Gerade als sich die Situation einige Jahre nach dem Ersten Weltkrieg wieder zu normalisieren begann, brach das nächste Unglück über die Winzer herein: die Weltwirtschaftskrise. Ihre Auswirkungen auf den Weinbau waren abermals verheerend. In der Champagne konnten die größten Kellereien den Winzern ihre Trauben nicht mehr abkaufen. Im Elsaß gingen Winzer in großer Zahl bankrott oder gaben den Weinbau auf. Die Weinbauern im

Bordelais mußten zum ersten Mal in der Geschichte Preise hinnehmen, die unter dem Landesdurchschnitt lagen. Im Burgund ging die hergestellte Weinmenge um 40 Prozent zurück, weil fast die Hälfte der Rebflächen nicht bewirtschaftet wurde.[15] Sogar die berühmte Domaine de la Romanée-Conti stand auf dem Spiel, doch die Eigentümerfamilie wollte nicht aufgeben. »Mein Vater sagte, das Gut sei wie eine Art wertvoller Schmuck, den eine Frau in ihrer Schatulle aufbewahrt«, erinnerte sich Aubert de Villaine. »Sie trägt ihn nicht jeden Tag, doch sie ist entschlossen, ihn immer zu behalten, um ihn noch ihren Kindern weiterzugeben.«

Hierzu traf de Villaines Vater den gleichen Entschluß wie zahlreiche andere Winzer vor ihm, die überleben wollten: Er nahm einen neuen, zusätzlichen Job an. Es war bereits sein dritter. Er leitete schon das Familiengut und die Firma Romanée-Conti; jetzt begann er noch, in einer Bank mitzuarbeiten. »Mein Vater hatte immer zu tun«, erzählte de Villaine, »aber er liebte eben Romanée-Conti über alles und nutzte jeden freien Augenblick, um hier zu arbeiten.«

Obwohl die Domaine de la Romanée-Conti erst 1959 wieder Gewinn einbrachte, setzte sie doch schon zuvor die Maßstäbe für großen Burgunder – niemals hätten sie aus finanziellen Erwägungen Abstriche an der Qualität gemacht. Das war etwas, das Maurice Drouhin bewunderte und zutiefst respektierte.

Und weil ohnehin kaum Profit zu erzielen war, entschloß sich Maurice zu einem großen Risiko und konzentrierte sich mit seinem Gewerbe nur noch auf eine einzige Ware: hervorragende Burgunderweine. »Mein Vater hatte eine Vision, einen ganz neuen Maßstab für Qualität«, erzählte uns Robert. »Er wollte Weine erschaffen, die ein getreues Ebenbild ihres *terroir* waren.«

Maurice hatte eine *maison du vin classique* geerbt. Das hieß, man verkaufte dies und das und stellte nebenher auch noch ein wenig Wein her. Dies sollte sich zuallererst ändern. Der alte Drouhin erklärte: »Ab heute gibt es in meinem Haus keinen Tropfen mehr außer Burgunderwein.« Und diese Tropfen sollten auch noch zu den besten gehören. Er dachte an die großen Weine der in Schwierigkeiten geratenen Kellerei Domaine de la Romanée-Conti und war überzeugt: »Das ist die Zukunft.« Also begann Maurice Mitte der 1930er Jahre, 60 Prozent der Produktion der Domäne aufzukaufen und zu vertreiben. Zugleich drängte er seine Kellermeister, die Qualität seiner eigenen Weine, der Maison Joseph Drouhin, zu verbessern, indem er den Leitsatz von Monsieur de Villaine von Romanée-Conti übernahm, der der Ansicht war, der Winzer stelle nur einen Vermittler zwischen Boden und Wein dar, der sich so wenig wie möglich einmischen sollte.

Indem er der Qualität einen solchen Stellenwert einräumte, hatte sich Maurice in diesem Moment, noch ohne es zu ahnen, an die Spitze einer Entwicklung gestellt, die die französische Weinlandschaft völlig umkrempeln sollte. Bis dahin erfolgte die Weinherstellung weitgehend nach alten Traditionen und Erfahrungen; es gab mehr eher zufällige oder instinktive Erkenntnisse als solche, die auf wissenschaftlichen Grundlagen beruhten. Es gab nur wenige feste Regeln. So war zum Beispiel die Menge an Zucker nicht begrenzt, die von den Winzern gewöhnlich dem Traubensaft zugesetzt wurde, um den Alkoholgehalt des Weines zu erhöhen, wenn die Trauben nicht völlig ausreifen konnten. Nur allzu oft wurde dieser Notbehelf jedoch von Winzern mißbraucht, um ihre Trauben früher ernten zu können. Ihr Motto hieß »Quantität vor Qualität – Masse statt Klasse«. Das erschien ihnen als der beste Weg, möglichst viel Geld zu verdienen. So pflanzten sie Hochleistungssorten an, die jedoch minderwertige Trauben hervorbrachten und damit natürlich auch absehbar schlechteren Wein. Um diese Schwächen auszugleichen, süßten sie großzügig mit Zucker und Sirup nach und erhielten so üppige, süffige Weine, die eher zum Kauen als zum Trinken geeignet waren. Oftmals war »ein guter Burgunder« gar kein Burgunder, sondern mit Weinen aus dem Rhônetal und aus Algerien verschnitten.

Schließlich entschieden einige Winzer wie Maurice Drouhin, daß solche Zustände nicht länger tragbar waren. Ihre Lösung bestand aus nur drei Wörtern: *Appellation d'Origine contrôlée* – kurz »A.O.C.« (»kontrollierte Ursprungsbezeichnung«). Das bedeutete nichts anderes, als daß in der Flasche auch das sein sollte, was auf dem Etikett stand. Burgunder sollte nur aus Trauben bestehen, die tatsächlich im Burgund gewachsen waren; gleiches sollte für Bordeauxweine und Sorten aus anderen Regionen gelten. Verschnittene Weine sollte es nicht mehr geben.[16]

Doch die A.O.C. sollte noch mehr über einen Wein aussagen als nur die geographische Herkunft. Der Kriterienkatalog umfaßte genaue Vorschriften über den Anbau, den Schnitt und die Düngung der Reben und den Beginn der Lese. Auch die Weinherstellung selbst sollte bestimmten Regeln genügen.

Nichts von alledem gelang über Nacht. Wie Remington Norman, ein *Master of Wine*, der viel über Burgunderweine veröffentlicht hat, es ausdrückte, entstand das A.O.C.-System »nicht als Geistesblitz eines begnadeten Gesetzgebers, sondern entwickelte sich über fast vier Jahrzehnte, bevor es dann ab 1920 allmählich in feste Gesetzesform gegossen wurde.«

Das größte Kopfzerbrechen bereitete die effiziente Umsetzung der Qualitätsanforderungen. Mit gerade einmal einem Dutzend Inspektoren war es praktisch unmöglich, all die Tausende Winzer zu überwachen, die, jeder für sich, kreativ in ihren Weinkellern werkelten und immer wieder mal ein wenig von diesem mit einem wenig von jenem mischten. Der bekannte französische Weinjournalist André Simon schrieb einmal über das Verschneiden von Weinen: »In gewisser Weise ist es etwas Ähnliches wie Küssen – es mag sich um etwas vollkommen Unschuldiges handeln, doch es kann einen auch schnell vom schmalen Pfad der Pflicht und Tugend abbringen.«[17] Das galt besonders für Bordeauxweine: In manchen Jahren stammten die Trauben der als »Bordeaux« deklarierten Weine nur zu einem Drittel aus dieser Region.

Um solchen Praktiken einen Riegel vorzuschieben, gründeten

Drouhin und einige andere Winzer im Jahre 1935 das *Comité national des Appellations d'Origine*, das noch heute als *Institut national des Appellations d'Origine contrôlées*, kurz I.N.A.O., offiziell die französischen Weine beurteilt. Allerdings weigerten sich zunächst noch viele Winzer, darunter auch solche, die das Anliegen der Organisation prinzipiell unterstützten, der I.N.A.O. beizutreten, weil sie höhere Steuerzahlungen oder einen zu hohen Preis für ihre Waren befürchteten. Niemand wollte Kunden abschrecken, besonders damals nicht, doch Werbung um neue Kunden kam ebensowenig in Frage. »Werbung ist ganz verkehrt«, soll ein Winzer gemeint haben. »Wir sollten von der Reklame die Finger lassen. Wenn unser Wein gut ist, kommen die Leute schon von alleine.«

Eine solche Einstellung mochte für das Burgund angebracht gewesen sein, wo die Weingüter klein waren und der meiste Wein in der Region konsumiert wurde. Völlig undenkbar wäre sie jedoch für die Champagne mit ihren großen internationalen Absatzmärkten gewesen. Die dortigen Winzer hatten bittere Erfahrungen gemacht, wie schnell eine prickelnde Sektlaune zu Ende sein kann. So mußten sie zum Beispiel während der »wilden 20er« Jahre mit ansehen, wie die Pariser von ihrem guten Champagner abkamen und sich immer mehr den neumodischen Cocktails zuwandten. Sie mußten auch miterleben, wie schnell große Märkte wegbrechen konnten, so etwa Rußland nach dem Sturz des Zaren und der Oktoberrevolution oder die USA nach der Ausrufung der Prohibition.

Für Marie-Louise Lanson de Nonancourt dagegen ging es um etwas Wichtigeres: ihre Familie. Ihr Mann war nach dem Ersten Weltkrieg an seinen Kriegsverletzungen gestorben und hatte sie mit drei Söhnen allein zurückgelassen, einer davon noch ein Baby namens Bernard.

»Meine Mutter fühlte sich ganz verloren; sie wußte überhaupt nicht, was sie tun sollte«, erinnerte sich Bernard später. Dennoch stellte sie unter Beweis, daß auch sie eine der vielen begabten und durchsetzungsfähigen Champagne-Witwen war, ebenso wie die berühmt gewordenen Witwen (französisch *Veuves*) Cliquot und Pommery.

Marie-Louise hatte ihr ganzes Leben in der Champagne verbracht und kannte als Mitglied der Familie, der die Firma Lanson Père & Fils gehörte, das Champagnergeschäft aus dem Effeff. Die Firma Lanson jedoch hatte zu viele Erben. Zwei ihrer Brüder, Victor und Henri, leiteten die Firma, doch es gab noch etwa ein Dutzend weiterer Geschwister sowie 26 oder 27 Nichten und Neffen! Nach dem damaligen französischen Erbschaftsrecht wäre die Firma im Erbfall zerschlagen und der Besitz zu winzigen Anteilen an alle Familienmitglieder verteilt worden. »Das wird niemals ausreichen, uns alle zu ernähren«, dachte sich Marie-Louise.

Wie Maurice Drouhin stand auch sie vor einer schwierigen wirtschaftlichen Lage und entschloß sich, eine sich ihr bietende Chance zu nutzen. 1938 fand sie eine heruntergewirtschaftete Champagnerfirma, Veuve Laurent-Perrier & Cie., deren Besitzerin einige Jahre zuvor kinderlos verstorben war. Das Unternehmen stand kurz vor dem Bankrott. Es gab kaum Gerätschaften und noch weniger Champagner. Auf einer Liste mit 100 Champagnerfirmen rangierte es auf Platz 98.

Marie-Louise focht das nicht an – ganz im Gegenteil. »Das ist genau das, was ich gesucht habe!«, erklärte sie. Zum Entsetzen ihrer Verwandtschaft, insbesondere ihres Bruders Victor, steckte sie ihre gesamten Ersparnisse in das neue Unternehmen und kaufte es.

»Hast du den Verstand verloren?«, soll ihr Bruder geschrien haben. »Allen geht es schlecht! Wie willst du als Frau, und dann noch allein, mit so etwas Geld machen?«

Marie-Louise war der Ansicht, daß die Antwort auf diese Frage direkt vor ihr stand, und zwar in Gestalt ihrer drei Söhne, kräftige, großgewachsene junge Männer, die gerade begonnen hatten, das Champagnergeschäft zu erlernen. Ihr war es wichtig gewesen, daß ihre Söhne sämtliche Bereiche dieser Branche kennenlernten, angefangen mit dem Verladen der Flaschen auf Lastwagen.

Victor warnte sie: »Das ist nicht genug. Spürst du denn nicht, daß es Krieg geben wird? Deine Söhne könnten jeden Moment einberufen werden, und gerade du müßtest wissen, was das heißt. Mein Gott, ich kann ihn doch schon in der Ferne hören!«

Tatsächlich hatte auch Marie-Louise die Vorboten des Krieges schon bemerkt. Es war ihr kalt den Rücken hinuntergelaufen, als sie kurze Zeit zuvor gehört hatte, daß Hitler nach der Annexion Österreichs schwor, »die Tschechoslowakei durch eine Militäraktion zu zerschlagen«. Sie blieb auch wachsam, als Hitler diese Drohung wahrgemacht hatte, das Sudetenland besetzt und seine Truppen in Prag hatte einmarschieren lassen.

Dennoch war Marie-Louise zunächst von der Richtigkeit ihrer Entscheidung überzeugt. Ihr Sohn Bernard erzählte später: »Meine Mutter glaubte immer, daß Frankreich und seine Verbündeten jeden Krieg gewinnen würden.«

Schließlich kamen ihr doch noch Zweifel. Im Frühjahr 1939 stellte sich das Münchner Abkommen als Illusion heraus. Es war den französischen und britischen Politikern nicht gelungen, Hitler durch die Billigung der Annexion des Sudetenlandes zu beschwichtigen; vielmehr dadurch wurde der Appetit des Diktators nur noch weiter angeregt. Nach dem Einmarsch der deutschen Truppen in Prag reagierte Großbritannien mit dem Angebot eines Friedensabkommens. In Frankreich wurde die wöchentliche Arbeitszeit von 40 auf 44 Stunden erhöht (in Deutschland betrug sie bereits 60 Stunden), während der französische Premierminister Edouard Daladier die USA zum Eingreifen aufforderte. US-Präsident Franklin D. Roosevelt, dessen Entscheidungsfreiheit durch die US-Neutralitätspolitik stark eingeschränkt war, übersandte Hitler daraufhin eine Liste mit 26 Staaten, deren territoriale Integrität er von diesem unverletzt sehen wollte. Hitler antwortete aus Berlin. Der Führer verlas den Brief im Reichstag; seine Stimme war voller Sarkasmus, und als er zur Aufstellung der Länder kam, schlug seine Hand bei jedem Namen auf und ab wie ein Hammer: Ungarn, Albanien, Jugoslawien, Polen … Auf jeden Namen reagierte die Versammlung mit Gelächter.

Fünf Monate später setzte Hitler sein Heer nach Polen in Marsch. Zwei Tage danach wurde dem Deutschen Reich schließlich der Krieg erklärt.

Das war ein harter Schlag, zu dem sich für Frankreichs Weinberge noch ein weiterer abzeichnete. Die Lese 1939 hatte gerade begonnen, und sie fiel so schlecht aus, wie es jeder befürchtet hatte. Für das Burgund erinnerte sich Robert Drouhin an eine *vendange sous la neige*, eine Lese auf schneebedeckten Feldern. Die Region Bordelais hatte unter starkem Regen zu leiden, der zu dünnen, wäßrigen Weinen führte. »Das ist doch kein Wein, sondern Spülwasser«, soll einer der Winzer damals gesagt haben. In der Champagne hatte Marie-Louise de Nonancourt noch gar keine Trauben zum Ernten. Sie hatte ihr neues Gut *en sommeil* versetzt, also wörtlich »in Schlaf«, denn sie hielt es für vernünftiger, ihre Geschäftsaktivitäten während des Krieges ruhen zu lassen, als zu diesem Zeitpunkt mit der Produktion zu beginnen. Die Winzer der Champagne, die ihre Produktion weiter aufrechterhielten, mußten für Lese und Kelterung auf unerfahrene Frauen und auf Kinder zurückgreifen, denn die meisten jungen Männer waren eingezogen. Sie ernteten viele noch unreife Trauben. Am schlimmsten ging es in dieser Beziehung dem Elsaß, wo ein Winzer die Früchte als »völligen Mist« bezeichnete. Die besten seiner Weine in diesem Jahr hatten gerade einmal einen Alkoholgehalt von 8,4 Prozent und damit etwa 4 Prozent weniger als üblich. »Wir hätten das Zeug auch gleich in den Ausguß kippen können«, meinte er.

Für die meisten schien sich die alte Bauernlegende zu erfüllen, daß in Friedenszeiten der Herrgott einen guten Wein wachsen läßt, und vor einem Krieg einen schlechten.[18]

Der Jahrgang 1939, darin waren sich praktisch alle einig, war wohl der schlechteste des ganzen Jahrhunderts.

Wie sich bald herausstellte, mußten die Winzer sich diesmal aber nicht darum sorgen, die Ernte vor dem Beginn von Kampfhandlungen einzubringen. Nachdem am 3. September der Krieg erklärt worden war, passierte zunächst einmal nichts. Es gab keine Kämpfe, keine Drohungen mit Vergeltungsschlägen aus Berlin, nichts – höchstens ein paar deutsche Aufklärungsflugzeuge, die träge über Paris kreisten. Die französische Armee startete einen halbherzigen Vorstoß in Richtung deutsche Front, doch sie zog sich rasch wieder in sicherere Stellungen hinter der Maginot-Linie zurück, jenem massiven, komplexen Befestigungswall aus Beton, der sich von der Schweizer bis zur belgisch-luxemburgischen Grenze erstreckte. Dieses System von Schutzwällen war nach dem Ersten Weltkrieg errichtet worden, um einen deutschen Angriff auf Frankreich abzuwehren, und galt als Symbol der französischen Verteidigungsstrategie. Man war in Frankreich der Ansicht, die Maginot-Linie sei unüberwindlich.

Während der folgenden acht Monate, bis zum Frühjahr 1940, verharrte Frankreich hinter der Maginot-Linie in einer – wie es Janet Flanner von der Zeitschrift *The New Yorker* nannte – »seltsamen Lethargie«; die Menschen warteten ab und fragten sich, was die Deutschen wohl tun würden, und versuchten, so normal wie möglich weiterzuleben. Diese Zeit der Tatenlosigkeit hieß bald *»drôle de guerre«* – im Deutschen »Sitzkrieg«.

»Bis jetzt ist das ein sehr merkwürdiger Krieg«, schrieb Flanner damals. »Wenn man nicht wüßte, daß offiziell Kriegszustand herrscht, daß man zum Beispiel nicht ohne seine Gasmaske auf die Straße gehen darf, dann wäre dieser Sonntag ein herrlicher Tag im Altweibersommer und nichts weiter … Dies ist bestimmt der erste Krieg, den Millionen Menschen zu beiden Seiten immer noch für vermeidbar halten, selbst nach der Kriegserklärung.«[19]

Maurice Drouhin dagegen gab sich keinerlei Illusionen dieser Art hin. In den Jahren nach dem Ersten Weltkrieg war er in engem Kontakt mit seinen alten Kameraden geblieben, darunter auch einigen Angehörigen der US-Armee wie Douglas MacArthur. Gelegentlich wurde er zu Reisen in die USA eingeladen, wo er die Washingtoner Regierung zur Aufgabe ihrer Isolationspolitik überreden sollte. Drouhin befürchtete nun, daß die deutschen Geheimdienste von diesen Reisen erfahren hatten.

Als Vorsichtsmaßnahme hatte er damit begonnen, seiner Frau Pauline einen Geheimcode beizubringen, den er im Ersten Weltkrieg erlernt hatte. Durch diesen Code konnte er mit Hilfe winziger Bleistiftpunkte ober- oder unterhalb von Buchstaben oder Wörtern in einem Brief oder einem Buch geheime Botschaften verschlüsseln. »Was immer geschieht, bleib in Beaune«, bat er seine Frau. »Wenn es einen Krieg gibt und ich von hier weggehen muß, bleib hier; ich werde immer einen Weg finden, Kontakt zu Dir aufzunehmen. Verlassene Orte sind am leichtesten verwundbar, sie werden als erste geplündert.«

Im ganzen Land machten sich die Winzer Sorgen um ihre Weinvorräte. Maurice hatte Zehntausende Flaschen in seinem Keller, und er beschloß, zumindest einige davon besonders zu schützen – insbesondere einen beachtlichen Vorrat Romanée-Conti der Jahrgänge 1929 bis 1938, den er als finanzielle Sicherheit für seine Familie ansah.

Der Weinkeller der Drouhins bestand aus einem Labyrinth von Gewölben, die teilweise noch aus dem 13. Jahrhundert stammten. Mit seinem Gewirr von Gängen und Abzweigungen war er ideal zum Verstecken von großen Mengen von Flaschen geeignet. Maurice beschloß, einen Teil der Gänge mit einer Mauer abzutrennen und dahinter seine wertvollsten Weine zu verstecken. »Zu niemandem auch nur ein Wort davon!«, wies er seine Familie an. »Das ist unser Geheimnis.« Der Bau der Wand blieb eine reine Familienangelegenheit, was Maurice' Sohn Robert, damals acht Jahre alt, natürlich furchtbar spannend fand. »Während mein Vater die Ziegel aufschichtete, sammelten meine Mutter, meine Schwestern und ich im ganzen Keller Spinnen, um sie auf die neue Wand zu setzen. Sie sollten dort Netze bauen, wodurch die Wand älter aussehen sollte.«

Ähnliche Vorkehrungen wurden unterdessen auch in der Champagne getroffen, wenn auch in einem ungleich größeren Maßstab. In den kilometerlangen Kalksteingängen, die die ganze Region unterkellerten, wurden nicht nur riesige Mengen Champagner versteckt, sondern auch Waffen, Möbel und sogar Autos.

Bei Laurent-Perrier brauchte Marie-Louise de Nonancourt weniger Platz, denn sie hatte nicht so viel zu verstecken – nur 400 *pièces* oder Gebinde, also etwa 100 000 Flaschen. Für einen großen Champagnerhersteller wäre das nur eine winzige Menge gewesen, doch Marie-Louise hatte sich beim Kauf des Gutes nicht mehr leisten können. Doch anders als die anderen Winzer beließ sie es nicht bei dem Schutz durch eine neu errichtete Trennwand. Als zusätzlichen Beistand wandte sie sich auch noch an ihre Namenspatronin, die Jungfrau Maria. Nachdem sie ihre kostbaren Flaschen eingemauert hatte, nahm sie noch eine Marienstatue und zementierte sie gut sichtbar in die neue Mauer ein.

»Jetzt liegt alles in ihren Händen«, meinte sie zu ihren Söhnen. »Mehr kann ich jetzt nicht mehr tun.«

Im Elsaß schienen sich die meisten in ihr Schicksal zu ergeben. »Schon wieder!«, dachten sie.

Die Grenzregion war im späten 17. Jahrhundert zu Frankreich gekommen. Zwischen 1870 und 1945 jedoch wechselte die Herrschaft über das Gebiet viermal zwischen Frankreich und Deutschland hin und her.

Zeitzeugen all dieser Wechsel waren auch die Mitglieder der Familie Hugel aus Riquewihr (oder die Hügels aus Reichenweier, wie von 1871 bis 1918 und von 1940 bis 1944 in ihren Ausweisen stand). Die Winzerfamilie war seit 1639 in dem Städtchen ansässig. »Wir sind Spezialisten für Wein und Kriege«, erzählte uns Jean Hugel Jr. »1939 wollten wir gerade unser 300jähriges Familienjubiläum feiern, als der Krieg erklärt wurde.« Die Feierlichkeiten wurden abgesagt.

Die Familienchronik der Hugels spiegelt in vielerlei Weise die Geschichte des Elsaß wider. »Mein Großvater hat im Lauf seines Lebens viermal die Staatsangehörigkeit gewechselt«, erzählt Jeans Bruder André. Großvater Emile wurde 1869 als Franzose geboren. Zwei Jahre später, nach dem Deutsch-Französischen Krieg 1870/71, wurde das Elsaß zusammen mit Lothringen dem Deutschen Reich einverleibt. Nach dem Ende des Ersten Weltkriegs 1918 wurde Emile wieder Franzose. Nach der neuerlichen Besetzung des Elsaß 1940 wurde ihm ein deutscher Personalausweis aufgezwungen, und schließlich starb er 1950, im Alter von 81 Jahren, wieder als Franzose.

Das ständige Hin und Her zwischen zwei Nationen führte zu einer Art regionaler Schizophrenie, dem Gefühl, ebenso ein Teil Frankreichs wie ein Teil Deutschlands zu sein – zuallererst jedoch Elsässer.

Diese häufigen politischen Kehrtwendungen innerhalb weniger Jahrzehnte machten es auch den Weinbauern und -verkäufern nicht ganz einfach, mußten sie sich doch oft plötzlich an völlig veränderte wirtschaftliche Rahmenbedingungen anpassen. Vater Jean Hugel schrieb einmal: »Es ist sehr einfach, auf einer Landkarte über Nacht eine Grenze zu verändern … Doch oft stand das neue Wirtschaftssystem in einem völligen Gegensatz zu dem gewohnten. Aus dem heimischen Markt wurde plötzlich ein Exportmarkt, der durch Zollschranken fast unerreichbar war und umgekehrt. Gute Kundenkontakte brachen ab, und neue mußten mühsam wieder aufgebaut werden.«

F. E. HÜGEL u. Söhne
WEINGUT IN REICHENWEIER OBER-ELSASS
SEIT
HVH
1639
ELSASS
REICHENWEIRER RIESLING

Im Herbst 1939 schien es unvermeidlich, daß dieser gesamte lähmende Prozeß aufs neue durchgestanden werden mußte. Mit der Kriegserklärung ordnete die französische Regierung aus Furcht vor einem Angriff die Evakuierung von Straßburg an. Straßburg blieb über viele Monate *ville morte*, eine tote Stadt, nur Katzen und Hunde bewohnten sie noch. Erst im Sommer 1940, nach der Besetzung durch die Deutschen, kehrten viele der 200 000 Einwohner allmählich wieder in ihre vom Krieg verschont gebliebene Stadt zurück.

Für die Hugels war es nur eine Frage der Zeit, bis der *drôle de guerre* zu einem »richtigen« Krieg eskalieren würde. Sie hatten genau beobachtet, wie die Beschwichtigungspolitik Englands und Frankreichs bei der Münchner Konferenz ein Jahr zuvor gescheitert war, wo sich die Premierminister Chamberlain und Daladier von Hitler hatten vorführen lassen. Als Hitler im August 1939 einen Nichtangriffspakt mit der Sowjetunion schloß, hatten die Hugels kaum noch einen Zweifel daran, daß ein Krieg unmittelbar bevorstand. Sie sollten recht behalten. »In diesem Moment spürten wir, daß Deutschland nur noch gebremst werden konnte, wenn die USA in den Krieg eintreten würden«, so Jean Hugel. Diese Hoffnungen wurden jedoch zunichte gemacht, als Präsident Roosevelt im Oktober erneut bekräftigte, daß sein Land weiter neutral bleiben wolle.

Über dem Elsaß lastete wie die dunklen Novemberwolken jener Tage ein Gefühl drohenden Unheils. Im Dezember wollte auch keine Weihnachtsstimmung aufkommen. Die meisten elsässischen Dörfer, die aussahen wie aus einem Märchenbuch der Gebrüder Grimm, blieben dunkel. Es gab keine Festtagsbeleuchtung, keine Musik und nicht die heitere Stimmung, die sonst die Vorweihnachtszeit prägt.

An Heiligabend versammelten sich die Hugels in Riquewihr wie jedes Jahr, doch es wurde eine düstere Veranstaltung. In früheren Jahren war das Haus immer festlich geschmückt gewesen, es wurden Geschenke ausgetauscht, und zu dem Festessen gehörten selbstverständlich auch hervorragende Weine. Nicht jedoch in diesem Jahr. Es war niemandem zum Feiern zumute. Alle fürchteten, es würde das letzte Weihnachtsfest als französische Staatsbürger sein, und Großvater Emile, schon 70 Jahre alt, wollte nicht als Deutscher sterben.

»Mimi, meine Mutter, weinte die ganze Nacht«, erinnerte sich André. Sie war untröstlich: Zwei ihrer Söhne waren fast erwachsen und mußten wahrscheinlich bald in den Krieg ziehen – und einer ihrer Brüder lebte in Deutschland.

Auch in anderen Familien sah es düster aus.

Es war ein schlechtes Jahr gewesen für die Miailhes, eine bekannte Winzerfamilie aus dem Bordelais. Mit Marken wie Châteaux Pichon Longueville Siran, Coufran, Dauzac und Citran waren die Miailhes einer der größten Weinerzeuger Frankreichs.

Doch nicht 1939. »Alle Männer waren einberufen worden, und es herrschte schrecklicher Arbeitskräftemangel in den Weinbergen«, erzählt May Eliane Miailhe de Lencquesaing, die bei Kriegsbeginn 14 Jahre alt war. Anders als die Hugels waren sie und ihre Familie nach der Unterzeichnung des Münchner Abkommens optimistisch. »Wir dachten, jetzt würde alles gut werden, doch da täuschten wir uns.«

Die erste böse Überraschung brachten im Sommer 1939 jüdische Freunde aus Italien mit, die ebenfalls in der Weinbranche arbeiteten und unerwartet zu Besuch kamen.

»Sie erklärten uns, die italienische Regierung vertreibe die jüdische Bevölkerung, und sie wüßten nicht, was sie tun sollten«, sagte May Eliane. »Sie waren zwei Ehepaare mit drei Kindern, und wir schlugen ihnen vor, einfach hierzubleiben, bis sich eine andere Lösung gefunden hätte.«

Schon seit Hitlers Machtergreifung 1933 hatte es einen stetigen Strom verängstigter Juden aus Deutschland und Osteuropa gegeben, die in Großbritannien und Frankreich, aber auch in den USA,

Argentinien und Palästina um Aufnahme suchten. Im November 1938 schwoll dieser Flüchtlingsstrom deutlich an, nachdem in der Pogromnacht des 9. November nicht nur in ganz Deutschland Synagogen und Geschäfte jüdischer Inhaber in Brand gesteckt, sondern 91 Menschen ermordet worden waren.

May Elianes Tante Renée Miailhe hatte viel Verständnis für die Flüchtlinge, denn durch den Ersten Weltkrieg hatte sie selbst ihre beiden Eltern verloren. Daher zögerte sie auch keinen Moment, ihre italienischen Freunde aufzunehmen. »Meine Tante wollte niemanden wegschicken, und die Familie war ebenfalls einverstanden«, erinnert sich May Eliane. Die beiden Familien wurden im Château Palmer untergebracht, das zu einem Teil den Miailhes gehörte. Doch die Frage blieb, was als nächstes geschehen sollte, und wie lange die Flüchtlinge dort sicher wären.

Die Freunde wohnten kaum einen Monat in dem Schloß, als die deutschen Truppen Polen überfielen und ein furchtbares Blutbad anrichteten, dem mehr als 10 000 Zivilisten zum Opfer fielen, darunter 3000 polnische Juden. Von diesen wurden einige sogar in ihren Synagogen lebendig verbrannt.

Baron Robert de Rothschild, einer der Besitzer von Château Lafite-Rothschild, hatte bereits seit Beginn der 30er Jahre die Ereignisse in Deutschland mit wachsender Besorgnis verfolgt. Als Vorstand des Leitungsgremiums der Großen Synagoge von Paris war er bestürzt, als sich Mitglieder seiner Gemeinde zu beschweren begannen, zu viele jüdische Flüchtlinge kämen nach Frankreich, und man solle sie abweisen. »Ihr sitzt hier mit euren Orden der Ehrenlegion und euren französischen Pässen«, fuhr er sie ärgerlich an, »aber wenn es hart auf hart kommt, dann sitzen wir plötzlich alle im selben Boot!«

Baron Robert nahm auch Kontakt mit einem alten Freund aus der Zeit des Ersten Weltkriegs auf, einem gewissen Marschall Philippe Pétain, und bat ihn, er solle seinen Einfluß gegen eine Verschärfung der Einwanderungsbestimmungen für ausländische Juden geltend machen. Pétain weigerte sich.

»Ich denke, Pétain hielt meinen Großvater auch für so einen ›lästigen Juden‹«, erinnerte sich Eric de Rothschild später.

Im Winter 1939 waren Hitlers Pläne zur »Endlösung«, also der Ermordung der jüdischen Bevölkerung Europas, bereits weit fortgeschritten. Was ab 1933 mit der schrittweisen Ausgrenzung der deutschen Juden aus der Gesellschaft begonnen hatte, setzte sich mit einem immer stärkeren Druck zur Emigration fort. Nach dem Überfall auf Polen wurden die polnischen Juden aus ihren Wohnungen vertrieben und gezwungen, in überfüllten Ghettos zu leben.

Dieser Realität werdende Alptraum ging auch an den Miailhes und ihren Freunden nicht vorbei. Sie sorgten sich alle, wann er sie einholen würde. Dennoch gab es auch Momente, wo sie versuchten, ihre Ängste zu verdrängen. Einer der Italiener war ein Erster Geiger des Symphonieorchesters von Triest gewesen, und auch die anderen spielten ein Instrument. Und so gab es jeden Tag Kammermusik, zu der sich auch die Miailhes einfanden. »Ich erinnere mich an wundervolle Schumann-, Fauré- und Bachkonzerte. Sie fanden jeden Nachmittag zwischen fünf und sieben Uhr statt, auch als es später dann abends kalt wurde.« Das Brennmaterial war knapp, »aber die Musik wärmte uns allen das Herz«.

Für die französischen Soldaten an der Maginot-Linie hatte der Winter wenig Tröstliches zu bieten. Seit vier Monaten hatte Frankreich den Krieg erklärt, doch nichts war seither geschehen. An der Front blieb es ruhig. Um die Zeit totzuschlagen, begannen einige Soldaten sogar damit, entlang der Maginot-Linie Rosen anzupflanzen.[20] Andere beobachteten mit ihren Ferngläsern die Deutschen auf der anderen Seite der Front beim Fußballspielen und schlossen Wetten auf die Ergebnisse ab.

Die Untätigkeit der französischen »Kämpfer« blieb den Zivilisten im Hinterland nicht lange verborgen. Einer der Soldaten, im Zivilleben ein Ladenbesitzer, erhielt einen zornigen Brief seiner

Frau mit der Aufforderung, ihr ein wenig Papierkram abzunehmen: »Schließlich hast du nichts zu tun, also schreibe *Du* an die Kundschaft. Ich habe beide Hände voll!«[21]

In Paris waren unterdessen alle Restaurants überfüllt, und vor den Kinos bildeten sich lange Schlangen. »Paris muß doch Paris bleiben«, erklärte der Chansonsänger Maurice Chevalier, »und Soldaten auf Urlaub müssen schließlich trotz allem noch ein wenig Pariser Charme vorfinden.«

Die meisten waren überzeugt, sollten die Deutschen tatsächlich angreifen, wäre Frankreich bestens vorbereitet. »Vertrauen ist eine Bürgerpflicht!« titelten die Tageszeitungen. Doch das war nicht die einzige Bürgerpflicht. Die Werbeabteilung eines großen Kaufhauses entdeckte im Herbst 1939 noch eine andere: »Madame, auch Eleganz ist eine Pflicht!«, verkündete ein Plakat.

Auch die Regierung bemühte sich, Vertrauen und Zuversicht auszustrahlen.[22] Parlamentsdebatten im März 1940 über den Stand der Vorbereitungen Frankreichs waren bestimmt von Patriotismus und kühnen Parolen, sogar Lobeshymnen auf *le vin chaud du soldat*, den Glühwein für die tapferen Kämpfer. Den größten Applaus erhielt Edouard Barthe, ein Abgeordneter der Regierungskoalition und Weinlobbyist, der die Einrichtung von Weinstuben in jedem größeren Bahnhof forderte, wo sich Soldaten aufhielten. Er mahnte auch die Bereitstellung von zusätzlichen 50 Millionen Litern Wein für die Versorgung der Frontsoldaten an. »Wein ist ein guter Kamerad des Soldaten«, meinte er. »Das macht ihm Mut.«[23]

Doch das Vertrauen war nur aufgesetzt, und hinter vorgehaltener Hand wurden schlimme Befürchtungen geäußert. In der Regierung waren viele der Ansicht, daß ihre Spitzenpolitiker zuviel Zeit mit »Politikspielereien« verbrachten, anstatt sich auf einen Krieg vorzubereiten. Angesichts des Nichtangriffspakts zwischen Deutschland und der Sowjetunion dachten manche, Frankreich habe sich den falschen Gegner ausgesucht. »Hitler ist schlecht, aber Stalin ist noch schlechter«, meinten diese. Kaum jemand hatte ein gutes Wort für die französische Außenpolitik übrig, über die ein Historiker urteilte, sie sei »ständig hin- und hergerissen zwischen defätistischer Panik und aggressiv überhöhtem Selbstbewußtsein«.

Premierminister Daladier – ängstlich bedacht, keinen Fehler zu machen – war fest von einer Defensivstrategie überzeugt, wie sie durch die Maginot-Linie symbolisiert wurde. Er widersprach der Einschätzung eines Panzerkommandanten namens Charles de Gaulle, der argumentierte, Frankreichs Hoffnung liege in der Schaffung einer Berufsarmee, die sich auf starke und mobile gepanzerte Truppenteile verlassen sollte. De Gaulles Ideen, die dieser in den frühen 30er Jahren in zwei Büchern veröffentlicht hatte, wurden von Daladier und den meisten Militärs abgelehnt. Selbst als Daladier durch den etwas offensiveren Paul Reynaud abgelöst wurde, verhallten de Gaulles Vorschläge weitgehend ungehört.

Nicht jedoch überall. Jüngere Mitglieder des deutschen Generalstabs hatten de Gaulles Buch von der ersten bis zur letzten Seite durchgearbeitet und dessen offensive Strategie rasch in ihre eigenen Konzepte übernommen.

In mancher Beziehung war die zögerliche Haltung der französischen Regierung nachvollziehbar. Der Historiker Robert O. Paxton schrieb hierzu: »Jeder Franzose über 30 erinnerte sich an das völlig sinnlose Sterben auf den Schlachtfeldern des Ersten Weltkriegs. 1914–18 war Frankreich zu einer Nation der Alten und Kriegsinvaliden geworden, was jedem täglich beim Gang durch die Straßen erneut klargemacht wurde. Die Lage wurde Mitte der 30er Jahre besonders prekär, als jährlich nur noch halb so viele Rekruten wie sonst für die Armee zur Verfügung standen, weil in den Jahren 1915–19 sehr viel weniger Kinder geboren worden waren. Sollte es wieder zu einem ähnlichen Blutbad kommen, würde es dann Frankreich überhaupt noch geben?«[24]

Solche Ängste führten zu manchen im Rückblick geradezu paranoiden Maßnahmen. So wurden Weinlieferungen an Soldaten praktisch als Staatsgeheimnis behandelt. Es war öffentlich bekannt, daß jedem Soldaten täglich ein Liter Wein zur Verfügung stand; die Verantwortlichen fürchteten nun, aus der Menge des an die Front geschickten Weins könnte der Gegner die Zahl der eingesetzten Soldaten ermitteln.[25]

Bedenklicher war jedoch der fortgesetzte Machtkampf zwischen dem Premierminister Paul Reynaud und seinem Vorgänger Edouard Daladier, der sich auf die gesamte Regierungsebene ausdehnte und viele Entscheidungsvorgänge lähmte. Beide Männer waren von ihren Positionen zur Kriegsführung fest überzeugt. Während Reynaud eine offensivere Strategie vertrat, blieb Daladier, jetzt Außenminister, bei seiner defensiven Haltung. Unglücklicherweise hatten beide Geliebte, die gleicher Ansicht wie ihre Liebhaber waren und sich gegenseitig ebenfalls nicht ausstehen konnten. Statt dessen waren sie beide sehr begabt darin, »ihren« Männern beim Bettgeflüster ihre eigenen Vorstellungen von der optimalen Kriegsführung nahezubringen. Der US-Botschafter William Bullit war nach seinen vergeblichen Versuchen, mit der französischen Regierung zu verhandeln, derart entnervt, daß er ein Telegramm an Präsident Roosevelt losschickte mit der Bemerkung: »In horizontaler Lage versprühtes Gift ist ganz besonders gefährlich.«

Es war April 1940 geworden, sieben Monate waren seit der Kriegserklärung vergangen. Der Winter war bereits dem Frühling gewichen, und die Straßencafés in Paris füllten sich allmählich. Es schien ein Sommer wie der im Jahr zuvor zu werden, in dem, wie Janet Flanner schrieb, Paris »Wohlstand, Fröhlichkeit und Gastfreundschaft ausstrahlte«.

Und doch sollte es damit schon sehr bald ein Ende haben.

Am 9. Mai 1940 rief Hitler seinen Generalstab zusammen: »Meine Herren, Sie werden gerade Zeugen des berühmtesten Sieges in der Geschichte.«[26]

Am nächsten Tag überfielen die deutschen Truppen Belgien, überschritten die Maas und stießen ohne großen Widerstand durch die dicht bewaldeten Ardennen nach Frankreich vor, wobei sie die Maginot-Linie einfach von Norden her umgingen. Neun Monate nach der Kriegserklärung Frankreichs gegen das Deutsche Reich brachen nun erstmals Kämpfe aus.

Die auf dem Papier so starke französische Armee wurde überwältigt. Zwar hatte sie mehr Panzer als die deutsche, doch diese waren weit verstreut und ungünstig stationiert und konnten den heranrückenden deutschen Truppen wenig entgegensetzen.[27]

Dennoch schlugen sich die französischen Truppen tapfer gegen den Eindringling. »Gut, daß es endlich anfängt«, rief ein Soldat. »Jetzt können wir die *boches* endlich schlagen, und im Herbst ist dann alles vorbei.«[28]

Tatsächlich sollte alles sogar schon früher als im Herbst vorbei sein – allerdings anders, als er sich das wohl vorgestellt hatte.

ZWEI

Auf der Flucht

Mit den letzten Rettungsbooten am Horizont schwanden auch sämtliche Hoffnungen Gaston Huets auf Rettung für ihn und seine Männer.

Es war der 24. Mai 1940, und im Hafen von Calais an der Nordwestküste Frankreichs waren Zehntausende französische und britische Soldaten mit dem Rücken zur See von deutschen Truppen eingeschlossen. In diesem Augenblick hätte der 30jährige französische Leutnant wohl alles dafür gegeben, wieder zurück in seinem Weinberg in Vouvray im Loiretal zu sein.

Für Huet hatte der Krieg schon lange gedauert. Eineinhalb Jahre zuvor war er einer der ersten gewesen, die im Zuge der Krise um das Münchner Abkommen eingezogen worden waren. Seitdem war er nur einmal zu Hause gewesen, zum ersten Geburtstag seiner Tochter. Nun fragte er sich, ob er seine Familie überhaupt wiedersehen würde, und wenn ja, wann.

Huet befehligte eine Transportkompanie, die kurz vor der Invasion zur Übernahme dringend benötigter Treibstoffvorräte für die französische Armee nach Belgien abkommandiert worden war. Diese Mission wurde jedoch unmöglich, als motorisierte deutsche Infanterieeinheiten, die von Panzerverbänden und aus der Luft unterstützt wurden, in Frankreich einfielen und dabei gleich auch noch Belgien und die Niederlande überrannten.

»Als wir nach Flandern kamen, mußten wir feststellen, daß die Belgier die Treibstoffvorräte in die Luft gejagt hatten, damit sie nicht dem Feind in die Hände fielen«, erklärte Huet.

Die Nachrichtenverbindungen waren unterbrochen, und die Deutschen rückten mit einer unglaublichen Geschwindigkeit vor. So war es schwierig, sich zu orientieren. Huet entschloß sich, nach Süden auszuweichen, um wieder zurück nach Frankreich zu kommen. Er mußte aber rasch feststellen, daß der Weg von deutschen Panzern abgeschnitten worden war, und so kehrte seine Einheit nach Norden um, in Richtung Antwerpen. In dieser Richtung waren jedoch sämtliche Wege durch Flüchtlinge versperrt. Verzweifelt entschied Huet, daß er und seine 200 Mann versuchen sollten, in südwestlicher Richtung den französischen Hafen Calais am Ärmelkanal zu erreichen. Dort hoffte er ein Schiff zu finden, mit dem er sich und seine Einheit nach England retten konnte.

»Etwa 30 Kilometer vor Calais wies ich meine Männer an, unsere Fahrzeuge und Vorräte unbrauchbar zu machen, damit sie nicht dem Feind in die Hände fielen«, erzählte Huet. Einige der Fahrzeuge wurden im Wald versteckt oder in einen der vielen Kanäle gesteuert, nicht jedoch ohne zuvor noch einige wichtige Vorräte abzuladen – Verpflegung, Wasser und 30 Kisten Vouvray, die Huet von zu Hause mitgebracht hatte, »um meine Männer zu stärken, wann immer das nötig war«. Nachdem jeder ein paar Flaschen in seinem Rucksack verstaut hatte, zog der Treck weiter.

Die Lage in Calais glich einem Alptraum. Am Strand warteten Tausende französischer und britischer Soldaten auf die Evakuierung. Doch es waren keine Schiffe in Sicht, nicht einmal ein einziges Fischerboot. Huets Hoffnungen schwanden dahin. »Ich wußte nicht, was ich tun sollte«, sagte er. »Wir konnten einfach nirgendwohin. Auf der einen Seite waren die Deutschen, auf der anderen der Kanal.«

Etwa 30 Kilometer entfernt, bei Dunkerque, war gerade eine große Evakuierungsaktion angelaufen, »aber wir wußten davon nichts«, so Huet. »Und selbst wenn wir davon gewußt hätten, wären wir unmöglich dorthin gekommen.« Sämtliche Fluchtwege waren nun versperrt, und plötzlich begannen auch noch Bombenangriffe der Deutschen aus der Luft auf die Truppenteile am Strand. Doch es waren nicht nur deutsche Flugzeuge in der Luft, sondern auch noch britische, die ebenfalls Bomben abwarfen. »Die dachten, die Deutschen hätten schon alles eingenommen, und wir seien auch Deutsche«, beschrieb Huet die Lage.

Schließlich tauchten in all dem Chaos doch noch einige kleinere britische Marineschiffe auf. Die am Strand eingekesselten Soldaten drängten ins Wasser und versuchten, schwimmend die Schiffe zu erreichen. Doch die Boote konnten nicht alle aufnehmen, allenfalls ein paar hundert Mann. Und da wurden natürlich Briten bevorzugt, so daß Huet und seine Männer keine Chance hatten. Irgend jemand rief ihnen von einem Schiff aus zu, daß man wiederkommen werde, doch das geschah nicht.

»Ich war wie betäubt«, schilderte uns Huet seine Lage. »Wir waren vollkommen verlassen.« Und mit ihnen Tausende anderer Soldaten.

Unterdessen nahmen die Bombenangriffe weiter zu. Huet führte seine Einheit zu einem der Betonbunker, die als Verteidigungsanlage entlang der Küste errichtet worden waren. Von dort konnten sie sehen, wie die letzten der rettenden Schiffe allmählich aus ihrem Sichtfeld verschwanden. Ohnmächtig und verzweifelt betrachteten sie die gewaltigen Geschütze, mit denen ihr Bunker ausgerüstet war. Alle waren sie fest installiert und auf See gerichtet. »Selbst wenn wir sie auf die Landseite hätten ausrichten können, hätten sie uns nichts genutzt«, meinte Huet. »Ihre Reichweite war viel zu groß; wir hätten einfach nur über die Deutschen hinweggeschossen.«

Ihnen war klar, daß es nur noch eine Frage der Zeit war – und zwar einer sehr kurzen Zeit –, bis sie gefangengenommen wurden. Und so taten sie das einzige, was ihnen noch übrigblieb: Sie setzten sich hin und entkorkten ihre letzten Flaschen Vouvray.

Nach einigen Minuten ließ der Bombenhagel nach. Neugierig spähte Huet aus einer der Luken, und es verschlug ihm die Sprache. Auf dem Bunker zu seiner Rechten wurde die französische Trikolore eingeholt und die schwarz-weiß-rote deutsche Flagge gehißt. Huet stürzte auf die andere Seite des Bunkers und sah, wie sich die gleiche Szene auf dem Bunker zu seiner Linken wiederholte. Nur noch eine Trikolore war gehißt, und zwar die auf ihrem eigenen Bunker. Mit Tränen in den Augen und unter den Blicken seiner Männer näherte sich Huet dem Fahnenmast und holte langsam die Flagge ein. Sie rissen kleine Stücke davon ab und teilten sie untereinander auf. Den Rest der Fahne verbrannten sie.

Anschließend saßen sie stumm auf dem Boden, bereit, sich ihrem Schicksal zu ergeben. »Wir konnten nichts mehr ausrichten«, meinte Huet. »Wir waren als Transportkompanie nicht auf einen Kampf eingerichtet. Als die Deutschen schließlich kamen, blieb uns nichts anderes übrig, als uns zu ergeben.«

Kaum einen Monat später kapitulierte Frankreich offiziell – in der Zwischenzeit waren jedoch über zehn Millionen Menschen, ein Viertel der Gesamtbevölkerung, zu Flüchtlingen geworden, Nomaden auf dem Weg nach Süden, weg von den heranrückenden Deutschen. Es war die größte Völkerwanderung in Europa seit Menschengedenken.[29] »Niemand wußte, wo er hinsollte«,[30] berichtete ein Augenzeuge. In glühender Hitze, nur unterbrochen durch ein gelegentliches Gewitter, wurden Kinder von ihren Eltern getrennt; Hunderte kamen bei Angriffen deutscher Tiefflieger ums Leben. Doch niemand hielt an; alle hatten Angst.

»Fast jeder Franzose war mit Berichten über deutsche Greueltaten während des Ersten Weltkriegs aufgewachsen«, so der Historiker Robert O. Paxton.[31] Einer von ihnen, der Winzer Henri Jayer aus dem Burgund, erinnert sich, wie ihn sein Vater gewarnt hatte: »Du mußt sofort weg; die Deutschen sind einfach Barbaren! Wenn du nicht tust, was sie sagen, hacken sie dir die Hände ab.«

Ähnliche Befürchtungen bewogen auch den Vater des Champagnerproduzenten Henri Billiot zur Flucht mit seiner Familie. Der

Vater, der »im Ersten Weltkrieg seine Gesundheit verloren« hatte, war überzeugt, daß die gesamte Familie massakriert würde, wenn es ihnen nicht gelänge, zu fliehen. »In der Hektik und Aufregung wurde einer unserer Großväter von uns getrennt und geriet in Panik«, erzählte Henri. »Die ganze Nacht und den folgenden Tag lief er umher auf der Suche nach uns. Aber es war aussichtslos, uns zu finden. Schließlich gab er auf und kehrte nach Hause zurück. Dort erlitt er dann einen tödlichen Schlaganfall. Ich bin sicher, er starb an der Angst, an der Ungewißheit, was mit uns geschehen würde.«

Viele der Flüchtlinge waren Soldaten, die zuvor Dienst an der Maginot-Linie geleistet hatten. »Es war ein ruhmloser Rückzug«, erinnerte sich René Engel, ein Winzer aus dem Bordelais. Engel, der im Ersten Weltkrieg gekämpft hatte, erinnerte sich an Soldaten, die in der Nähe seines Hauses ihre Waffen wegwarfen und sich in die Weinberge schlugen, weil die Straßen so sehr verstopft waren. »Das war ein Anblick, den wir Verdun-Veteranen nur schwer ertragen konnten.«[32]

Für andere dagegen war es »ziemlich aufregend«.

Robert Drouhin, der damals acht Jahre alt war, erinnerte sich im Gespräch mit uns an Menschen, die Lebensmittel, Matratzen, ja, sogar Vogelkäfige mit sich schleppten. »Manchmal standen meine Schwester und ich am Straßenrand und winkten den Leuten zu«, erzählte er. »Wir hatten keine Vorstellung davon, wie gefährlich die Lage war.«

Und auch nicht, wie dramatisch sich die Lebensumstände noch verändern sollten …

Die Deutschen waren schnell vorgerückt. Am 12. Juni hatten sie die Champagne überrannt. Zwei Tage später bereits zogen sie in Paris ein. Andere Einheiten zogen weiter, die Landstraßen jenseits der Weinberge der Côte d'Or in Burgund entlang. Am 28. Juni erreichte der Vormarsch die Pyrenäen und kam endlich zum Stillstand. Wichtigstes Ziel der Deutschen jedoch war die Hafenstadt Bordeaux in Südwestfrankreich, die auch das Zentrum des französischen Weinhandels war.

»Die Deutschen brachen über uns herein wie Todesengel«, erinnert sich ein Bewohner der Gegend.[33] Sie errichteten Kontrollstellen, requirierten Wohn- und Geschäftshäuser und übernahmen die Kontrolle über den Hafen.

In der Stadt trafen sie schließlich auch auf die französische Regierung, die zweieinhalb Wochen zuvor aus Paris geflohen war und Bordeaux zu ihrer provisorischen Hauptstadt erklärt hatte.

Praktisch über Nacht hatte sich in dieser malerischen alten Stadt so gut wie alles verändert. Alles starrte vor Waffen; überall hingen Hakenkreuze und andere Symbole der Nazis. Der Hafen selbst, seit 200 Jahren Hauptumschlagplatz für die Weine der Region, wimmelte von bewaffneten Soldaten und wurde zu einer deutschen Marinebasis umgewandelt.

Die dramatischsten Veränderungen jedoch betrafen die Bevölkerung. Noch zu Beginn des Monats hatte die Zahl der Einwohner 250 000 betragen. Jetzt war Bordeaux voller Flüchtlinge und zählte fast eine Million Menschen.

Wie Robert Drouhin fand auch Hugues Lawton das sich anbahnende Drama unglaublich faszinierend. Hugues' Vater, einer der bekanntesten Weinhändler von Bordeaux, war ein Weltkriegsveteran und hatte seinem Sohn so manches über den Krieg erzählt. »Ich hätte nicht im Traum daran gedacht, daß ich einmal etwas so Interessantes zu sehen bekommen würde, und deswegen wollte ich unbedingt alles mitbekommen«, erinnerte sich Hugues, der damals 14 Jahre alt war. Zu seiner großen Begeisterung marschierten die Deutschen gerade ein, als er aus dem Fenster schaute. »Ich sah die ersten deutschen Panzer rollen und war ganz aufgeregt.« Dennoch spürte er auch schon eine gewisse Gefahr. »Ich erinnere mich an einen deutschen Soldaten auf einem Motorrad. Er war so stolz, daß sich ihm sogar die Nasenlöcher blähten. Ich konnte das nicht verstehen ...«

Was auch viele andere nicht verstehen konnten, war, wieso eine Armee wie die französische, die sogar einige deutsche Generäle zu den stärksten in Europa gezählt hatten, so schnell und einfach besiegt werden konnte. Die Verluste waren so beträchtlich – 90 000 Tote, 200 000 Verwundete, mehr als anderthalb Millionen Kriegsgefangene[34] –, daß es einem Veteranen aus dem Ersten Weltkrieg, dem greisen Marschall Philippe Pétain, anscheinend mühelos gelang, seine Landsleute zum Niederlegen der Waffen aufzufordern. Alle waren dazu bereit, und ein Seufzer der Erleichterung schien durchs Land zu gehen.

Pétain, der »Held von Verdun«, wie er wegen seiner militärischen Erfolge im Ersten Weltkrieg genannt wurde, besaß an der Côte d'Azur einen eigenen Weinberg und war als Botschafter in Spanien tätig, als ihn Premierminister Paul Reynaud nach Frankreich zurückrief, um die Moral der Bevölkerung wiederherzustellen. Als Reynaud am 16. Juni 1940 zurücktrat, war der bereits 84jährige Pétain bereit, selbst Premierminister zu werden und eine Regierung zu bilden. Bereits am Mittag des nächsten Tages wandte er sich in einer Rundfunkansprache an die Franzosen. »Schweren Herzens muß ich Ihnen mitteilen, daß es notwendig ist, die Kämpfe einzustellen.« Unter der Beteuerung, daß er sich selbst persönlich für das Land aufopfern wolle (*le don de ma personne*[35]), erklärte Pétain, er sei bereit, mit Deutschland einen Waffenstillstand zu vereinbaren, und Frankreich werde unter seiner Regierung wieder zu seiner früheren Größe zurückfinden. Er begründete diese Entscheidung mit seiner Einschätzung, sein Land stehe nunmehr allein, Großbritannien könne einem deutschen Angriff nicht standhalten, und Frankreich könne durch die Unterzeichnung eines Friedensvertrages mit Berlin aus einer solchen Niederlage stärker und geeinter hervorgehen als jemals zuvor, und zwar in einem neuen, von Deutschland dominierten Europa.

Fünfundneunzig Prozent seiner Landsleute teilten diese Ansicht und empfanden Pétains Zusicherungen und Opfergesten wie Balsam auf ihren Wunden. Er wurde verehrt wie eine neue Jeanne d'Arc, als »Führer, der uns vor dem Abgrund bewahrt hat«.[36] Unter den Zuhörern jener Rundfunkansprache vom 17. Juni befand sich auch May Eliane Miailhe de Lencquesaing. »Was er uns sagte, war genau das, was wir hören wollten«, erinnert sie sich. »Wir waren alle Pétainisten.«

Vor allem die Menschen aus der Weinbranche waren besonders angetan. Sie wußten, daß Pétain ein kleines Weingut an der französischen Riviera besaß. Sie erinnerten sich auch daran, was er während des Ersten Weltkriegs über die Rolle des Weins geschrieben hatte: »Von allen Lieferungen an die Armee war sicher der Wein die am sehnlichsten erwartete und meistgeschätzte. Für seine tägliche Ration Wein nahm der französische Soldat Gefahren auf sich, trotzte Mörsersplittern und betrog die Militärpolizei. In seinen Augen war die tägliche Weinration fast ebenso wichtig wie der Nachschub an Munition. Wein war das Stimulans, das ebenso seine Moral wie sein körperliches Wohlbefinden erhöhte. Der Wein war daher auch ein wichtiger Verbündeter auf dem Weg zum Sieg.«[37]

Obwohl es diesmal keinen Sieg zu feiern gab, trösteten sich die meisten Franzosen mit dem Glauben, daß sie diesmal wenigstens die chaotischen Verhältnisse vermeiden konnten, die ein offener Krieg mit sich gebracht hätte. Um die Niederlage noch weiter abzumildern, argumentierte Pétain, daß das französische Volk unter den Regierungen der Dritten Republik »1939 nicht ehrlich in den Krieg geführt wurde, sondern unehrenhaft in die Niederlage«. Das war übelste Denunziation. Der britische Historiker H. R. Kedward bemerkte hierzu: »Niemand übernahm eine Verantwortung; jeder beschuldigte jemand anderen. Einfache Soldaten schoben die Schuld auf ihre Offiziere, der Generalstab machte die Politiker verantwortlich, die Politiker der Rechten die der Linken und umgekehrt, die Pétain-Regierung die vorangegangene Volksfrontregierung unter Léon Blum, diese wiederum die Armee, die meisten in der Bevölkerung die Kommunisten, die Kommunisten die Faschisten und die Faschisten die Juden. [...] Die Zersplitterung war derart, daß die französische Politik um eine ganze Generation zurückgeworfen wurde.«[38]

Klar ist, daß Frankreich keinen Krieg wollte. Die öffentliche Reaktion auf die Kriegserklärung war eine Mischung aus Überraschung, Entsetzen und Resignation. Obwohl Meinungsumfragen 1939 ergaben, daß eine Mehrheit der Befragten für einen Krieg im Fall eines deutschen Angriffs auf Polen war, gab es wenig offene Begeisterung, als diese Situation tatsächlich eintrat – erst recht nicht in der Armee. Marc Bloch, ein Historiker, der selbst in der französischen Armee war, beklagte die »völlige Inkompetenz der Armeeführung« und ihre Passivität angesichts der drohenden Niederlage Frankreichs. Er beschrieb, wie sein eigener Kommandeur »in tragischer Regungslosigkeit verharrte, nichts sagte, nichts tat, immer nur auf die ausgebreitete Karte starrte, als ob er dort die Entscheidung finden könnte, die zu fällen er selbst nicht in der Lage war«.[39]

Dazu kam noch, daß Frankreich einen für diesen Krieg ungeeigneten Panzertyp besaß. Die meisten dieser Geräte waren zur

Unterstützung der Infanterie ausgelegt, nicht für eine Blitzkriegstrategie, wie sie Charles de Gaulle vorgeschlagen hatte und die die Deutschen selbst so erfolgreich anwandten. Außerdem wurde die Armee durch ein völlig veraltetes Nachrichtensystem geschwächt. Ein Offizier beklagte sich bei seinen Vorgesetzten, sogar der Einsatz von Brieftauben würde besser funktionieren. Er meinte es nicht nur ernst, sondern er hatte vielleicht sogar recht.

»Niemand, der das Debakel vom Mai/Juni 1940 in Frankreich miterlebt hat, hat sich jemals völlig von diesem Schock erholt«, ist der Historiker Paxton überzeugt. »Für die Franzosen, die immer von einer besonderen Rolle für sich in der Welt überzeugt waren, war diese Niederlage gegen die Deutschen in nur sechs Wochen ein erschütterndes Trauma.«[40]

Auch für André Terrail, den Inhaber des berühmten Pariser Restaurants *La Tour d'Argent*, war es eine schreckliche Erfahrung. Er war besonders entsetzt von der Vorstellung, daß die Deutschen seinen Weinkeller plündern könnten.

»Für meinen Vater war sein Weinkeller sein Ein und Alles«, erinnert sich sein Sohn Claude. »Das war seine Leidenschaft, sein Lebenswerk, daran hing sein ganzes Herz.«

André Terrail hatte Jahre damit verbracht, einen der berühmtesten Weinkeller der Welt zusammenzustellen. Zu Beginn des Zweiten Weltkriegs bestand sein Vorrat aus über 100 000 Flaschen, darunter viele noch aus dem 19. Jahrhundert. Das Restaurant war derart renommiert, daß auch schon vor dem Krieg die Reichen und Berühmten – von Finanzmagnaten wie J. Pierpoint Morgan über Filmstars bis zu den gekrönten Häuptern dieser Welt – nicht nur wegen der weltberühmten Ente, sondern auch wegen des Weinkellers dorthin pilgerten. Die Vorstellung, seinen gesamten Weinvorrat zu verlieren, war für André unerträglich.

Er hatte bereits zwei Kriege überstanden, den Deutsch-Französischen von 1870/71 und den Ersten Weltkrieg, in dem er ver-

wundet und in Gefangenschaft geraten war. Als erneut der Krieg erklärt wurde, war Terrail so deprimiert, daß er Paris verließ und das Restaurant seinem langjährigen Freund und Geschäftsführer Gaston Masson überließ. Andrés Sohn Claude, der bei der französischen Luftwaffe in Lyon tätig war, kam sofort zur Hilfe zurück nach Paris.

»Franzose sein bedeutet, für sein Land zu kämpfen *und* für seinen Wein«, war er überzeugt.

Claude kehrte am 12. Mai 1940 nach Paris zurück, gerade zwei Tage nachdem die Deutschen in Belgien die Maas überquert hatten. Es war warm und sonnig, einer jener Tage, die Paris zum schönsten Ort der ganzen Welt machen. Tatsächlich war die Stimmung in der Hauptstadt geradezu festtäglich. Vor den Kinos hatten sich lange Schlangen gebildet, und in den meisten Cafés war jeder Platz besetzt. Claude dürfte über die Haltung der Pariser schockiert gewesen sein. Er wußte, wie schwach die französische Luftwaffe war, und ihm war klar, daß der deutsche Vormarsch jetzt kaum noch aufzuhalten war.

Aufgrund der hohen Alarmstufe hatte Claude nur einen sechsstündigen Ausgang genehmigt bekommen, und die Zeit verging wie im Flug. Er und Masson waren schon zuvor übereingekommen, daß der Wein in so kurzer Zeit am besten geschützt werden konnte, indem man ihn einmauerte. Allerdings wurde es auch rasch klar, daß man eine solche Menge Flaschen auf diese Art nicht vollständig verbergen konnte. Daher wählten sie notgedrungen die 20000 besten Flaschen aus, insbesondere die des Jahrgangs 1867, André Terrails allergrößter Schatz.

In atemberaubendem Tempo und geradezu fanatischer Entschlossenheit sortierten Claude und Gaston mit Hilfe des Perso-

nals die Flaschen. Kistenweise wurden die berühmtesten Marken von einer Ecke der Gewölbe in eine andere geschleppt, während zugleich schon in aller Eile eine Ziegelmauer errichtet wurde.

»Es blieben uns gerade fünf Stunden für die ganze Aktion«, erinnerte sich Claude. »Aber wir schafften es.«

Einen Monat später, am 14. Juni, unter einem von den Überresten der Heizölreserven rußverhangenen Himmel, deren Verbrennung die sich zurückziehende französische Armee noch angeordnet hatte, marschierten die Truppen der deutschen Wehrmacht in die nahezu verlassene Stadt ein. Sie wurden begleitet von einem Sondergesandten des von Hitler zu seinem Nachfolger auserkorenen

Generalfeldmarschalls Hermann Göring. Der erste Halt des Emissärs galt dem *Tour d'Argent*. »Ich möchte Ihren Keller sehen«, verlangte er, »und insbesondere die berühmten Flaschen von 1867.«

Gaston Masson erkannte sofort, was auf dem Spiel stand, begrüßte den hohen Offizier und versuchte, ruhig zu bleiben. Er atmete tief durch und teilte dann seinem Besucher mit, daß der 1867er leider vollständig aufgebraucht sei.

»Wie? Das kann nicht sein! Sind Sie sicher? Ich habe doch schon so viel von diesem prächtigen Wein gehört!«, meinte der Deutsche ungläubig.

Masson bedauerte, aber beharrte darauf, daß keine Flasche dieses Jahrgangs mehr vorhanden sei. »Selbstverständlich, falls Sie es selbst überprüfen möchten ...«, schlug Masson vor und zeigte auf den Zugang zum Keller.

Und so folgte der Deutsche mit einer Handvoll Soldaten Masson in den Aufzug, hinab in das fünf Stockwerke unter der Erde gelegene Gewölbe. Über zwei Stunden lang öffneten sie Kästen, drehten Flaschen um und überprüften Etiketten. Sie durchsuchten jede Ecke, jeden Winkel, doch vergebens. Es war keine einzige Flasche 1867er mehr zu finden.

Als die Deutschen schließlich aufgaben und abzogen, gingen sie dennoch nicht mit leeren Händen. Alle vorgefundenen 80 000 Flaschen wurden erst einmal beschlagnahmt.

Und das war nur ein kleiner Vorgeschmack auf das, was noch kommen sollte.

Am 22. Juni wurde ein Eisenbahn-Salonwagen auf eine kleine Waldlichtung im nordfranzösischen Compiègne geschoben und entmottet. Es war derselbe Waggon, in dem die deutschen Oberkommandierenden 1918 zum Ende des Ersten Weltkriegs das Waffenstillstandsabkommen unterzeichnen mußten. Nun war es an den Repräsentanten Frankreichs, unter den Augen Hitlers und seiner Generäle an eben dieser Stelle denselben Schritt zu vollziehen – einen Waffenstillstand zu unterzeichnen, der dem Land viele ebenso erniedrigende Bedingungen auferlegte wie der Versailler Vertrag 1919 dem Deutschen Reich. Die französische Armee wurde auf 100 000 Mann begrenzt. Seine einst so stolzen Truppen waren nur noch für die Aufrechterhaltung der öffentlichen Sicherheit zuständig. Dem Land wurden astronomische Besatzungslasten auferlegt und mehr als die Hälfte seiner Fläche formell unter Besatzungsstatut gestellt. Diese *zone occupée* umfaßte die nördlichen drei Fünftel des Landes sowie einen Streifen entlang der Atlantikküste bis zur spanischen Grenze. In dieser Zone befand sich der Großteil der französischen Bevölkerung und der Industrie. Der Rest des Landes, die sogenannte *zone libre*, war der bei weitem ärmste Teil Frankreichs. Dorthin, in den Kurort Vichy in der Nähe von Clermont-Ferrand, mußte Marschall Pétain nun seinen Regierungssitz verlegen.

Die beiden Zonen wurden durch eine Demarkationslinie unter Kontrolle der Deutschen getrennt. Zum Überschreiten dieser inneren Grenze waren Ausweise erforderlich, und die Reisenden wurden durchsucht. In den ersten Wochen nach dem Waffenstillstand war die Grenze nur für einzelne Arbeiter und Verwaltungsangestellte durchlässig, die die Deutschen für unentbehrlich für Industrie und Dienstleistungsbetriebe der besetzten Zone hielten. Für die Millionen von Flüchtlingen, die vor der Invasion geflüchtet waren, blieb die neue Grenze verschlossen. Das war ein kalkulierter Schachzug der Deutschen. Indem die Pétain-Regierung gezwungen wurde, die Flüchtlinge zwei oder drei Monate bei sich zu behalten, während im Norden eine effiziente Besatzungsverwaltung errichtet wurde, »konnten die Deutschen anschließend als wohlorganisiert und großzügig erscheinen«,[41] wie es der Historiker Kedward formulierte. Beschwerden über die schlechte Lebensmittelversorgung und andere Probleme galten dann auch eher der französischen als der deutschen Verwaltung.

Dennoch machten sich zu diesem Zeitpunkt die meisten Franzosen keine ernsten Sorgen über die Teilung ihres Landes. Sie waren sicher, daß es sich um eine vorübergehende Situation handelte. Auch die Regierung Pétain war dieser Ansicht. Noch am 29. Juni, als die Amtsträger von Bordeaux in das Kurstädtchen Vichy umzogen, beruhigte einer der Minister die Besitzer des Hôtel du Parc: »Machen Sie sich keine Sorgen wegen der Heizung. Spätestens im Herbst sind wir wieder zurück in Paris!«[42]

Dieser Optimismus legte sich schnell.

Marschall Pétain hatte geglaubt, daß er durch eine gute Zusammenarbeit mit den Deutschen Hitler rasch dazu veranlassen könnte, die Besatzung zu beenden. Dies war nicht der Fall. Hitler war an einer Kollaboration gar nicht interessiert. Ihm ging es nur um Kriegsbeute, darum, aus Frankreich so viel wie möglich herauszupressen.[43]

»Die wahren Nutznießer dieses Krieges sind wir«, erklärte Hitler, »und wir werden speckstrotzend aus ihm hervorgehen. Nichts wird zurückgegeben; wir nehmen alles, was wir gebrauchen können. Und wenn die anderen protestieren, schere ich mich nicht darum.«[44]

Zu dem Speck, auf den Hitler anspielte, gehörte vor allem etwas, das der frühere französische Premierminister Edouard Daladier »Frankreichs kostbarstes Juwel« genannt hatte: Wein. Seine Bedeutung lag nicht nur in seinem Handelswert. Er war auch ein Symbol für Prestige, Macht und Lebensart.

Durch die Errichtung der Demarkationslinie geriet der Großteil der besten Weinanbaugebiete Frankreichs unter die Kontrolle der Deutschen, und die Besatzungstruppen warteten nicht lange ab, den Winzern mitzuteilen, wer nun das Sagen habe. Nicht einmal eine Woche nach der Ankunft der Deutschen in Bordeaux und Château Pichon Longueville mußten die Miailhes und Comtesse de Lalande ihren Besitz verlassen.

»Plötzlich tauchten etwa 250 Soldaten auf, und einer der Offiziere erklärte uns, wir müßten das Haus verlassen und alles ausräumen«, sagte May Eliane. »Er war höflich, aber entschlossen und bestand darauf, daß wir sofort gingen.« Das Haus war mit einer Sammlung von Möbeln aus der Zeit Karls X. und Kunstwerken aus dem frühen 19. Jahrhundert eingerichtet, die die Comtesse de Lalande zusammengetragen hatte. Die ganze Familie Miailhe mußte nun alles auf den Dachboden schleppen.

Ein Möbelstück wurde bewußt zurückgelassen. Es handelte sich um einen massiven Schrank mit Küchengeräten. Damit wollten die Miailhes ihre Weinvorräte schützen. Hierzu schoben sie den Schrank von einer Ecke der Küche in eine andere – direkt vor die Tür zu ihrem Weinkeller.

Als sie ihr Schloß verließen, waren deutsche Soldaten bereits damit beschäftigt, Strohsäcke auf dem Parkettfußboden auszulegen und Nägel in die hölzernen Wandverzierungen zu schlagen, um daran ihre Waffen aufzuhängen.

Nach der Beschlagnahmung ihres Heims zogen die Miailhes ins Château Siran im benachbarten Margaux, wo May Elianes Großeltern lebten. Doch auch Château Siran war voller Flüchtlinge aus Nordfrankreich, darunter auch einige entfernte Verwandte aus Verdun. »Das Haus war völlig überfüllt, aber wir konnten auch nicht woanders hin«, erinnerte sich May Eliane.

Sie waren gerade erst einige Stunden dort, als plötzlich der Offizier auftauchte, der zuvor ihr Haus beschlagnahmt hatte. »Er war wütend und befahl uns, sofort mit ihm zu kommen«, erzählte May Eliane. »Wir hatten wahnsinnige Angst.« Der Offizier ließ sie ins Auto einsteigen, und sie fuhren gemeinsam zurück nach Pichon. Sofort wurden sie in die Küche geführt. Entsetzt sahen sie, was geschehen war: Der Schrank war zur Seite gerückt, und die Tür zum Weinkeller stand weit offen.

»Glaubt ihr etwa, wir sind Diebe?«, donnerte der Offizier. »Denkt ihr, wir stehlen euren Wein?« Noch bevor die Miailhes antworten konnten, schrie er weiter: »Wir sind *keine* Diebe, und wir werden keine einzige von euren Flaschen anrühren!« Dann schickte er die zitternden Miailhes fort.

Ihre Sorgen hatten jedoch gerade erst begonnen. Die Reaktion des Offiziers machte ihnen klar, daß sie sofort etwas für ihre jüdischen Freunde im Château Palmer tun mußten. »Wir wußten, daß sie jetzt dort nicht mehr sicher waren«, sagte May-Eliane. »Deshalb beschlossen wir, die beiden Familien vorübergehend in einem kleinen Nebengebäude des Schlosses unterzubringen.« Eine Verbindungstür zum Hauptgebäude wurde zugemauert. An der Rückseite des Nebengebäudes befand sich, verdeckt durch eine dichte Hecke, ein kleines Fenster, durch das die Miailhes nun ihre jüdischen Freunde mit Lebensmitteln versorgen und Nachrichten übermitteln konnten.

Nur wenige Tage später gab es neue schlechte Nachrichten: Die Deutschen beschlagnahmten nun auch Château Palmer.

»Als ich das hörte, war ich völlig verzweifelt«, erzählte May Eliane. »Ich wußte nicht, was wir jetzt noch tun sollten. Es war klar, daß auch unsere Freunde jetzt nicht mehr länger hierbleiben konnten, ohne entdeckt zu werden.«

In einer Hinsicht hatten die Miailhes noch Glück. Der Offizier, der ihr Schloß beschlagnahmt hatte, hielt Wort. Nicht eine ihrer Weinflaschen verschwand. Anderen erging es schlechter. Zwei lange Monate mußten Weinhersteller in ganz Frankreich wie in einem Alptraum eine wahre Orgie von Raub und Plünderungen mit ansehen, als sich die Deutschen an ihrem Sieg und den Köstlichkeiten der vorgefundenen Weinkeller berauschten.

Im Burgund brachen Soldaten Türen von verlassenen Häusern auf, plünderten und stahlen Hunderte von Weinflaschen.

In der Champagne wurden fast zwei Millionen Flaschen gestohlen. »Sie türmten alles auf dem Marktplatz auf – Lebensmittel, Kleidung und natürlich Champagner – und verluden es auf Lastwagen«, erinnerte sich ein Bewohner. »Es ging uns danach ziemlich schlecht.«

In dem Dorf Le Mesnil-sur-Oger war der 17jährige Bernard de

Nonancourt mit seinem Bruder und mehreren Cousins bei dem Champagnerhersteller Delamotte gerade mit dem Auf- und Abladen von Champagnerkisten beschäftigt, als er die ankommenden Lastwagen hörte. Minuten später stand ein Konvoi von 15 Fahrzeugen auf dem Hof, und bewaffnete Soldaten sprangen heraus. Sie waren in Begleitung eines finster dreinblickenden Offiziers, der sich als Beauftragter von Generalfeldmarschall Göring ausgab. »Görings Leute waren immer jünger, ungehobelter und brutaler als die anderen«, erinnert sich Bernard. »Sie bedienten den Schwarzmarkt und zögerten nicht, Vorschriften zu umgehen, wenn es ihnen nützlich erschien.« Ihr Anführer vorneweg, marschierten die Soldaten bei Salon ein, einem der prestigeträchtigsten Häuser der Champagne, und schleppten kistenweise Flaschen heraus. »Das ging einige Tage lang so«, erzählte Bernard. »Jeden Morgen kamen sie zurück und beluden aufs neue ihre Lastwagen. Ich erinnere mich insbesondere an einige hundert Kisten 1928er Salon.«

Für die meisten Franzosen waren diese ersten beiden Monate der Besatzung ein verstörendes Erlebnis. Alles schien außer Kontrolle geraten zu sein; sogar die Deutschen selbst schienen gelegentlich etwas verwirrt.

»Eines wurde sofort klar«, hielt der Historiker Philip Bell fest. »Die Deutschen gingen nicht nach einem bestimmten Plan vor. Alle waren überrascht, daß die Eroberung Frankreichs so schnell vonstatten gegangen war – der deutsche Generalstab, das Kabinett, sogar Hitler selbst. Es gab wohl gar keinen detaillierten Plan.«

Im Bordelais wurde Château Haut-Brion requiriert, das von seinem Besitzer, dem amerikanischen Bankier Clarence Dillon, in ein Lazarett für französische Soldaten umgewandelt worden war. Es wurde nun von der deutschen Luftwaffe verwendet.[45]

Die Weinberge von Château Montrose wurden in einen Schießstand umgewandelt.

Auf Château Cos d'Estournel begannen plötzlich die dekorativen Glocken im Glockenturm zu läuten. Soldaten benutzten sie als Ziele für ihre Schießübungen.[46]

Kaum hatten Soldaten Château Mouton-Rothschild betreten, ein architektonisches Juwel, begannen sie, auf die an den Wänden hängenden Gemälde zu schießen. »Es war völlig absurd«, erinnert sich Baronesse Philippine de Rothschild. »Ich erinnere mich an Erzählungen von dieser alten Köchin, die hin- und herlief und noch versuchte, die Bilder vor der Zerstörung zu retten.«

Andernorts zeigten sich die Deutschen dagegen höflich und diszipliniert. Hugues Lawtons Mutter saß gerade beim Tee, als eine Dienstmagd in den Salon kam und verkündete: »Madame, die Deutschen sind da!« Mehrere Offiziere betraten den Raum. »Sie waren die Höflichkeit in Person. Doch sie ließen auch keinerlei Zweifel daran, daß sie unser Haus übernehmen wollten«, erinnert sich Hugues.

Im Burgund waren die Deutschen dagegen mitverantwortlich für die Mißernte des Jahres 1940, weil sie Landarbeiter am Betreten der Weinberge hinderten, die dort Pestizide gegen Echten und Falschen Mehltau ausbringen wollten. In den Aufzeichnungen des Marquis d'Angerville aus Volnay liest sich das heute noch so: *»17 juin 1940, Pas de travail aujourd'hui, occupation par les Allemands«* (»Heute keine Arbeit, Besetzung durch die Deutschen«).

Château Clos de Vougeot, seit den ersten Weinanpflanzungen durch Mönche im 13. Jahrhundert ein Wahrzeichen der Bourgogne, wurde kurzerhand von Soldaten besetzt, die die schönen Salons im Erdgeschoß in ein Munitionsdepot umwandelten und auf dem Fußboden Holz hackten, wobei sie das mittelalterliche Baudenkmal dauerhaft verschandelten. Sie hatten sogar vor, eine herrliche Weinpresse aus dem 15. Jahrhundert zu Feuerholz zu zerhacken, ließen sich dies jedoch in letzter Minute von zwei bekannten Winzern ausreden, die erklärten, die Presse sei ein Museumsstück.[47]

Einer der schlimmsten Vorfälle dieser Art ereignete sich in Sézanne-en-Champagne in einem der berühmtesten Restaurants Frankreichs, dem Hôtel de France. Als Soldaten das Haus durch-

suchten, fanden sie den Weinkeller fast leer vor; die berühmtesten Weine fehlten vollständig. Voller Wut verwüsteten sie das Restaurant, zerstörten die Kunstwerke an den Wänden, demolierten die Möbel und zerschlugen die Fenster mit ihren Gewehrkolben. Schließlich schütteten sie den noch vorhandenen Wein aus.[48]

Vielleicht wären sie aber noch viel wütender gewesen, wenn sie geahnt hätten, daß die Weine, die sie suchten, direkt hinter den Wänden des Lokals sicher eingemauert waren.

Ende Juli 1940 wurde der deutschen Verwaltung klar, daß sie ihre eigenen Truppen besser unter Kontrolle bringen mußte. Die deutschen Soldaten raubten nicht nur die Franzosen aus, sondern sie vergriffen sich auch an Waren, die für das Deutsche Reich beschlagnahmt worden waren. Mindestens 250 für Deutschland bestimmte Güterzugladungen waren geplündert worden.[49] Um diesen Vorfällen ein Ende zu bereiten, wurde beschlossen, ein Exempel zu statuieren. Zwei junge Soldaten, die beim Einbruch in die Weinkeller der Champagnerkellerei Perrier-Jouët in Epernay ertappt worden waren, wurden zum Tode verurteilt. Obwohl das Urteil nicht vollstreckt und die beiden Männer zur Strafe an die vorderste Front abkommandiert wurden, war die Botschaft klar: Raub und Plünderungen wurden in Zukunft nicht mehr geduldet.

Herrmann Göring, dessen Befugnisse auf die wirtschaftlichen Angelegenheiten der besetzten Gebiete erweitert worden waren, wußte durchaus, daß sich die Zeiten geändert hatten und es jetzt vor allem auf die Einhaltung der Ordnung ankam. Dennoch verrieten seine Anweisungen an die Besatzungsbehörden auch ein Bewußtsein für den äußeren Anschein seiner Anordnungen: »Früher war die Parole: Plündern. Jetzt muß es nach außen humaner aussehen. Trotzdem will ich plündern, und zwar üppig.«[50]

Sein erster Schritt hierzu war eine drastische Abwertung des französischen Franc auf nur noch ein Drittel seines bisherigen Wertes zur Reichsmark. Dadurch wurden sämtliche deutschen Käufe in Frankreich enorm verbilligt.

Für die Franzosen war dies ein neuer schwerer Schlag. Als sich einige beschwerten, der Franc werde ja wohl bald völlig wertlos, antwortete Göring: »Das hoffe ich! Hoffentlich ist der Franc bald nicht mehr mehr wert als das Papier, das man für einen gewissen Zweck benutzt.«[51]

Das Ausmaß der Franc-Abwertung wurde übrigens nicht immer sofort richtig eingeschätzt, so zum Beispiel von einem temperamentvollen kleinen Priester namens Félix Kir (übrigens der Namensgeber des berühmten Aperitifs). Kurz nachdem die Deutschen den Wechselkurs geändert hatten, sah Kir in Dijon einen Händler deutschen Soldaten Wein verkaufen. »Wieviel hast du von ihnen verlangt?«, fragte er ihn. »30 Francs«, antwortete der Händler. »Diese Typen haben aber doch gerade den Wechselkurs geändert; verlang' 60 von ihnen! Und wenn sie nicht zahlen wollen, dann gib ihnen nichts.« Doch sie zahlten. Und eine Stunde später war er ausverkauft.[52]

Vichy war weniger freimütig. Die Kompetenzen der Regierung der *zone libre* waren nur vage formuliert; sie waren in der Waffenstillstandsvereinbarung in weniger als vier Stunden zusammengestoppelt worden, wobei Sekretäre und Übersetzer bei Kerzenlicht arbeiten mußten.[53]

Theoretisch erstreckte sich die Befehlsgewalt der Vichy-Regierung unter Marschall Pétain auf ganz Frankreich. Sie konnte bei der Festlegung von Preisen und Wechselkursen mitreden, unterlag aber in der besetzten Zone einem deutschen Mitsprache- und Vetorecht. In der freien Zone hatte sie mehr Entscheidungsspielraum, aber auch nur im Rahmen der Waffenstillstandsvereinbarung, die die Deutschen gegebenenfalls nach ihrem eigenen Ermessen auslegen konnten.

Die Situation wurde durch einen heftigen Machtkampf zwischen Göring und Außenminister Joachim von Ribbentrop weiter kompliziert. Während Göring Frankreich als erobertes Land betrachtete, das wie eine Milchkuh gemolken und gnadenlos ausgeplündert werden sollte, favorisierten die Beamten des Außenministeriums ein behutsameres Vorgehen, das Frankreich als unterworfene, aber dennoch begrenzt souveräne Macht in eine neue europäische Ordnung unter deutscher Vorherrschaft führen sollte. »Wenn Frankreich unsere Milchkuh sein soll«, argumentierte ein Beamter, »dann braucht es auch etwas Futter.« Und mehr als ein Minimum an Futter bekam Vichy auch nicht.[54]

Dennoch vertrauten in diesen ersten sechs Monaten die meisten Franzosen dem Regime und richteten sich in seiner verschlafenen Kulisse ein mit einer Großvaterfigur an der Spitze, die angeblich nur das Beste für Frankreich wollte und genau das, was das Land brauchte.[55] Die neue Regierung erhob die Traditionen des alten, provinziellen Frankreich zum Ideal, forderte die Rückkehr zum bäuerlichen Leben, beschwor die Heiligkeit der Familie und den Platz der Frau in Haus und Heim. Unter dem Motto *Travail, Famille, Patrie* – »Arbeit, Familie, Vaterland« – versuchte das Vichy-Regime, Frankreich wieder aufzupäppeln, indem es Jugendorganisationen förderte und Sport und eine gesündere Lebensweise an der frischen Luft propagierte. Auch »gute Taten« standen wieder hoch im Kurs, und der katholischen Kirche sollte eine größere Rolle im Erziehungswesen zukommen.

Doch hinter diesen idyllisch-verbrämten Vorstellungen von einer »guten alten Zeit« verbarg sich eine weitaus nüchternere Wirklichkeit. Tatsächlich war das Vichy-Regime autoritär, patriarchalisch, antisemitisch und zog sich ansonsten auf seine Heilsversprechen zurück. Der Historiker Kedward beschreibt es so: »Von Anfang an war es ein auf die Spaltung der Gesellschaft abzielendes, strafendes Regime, das sich der Illusion hingab, die weitverbreitete Verehrung Pétains deute auch auf eine ähnliche Zustimmung für sein politisches und soziales Programm hin.« Entgegen den Idealen der Französischen Revolution – Freiheit, Gleichheit, Brüderlichkeit – propagierte das Vichy-Regime eine ständische Gesellschaft, in der jedem ein fester Platz zugewiesen sein sollte, der unveränderbar war. Verheiratete Frauen wurden an einer Erwerbsarbeit gehindert. Sie sollten zu Hause bleiben und Kinder bekommen; dies wurde praktisch als ihre heilige Pflicht ausgegeben.

Anderen erging es noch viel schlechter. Innerhalb der ersten beiden Monate nach der Regierungsübernahme veröffentlichte die Vichy-Regierung eine Reihe von Erlassen, die Juden zu Bürgern zweiter Klasse machten. Immigrierte Juden wurden ihrer Rechte beraubt, ständig bedrängt und mit Deportation bedroht.[56] Das Ziel der Regierung war es, aus Frankreich einen »Einheitsstaat« zu machen. »Frankreich den Franzosen«, lautete die Parole. Auch Kommunisten und Freimaurer wurden verfolgt. Die Gewerkschaften wurden verboten, Kommunalparlamente aufgelöst, die Bürgermeister von Großstädten abgesetzt und durch regimetreue Figuren ersetzt. Damit, so Kedward, »war Vichy keine Kraft der nationalen Integration, sondern zielte auf politische Vergeltung ab«.[57]

Obwohl die Unterstützung für die Regierung allmählich abnahm, genoß der Mann an der Spitze weiter großes Vertrauen.

Die meisten Franzosen machten einen klaren Unterschied: hier Vichy, dort Pétain. Sogar der Marschall selbst traf diese Unterscheidung. Er bezeichnete sich selbst als »moralischen Vormund und Beschützer« für die Nation, dem es eher um die Ausbildung korrekter Einstellungen gehe als um abstrakte politische Leitlinien. Die Massen verehrten ihn, und die Kirche verkündete: »Frankreich ist Pétain, Pétain ist Frankreich« (so der französische Primas Gerlier). Menschenmassen säumten die Schienen, wenn Pétain mit dem Zug vorbeifuhr, Frauen streckten ihm bei Veranstaltungen ihre Babys entgegen, damit er sie streicheln sollte. Einmal warf sich sogar eine Frau vor seinen Wagen, um ihn anzuhalten, weil sie Pétains Hand berühren wollte. Wie der offizielle Bericht über diesen Vorfall festhielt, wandte sich der Präfekt an Pétain, um sich zu entschuldigen, doch der Marschall war im Fond des Wagens eingeschlafen (schließlich war er schon 85) – »ohne jedoch«, so der Bericht, »seine Würde oder seine souveräne Haltung zu verlieren«.[58]

Das Chaos der ersten beiden Monate nach der Invasion war für die Franzosen, die die Deutschen traditionell für diszipliniert und »immer korrekt« hielten, eine böse Überraschung.

Im August 1940 waren die anfänglichen Schwierigkeiten jedoch größtenteils unter Kontrolle. Das zeigte sich am deutlichsten darin, daß sich die Soldaten in Paris fast wie Touristen verhielten. Sie besichtigten die Sehenswürdigkeiten, schauten sich Filme im Kino an und füllten die Restaurants. In Deutschland war sogar eine Organisation namens *Jeder einmal in Paris* gegründet worden, um jedem Angehörigen der Wehrmacht einmal einen Besuch in der »Stadt des Lichts« zu ermöglichen.

Ein Offizier, der nach eigenen Angaben Frankreich als sein »geistiges zweites Vaterland« ansah, beschrieb Paris sogar als »während der Besatzung noch strahlender als zuvor«. Hitler selbst machte eine kurze Besichtigungstour durch Paris; den Höhepunkt seines eintägigen Aufenthalts bildete ein kurzer Besuch an Napoleons Grabmal.

Für die meisten Deutschen allerdings waren nicht die historischen Gebäude die Hauptattraktion, sondern die Restaurants. Hier konnte man »wie Gott in Frankreich leben«. Eines dieser Restaurants war *La Tour d'Argent*, das ein Offizier namens Ernst Jünger besuchte und später »dieses Gefühl der Macht« beschrieb, das sich »beim Verspeisen der Seezunge und der berühmten Ente«[59] einstellte.

Claude Terrail, der drei Monate zuvor beim Verstecken der kostbarsten Weine des Restaurants geholfen hatte, erzählte uns, die Deutschen, die dort speisten, hätten sich immer korrekt verhalten. »Vielleicht waren es Killer, doch wenn sie abends zu uns kamen, waren sie immer korrekt gekleidet und wußten sich zu benehmen; außerdem bezahlten sie alles.« Beim Wein bestellten die Deutschen immer den besten. »Wir versuchten, eher die weniger kostbaren Weine zu servieren«, erzählte Terrail, »aber wir probierten keine Tricks. Das war es nicht wert, dafür zu sterben.«

Diese Haltung hätten die Hugels in Riquewihr gut verstanden. Anders als die Terrails und so viele andere machten sie sich keine Mühe, ihre Weine zu verstecken. »Wir gehörten nun wieder zu Deutschland«, sagte André, »und jetzt waren die Deutschen wieder unsere Kunden, und zwar unsere einzigen.«

Obwohl das Elsaß in der Waffenstillstandsvereinbarung nicht erwähnt war, wurde die Region gleich am 7. August zwar nicht völkerrechtlich annektiert, aber verwaltungstechnisch dem Deutschen Reich eingegliedert und alle französischen Gesetze außer Kraft gesetzt. Die französischen Straßennamen wurden durch deutsche ersetzt, und aus *Hugel et fils* wurde *Hügel und Söhne*. Außerdem wurde das Tragen von Baskenmützen verboten. »Selbst wenn man auf der Straße nur *Bonjour* sagte, konnte einen das bereits ins KZ bringen«, erinnert sich Andrés Bruder Jean jun. Diese Erfahrung

mußte auch René Paira, ein Cousin der Hugels, machen, als er sich weigerte, eine Erklärung zu unterzeichnen, er sei deutscher Abstammung. Er verbrachte daraufhin fünf Jahre als französischer Offizier in einem Kriegsgefangenenlager in Österreich.

Camille Preiss, ein anderer Verwandter der Familie Hugel, hatte seiner patriotischen Gesinnung mit Blumen Ausdruck gegeben: Eine Straßenböschung am Ortseingang von Mittelwihr war von ihm auf 30 Meter Länge in Blau, Weiß und Rot bepflanzt worden, den Farben der Trikolore.

Eines Morgens im Sommer 1941 wurden einige Elsässer durch ungewöhnlichen Lärm geweckt. Mitten in der Nacht waren von der anderen Seite des Rheins Angehörige der Hitlerjugend in Autobussen hergefahren worden und begannen nun damit, die Blumen herauszureißen und auf der Straße zu zertrampeln. Die Jugendlichen erledigten ihre Aufgabe in kürzester Zeit. Auch in dieser Beziehung ließen es die deutschen Behörden bei der »Festigung des Deutschtums« im Elsaß also an Eifer nicht fehlen.

»Man mußte den neuen Regeln gehorchen, man hatte keine Wahl«, erklärte André. »Wenn ich weiter zur Schule gehen wollte, mußte ich der Hitlerjugend beitreten.« Den Brüdern Jean Jr. und Georges erging es noch schlechter: Sie wurden zuerst zum »Reichsarbeitsdienst«, dann zur Wehrmacht eingezogen.

Georges war der erste, denn er war der älteste der Brüder. Es war kein glücklicher Augenblick, »doch ich tat, was ich tun mußte«, sagte Georges. »Ich hatte Angst, meine Familie käme ins KZ. Einige meiner Bekannten waren desertiert, und deren Familien wurden nach Polen deportiert.«

Anders als die Franzosen im Rest des Landes hatten die Elsässer wenig Vertrauen in Pétain. »Er war schwach«, erklärte Georges. »Gewiß, er war der ›Held von Verdun‹, aber trotz allem war er schwach. Der einzige Grund, warum ihn die Soldaten mochten, war, daß sie sich eine höhere Überlebenschance ausrechneten, wenn er an der Regierung war. Er war doch so lethargisch. Viele Offiziere waren überzeugt, er hätte einmal einen Tritt in den Hintern gebraucht.«

Jetzt, wo sie wieder zu Deutschland gehörten, mußten sich die Hugels überlegen, wie es mit ihrem Geschäft weitergehen sollte. Wie Vater Jean Hugel gesagt hatte, ging es nun darum, »sich an die neue wirtschaftliche Situation anzupassen«. In einer Hinsicht war das nicht schwierig: Sie hatten jetzt nur noch Kunden in Deutschland. »Wir konnten jetzt unsere Stammkundschaft in Frankreich, aber auch in England und Amerika nicht mehr erreichen. Wir durften nur noch nach Deutschland verkaufen, und zwar zu den dort vorgegebenen Preisen.« Zwar hätten die Deutschen ihren Wein nicht im eigentlichen Sinn gestohlen, »aber es war eine Art legalisierter Diebstahl, und zwar in großem Maßstab. Sie kauften das ganze Elsaß leer.«

Mimi Hugel hatte dagegen noch drängendere Sorgen. Drei Wochen nach dem Anschluß wurde sie zur deutschen Verwaltungsbehörde bestellt. Niemand wußte genau, weshalb, obwohl es kein Geheimnis war, daß die Behörde aufgebracht über die Weigerung Jean Hugels war, in die NSDAP einzutreten. Durch Briefe und öffentliche Aushänge war die Bevölkerung von Riquewihr (das jetzt wieder einmal Reichenweier hieß) aufgefordert worden, der Partei beizutreten, doch Jean Hugel hatte sich bislang standhaft geweigert. Nun gab es Gerüchte, ihr Betrieb könnte geschlossen und die Familie selbst sogar deportiert werden.

»Meine Mutter hatte Angst«, sagte André. »Sie wußte nicht, was auf sie zukommen würde.« Auf dem Amt wurde ihr von einem Offizier des »Sicherheitsdienstes« mitgeteilt, daß ihre Loyalität zu Deutschland in Frage stehe. »Wir wissen, daß Sie mit Ihren Kindern immer französisch sprechen«, drohte der Offizier. »Warum hassen Sie eigentlich die Deutschen?«

Frau Hugel verschlug es kurz die Sprache, doch dann faßte sie sich wieder. »Was meinen Sie eigentlich?«, fragte sie. »Wie können Sie behaupten, daß ich die Deutschen hasse? Mein eigener Bruder ist Deutscher!«

Der Offizier war überrascht, schien aber zufrieden mit der Antwort. Kurz darauf entließ er sie. Als sie hinausgehen wollte, hielt sie der Offizier noch auf und gab ihr eine Warnung mit auf den Weg: »Gute Frau, wir sind doch von der Wehrmacht. Wir sind keine schlechten Menschen, und mit uns werden Sie keine Schwierigkeiten mehr haben. Aber hüten Sie sich vor der Gestapo. Das könnte unangenehmer für Sie werden.«.

Kaum einer bekam in diesen ersten Wochen die Niederlage stärker am eigenen Leib zu spüren als Gaston Huet und die Männer seiner Einheit. Als die Deutschen ihren Bunker erreichten, ergaben sie sich widerstandslos. Durch einen Wink mit dem Gewehrlauf wurde ihnen befohlen, aufzustehen und loszumarschieren. »Aber ein gutmütiger Offizier sagte uns auch, wir sollten uns keine Sorgen machen, denn man würde uns bald freilassen«, erinnerte sich Huet.

Er und seine Männer wurden von Calais bis nach Belgien

geführt. Mit jedem Kilometer kamen neue Gefangene dazu. In Bastogne wurden sie in Viehwagen der Bahn verfrachtet, und es begann eine große Fahrt Richtung Osten.

»Wir waren völlig erschöpft«, sagte Huet. »Wir waren über 300 Kilometer marschiert und liefen wie Roboter. Wir konnten keinen klaren Gedanken mehr fassen.« Während des Marsches hatten sie wenig zu essen, nichts als ein wenig Brot, und das Wasser in den Kanälen unterwegs war von den Kadavern der bei den Kämpfen getöteten Weidetiere verseucht und fast ungenießbar. Einmal fanden sie am Straßenrand etwas Rhabarber, mit dem sie den fauligen Geschmack des Wassers zu überdecken versuchten, »aber es schmeckte immer noch nach Mist«, erzählte Huet. Alle wurden krank.

Als sie sich der deutschen Grenze näherten, waren sie bereits mehrere tausend Leute. »Ich war sprachlos. Eine solche Menschenmenge hätte ich mir vorher gar nicht vorstellen können«, meinte Huet.

Huets letzte Hoffnungen, sie könnten doch noch von den Alliierten befreit werden, waren dahin, als ihr Zug die Grenze nach Deutschland passierte. Drei lange Wochen später, am 17. Juni, kamen sie dann schließlich im *Oflag IV D* an, einem Kriegsgefangenenlager in Schlesien, wo sie die nächsten fünf Jahre verbringen sollten.

»Als ich diesen Ort sah,« meinte Huet, »wußte ich, daß der Krieg für mich vorbei war.«

DREI

Die »Weinführer«

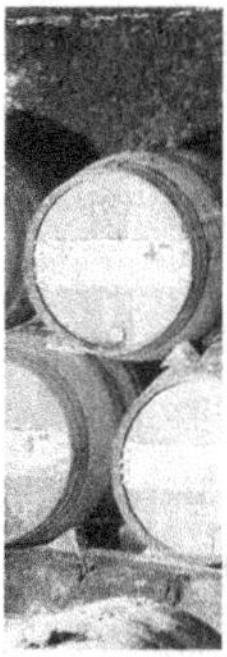

Während für Huet und andere Kriegsgefangene der Krieg »vorbei war«, fing er an einer anderen Front gerade erst an – es begann der Kampf um den französischen Wein.

Große Teile der deutschen Führung hatten viel mit Wein zu tun – privat, beruflich und gesellschaftlich.[60] Reichsaußenminister Joachim von Ribbentrop und Vizekanzler Franz von Papen waren direkt aus der Weinbranche in die Politik gekommen. Gleiches galt für militärische Führungskräfte wie den Kapitän Ernst Kühnemann, Kommandierender des Hafens von Bordeaux und Weinhändler, der sich bereits vor dem Krieg oft und lange in der Region aufgehalten hatte, und General Moritz von Faber du Faur, Generalleutnant in Bordeaux, der sich gleichfalls besonders für Wein interessierte.

Auch andere führende Nazis wie Generalfeldmarschall Göring und Propagandaminister Goebbels prahlten gern mit ihren Kenntnissen über Wein und besaßen selbst große Sammlungen. Während Goebbels eine Vorliebe für große Burgunder zeigte, bevorzugte Göring Bordeauxweine, insbesondere Château Lafite-Rothschild. Speer erklärte einmal, die einzige Gelegenheit, bei der er Göring persönlich einmal etwas näher kennengelernt habe, sei der Tag gewesen, an dem der Generalfeldmarschall eine besondere Flasche Lafite mit ihm geteilt habe.[61]

Außenminister von Ribbentrop war ein begeisterter Champagnerliebhaber, eine Vorliebe, die er als Handelsvertreter und

Deutschland-Bevollmächtigter für die Champagnermarken Mumm und Pommery entwickeln konnte. Durch seine Heirat mit Annelie-se Henkell, der Tochter von Otto Henkell, dem »deutschen Sektkö-nig«, war er zu einem Vermögen im Weinhandel gekommen. (Henkell war Deutschlands größter Sekthersteller, obwohl sein »Wein« angeblich aus nichts anderem als Apfelsaft bestanden haben soll, der von einer Hamburger Gruppe von Lebensmittelchemikern »veredelt« wurde.) Mit dem erheirateten und erworbenen Vermögen hatte der – ursprünglich bürgerliche – Ribbentrop keine Schwierigkeiten, seine politischen Ambitionen zu finanzieren. Um seinen Stammbaum etwas zu veredeln, verschaffte er sich zunächst ein Adelsprädikat und nannte sich *von* Ribbentrop. Mit seiner persönlichen Ausstrahlung und Eleganz gewann er bald die Aufmerksamkeit Hitlers, der ihn mit Reichspräsident Paul von Hindenburg bekanntmachte. Hindenburg, ein echter »von«, zeigte sich völlig unbeeindruckt. »Ersparen Sie mir Ihren mickrigen Champagnervertreter«,[62] meinte er zu Hitler. Um so größer war der Eindruck, den Ribbentrop auf Hitler machte. Der Gefreite hielt den Weinhändler für »größer als Bismarck« und für die ideale Besetzung des Vorsitzenden der Waffenstillstandskommission, dem Gremium, das die Wirtschaftspolitik im besetzten Frankreich leiten sollte.

Praktisch der einzige in der Führungsriege, der sich nicht für Wein interessierte, war der »Führer« selbst. Von ihm wird berichtet, er habe einmal ein Glas mit einem großen französischen Wein nach dem ersten Schluck weggeschoben mit der Bemerkung, es sei nichts anderes als Essig.

Die Historiker vertreten allerdings unterschiedliche Ansichten zu Hitlers Alkoholabstinenz. Während einige behaupten, Hitler habe überhaupt keinen Alkohol getrunken, meinen andere, er habe häufig Bier und verdünnten Wein zu sich genommen. Der Hitlerbiograph Robert Payne schreibt: »Hitlers asketische Lebensführung war eine Erfindung Goebbels', um seine Opferbereitschaft, Selbstkontrolle und die Distanz zu betonen, die ihn von anderen Menschen trennte.«[63]

Das war keine gute Voraussetzung für unterhaltsame Abende, wenn Hitler seine Entourage einmal an seinen jadegrünen Kamin in seinem Haus in Berchtesgaden einlud. Speer berichtete:

> *Um diese eher trockenen Abende zu beleben, wurde Sekt gereicht und, nach der Besetzung Frankreichs, billiger Champagner; die besten Flaschen hatten sich Göring und seine Marschälle gesichert. Nach ein Uhr morgens konnten einige Gäste trotz größter Willensanstrengung sich das Gähnen nicht verkneifen, doch alle fühlten sich verpflichtet, diese monotone, langweilige Öde noch eine weitere Stunde oder länger zu ertragen, bis endlich Eva Braun ein paar Worte mit Hitler wechselte und sich dann zurückziehen durfte. Hitler selbst stand dann etwa eine Viertelstunde später auf und verabschiedete sich von seinen Gästen. Jetzt waren die übrigen Gäste wie befreit, und oft wurde noch ausgelassen mit viel Champagner oder Cognac gefeiert.*[64]

Asketisch oder nicht, Hitler brauchte sich nur umzusehen, um zu verstehen, wie prestigeträchtig und profitabel Wein sein konnte. Und so beschloß er, sich die besten Weine Frankreichs zu verschaffen. Diesem Plan stimmte Göring sofort bei. Frankreich strotze so sehr von gutem Essen, daß es schon unverschämt sei.[65]

Die Naziführer wollten es aber nicht dem Zufall überlassen, an diese Weine zu kommen. Vielmehr sollten Experten diese Aufgabe übernehmen, Männer, die sich nicht nur mit Weinen auskannten, sondern auch mit Winzern und Weinhändlern. Daher wandten sich die deutschen Wirtschaftsplaner auch direkt an den heimischen Weinhandel, um ein Korps zu schaffen, das von manchen »Weinhändler in Uniform« genannt wurde.

Die Franzosen hatten schnell eine andere Bezeichnung für sie parat: »Weinführer«.

Die Aufgabe dieser *Beauftragten für den Weinimport Frankreich* bestand darin, so viel guten französischen Wein wie möglich aufzukaufen, der dann vom Deutschen Reich gegen Devisen in alle Welt weiterverkauft werden sollte. Dieses Geld sollte den Krieg mitfinanzieren.

Hierzu wurde Otto Klaebisch von der Firma Matheus-Müller, einem Sekthersteller und Deutschlandvertreter mehrerer Champagnerhäuser, in die Champagne abberufen. Adolph Segnitz, Inhaber der Firma A. Segnitz & Co. und Deutschlandvertreter von Domaine de la Romanée-Conti, ging ins Burgund. Der wichtigste von allen, Heinz Bömers, Chef des größten deutschen Weinimporteurs Reidemeister & Ulrichs, sollte nach Bordeaux gehen.

Allerdings hatten die deutschen Behörden einen Fehler gemacht. Tatsächlich waren die »Weinführer« Weinhändler und -experten, doch nicht nur das. Sie waren auch mit zahlreichen französischen Winzern und Weinhändlern eng persönlich befreundet. Diese Beziehungen reichten teilweise schon Generationen zurück und gingen weit über reine Geschäftsinteressen hinaus. Viele der Franzosen und Deutschen hatten im jeweils anderen Land gearbeitet und sprachen fließend die Sprache der Nachbarn. Nicht selten waren sie sogar Patenonkel und -tanten der Kinder der Geschäftspartner und -freunde.

Den »Weinführern« war auch deutlich bewußt, was schon Maurice Drouhin seinem Sohn gegenüber zu Beginn des Krieges betont hatte: »Eines Tages, in fünf Monaten oder in fünf Jahren, wird der Krieg vorüber sein. Dann sind Deutschland und Frankreich immer noch Nachbarn. Auch dann müssen wir weiter zusammenleben.«

Heinz Bömers hatte sich verspätet; für seine Kinder war das völlig unbegreiflich. Ihr Vater kam nie, aber auch niemals zu spät. Auch ihnen hätte er es nie erlaubt, zu spät zu kommen, besonders nicht zu Familienereignissen wie dem sonntagnachmittäglichen Krocket-Spiel.

Als Bömers schließlich doch eintraf, entschuldigte er sich und

erklärte, er habe zu Hause die Nachrichten im Radio gehört. Es war der 3. September 1939, und er hatte gerade erfahren, daß Großbritannien und Frankreich Deutschland den Krieg erklärt hatten. Er nahm seinen ältesten Sohn, Heinz jun., beiseite und sagte zu ihm: »Mein Sohn, ich werde wohl bald zur Armee eingezogen, und ich weiß nicht, ob ich noch einmal so unter vier Augen mit dir werde reden können. Deshalb muß ich dir hier und jetzt sagen, daß wir diesen Krieg schon heute verloren haben. Sprich aber mit niemandem darüber, nicht mit deinen Geschwistern, und vor allem nicht in der Schule. Das wäre gefährlich für unsere ganze Familie.« Bevor Heinz jun. etwas sagen konnte, fügte sein Vater noch hinzu: »Es ist mir wichtig, daß du verstehst, wie ich mich fühle. Ich will auch, daß du vorbereitet bist auf das, was kommen wird.«

Obwohl der junge Heinz damals erst dreizehn Jahre alt war, sollte er diesen Augenblick niemals vergessen. »Ich habe mich immer daran erinnert und war überzeugt, daß Deutschland den Krieg verlieren würde. Mein Vater hatte gesagt, daß mit Sicherheit die

USA Großbritannien zu Hilfe kommen würden. Er wußte, daß Deutschland trotz seiner damaligen Stärke es niemals mit einem so starken Land wie den USA würde aufnehmen können.«

An diesem Tag hatte sich die Familie in ihrem Sommerhaus in der Nähe von Bremen zusammengefunden. Bömers blickte sich sorgenvoll um, als er das Haus bei ihrem Aufbruch abschloß. »Ich weiß nicht, ob wir nächstes Jahr wieder hierherkommen können«, meinte er zu seiner Familie. Seine Bedenken waren begründet; erst sieben Jahre später sollten sie wieder an diesen Ort zurückkehren.

Zu Hause in der Stadt wurden sie von einem unerwarteten Besucher begrüßt. Es war der Direktor von Heinz' Schule. »Bitte helfen Sie mir, Herr Bömers«, bat er. »Ihr Sohn ist der einzige, der noch in keiner Parteiorganisation Mitglied ist. Wenn Sie ihn nicht beitreten lassen, wird die Schule große Schwierigkeiten bekommen.« Bömers hatte sich bis dahin standhaft geweigert, seinen Sohn in die Hitler-Jugend eintreten zu lassen. Nun fragte er, welche anderen Parteiorganisationen es an der Schule noch gebe. Der Direktor überreichte ihm eine Liste. Darauf war unter anderem auch das Schulorchester verzeichnet. »Wie oft trifft sich das Schulorchester?«, fragte Bömers. »Dreimal pro Woche«, antwortete der Direktor. »In Ordnung«, erwiderte der Vater. »Heinz spielt ja Flöte; dann soll er eben ins Orchester gehen.«

Nachdem der Schuldirektor mit dem unterschriebenen Beitrittsformular gegangen war, sagte Bömers seinem Sohn, er solle nur einmal pro Woche zu den Proben gehen. »Wenn sich irgend jemand beschwert, sag ihm, du gehorchst nur deinem Vater. Er soll sich dann an mich wenden.« Das passierte aber nie.

Familie Bömers war schon bekannt für ihre Meinungsverschiedenheiten mit den Nazis, insbesondere mit Hermann Göring. 1930 war Göring Ministerpräsident des Landes Preußen und Bömers' Vater Senator in Bremen. Senator Bömers hatte aus seiner Geringschätzung für Göring und dessen Politik keinen Hehl gemacht, und bei einem Besuch des Ministerpräsidenten in Bremen weigerte sich Bömers, ihn zu treffen. Göring war außer sich und vergaß diesen Affront auch später nicht.

Vier Jahre später, nach dem Tod des Senators, wurde Heinz Bömers mitgeteilt, er würde seinen Familienbetrieb verlieren, wenn er nicht der NSDAP beitrete. Widerwillig unterschrieb er die Beitrittserklärung. »Er mußte an seine Familie denken und sie schützen«, erklärte Heinz jun. »Er mußte eben Kompromisse eingehen, und ich weiß, daß ihm das sehr zu schaffen machte. Aber er war immer überzeugt, daß die Zeit der Naziherrschaft auch einmal vorbei sein würde und daß er deshalb alles unternehmen müsse, um zu überleben.«

Der damals 47 Jahre alte Bömers wurde aus gesundheitlichen Gründen vom Militärdienst befreit. Im Mai 1940 bekam er ein Fernschreiben vom Wirtschaftsministerium in Berlin, in dem ihm die Stelle eines Beauftragten in Bordeaux angeboten wurde. Er sagte zu. »Ich denke, er hätte die Tätigkeit auch ablehnen können«, meinte sein Sohn, »aber er spürte wohl, daß er dort helfen konnte, daß er allen die Situation etwas erleichtern konnte. Er hatte viele, viele Freunde in Bordeaux.«

Bömers stellte mehrere Bedingungen, die ihm auch erfüllt wurden:

Er wollte nicht von den Nazis bezahlt werden, sondern von seinem eigenen Vermögen leben. Er wollte so viele Reichsmark in Francs tauschen dürfen, wie er es für richtig hielt. Er wollte keine Uniform tragen müssen und das Recht »zum Einschreiten« haben, falls seiner Ansicht nach die Handlungen der deutschen Armee unangemessen wären. »Er fürchtete, daß einige dieser Nazis wie Göring ebenfalls ein paar schöne Flaschen Mouton-Rothschild haben wollten, und er konnte sich vorstellen, daß manche Soldaten sich verpflichtet fühlen könnten, Göring einen Gefallen zu tun«, erklärte Heinz jun.

Bömers traf kurz nach der Unterzeichnung des Waffenstillstandsvertrags in Bordeaux ein. In gewisser Weise war es für ihn wie eine Rückkehr nach Hause. Bereits vor dem Ersten Weltkrieg hatte seine Familie das Château Smith-Haut-Lafite besessen und dort Wein produziert, bis sie von der französischen Regierung zusammen mit anderen deutschen Grundbesitzern enteignet worden waren. In den folgenden Jahren hatte Bömers dann von Bremen aus französische Weine importiert und enge Handelsbeziehungen zu wichtigen Produzenten in Frankreich aufgebaut.

Damit stürzte seine Ankunft in Bordeaux zahlreiche Bewohner in ein arges Dilemma: Ihr alter Freund und Geschäftskollege kam nun als Repräsentant des Feindes. Um Ängste abzubauen, lud Bömers – einer seiner ersten Schritte als »Weinführer« – Vertreter aus dem Weinbau zu sich, um ihnen zu versichern, er betrachte sich nach wie vor als ihr Freund. »Versuchen wir, unseren Geschäften so normal wie möglich nachzugehen«, schlug er vor. »Aber wenn ich wieder weggehe, hoffe ich, daß ihr noch bessere Weinvorräte habt als jetzt.« Das war seine Art, ihnen mitzuteilen, daß er durchaus ihre Interessen mitberücksichtigte und hoffte, nach Ende des Krieges weiter Geschäfte mit ihnen zu machen.

»Er kam vorbei und begrüßte uns alle«, sagte May Eliane Miailhe de Lenquesaing, die mit ihrer Familie von Château Pichon Longueville vertrieben worden war und zu Beginn der Besatzung noch den Titel einer Comtesse de Lalande getragen hatte. »Natürlich kannten wir ihn alle von vor dem Krieg, und so sagten wir zu ihm: ›Solange Sie keine Uniform tragen, können Sie weiterhin zu uns zum Abendessen kommen, wie sonst auch.‹«

Dennoch waren etliche im Bordelais auch besorgt. »Bömers hatte große Macht«, erinnerte sich Jean-Henri Schyler von Château Kirwan. »Wenn man ihm keinen Wein verkaufen wollte, konnte er einen dazu zwingen.«

Sogar Daniel Lawton, der in Bömers' Firma in Bremen gelernt hatte und eines der ältesten Weinhandelshäuser von Bordeaux leitete, bekam einen Eindruck von Bömers' schlechter Laune. Als er Bömers' Bestellisten und die dafür gebotenen Preise sah, zögerte Lawton nicht, sich bei ihm zu beschweren und einfach die Lieferungen zu verweigern.

Bömers geriet außer sich. Er warnte Lawton: »Wenn Sie uns nicht nach unseren Vorstellungen beliefern, dann stehen schon morgen vor jedem Weinkeller im Bordelais Wachen mit aufgepflanztem Bajonett!«

»Nur zu!«, antwortete Lawton.

Es kam nicht soweit. Allerdings hatten die Winzer der Region tatsächlich keine oder kaum eine andere Wahl, als Bömers zu beliefern. »Wir konnten unseren Wein nicht mehr nach Großbritannien oder in die USA liefern«, sagte Jean-Henri Schyler. »Alle Handelswege waren versperrt. Wir hatten die Wahl: entweder an die Deutschen verkaufen, oder den Wein direkt in die Gironde kippen.«

Das sah Hugues Lawton, dessen Vater Bömers herausgefordert hatte, genauso: »Man mußte eben mit einer ungeliebten Situation zurechtkommen. Wenn man erst einmal besiegt ist, muß man sich unterordnen.«

Obwohl viele in Bordeaux Bömers als hart, ja sogar autokratisch empfanden, respektierten sie ihn. Zuerst hatten sie befürchtet, er sei hinter den größten Weinen der Region her, wahren Schätzen, die, so ein Winzer, »ein unschätzbares Weinmuseum« darstellten. Andere sorgten sich: »Soll jetzt noch ein elementarer Bestandteil der französischen Zivilisation beschlagnahmt, geplündert und zusammen mit all unseren Renoirs, Matisses und Georges de La Tours über den Rhein geschickt werden?«[66]

Bömers versicherte, daß das nicht geschehen sollte, auch wenn er von seinen Vorgesetzten aus Deutschland heftig bedrängt wurde.

Tatsächlich tat er etlichen Bordeaux-Winzern sogar einen Gefallen: Er kaufte ihnen große Mengen der minderwertigen Jahrgänge ab, bei einer Lieferung sogar eine Million Flaschen auf einmal.

Bömers verhandelte überwiegend mit *négociants*, Großhändlern, die den Wein von den Winzern bezogen und selbst in Flaschen abfüllten. Einer dieser Händler war Louis Eschenauer, der sich bereits lange vor dem Krieg auf den Export nach Deutschland spezialisiert hatte. »Onkel Louis«, wie er genannt wurde, war fast so bekannt für seine guten Beziehungen zu Ribbentrop und anderen Größen der deutschen Politik wie für seine hervorragenden Weinkenntnisse. Bei der Besetzung von Bordeaux war er 70 Jahre alt. Vor dem Krieg hatte er bereits umfangreiche Geschäfte mit sämtlichen Mitgliedern der deutschen Führung ebenso wie mit Heinz Bömers gemacht. Daher lief sein Geschäft auch jetzt prächtig. »Eschenauer war einer der besten Freunde meines Vaters«, erinnerte sich Heinz jun. »Ich weiß, daß sie sich oft trafen, Weine testeten und aussuchten.«

Doch Eschenauer war nur einer von vielen *négociants*, die sich um Bömers' Aufmerksamkeit bemühten und versuchten, bestmögliche Geschäfte zu machen. Nach Angaben von Bömers' Sekretärin Gertrude Kircher reichte das Verhalten des Wein-Establishments von Bordeaux »von eiskaltem, kommerziell beherrschtem Zynismus bis zur hemmungslosen Katzbuckelei. Es war schon peinlich, wie sie ihn hofierten und vor ihm Kratzfüße machten.«[67] Sie gaben reihum rauschende Feste und taten alles, damit der Weinführer dort auftauchen sollte. »Sie riefen mich an und erzählten mir, welche anderen Prominenten eingeladen waren«, erinnerte sich Kircher. »Dann gaben sie mir das Menü durch, behaupteten, sie wollten sich mit meinem Chef über deutsche Musik und Literatur unterhalten. Herr Bömers fand das alles absolut lächerlich.«

Bömers hatte seine eigene Einkaufsliste und seine festen Zulieferer. Er nutzte lieber die alten Geschäftskontakte, die er und seine Familie über die Jahre aufgebaut hatten, etwa die Miailhes, denen mehrere Châteaux und Lagen um Bordeaux gehörten.

»Er war ein sehr ehrlicher Mann«, erinnerte sich May Eliane Miailhe de Lencquesaing. »Meine Eltern sagten immer: ›Dank diesem Herrn Bömers haben wir unseren Wein noch.‹ Er versuchte so gut es ging, die Interessen auszugleichen, es sich nicht mit seinen deutschen Vorgesetzten zu verderben, aber auch, sich um seine französischen Freunde zu kümmern.«

Das war jedoch manchmal gefährlich. Nach Ansicht von Jean-Michel Schyler war es »ein Seiltanz. In gewisser Weise mußte er ein doppeltes Spiel spielen.«

Dabei half ihm unter anderem auch ein Weinhändler namens Roger Descas, der Beauftragte der Vichy-Regierung bei der Wirtschaftsabteilung der deutschen Besatzungsbehörden in Paris. Wie Louis Eschenauer war auch Descas ein alter Freund der Familie Bömers. Seine Aufgabe bestand unter anderem darin, mit Bömers Mengen und Preise für Weinlieferungen aus dem »freien«, unbesetzten Teil Frankreichs an Deutschland auszuhandeln. Das war für ihn eine ständige Gratwanderung: Verlangte er zuviel, riskierte er es, die Inflation anzuheizen, oder er provozierte gar Eingriffe der deutschen Behörden. Setzte er die Preise zu niedrig an, brachte er die Winzer gegen sich auf.

Bömers konnte sich in Descas' Lage versetzen und zeigte Verständnis. »Ich habe da eine Idee«, meinte er bei einem Telefongespräch zu Descas. »Treffen wir uns doch zum Abendessen. Dann erkläre ich Ihnen alles.«

Die beiden trafen sich im *La Crémaillière*, einem der besten Restaurants von Paris. Dort stellte nun Bömers bei *filet de bœuf en croûte* und *turbot en sauce champagne* seinen Plan vor. »Wir müssen ein bißchen schauspielern«, erklärte er. »Sie und ich, wir beide treffen uns am Vorabend unseres offiziellen Termins und handeln dann unter uns einen guten Preis aus. Am nächsten Tag treffen wir uns dann offiziell und streiten uns herum. Das wird die anderen dann hoffentlich überzeugen, daß wir keine gemeinsame Sache machen.«

Descas mußte nicht lange nachdenken. »In Ordnung«, sagte er zu Bömers.

Als die beiden im Hôtel Majestic eintrafen, wo die Wirtschaftsabteilung der deutschen Besatzungsbehörden untergebracht war, wurden zunächst einmal die üblichen Formalia abgehandelt. Jede Seite stellte in einem kurzen Vortrag ihre Position vor. Dann begann das Schauspiel. Bömers warf Descas vor, er wolle ihn ausplündern, und forderte niedrigere Preise. Descas antwortete, seine Preise seien fair; vielmehr sei es der Weinführer Bömers, der die Winzer übervorteilen wolle. Bömers spielte sich in Rage, und die Auseinandersetzung wurde hitzig. Nach geraumer Zeit einigten sie sich schließlich auf bestimmte Mengen und Preise. Und zwar auf genau die, die sie am Vorabend bereits festgelegt hatten.

»Das klappte sehr gut«, erzählte uns Heinz jun. »Mein Vater berichtete, die Verantwortlichen der Regierung hätten seine Zahlen immer sofort akzeptiert und seien überzeugt gewesen, er hätte das Beste herausgeholt.«

Aber nicht immer. Mehrmals wurde Bömers nach Paris zitiert, wo man ihm vorwarf, den Weinlieferanten zu weit entgegengekommen zu sein.

Doch selbst diese Rapporte waren nichts im Vergleich zu den drei Gelegenheiten, als er nach Berlin zu Hermann Göring reisen mußte. Jedesmal bekam Bömers die volle Wut des Generalfeldmarschalls zu spüren.

»Es war schrecklich«, erinnerte sich Bömers später. »Er warf mir vor, ich sei zu zahm mit den französischen Weinhändlern umgegangen, und stellte mich praktisch als Betrüger hin. Ich konnte nur noch antworten: ›Wenn Sie nicht zufrieden mit meiner Arbeit sind, höre ich auf und gehe nach Hause.‹ Doch er wußte, daß ich ein Experte für Bordeauxweine war und er keinen besseren finden würde. Deshalb passierte mir auch weiter nichts. Trotzdem waren diese Treffen ausgesprochen unangenehm und versetzten mich in Angst und Schrecken.«

Zweimal im Jahr durfte Bömers zu seiner Familie reisen. Als er zu Weihnachten 1941 wieder einmal nach Bremen kam, hatte sich die Lage dort dramatisch verändert. Die britische Luftwaffe warf Nacht für Nacht Bomben über deutschen Städten ab, und die USA waren gerade in den Krieg eingetreten. Zudem hatte Hitler noch zu einem »Vernichtungskrieg« gegen die Sowjetunion aufgerufen, der nach seinen Vorstellungen bereits nach sechs Wochen beendet sein sollte. Mittlerweile dauerte auch diese Offensive bereits ein halbes Jahr, und es war kein Ende in Sicht. In Rußland hatte unerwartet früh ein harter Winter eingesetzt, und die darauf nicht eingestellten deutschen Soldaten erfroren zu Tausenden.

Durch diese neuen Entwicklungen war Bömers mehr denn je überzeugt, daß Deutschland den Krieg verlieren würde, und er brachte seine Familie nach Bayern, wo sie seiner Ansicht nach sicherer war. »Man erfuhr täglich, daß dieser oder jener gute Bekannte oder Freund tot war«, erinnerte sich Heinz jun. »Es war einfach schrecklich. Jede Nacht hörten wir Bomber auf München zufliegen, wo meine beiden Schwestern zur Universität gingen. Schrecklich, schrecklich. Selbst heute noch kann ich das kaum erklären. Aber wir mußten damit leben.«

Im folgenden Sommer erfuhr er bei seinem nächsten Besuch bei seiner Familie, daß sein Schwager, ein protestantischer Pfarrer, von der SS festgenommen worden war, weil er am Ende jedes Gottesdienstes ein Gebet für die verfolgten Juden gesprochen hatte. »Meine Mutter war verzweifelt; sie stand ihrem Bruder sehr nahe, und sie bat meinen Vater um Hilfe«, erzählte uns Heinz jun.

Bömers fuhr zur SS-Zentrale in Berlin und wurde dort vorstellig. Der diensthabende Offizier forderte ihn auf, »sein Sprüchlein aufzusagen«. Als Bömers geendet hatte, meinte der Offizier zu ihm: »Gut, ich will Ihnen etwas sagen: Wir wissen, daß Ihr Schwager ein guter Deutscher ist. Wir kennen seine Auszeichnungen aus dem letzten Krieg. Aber er ist kein guter Nationalsozialist. Er verdient die Todesstrafe.«

Bömers kehrte so niedergeschlagen von dem Termin zurück, daß er sich nicht einmal an seine Antwort erinnerte. Sein Schwager wurde dennoch entlassen; er mußte nun in einem Postamt arbeiten und durfte nicht mehr als Pfarrer tätig sein. »Dabei hatte er noch Glück. Er hätte genausogut in ein Konzentrationslager kommen können.«

»Mein Vater haßte die Nazis«, erinnerte sich Heinz jun. »Er war strikt gegen Hitler und hielt ihn für einen Kriminellen.«

Besonders abscheulich fand er jedoch Göring. Dieser war für

Bömers ein anmaßender Gewaltverbrecher, dessen Bosheit nur noch von seiner Gier übertroffen wurde. Ihn meinte er, wenn er seine Bekannten in Bordeaux aufforderte, sie sollten sich über jeden Deutschen, unabhängig von dessen Rang oder Stellung, bei ihm beschweren, der von ihnen die Herausgabe von Wein verlangen sollte, und er, Bömers, werde dem Einhalt gebieten. »So kam es denn auch, bestimmt!«, erzählte Heinz jun. »Er ließ sich mit seinem Wagen dorthin fahren – ich weiß nicht, wo das genau war – und befahl den Soldaten, sofort wieder abzuziehen. Und das taten sie auch.«

Doch Bömers konnte nicht überall sein, und es gab natürlich auch Versuche, das offizielle System zu unterlaufen. So arbeiteten einige deutsche Offiziere mit französischen Winzern zusammen, die illegal niedrigere Preise anboten, fuhren mit Militärlastern direkt auf dem Weingut vor und verfrachteten riesige Mengen Wein.

Bömers hatte den Verdacht, daß Göring hinter vielen dieser Aktionen steckte. Er war überzeugt, der Generalfeldmarschall wolle so viele Flaschen Spitzenweine wie möglich in seinen persönlichen Besitz bringen. Einmal erhielt er von Göring eine Bestellung für einige Kisten Château Mouton-Rothschild. »Mouton ist zu gut für solche Typen«, meinte Bömers und bat die Arbeiter des Château um eine kleine Trickserei. Er ließ ihnen einige Flaschen *vin ordinaire* schicken, auf die sie Mouton-Etiketten kleben sollten. Diese Bitte wurde ihm nur allzugern erfüllt. Die Flaschen wurden dann zu Göring nach Berlin geschickt. Bömers hörte nie eine Beschwerde.

Trotzdem gab es natürlich auch für Bömers Grenzen. Als einige *négociants* ihm gegenüber meinten, die deutsche Führung würde nie den Unterschied herausfinden, wenn er statt ihrer *Grands crus* billigen Wein aus dem Midi liefern würde, wurde Bömers wütend. Ein paar Flaschen wie bei der Lieferung an Göring, das mochte angehen; ein Schwindel im Großmaßstab, der seine Reputation als Weinexperte ruinieren konnte, war etwas ganz anderes. Die meisten Winzer und Händler im Bordelais schienen das auch zu respektieren.

Kaum jemand betrachtete ihn als Nazi. Bömers gestand einem Winzer, er sehne sich danach, »diese Uniform wegzuwerfen« und als ganz normaler Händler weiterzuarbeiten. »Er versuchte, dem Weinhandel so wenig wie möglich zu schaden«, erzählte uns ein Weinhändler. Sogar der britische Weinexperte Harry Waugh, der vor und nach der Besatzungszeit sehr viel mit Weinerzeugern aus dem Bordelais zu tun hatte, beschrieb Bömers als »sympathisch«.

Andere gingen noch weiter. »Er rettete unseren Wein«, so das Urteil von May Eliane Miailhe de Lenquesaing. »Er sorgte dafür, daß niemand zu viel Wein verkaufen mußte und daß jeder bezahlt wurde. Nachdem er hier war, wurde kein Wein mehr gestohlen.«

Ende Oktober 1940, kurz nach seiner Ankunft in Beaune, erhielt Adolph Segnitz, der neuernannte »Weinführer« für Burgund, eine anonyme Botschaft: »Bitte beachten Sie, daß Sie betrogen werden sollen. Die besten Weine hier werden versteckt; Sie bekommen nur die zweite Wahl.«[68]

Einige Tage später versammelte Segnitz Winzer zu einem Gespräch. Er zeigte ihnen den anonymen Brief und sagte: »Hier habe ich etwas, das ich Ihnen gerne vorlesen möchte.« Als er geendet hatte, legte sich ein bedrücktes Schweigen über die Runde. Einige rutschten nervös auf ihren Stühlen hin und her. Doch nach einigen Augenblicken fuhr Segnitz fort: »Ich möchte Ihnen eines sagen. Für mich bedeutet dieser Zettel gar nichts. Was mich persönlich angeht, hat es ihn nie gegeben.« Damit zerriß er das Schreiben, und die Erleichterung in der Runde war deutlich zu spüren.

»Er haßte Denunzianten«, meinte Yvonne Tridon, Vorstandsmitglied des *Syndicat des négociants en vins fins de Bourgogne*. Er mochte keine Franzosen, die andere Franzosen anschwärzten.«

Die bei dem Gespräch anwesenden Winzer betrachteten Segnitz

von da an als Ehrenmann, mit dem sie Geschäfte machen konnten. »Er hat uns niemals bedroht oder irgend jemandem Betrug vorgeworfen«, erklärte der Winzer und Weinhändler Louis Latour aus Beaune. »Er war der einzige Deutsche, mit dem wir sprechen konnten, weil er ein Berufskollege von uns war.«

Segnitz' Familie besaß einen Weingroßhandel in Bremen und importierte französische Spitzenweine seit der Firmengründung 1859. Einige Jahre vor dem Zweiten Weltkrieg hatte Adolph Segnitz die Firma übernommen und sich allmählich auf Burgunderweine spezialisiert. Er war fasziniert von dieser Gegend, ihrer Geschichte und Kultur, besonders aber von ihrem Wein.

»Er war ein echter Frankophiler«, erinnerte sich Yvonne Tridon. »Für uns war er nie ein Fremder oder Ausländer, weil er immer gut mit den Leuten hier zusammenarbeiten konnte, und niemand hatte Angst vor ihm.«

Segnitz war schon über 60, als ihm die Nazis die Position eines »Importbeauftragten« im Burgund anboten. Wie sein Freund Heinz Bömers, der nach Bordeaux gegangen war, verachtete er die Nazis und arbeitete nur ungern für sie. Dennoch nahm er das Angebot an, aber unter der Bedingung, daß er selbständig und unbeeinflußt von Weisungen aus Berlin arbeiten könne. »Hierauf legte mein Vater ganz besonderen Wert«, meinte sein Sohn Hermann. »Er war entschlossen, vollkommen unabhängig zu agieren.«

Von Anfang an versuchte Segnitz den Burgunder Winzern und Weinhändlern klarzumachen, daß er ihre Probleme verstehe und wegen der Beschwernisse des Besatzungszustandes mitfühlen könne. »Aber lassen Sie uns zusammenarbeiten und das Beste aus der Lage machen, so daß wir etwas in der Hand haben, wenn der Krieg zu Ende ist«, schlug er vor. Segnitz versprach, es werde keine Zwangsmaßnahmen geben; jeder Winzer könne selbst entscheiden, ob er mit ihm Geschäfte machen wolle. »Ich bin hier, um Wein zu kaufen«, erklärte er. »Wenn Sie mir Ihren Wein verkaufen wollen: Schön! Aber ich werde Sie nicht zum Verkauf zwingen.«

Eine der großen Firmen, die nicht an Segnitz verkaufen wollten, war die Maison Louis Latour. »Mein Vater hatte sich schon seit dem Ersten Weltkrieg strikt geweigert, mit Deutschen Geschäfte zu machen«, erklärte uns sein Enkel Louis. »Zuvor war Deutschland für uns ein bedeutender Markt gewesen, aber mein Großvater war von den Kriegsereignissen so traumatisiert, daß er schwor, niemals mehr mit einem Deutschen geschäftlich zu tun zu haben.« Großvater Latour starb kurz nach der Ankunft von Segnitz, doch auch sein Sohn hatte die Einstellung des Seniorchefs übernommen. »Mein Vater mochte Segnitz als Menschen, aber er verkaufte ihm trotzdem keinen Wein«, meinte Louis.

Obwohl Segnitz »mit den Taschen voller Geld« in die Bourgogne kam, gab es nicht viel für ihn zu kaufen. Die Ernten 1939 und 1941 waren verschwindend gering gewesen. Das Wetter war in beiden Jahren schlecht: frühe, zu trockene Sommer, gefolgt von starkem Regen, gelegentlich sogar Hagel. 1939, ohnehin ein allenfalls mittelmäßiger Jahrgang, gab es so wenig Trauben, daß die

Ernte anstatt wie sonst zwei bis drei Wochen nur zehn Tage dauerte. Doch selbst wenn die Weinstöcke besser getragen hätten, wäre es dennoch zu Schwierigkeiten gekommen, denn die meisten jungen Männer, die sonst bei der Lese aushalfen, waren bereits zur Armee eingezogen.

1940 war alles sogar noch schlimmer. Damals war man bereits nach drei Tagen mit der Weinlese fertig. Weil die Früchte nicht richtig ausreifen konnten, wollten die Winzer den Most chaptalisieren, also Zucker zusetzen, um den Alkoholgehalt des Weines zu erhöhen. Doch das war nicht möglich, weil es keinen Zucker gab. Außerdem war es für die Winzer schwierig, ihren Most zu klären, das heißt, die Ausflockungen zu entfernen, die oftmals den Rotwein trüben. Üblicherweise erreichte man das durch Zugabe von Hühnereiweiß, an das sich die Trübstoffe banden und dann auf dem Boden des Behälters absetzten. Eier jedoch waren in diesem Jahr noch weitaus seltener zu haben als Zucker. Als Notbehelf mußten die Winzer also auf eine Methode ihrer Väter und Großväter zurückgreifen: Sie verwendeten Holzkohle zum Filtrieren.

Der Marquis d'Angerville, einer der führenden Weinproduzenten des Burgund, erinnerte sich: »1940 war unsere Ernte so schlecht, daß wir gar nicht erst versuchten, daraus Wein zu machen. Wir kippten den Most gleich weg.«

Auch das folgende Jahr war nicht besser. Die meisten der Männer, die nun in den Weinbergen hätten arbeiten können, saßen in deutschen Kriegsgefangenenlagern. Zudem gab es, wie das regierungsnahe *Journal de Viticulture* vermeldete, »praktisch keine« Mineraldünger und »nicht ausreichend« Schädlingsbekämpfungsmittel.

Deshalb konnte auch Segnitz allenfalls mittelmäßige Ware einkaufen. Einige der besten Weine jedoch stammten von Maurice Drouhin. Er hatte bereits vor dem Krieg in Geschäftsbeziehungen mit Segnitz gestanden, und die beiden waren gut befreundet. Nach Drouhins Ansicht verstand Segnitz nicht nur etwas von Wein, sondern er kümmerte sich auch um die Empfindungen der Leute. Er verstand ihre Verzweiflung über die Besetzung ihres Landes

und konnte nachfühlen, wie stark sie unter den Versorgungsengpässen, Ausgangssperren und anderen Einschränkungen litten.

Alles in allem jedoch, so Yvonne Tridon, war die Besatzungszeit in Beaune zumindest anfangs »nicht allzu schrecklich. Sicherlich war es unangenehm, aber wir konnten machen, was erforderlich war, um zu überleben.« Weil Briefe kontrolliert wurden, hatte sich Tridon als Schriftführerin der Winzervereinigung für vertrauliche Post ein besonderes Nachrichtenübermittlungssystem ausgedacht: Bestimmte Briefe steckte sie einfach hinter die Tür der Damentoilette. »Die Deutschen waren zu zimperlich, um dort nachzusehen«, erinnerte sie sich.

Aufgrund der Ausgangssperre schlossen die Läden gewöhnlich um acht Uhr abends, und auch das sonstige öffentliche Leben kam zum Erliegen – auch wenn die Deutschen diesen Zeitpunkt kurzfristig ändern konnten. Fahrradscheinwerfer wurden blau übermalt und die Fenster mit Vorhängen verdunkelt. »Es war hier nachts so dunkel, daß selbst ich, die ich mein ganzes Leben hier gewohnt habe, mich verlaufen hätte«, erinnerte sich Tridon.

Beunruhigender waren aber die Militärpatrouillen, die ununterbrochen über das Kopfsteinpflaster der Dörfer und Städte rumpelten. Ständig wurden die Passanten nach ihren Ausweisen gefragt und manchmal auch nach versteckten Waffen durchsucht. »Sie stellten uns Fragen, aber das war ziemlich lächerlich, denn kaum jemand von denen sprach französisch. Hinterher mußten wir immer lachen, denn auf jede Frage hatten wir irgendeine vulgäre Antwort parat.«

Segnitz, der französisch sprach, war sich durchaus bewußt, wie stark die Deutschen verachtet wurden, und versuchte, so gut wie möglich damit zurechtzukommen. Vor dem Ersten Weltkrieg hatte seine Familie zwei Weingüter in der Nähe von Bordeaux besessen, Château Chasse-Spleen und Malescot-St.-Exupéry. Als 1914 der Krieg ausbrach, wurden die Keller von Chasse-Spleen von Einheimischen geplündert und den Erntehelfern vorgeworfen, sie arbeiteten für den Feind. Schließlich wurden beide Güter von der französischen Regierung als Feindbesitz konfisziert.

In Erinnerung an diese Vorfälle bemühte sich Segnitz um unbedingte Höflichkeit und trug niemals in der Öffentlichkeit Uniform. Dennoch fiel er überall sofort auf. »Segnitz lief immer in einem grünen Lodenmantel herum und sah genauso aus wie der deutsche Schauspieler Erich von Stroheim«, erinnerte sich Louis Latour. »Er mußte schon etwas frustriert gewesen sein, weil er immerzu fragte: ›Woher wißt ihr denn eigentlich alle immer gleich, daß ich Deutscher bin? Ich spreche doch perfekt französisch, aber jeder sagt immer: Oh, Sie müssen dieser Deutsche sein!‹.«

Obwohl die öffentliche Meinung stark gegen die Deutschen war, hielten die meisten im Burgund – ebenso wie in den anderen Teilen Frankreichs – zur Regierung Pétain und unterstützten die von dem Marschall betriebene Politik einer engen Kollaboration mit Deutschland. Das Ansehen des greisen Regierungschefs war derart groß, daß zum Beispiel die Weinhändlervereinigung des Burgunds beschloß, ihm zum Geburtstag 66 Kisten Wein zu schicken, einige davon aus seinem Geburtsjahrgang, 1856. Yvonne Tridon

wurde nach Vichy abgeordnet, um das Geschenk offiziell zu überreichen. In der Grußbotschaft der Vereinigung, die sie verlesen durfte, hieß es: »Wir überreichen dieses Geschenk als Beweis unserer Treue zu Ihren Befehlen und zur nationalen Einheit.« Später erinnerte sie sich an Pétain: »Er war sehr freundlich, aber er sah unglaublich alt aus, und immer stand ein Arzt neben ihm.«

Kurz nach Pétains Geburtstag erreichte die Winzer eine schreckliche Neuigkeit: Maurice Drouhin war verhaftet worden. Es war August 1941, und Drouhin wollte zu einer Versammlung in den Hospices de Beaune gehen, als er von einer deutschen Patrouille festgenommen wurde.

»Diese Nachricht traf uns wie ein Blitz«, erinnerte sich Louis Latour. »Jeder wußte, daß Maurice und Segnitz eng zusammenarbeiteten, und deshalb waren wir sehr überrascht von der Festnahme.«

Wahrscheinlich der einzige, der nicht überrascht war, dürfte Drouhin selbst gewesen sein. Als Mitglied der französischen Armeereserve hatte er in der Zwischenkriegszeit französische Generäle auf Reisen nach Washington begleitet und immer wieder einmal kurze Einsätze mitgemacht. »Mein Vater hat nie erzählt, worum es sich dabei handelte, aber er traf sich oft mit General Douglas MacArthur«, erzählte sein Sohn Robert.

Diese Reisen blieben dem deutschen Geheimdienst nicht verborgen, und man war überzeugt, daß Drouhin mit Aktionen gegen die Deutschen befaßt war. Seine Verhaftung wurde damit begründet, er habe eine Waffe bei sich zu Hause versteckt. Es handelte sich dabei um einen verrosteten Revolver aus dem Ersten Weltkrieg, den Maurice in einer Schublade vergessen hatte. Doch das reichte den deutschen Behörden als Vorwand.

Maurice wurde in das Gefängnis von Fresnes vor den Toren von Paris gebracht. Weil er deutsch sprach, konnte er sich mit seinen Bewachern verständigen. So erzählte er den Wachen von seinen Weltkriegserlebnissen, darunter auch jenen Vorfall, wo er einmal das Leben eines deutschen Soldaten gerettet hatte.

»Oh, dann hassen Sie also Deutschland und die Deutschen gar nicht?«, fragte einer der Wachen überrascht.

»Nein«, antwortete Drouhin, »nur die Regierung und ihre Politik.«

Bald nach seiner Einlieferung bekam Drouhin von seiner Wache einen Stift, und so konnte er seiner Frau Pauline schreiben.[69]

> 14. AUGUST 1941. *Meine liebe Frau! Zuallererst möchte ich Dir mitteilen, daß ich bei guter Gesundheit bin. Das einzige, woran ich leide, ist, daß ich so weit von Dir und unseren lieben Kindern bin. Ich bin bis jetzt noch nicht verhört worden; ich warte ungeduldig darauf, denn ich bin sicher, daß es sich hier nur um einen einfachen Irrtum handelt. Habe Mut, meine Liebe, es werden bald wieder bessere Tage sein.*

Doch die Tage vergingen, und Maurice wurde immer besorgter, nicht nur über sein eigenes Schicksal, sondern auch darüber, wie es mit seinem Weingut weitergehen sollte und wie Pauline wohl allein zurechtkam.

7. SEPTEMBER 1941.
Wenn ich für die Lese noch nicht wieder zurück bin, verlasse Dich auf die Ratschläge der anderen. Sei sehr vorsichtig in der Nähe der Fässer, wenn der Most zu gären anfängt; die Gase sind gefährlich. Mach Dir keine Sorgen über Verluste. Es ist wohl besser, keine neuen Aufträge anzunehmen und nur unsere Stammkunden zu beliefern, vor allem die, die auch leere Flaschen liefern können. Fülle zuerst den 1938er Romanée-Conti ab. Nimm erst die besten Weine und versuche, um jeden Preis das Personal zu halten.

Etwa eine Woche später schrieb Maurice, er sei gerade vor ein Kriegsgericht gestellt worden.

Gestern wurde ich verhört, und ich muß dem Vorsitzenden des Gerichts meine Hochachtung aussprechen. Ich hatte die ganze Zeit das Gefühl, daß hier nur Richter waren, die nichts anderes herausfinden wollten als die Wahrheit. Ich hoffe auch weiterhin, daß meine Unschuld bald festgestellt wird und ich bald wieder bei Euch sein kann.

Maurice wußte, daß seine Bewacher jeden seiner Briefe Wort für Wort aufmerksam lasen, und er wiederholte diese Einschätzungen noch in mehreren anderen Briefen an seine Frau.

1. OKTOBER 1941. *1939 war ich Mitglied des Kriegsrats meiner Division. Daher weiß ich, daß Redlichkeit und Anständigkeit das Hauptmotiv eines Kriegsrichters sind. Ich kann mir einfach nicht vorstellen, daß sie diesen alten unbrauchbaren Revolver, den ich in meiner Schublade vergessen habe, als Waffe ansehen und mich für so etwas bestrafen. Ich bin jedenfalls völlig unschuldig und habe nichts zu verbergen. Jeden Abend sage ich mir: Wieder ein Tag weniger in dieser schweren Prüfung.*

Tatsächlich aber hatte Maurice große Angst, das konnte er vor seiner Frau einfach nicht verbergen, sosehr er versuchte, sie zu trösten.

Was immer Du tust, sei nicht traurig wegen mir. Du mußt dafür sorgen, daß das Leben unserer Kinder normal weitergeht und sie auch weiter fröhlich sind und spielen können. Das mußt Du auch für mich tun, denn das gibt mir den Mut zum Durchhalten.

Der größte Trost waren für ihn die Besuche von Pauline. Einmal sagte sie ihm, die Hälfte der Domaine de la Romanée-Conti stehe zum Verkauf, und man habe es ihm als dem wichtigsten Großhändler dieses berühmten Gutes angeboten. Maurice spürte eine große Versuchung, doch er schüttelte den Kopf. »Das würde bedeuten, wir müßten einen Kredit aufnehmen«, sagte er. »Das will ich nicht.« Winzer nahmen in diesen Tagen nur selten Kredite auf, und angesichts seines eigenen unsicheren Schicksals zögerte Maurice nur um so mehr.

Pauline spürte, wie besorgt ihr Mann war und in welcher Gefahr er schwebte, und sie bat den Leiter des Gefängnisses um einen Termin.

»Mein Mann ist unschuldig«, sagte sie ihm. »Diese alte Pistole, die Ihre Soldaten bei der Hausdurchsuchung gefunden haben, kann ihn doch nicht zu einem Kriminellen machen. Sie funktioniert ja noch nicht einmal.«

Der deutsche Offizier hörte höflich zu. Er lobte, wie sehr sie sich für ihrem Mann einsetzte, und entschuldigte sich: »Es tut mir leid, aber ich kann nichts für Sie tun.« Pauline war bestürzt.

Um so überraschter war sie, als sie kurz darauf einen Brief von dem Gefängnisdirektor erhielt. »Wie ich Ihnen bereits gesagt hatte, kann ich sehr wenig für Sie tun«, schrieb er. »Leider kann selbst Ihre aufrichtige Haltung daran nichts ändern; es wäre einfach gegen alle Vorschriften. Aber ich darf Ihnen versichern, daß dieser Alptraum, den Monsieur Drouhin gegenwärtig durchlebt, nicht mehr lange dauern wird. Bitte haben Sie Geduld. Ich werde alles tun, was in meiner Macht steht, um die Formalitäten so weit wie möglich abzukürzen.«

Die Geduld ging jedoch allmählich zur Neige. Kollegen Drouhins an den Hospices de Beaune, wo er das Amt des Vizepräsidenten bekleidete, beschwerten sich, es werde zunehmend schwieriger, ohne ihren Kollegen weiterzuarbeiten.

Die Hospices bildeten das Zentrum des öffentlichen Lebens in Beaune. Das war bereits seit 1443 so, als Nicolas Rolin, Kanzler von Philipp dem Guten, dem Herzog von Burgund, ein Armenspital dieses Namens eröffnete und dafür seinen gesamten weltlichen Besitz hingab, sowie ihm einige der besten Weinberge der Region zuwies. Im Laufe der Jahrhunderte waren zahlreiche weitere fromme Burgunder diesem Vorbild gefolgt und hatten ihre Weinberge den Hospices vermacht, um ihre Arbeit zu unterstützen.

Nun, so warnten die Vorstandsmitglieder, sei dieses gesamte Werk in Gefahr. Die Weinberge brauchten viel Pflege; gleiches galt für die mildtätigen Institutionen, die von den Hospices betrieben wurden, darunter das Krankenhaus, ein Waisenhaus und ein Altersheim. In einem Brief an den Vorsitzenden des Kriegsgerichts erklärte das Direktorium der Hospices, die Inhaftierung Maurice Drouhins gefährde den Fortbestand der gesamten Organisation. »Durch sein Fehlen sind alle von uns erbrachten Dienstleistungen in größter Gefahr. Wir bitten Sie inständig, alles zu unternehmen, eine möglichst rasche Lösung für diesen Fall zu finden.«

Nur wenigen war jedoch bekannt, daß die Aktivitäten Drouhins weit über die Hospices und den Weinhandel hinausgingen. Tatsächlich war er intensiv in der Résistance engagiert, dem französischen Widerstand gegen die deutschen Besatzer. Dies hatten die deutschen Behörden zwar schon lange vermutet, aber sie konnten ihm nie etwas nachweisen. Doch selbst aus dem Gefängnis heraus blieb Maurice weiter aktiv. Mit Hilfe von Büchern wie

Der Graf von Monte Christo und anderen Werken des Autors Alexandre Dumas, die ihm Pauline ins Gefängnis mitbrachte, kommunizierten die beiden miteinander mit Hilfe der Methode, die Maurice ihr früher beigebracht hatte. In den Geheimbotschaften ging es um Nachrichten für die Résistance über deutsche Armeestellungen und Empfehlungen zum Menschenschmuggel über die Demarkationslinie zwischen den beiden Teilen Frankreichs.

Kurz vor Weihnachten teilten die Deutschen mit, Drouhin werde nun bald vor Gericht gestellt. Sein Freund und Händlerkollege Louis Latour reiste rasch nach Fresnes, um zu sehen, ob er Maurice irgendwie helfen konnte. Die beiden hatten nur sehr kurz Gelegenheit, sich zu sehen, doch die Zeit war ausreichend, um Latour davon zu überzeugen, daß Maurice in ernsthaften Schwierigkeiten steckte. »Er war wie gelähmt vor Angst«, erinnerte sich Latour. »Er fürchtete, hingerichtet zu werden.«

Pauline versuchte verzweifelt, ihren Mann zu retten. Sie erinnerte sich an den Brief, den ihr Maurice im Ersten Weltkrieg geschrieben hatte, in dem er ihr von der Rettung eines deutschen Soldaten berichtet hatte. Sie wußte, daß sie den Brief aufgehoben hatten, doch wo? Schließlich fand sie ihn in einer Schublade. Sie steckte den Brief zusammen mit dem Zeitungsartikel, in dem der Brief abgedruckt worden war, in einen Umschlag und fuhr so schnell wie möglich zum Gefängnis.

Dort übergab sie den Umschlag dem deutschen Kommandanten. Dieser versprach ihr, den Brief und den Artikel zu lesen und wohlwollend zu prüfen.

Am 13. Februar 1942 geschah das Unerwartete: Maurice wurde freigelassen. Es gab keine weiteren Erklärungen. Zweifellos hatten der Brief und der Zeitungsartikel dabei geholfen, doch in Beaune waren viele überzeugt, daß auch die Freundschaft Maurice' mit dem »Weinführer« Adolph Segnitz eine wichtige Rolle dabei gespielt hatte.

Trotz aller Erleichterung war es Maurice klar, daß die Deutschen ihn weiterhin verdächtigten und es womöglich nur eine Frage der Zeit war, daß sie ihn erneut verhaften würden. Deshalb packte er sofort nach seiner Rückkehr nach Hause zuerst einmal ein kleines Bündel mit Kleidung und persönlichen Gegenständen zusammen und versteckte es unter seinem Bett. Dann konzentrierte er sich auf die Wiedereröffnung der Maison Joseph Drouhin, deren Geschäfte Pauline seiner Bitte gemäß während seiner Inhaftierung zurückgefahren hatte. Auch seine Tätigkeit an den Hospices de Beaune nahm er wieder auf.

Drei Monate später erhielten die Hospices einen Brief vom Präfekten des Départements in Dijon. Der Vertreter der Republik wollte wissen, ob die Hospices einen Teil ihrer Weinberge Marschall Pétain vermachen wollten.

Maurice berief den Vorstand der Hospices ein, um über den Brief zu beraten. Die Runde äußerte einhellige Zustimmung. Alle waren sich einig, daß es Frankreich ohne Pétain weit schlechter ergangen wäre. Die Abstimmung über die Anfrage brachte dann auch ein einstimmiges Ergebnis: Sie wählten das Stück einer hervorragenden Parzelle auf einem Hügel oberhalb von Beaune aus, der seit 1508 im Besitz der Hospices gewesen war, und benannten ihn zu Ehren des Marschalls um in *Clos du Maréchal*.

Einige Tage später wurde um das Gelände eine Mauer aus Steinen errichtet. Den Zugang überspannte bald ein steinerner Torbogen mit den Symbolen Pétains, einer fränkischen Doppelaxt mit Marschallstab. Am Fuß des Bogens wurde in einem Hohlraum eine Kopie der Widmungsurkunde eingelassen.

Eine Woche später, am 29. Mai 1942, traf eine Delegation unter der Leitung von Maurice Drouhin in Vichy ein, um das Original der Widmungsurkunde dem Marschall persönlich zu überreichen.

Pétain begrüßte sie herzlich und bat sie in sein Arbeitszimmer. Der mittlerweile 86jährige strahlte über das ganze Gesicht. Diese Geste habe ihn sehr beeindruckt, lobte er. »Sie haben eine ganz persönliche Leidenschaft von mir getroffen. Dank Ihnen bin ich nun Eigentümer einer der besten Lagen Burgunds. Wenn ich dieses Geschenk nicht in einem größeren Rahmen publik mache, dann nur, um den ganz persönlichen Charakter zu wahren, den Sie ihm zugedacht haben. Ich bin ganz besonders dankbar dafür, daß Sie das Gelände auch für mich bewirtschaften. Ich freue mich schon auf den nächsten Jahrgang.«[70]

Doch zuvor gab es noch eine weitere Schwierigkeit zu bewältigen. Jeden November nach der Weinlese fand (und findet heute noch) in den Hospices de Beaune eine spektakuläre Weinauktion statt. Im Laufe der Jahre war diese Veranstaltung zu einem Höhepunkt des Festkalenders geworden, zu dem sich ausländische Würdenträger, Weinhändler aus Dutzenden von Ländern und Tausende sonstiger Weinliebhaber von überall her in Beaune einfanden. Es gab Weinproben, verschwenderische Bankette und nicht zuletzt die Auktion selbst.

1942 war zudem ein besonderes Jahr: Man feierte das 500. Jubiläum der Hospices de Beaune. Leider gab es diesmal ein Problem. Niemand wollte nämlich Deutsche auf dem Fest sehen. Und weil Maurice Drouhin für das Programm verantwortlich war, mußte er den Deutschen beibringen, daß sie nicht willkommen waren. Das war eine Aufgabe, um die ihn niemand beneidete.

In den letzten Monaten waren die deutschen Soldaten im Burgund zunehmend unruhiger und aggressiver geworden. An der russischen Front, wo alle bereits unter Schnee und Kälte litten, stieg die Zahl der Toten Tag um Tag, und Tausende bisher in der Bourgogne stationierte Soldaten sollten an die Ostfront verlegt werden. Bereits mit ihren weiß-grauen Winteruniformen ausgestattet, streiften die abkommandierten Soldaten mürrisch und finster durch Städte und Dörfer.[71] Die Zurückbleibenden wurden in dichter besiedelten Gebieten konzentriert, weil man sie dort vor Angriffen der Résistance sicherer glaubte.

Mit nachvollziehbarer Beklommenheit rief Drouhin Adolph Segnitz an und sagte ihm, er habe etwas Wichtiges mit ihm zu besprechen. Der »Weinführer« wollte ihn sofort persönlich treffen. Maurice suchte nach Worten, die seinen Freund nicht verletzen sollten. »Es geht nicht gegen Sie persönlich«, erklärte er. »Es ist bloß so eine alte Tradition hier, daß die Politik bei diesem Fest aus dem Spiel bleibt. Es ist eine Art regionale Kirmes, speziell für die einheimische Bevölkerung ...«

Segnitz reagierte ruhig. »Ich verstehe, was Sie sagen wollen«, antwortete er. Offensichtlich war er zutiefst enttäuscht. Er hatte sich genauso wie alle anderen auf das Fest gefreut. Dann meinte er: »Ich muß Sie warnen, daß mich das in eine unangenehme Lage mit meinen Vorgesetzten bringen kann.« Segnitz hätte die Bitte einfach abschlagen können, und Maurice hätte diese Entscheidung akzeptieren müssen. Statt dessen stand Segnitz auf, streckte seine Hand aus und sagte einfach: »Ich werde sehen, was sich machen läßt.«

Ein paar Tage später rief Segnitz Drouhin zu sich. »Ich habe gute Nachrichten für Sie«, sagte er. »Sie können feiern, und es werden keine Deutschen da sein. Mein Wort darauf.«

Zur Überraschung des »Weinführers« entgegnete Drouhin jedoch: »Falsch, *ein* Deutscher wird kommen.« Und er gab ihm eine Eintrittskarte. »Die ist für Sie. Sie werden der einzige Deutsche sein, aber darf ich Sie um einen Gefallen bitten? Bitte kommen Sie in Zivil und nicht in Uniform.«

Das 500. Jubiläum der Hospices de Beaune wurde zu einem Erfolg. Trotz der Besatzung und der allseits herrschenden Unsicherheit fanden sich Schriftsteller, Schauspieler, geistliche Würdenträger und Vertreter der Vichy-Regierung ein. Doch keiner genoß das Ereignis mehr als Adolph Segnitz.

Nicht lange danach erhielt Maurice Drouhin einen Dankesbrief von Segnitz: »Wie Sie wissen, bin ich ein großer Bewunderer Ihrer Kultur und Traditionen, und jedesmal, wenn ich die Hospices betrete, bin ich aufs neue berührt durch die Ruhe und den Frieden dieses Ortes, die wir alle in diesen schrecklichen Kriegszeiten so sehr brauchen. Zu diesem 500. Jahrestag der Hospices möchte ich mit einem Geschenk beitragen. Vielleicht brauchen Sie etwas

Bestimmtes, oder Sie haben etwas aus dem einen oder anderen Grund schon lange nicht mehr machen können.«[72]

Dem Brief lag ein Scheck über 100 000 Francs bei.

Keine Region Frankreichs litt stärker unter den Plünderungen der Weinkeller als die Champagne. Allein während der ersten Wochen der Besatzungszeit wurden fast zwei Millionen Flaschen von den Deutschen geraubt.[73]

Für die Bevölkerung war es daher eine große Erleichterung zu erfahren, daß die deutschen Behörden einen Beauftragten zur Kontrolle des Champagnerhandels entsenden wollten; damit würden hoffentlich die Plünderungen gestoppt und die Ordnung wiederhergestellt. Noch erleichterter waren sie, als sich herausstellte, wer der Beauftragte sein sollte: Otto Klaebisch von der Weinkellerei und Importfirma Matheus-Müller aus dem Rheingau. »Wir waren so glücklich, daß da jemand aus der Weinbranche kommen sollte, und kein Bierbrauer«, erzählte uns Bernard de Nonancourt. Zudem kannten die Nonancourts Klaebisch bereits gut, denn er war vor dem Krieg in Deutschland als Handelsvertreter für eine Reihe Champagnerhäuser tätig gewesen, darunter Lanson, das der Familie von Bernards Mutter gehörte.

Ursprünglich kam Klaebisch jedoch aus dem Weinbrandgeschäft. Er war in der südwestfranzösischen Stadt Cognac, in der Charente, nördlich von Bordeaux, zur Welt gekommen, wo seine Eltern vor dem Ersten Weltkrieg eine Weinbrand-Handelsfirma besaßen. Als Frankreich während des Krieges allen Besitz von deutschen Eigentümern konfiszierte, verloren auch Klaebischs Eltern ihren Betrieb und mußten nach Deutschland zurückkehren.

Otto selbst konnte sich dennoch den Geschmack für die besseren Dinge des Lebens bewahren, was sich insbesondere in einer Vorliebe für große Champagner ausdrückte. Er schlug eine Karriere in der Wein- und Spirituosenindustrie ein und konnte dabei auch noch seine Frankreichkenntnisse gut zur Geltung bringen.

Diese Voraussetzungen ließen Klaebischs Ernennung zum »Weinführer« der Champagne leichter akzeptieren. »Wenn man schon herumkommandiert wird, dann doch noch lieber von einem Winzer als von einem biertrinkenden Nazilümmel«, meinte ein Weinproduzent.

Tatsächlich begann Klaebisch umgehend herumzukommandieren. Anders als Heinz Bömers in Bordeaux, der eine kleine Wohnung angemietet hatte, wollte Klaebisch etwas Repräsentativeres. Zum Beispiel ein *château*. Er fand sein Traumschloß, als er sah, wo Bertrand de Vogüé, Chef der Firma Veuve Cliquot-Pontsardin, lebte. Ohne viel Federlesens ließ er das Schloß beschlagnahmen und setzte die Vogüés auf die Straße.

»Klaebisch war sehr glücklich dort«, erinnerte sich de Nonancourt. »Er hatte kein Interesse an Schlachten, und das letzte, was er gewollt hätte, war, nach Rußland an die Ostfront versetzt zu werden.«

In Anbetracht seiner familiären und beruflichen Beziehungen konnte Klaebisch jedoch ein solches Schicksal problemlos vermeiden. Sein Schwager war niemand anderes als der deutsche Außenminister Joachim von Ribbentrop, der selbst Schwiegersohn des »deutschen Sektkönigs« Otto Henkell war. Alle zusammen waren sie gute Freunde von Louis Eschenauer, dem bekanntesten Weingroßhändler von Bordeaux, den sie »Onkel Louis« nannten. Eschenauer selbst war ein Cousin des deutschen Hafenkommandanten von Bordeaux, Ernst Kühnemann, der fast täglich bei »Onkel Louis« zu Mittag aß. Zugleich war Eschenauer aber auch Teilhaber der Sektfirma Mumm, auch ein im Ersten Weltkrieg konfiszierter, ehemals deutscher Besitz in Frankreich. Er hatte einst Ribbentrop damit betraut, seine Marke in Deutschland zu vertreten.

Nur ein professioneller Ahnenforscher hätte wohl diese verwickelten Familienverhältnisse und beruflichen Zusammenhänge aufdecken können, die Winzer und Händler in ganz Frankreich und Deutschland miteinander verbanden. So war es – für uns – auch ziemlich schwierig herauszufinden, wie Otto Klaebisch zum »Weinführer« der Champagne wurde.

Klaebisch war anders als die anderen »Weinführer«. Er liebte militärischen Prunk und trug fast immer Uniform. Auch vor Titeln hatte er größten Respekt. Als er zum ersten Mal Graf Robert-Jean de Vogüé traf, mit dem er Champagnerkäufe aushandeln sollte, war er ehrerbietig bis zur Unterwürfigkeit oder, wie es ein Weinproduzent nannte, »geradezu gefallsüchtig«.[74]

De Vogüé, Chef des Hauses Moët & Chandon, hatte selbst einen hochkomplizierten Stammbaum. Er war mit vielen europäischen Königshäusern ebenso verwandt wie mit den Familien der führenden Weinerzeuger Frankreichs. Selbst in den Vatikan gab es Verbindungen. Und außerdem war er auch noch der Bruder von Bertrand de Vogüé von Veuve Cliquot, den Klaebisch gerade auf die Straße gesetzt hatte.

So hatte Klaebisch praktisch von seiner Ankunft an eine Menge Schwierigkeiten. 1940 war ein miserabler Jahrgang. Die Ernte lag 80 Prozent unter dem Durchschnitt. Klaebisch wußte, daß man dennoch in Berlin monatlich eine bestimmte Liefermenge von ihm erwartete, und suchte die Häuser auf, mit denen er schon vor dem Krieg Handel getrieben hatte. Von deren Eigentümern verlangte er nun, sie sollten die Differenz zu den Sollmengen aus ihren Vorräten ausgleichen.

Robert-Jean de Vogüé hielt das für keine gute Idee. Er fürchtete den Zorn und den Neid der anderen Hersteller. Die internationalen Märkte waren versperrt und der Verkauf an französische Zivilisten verboten; so bestand durchaus die Gefahr, daß einige Firmen bankrott gehen konnten.

Doch auch bei den Firmen, die Klaebisch beliefern sollten, stieß seine Bitte auf wenig Gegenliebe. Gewiß wurde ihnen ein bestimmter Absatz garantiert, doch nur zu geringen, von den Deutschen selbst festgesetzten Preisen. Außerdem fürchteten sie,

daß bei den verlangten Liefermengen bald ihre gesamten Vorräte aufgebraucht sein würden und sie in der gleichen wirtschaftlichen Misere landen würden wie in den 30er Jahren.

Diese Jahre hatten mehr als alles andere zu der fast kämpferischen Stimmung beigetragen, die auch bei Klaebischs Ankunft immer noch vorherrschte. 1932 konnten die Champagnerhersteller nur viereinhalb Millionen von den 150 Millionen Flaschen ihres Bestandes verkaufen. Die Stimmung der Winzer, die ihre Trauben an die Hersteller verkauften, war ebenfalls am Boden. 1933 und 1934 bekamen sie gerade einmal einen Franc pro Kilo Trauben gegenüber elf Francs im Jahre 1931. Dieser Einkommensverlust bedrohte viele Winzer in ihrer Existenz. Erst 1937 schien die Krise überwunden zu sein, doch alle Hoffnungen zerschlugen sich mit dem Kriegsbeginn 1939. Verzweifelt mauerten die Hersteller nun ihren Champagner ein oder versuchten, noch so viele Flaschen wie möglich nach Großbritannien oder in die USA zu verschicken, um sie in Sicherheit zu bringen.

Nun fanden die massiven Beschlagnahmungen statt. Pol Roger, der Hersteller von Winston Churchills Lieblingschampagner, mußte jeden Monat gewaltige Mengen seines 1928ers nach Berlin schicken. »Das war ein so großartiger Jahrgang«, erinnerte sich Christian de Billy, der Inhaber von Pol Roger, der 1928 geboren wurde. »Wir hatten niemals viel davon und versuchten, unsere Vorräte möglichst zu verstecken, doch der Jahrgang hatte einen solchen Ruf, daß man ihn den Deutschen nicht vorenthalten konnte. Klaebisch wußte, daß es hier welchen gab.«

Als die Anforderungen aus Deutschland immer weiter wuchsen – manchmal verlangte Klaebisch eine halbe Million Flaschen pro Woche –, fürchtete Robert-Jean de Vogüé mehr denn je, Häuser wie Pol Roger würden nicht überleben. Am 13. April 1941 lud er daher Winzer und Produzenten zur Gründung einer Vereinigung ein, die die Interessen aller an der Champagnerherstellung Beteiligten vertreten sollte. »Wir sitzen alle im gleichen Boot«, erklärte er. »Wir werden leiden oder überleben, aber nur alle zusammen.«

Die Organisation bekam den Namen *Comité interprofessionnel du vin de Champagne*, kurz C.I.V.C.; sie existiert heute noch. Bei ihrer Gründung bestand das Ziel des C.I.V.C. darin, den verschiedenen Herstellern ein gemeinsames Auftreten zu sichern und mit einer Stimme zu sprechen. De Vogüé wurde in den Vorstand gewählt. »Er hatte den Mut und war kühn genug, die Interessen der Champagne zu vertreten und als einzelner Vertreter den Deutschen entgegenzutreten«, meinte Claude Fourmon, damals Assistent de Vogüés. »Er zweifelte niemals daran, daß die Alliierten den Krieg gewinnen würden; daher war ihm vor allem daran gelegen, die Situation in einem akzeptablen Rahmen zu halten. Er wollte, daß jedem genug für einen Neustart nach dem Krieg bleiben sollte.«

Klaebisch war nicht glücklich über die Gründung des C.I.V.C. und wollte nichts mit ihm zu tun haben. Lieber vertraute er seinen persönlichen Beziehungen aus der Vorkriegszeit. Er wußte, daß dies auch Heinz Bömers' Methode in Bordeaux war, und er wollte durch die Übernahme der vollständigen Kontrolle über den Champagnerhandel ähnliche Erfolge wie dieser erreichen. Klaebisch bestellte de Vogüé in sein Büro in Reims.

Er kam gleich zur Sache. »Hier sind die Spielregeln: Sie können an das Reich und die Wehrmacht verkaufen, außerdem an Restaurants, Hotels und Nachtlokale, die von Deutschen kontrolliert sind, und einigen Ihrer Freunde wie dem italienischen Botschafter in Frankreich und an Marschall Pétain in Vichy. Der Marschall wünscht übrigens eine größere Menge für seinen privaten Gebrauch.«

De Vogüé hörte dem »Weinführer« weiter zu, ohne ihn zu unterbrechen. »Es gibt keine Gratisproben und keinerlei Rabatt, egal wie groß die Bestellung ist. Es darf nur verkauft werden, wenn gleichzeitig eine entsprechende Zahl leerer Flaschen abgeliefert wird.« Dann führte Klaebisch weiter aus, wieviel Champagner er jeden Monat haben wolle und zu welchem Preis. »Sie können den Auftrag unter den verschiedenen Häusern aufteilen, wie Sie möchten; Hauptsache, ich bekomme meinen Champagner«, meinte er.

De Vogüé war bestürzt. »Diese Forderungen können wir unter keinen Umständen erfüllen«, rief er. »Zwei Millionen Flaschen pro Monat? Wie soll das gehen?«

»Dann arbeiten Sie eben sonntags!«, gab Klaebisch zurück.[75]

De Vogüé weigerte sich. Immerhin konnte man beiden zugute halten, daß sie wußten, wie weit sie jeweils gehen konnten. Nach einigen weiteren hitzigen Wortwechseln erklärte de Vogüé sich bereit, daß die Firmen den Arbeitstag verlängern würden, doch nur, wenn sie in den zusätzlichen Stunden auch mit Elektrizität versorgt würden. Damit war Klaebisch einverstanden.

De Vogüé war allerdings nicht Klaebischs einziges Problem. Aus Berlin kamen immer größere Champagnerbestellungen von Generalfeldmarschall Göring für seine Luftwaffe. Auch die Marine verlangte gewaltige Mengen. Von allen Seiten bedrängt, wandte sich Klaebisch nochmals an de Vogüé. Diesmal gab er sich konzilianter. »Wir hatten Meinungsverschiedenheiten«, sagte er, »aber ich habe ein Problem mit Berlin und hoffe, Sie können mir dabei helfen.«

Klaebisch beschrieb, wie Göring ihn zur Lieferung von mehr

Champagner drängte. Dann schlug er vor, wenn das C.I.V.C. die Lieferungen aufrechterhalten könnte, würde er dafür sorgen, daß alle Hersteller genug Zucker für ihre *dosages*, Düngemittel für ihre Reben, ja sogar Heu für ihre Pferde erhalten sollten.

Auf dieses Geschäft ging de Vogüé ein.

Für Pol Roger war es sogar ein sehr gutes Geschäft. Kurz nach diesem Gespräch meldete sich ein Angestellter von Pol Roger im Büro des »Weinführers« und erklärte, sie bräuchten Zement für Ausbesserungsarbeiten in den Weinkellern. Klaebisch sorgte für eine umgehende Lieferung. Pol Roger nutzte den Zement dazu, einige seiner besten Champagner einzumauern und vor den Deutschen zu retten.

»Die Champagnerhäuser versuchten alle, ein wenig zu tricksen«, gab Claude Taittinger, Direktor des Hauses Taittinger, zu. »Die meisten versuchten, ihre besten Weine zu schützen und dem Feind die schlechteren Sorten unterzujubeln.« So wußten sie zum Beispiel, daß Flaschen mit einem Etikett »Reserviert für die Wehrmacht« oder »Wehrmachts-Marketenderware« und einem roten Querbalken kaum je bei ihren traditionellen Kunden landen würden. Daher zögerte kaum jemand, in Flaschen mit diesen Etiketten die schlechtesten Vorräte abzufüllen. »Was sie jedoch nicht bedachten«, meinte Taittinger, »war, daß Klaebisch ein Kenner war und die Peitsche knallen lassen konnte, um uns zu zeigen, daß er sich nicht immer durch unsere Tricks hinters Licht führen ließ.«

Eines Tages rief Klaebisch gegen Mittag bei Roger Hodez an, dem Vorstandsmitglied des *Syndicat des grandes marques de Champagne*, einer Interessenvertretung der größten Champagnerfirmen. »Wir hatten noch nie das Vergnügen miteinander«, meinte Klaebisch. »Warum kommen Sie nicht einfach auf einen Apéritif in meinem Büro vorbei?« Diese Einladung konnte Hodez nicht ablehnen.

Nach seiner Ankunft bat ihn Klaebisch, Platz zu nehmen und schenkte ihm ein Glas Champagner ein, dann sich selbst. Der

»Weinführer« schien guter Stimmung zu sein, und Hodez entspannte sich. Plötzlich rümpfte er die Nase: Aus dem Glas stieg ein übler Geruch. Mutig nahm er einen Schluck von dem Getränk. Es schmeckte kaum besser als es roch. Klaebisch schien jedoch nichts bemerkt zu haben. »Was halten Sie davon?«, fragte der »Weinführer« leutselig. Doch noch ehe Hodez antworten konnte, lehnte sich Klaebisch plötzlich über den Tisch und streckte seinen Kopf nur ein paar Zentimeter vor Hodez' Nase. »Lassen Sie mich Ihnen sagen, was ich denke«, knurrte er drohend, und seine Stimme wurde immer lauter. »Das schmeckt nach Mist! Und so etwas wollen Sie der Wehrmacht zu trinken geben? Ich verlange, daß der Produzent dieser Brühe von der Lieferantenliste für Deutschland gestrichen wird. Ich würde es niemals wagen, so etwas nach Berlin zu schicken!«

Hodez versank in seinem Sessel und stammelte etwas, um Klaebisch zu beruhigen. »Ich bin sicher, es muß sich um ein Mißgeschick handeln, vielleicht verunreinigte Flaschen oder vielleicht …« Doch bevor er noch irgend etwas sagen konnte, hatte ihn Klaebisch schon wieder aus dem Büro hinauskomplimentiert.

Erschüttert lief Hodez sofort zu de Vogüé und berichtete ihm von dem Vorfall. Dieser nahm sofort Kontakt mit dem betroffenen Hersteller auf und warnte die Geschäftsleitung. Der Direktor zuckte jedoch nur mit den Achseln. »Das ist mir egal«, sagte er. »An diesem Geschäft verdienen wir sowieso fast nichts. Wir verkaufen viel besser ein paar Flaschen auf dem Schwarzmarkt und heben den Rest für nach dem Krieg auf.«

De Vogüé widersprach. »Darum geht es nicht. Wir stecken alle in diesem Schlamassel, und auch Sie müssen Ihren fairen Beitrag dazu leisten.« Er wies die Firma an, ihren Champagneranteil an verschiedene andere Hersteller zu liefern, die damit einverstanden waren, ihn unter eigenem Namen zu verkaufen.

Klaebisch jedoch war mißtrauischer denn je, von den Herstellern betrogen zu werden. Er nahm höchstpersönlich Stichproben in für Deutschland bestimmten Lieferungen vor, entkorkte Flaschen, prüfte Geruch und Geschmack. Und so landete François Taittinger im Gefängnis.

François war bereits mit 20 Jahren in die Geschäftsleitung des Familienunternehmens eingetreten, nachdem sein Onkel vollständig ertaubt war. Wie andere unterschätzte auch er Klaebischs Champagnerkenntnisse und meinte, er könne den »Weinführer« mit minderwertigen Lieferungen täuschen. Als Klaebisch dies entdeckte, zitierte er François in sein Büro.

»Wie können Sie es wagen, uns eine solche Brühe anzudrehen?«, schrie er ihn an.

François, bekannt für sein hitziges Temperament, schoß zurück. »Na und? Wer das trinken soll, hat sowieso keine Ahnung von Champagner!«[76]

Klaebisch ließ François sofort einsperren. Er kam in eine Zelle, wo schon andere Champagnerhersteller saßen, die versucht hatten, schlechten Wein zu liefern.

Einige Tage später kam der älteste der Taittinger-Brüder in Klaebischs Büro, um sich für François einzusetzen. Guy Taittinger war ehemaliger Offizier der Kavallerie und ein geborener Diplomat. Er brachte den »Weinführer« mit Geschichten aus seiner Armeezeit in Stimmung und erzählte, wie er einmal »eine Flasche Champagner trinken mußte, die mit einem Säbel geköpft worden und auf einer Panzerplatte serviert worden war«. So etwas gefiel Klaebisch, und zwar so sehr, daß er schließlich den Kopf schüttelte, eine Hand hob und sagte: »In Ordnung, Sie haben gewonnen. Ihr Bruder kann gehen.«[77]

Die meisten Leute in der Champagne betrachteten Klaebisch nicht als Betonkopf-Nazi, sondern eher als Vermittler zwischen den französischen Weinherstellern und Berlin. Besonders deutlich wurde dies, als die Vichy-Regierung Zwangsarbeiter nach Deutschland schickte. Mit diesem Arbeitsdienst, dem *Service de travail obligatoire* (S.T.O.) sollte die deutsche Wirtschaft mit Arbeitskräften versorgt werden. Einmal mußte die Firma Pol Roger zehn ihrer Arbeiter nach Deutschland abtreten, und eine Woche darauf 17 weitere.

»So kann das nicht weitergehen«, warnte de Vogüé Klaebisch. »Wir haben nicht mehr genug Leute für unsere eigene Arbeit, geschweige denn für die nächste Ernte. Wenn wir nicht ein paar von unseren Arbeitern zurückbekommen, haben Sie nächstes Jahr keinen Champagner!« Das C.I.V.C. versuchte, den Betrieb in den einzelnen Häusern aufrechtzuerhalten, indem es einen kontinuierlichen Wechsel besonders erfahrener Arbeitskräfte von einer Firma zur nächsten organisierte. Trotzdem lagen alle Hersteller weit hinter ihren Vorgaben zurück.

Der »Weinführer«, der sich selbst viel auf seine Effizienz zugute hielt, wandte sich umgehend an die Regierung in Berlin. Vor die Wahl gestellt, entweder weniger Arbeitskräfte in ihren Fabriken oder weniger Champagner zu haben, entschied sich die Regierung für ersteres und erlaubte einigen der älteren und besonders qualifizierten Arbeiter die Rückkehr nach Frankreich.

Jedes Zugeständnis Klaebischs schien jedoch einen anderen, neuen Erlaß zur Folge zu haben. Ab sofort, hieß es nun, mußte ein deutscher Offizier jeden einzelnen Arbeiter begleiten, der die Weinkeller betreten wollte. Die Produzenten hielten das für lächerlich und völlig undurchführbar. Als der »Weinführer« seinen Erlaß wieder zurückzog, ging ein Aufatmen durch die Champagne, denn die Kalksteinhöhlen oder *crayères* wurden auch intensiv von der Résistance genutzt, sowohl als Unterschlupf als auch als Lager für Nachschub und Waffen.

In Wirklichkeit war die Résistance noch weitaus stärker tätig. Sie hatte bemerkt, daß die Champagnerlieferungen auch einen erheblichen geheimdienstlichen Informationswert hatten. Anhand der Lieferlisten waren tatsächlich Voraussagen möglich, wo deutsche Offensiven geplant waren. Zum ersten Mal war dieser Zusammenhang aufgefallen, als die Deutschen 1940 Zehntausende Flaschen nach Rumänien schicken ließen, wo es offiziell nur eine kleine deutsche Botschaft gab. Einige Tage später war Rumänien von deutschen Truppen besetzt.

Anschließend wurde der Champagner an die Soldaten verteilt mit der Botschaft »Der Führer denkt zuerst an seine Leute«.

Von da an behielt die Résistance mit Hilfe der großen Champagnerhäuser einen lückenlosen Überblick über alle größeren Champagnerlieferungen. Ende 1941 schrillten abermals die Alarmglocken, als die Deutschen eine riesige Bestellung aufgaben, wobei die Flaschen speziell verkorkt und »für ein Land mit sehr heißem Klima« verpackt werden sollten. Dieses Land stellte sich als Ägypten heraus, wo Rommel gerade seinen Nordafrika-Feldzug vorbereitete. Die Information wurde umgehend an den britischen Geheimdienst in London weitergegeben.[78]

Im weiteren Verlauf des Krieges verschlechterte sich das Verhältnis zwischen Klaebisch und de Vogüé. Klaebisch fühlte sich mehr und mehr übervorteilt und von de Vogüé über den Tisch gezogen. Er war es auch leid, von de Vogüé immer nur als »Klaebisch« angesprochen zu werden, niemals als Herr, Monsieur oder wenigstens mit seinem militärischen Dienstgrad.

Doch das war eigentlich nur eine kleinere Befindlichkeit. Weitaus ernster war, daß Klaebisch und andere deutsche Behördenvertreter immer stärker davon überzeugt waren, daß de Vogüé und seine Kollegen bei Moët & Chandon aktiv die Résistance unterstützten.

Zu Beginn der deutschen Besatzung war Moët & Chandon stärker als jede andere Champagnerfirma ausgeplündert worden. Château Chandon, das auf den Grundmauern des Klosters Dom Perignon erbaut war, wurde niedergebrannt und zahlreiche andere Gebäude der Moëts für die deutschen Truppen beschlagnahmt. Darüber hinaus wurde der Firma noch die Lieferung von 50 000 Flaschen Champagner pro Woche an das Deutsche Reich auferlegt, etwa zehn Prozent der gesamten von den Deutschen verlangten Menge.

»Unter diesen Bedingungen konnten wir bei Moët gar nicht anders als Widerstand leisten«, erklärte uns der damalige Verkaufsleiter von Moët, Claude Fourmon.

De Vogüé selbst stand an der Spitze des politischen Flügels der Résistance in Ostfrankreich. Zu Beginn des Krieges hatte er sich gegen eine bewaffnete Widerstandsbewegung ausgesprochen, weil dadurch das Leben Unschuldiger aufs Spiel gesetzt werden könnte. Im weiteren Kriegsverlauf hatte sich seine Einstellung jedoch gewandelt, und er bot der Résistance Unterschlupf im 24 Kilometer langen Gängelabyrinth seiner Weinkeller. »Zumindest stellte sich mein Vater blind gegenüber den Sabotage- und sonstigen Aktivitäten, zum Beispiel, daß Champagner unter falschem Etikett ausgeliefert wurde«, erinnerte sich sein Sohn Ghislain.

Am 24. November 1943 bat Robert-Jean de Vogüé seinen Cousin René Sabbe, ihn als Dolmetscher zu einem Treffen mit Claude Fourmon bei Klaebisch zu begleiten. Weil die letzte Ernte so gering ausgefallen, aber von hoher Qualität war, hofften die beiden, Klaebisch von einer Verringerung der angeordneten Liefermenge überzeugen zu können.

Kurz nach ihrer Ankunft klingelte im Nebenzimmer von Klaebischs Büro ein Telefon. Ein junger Offizier unterbrach die Unterredung und bat den »Weinführer« persönlich ans Telefon. Klaebisch entschuldigte sich. Einige Minuten später kam er zurück, setzte sich an seinen Schreibtisch und verschränkte die Arme über seinem dicken Bauch.

»Meine Herren,« sagte er, »das war die Gestapo. Sie sind verhaftet!« Auf einen Wink betraten mehrere Offiziere mit gezogenen Pistolen den Raum und nehmen die drei fest.

»Wir waren vollkommen überrumpelt«, erinnerte sich Fourmon später. »De Vogüé hatte Klaebisch gerade davon überzeugt, mehr Champagner an die französische Zivilbevölkerung verkaufen zu lassen. Ich weiß heute noch nicht, was genau diesen Anruf ausgelöst hatte, aber ich denke, die Gestapo wollte de Vogüé aus der Führungsriege der Résistance entfernen.«

De Vogüés erste Reaktion war: »Lassen Sie Fourmon gehen; er weiß von nichts.« Er setzte sich auch für die Freilassung von

Sabbe ein mit der Begründung, dieser sei ja lediglich der Dolmetscher. Doch er konnte nichts ausrichten.

Alle drei wurden angeklagt, die deutschen Lieferanforderungen zu behindern, und inhaftiert. Sabbe wurde einige Tage später aufgrund seines Alters freigelassen, doch Fourmon wurde nach Bergen-Belsen gebracht, einem Konzentrationslager in der Nähe von Hannover.

De Vogüé dagegen wurde zum Tode verurteilt.

Die Nachricht von de Vogüés Verurteilung erschütterte die Champagne wie ein Erdbeben. Zum ersten Mal in der Geschichte trat die gesamte Champagnerindustrie – Winzer und Produzenten, Arbeiter und Management – in den Streik. Klaebisch war überrascht und wußte zunächst nicht, was er tun sollte. Er nannte den Streik »einen terroristischen Akt« und drohte mit Gewaltanwendung für den Fall einer Fortdauer des Ausstands. Die Einwohner der Champagne ignorierten ihn und protestierten weiter.

Angesichts dieser unvorhergesehenen Wendung schien Klaebisch wie gelähmt. Ein Einsatz der Armee, so fürchtete er, könnte zu noch mehr Unruhe führen und die Deutschen zwingen, die Champagnerherstellung selbst zu übernehmen; Klaebisch wußte, daß das nicht gutgehen würde.

Zugleich fürchtete er aber auch das Aufsehen, das er damit in der deutschen Regierung erregen würde. In dieser Situation, als sich bereits erste Auflösungserscheinungen andeuteten, wollte er keinesfalls die Führung in Berlin auf sich aufmerksam machen. Erst recht nicht, wo gerade sein Schwager und Förderer Joachim von Ribbentrop in Ungnade gefallen war. Klaebisch sah sich im Geiste schon mit anderen deutschen Soldaten an der Ostfront in Rußland frieren.

Nach weiteren erfolglosen Versuchen, die Leute in der Champagne von ihrem Streik abzubringen, gaben Klaebisch und die anderen Deutschen nach. Sie willigten ein, de Vogüés Todesurteil aufzuheben, offiziell aber nur wegen seiner fünf Kinder, die er versorgen müsse. Dennoch blieb er weiter im Gefängnis.

Trotz seiner Auseinandersetzungen mit de Vogüé hatte Klaebisch auch dies weder erwartet noch gewollt. »Ich kann mir gut vorstellen, daß Klaebisch die Inhaftierung meines Vaters unangenehm war«, meinte Ghislain de Vogüé. »Ich vermute, er mußte einfach Befehle befolgen.«

Tatsächlich hatte die Strafaktion gegen die Champagnerindustrie gerade erst begonnen. Die Verantwortlichen der an dem Streik teilnehmenden Häuser wurden vor ein Kriegsgericht und vor folgende Wahl gestellt: Entweder sie zahlten 600 000 Francs (nach heutigem Geldwert etwa 225 000 €), oder der Direktor eines jeden Hauses sollte eine Gefängnisstrafe von 40 Tagen verbüßen. Fast alle bezahlten die Geldstrafe.

Moët & Chandon traf es am schlimmsten. »Die Firma Moët wurde geradezu enthauptet«, erinnerte sich Claude Fourmon in unserem Gespräch. Fast die gesamte Geschäftsführung wurde ins Gefängnis oder in ein Konzentrationslager verschleppt.

Um ähnliche Widerstandsaktionen zukünftig zu verhindern und die Zerschlagung von Moët zu rechtfertigen, ließ Klaebisch in Zusammenarbeit mit anderen Besatzungsbehörden einen Propagandafilm herstellen, in dem beschlagnahmte Kisten von Moët & Chandon Gewehre und andere Waffen enthielten. Der Film wurde in ganz Frankreich und Deutschland in den Kinos gezeigt. Außerdem mußten die französischen Zeitungen einen Artikel abdrucken, in dem de Vogüé der »Beihilfe zum Terrorismus« bezichtigt wurde.

Innerhalb weniger Monate hatten die deutschen Besatzungsbehörden die Geschäftsführung von Moët vollständig übernommen. Der Verantwortliche hieß nun Otto Klaebisch.

In vielerlei Hinsicht erfüllten die »Weinführer« genau die Aufgaben, die die Naziführung ihnen zugedacht hatte. Sie halfen, die Plünderungen zu beenden, stellten die öffentliche Ordnung wieder her und verhalfen der deutschen Regierung zu einer sehr lukrativen Handelsware. Über zwei Millionen Hektoliter Wein, etwa 320 000 000 Flaschen, wurden jedes Jahr nach Deutschland gebracht.

Vielleicht noch wichtiger war, daß die »Weinführer« eine Situation entschärfen konnten, die für Frankreich sehr viel schlimmere Konsequenzen hätte haben können. Sie dienten als eine Art Puffer zwischen Nazis wie Göring, die Frankreich hemmungslos ausplündern wollten, und denjenigen, die eine weniger unbarmherzige Strategie verfolgten, wonach Frankreich in ein von Deutschland beherrschtes Europa eingebunden und »ein kleines bißchen gefüttert« werden sollte, damit man es um so besser um all seine Schätze bringen konnte.

Vor allem jedoch erkannten die »Weinführer« die wirtschaftliche und symbolische Bedeutung der französischen Weinindustrie und taten alles, was in ihrer Macht stand, deren Überleben zu sichern. Das war auch in ihrem eigenen Interesse, denn ihnen war klar, daß sie auch nach dem Krieg noch eigene Handelspartner in Frankreich brauchen würden.

Je länger der Krieg jedoch dauerte und insbesondere, als er sich langsam gegen Deutschland zu wenden begann, waren die Franzosen allmählich immer stärker davon überzeugt, daß ihre beste Überlebensstrategie darin bestand, sich auf sich selbst zu verlassen statt auf die »Weinführer«, und erst recht nicht auf die Vichy-Regierung des Marschall Pétain, die ihre faschistischen Züge Tag für Tag offener erkennen ließ. Daraus ergab sich für die Franzosen die Aufgabe, unkonventionelle Methoden zu finden und den Mut aufzubringen, die bestehenden Regeln und Gesetze großzügig auszulegen oder sogar zu brechen.

Es war so, wie es Janet Flanner bereits zu Beginn des Krieges vorhergesehen hatte: »Aufgrund der Manie der Deutschen, alles systematisch auszuplündern – Stoffe für Bettwäsche, Maschinen, Gobelins, chirurgische Instrumente, Milch, Hammelfleisch, Champagner – werden die Franzosen zu Lügnern und Betrügern werden müssen, nur um zu überleben.«[79]

VIER

VERSTECKEN, BESCHWINDELN, ABBLITZEN LASSEN

Bahnhofsvorsteher Henri Gaillard schwitzte.[80]

Seit fast einem Jahr mußte er nun schon die deutsche Besatzung erdulden, und das bereitete ihm ständiges Kopfzerbrechen. Sein Lohn kam zu spät; auch die Löhne für seine Kollegen trafen nie pünktlich in seiner Bahnstation St. Thibault ein, und eine Fracht nach der anderen verschwand. Pflichtbewußt füllte er all die Formulare aus, die ihm die Besatzungsbehörden aus Dijon schickten, und beantwortete die endlosen Fragen danach, was in seinem kleinen Bahnhof vorging.

Doch jetzt ging es um sehr viel mehr als nur ein bürokratisches Problem: Es ging um seinen Job – und vielleicht sogar um noch mehr.

Er hatte die schlechte Nachricht gleich am Morgen beim Eintreffen in seinem Bahnhof im Burgund erfahren. Ganz in der Nähe war ein Zug entgleist, weil eine Weiche falsch gestellt war, und jetzt fehlte die gesamte Ladung des Zuges. Bei dieser handelte es sich um etwas ganz Besonderes: Der Zug war vollgeladen mit den besten Burgunderweinen, die alle nach Deutschland gehen sollten. Allein der Gedanke an die Empfänger ließ Henri erschauern – Göring, Himmler, vielleicht sogar der Führer selbst. Was sollte er tun?

Nur wenige Tage vorher hatte er seinen deutschen Vorgesetzten in der Besatzungsbehörde, den Kommandanten des Dritten Arrondissements von Dijon, vertraulich gefragt, ob er einen Passierschein zum Überschreiten der Demarkationslinie bekommen könne, um seine Tochter in Lyon zu besuchen, die ein Kind erwartete. Er hoffte, kurz nach der Geburt des Babys dort eintreffen zu können. Es war immerhin sein erstes Enkelkind, und er hatte den Kommandanten daran erinnert, daß er noch eine Woche Urlaub hatte. Außerdem hatte er erwähnt, daß er ein hochdekorierter Weltkriegsveteran war (vielleicht hätte er das nicht jemandem sagen sollen, der damals auf der Verliererseite gestanden hatte?).

Was würden die Deutschen jetzt mit ihm anstellen? Würde er nach Lyon reisen können? Seinen Job verlieren? Eingesperrt werden?

Henri Gaillard tauchte die Feder ins Tintenfaß und begann seinen Bericht:

> TAGESBERICHT DES BAHNHOFSVORSTEHERS VON ST. THIBAULT, CÔTE D'OR, BURGUND: *»Ich habe die Ehre, Sie darüber zu informieren, daß sich auf der Bahnstrecke nach St. Thibault ein Unfall ereignet hat. Dies ist der allererste Vorfall dieser Art, seitdem ich vor vielen Jahren diese Stelle angetreten habe. Ich habe keinerlei Vorstellung, was mit der Ladung der Waggons geschehen sein könnte. Ich möchte mich untertänigst für die Umstände entschuldigen und hoffe, daß sich dieser Vorfall nicht nachteilig auf die Beurteilung meines Charakters oder auf meine Stellung auswirkt. Ihr ergebenster Diener, Henri Gaillard.«*

Wenn Gaillard tatsächlich nicht wußte, was mit dem Wein geschehen war, war er wahrscheinlich der einzige. Überall entlang der Bahnlinien in Frankreich waren Bauern, Winzer und insbesondere Bahnangestellte, die sogenannten *cheminots*, systematisch zugange, vollbeladene, für Deutschland bestimmte Güterzüge leerzuräumen.

»Es war schon fast ein Sport«, erinnerte sich Marceau Chevreau, ein Winzer aus dem Loiretal. »Unser größter Spaß bestand darin, die Deutschen zu betrügen.«

Chevreau hatte mit diesem »Sport« begonnen, nachdem im Juli 1940 ein Trupp deutscher Soldaten, der durch sein Dorf gekommen war, darauf bestanden hatte, in seinem Weinkeller zu übernachten. Als sie am nächsten Morgen wieder abgezogen waren, entdeckte Chevreau, daß über einhundert Flaschen fehlten. Er beschloß, sich zu rächen.

Einige Nächte später schlichen er und einige Freunde sich trotz Ausgangssperre mit Kanistern und Gummischläuchen aus dem Haus zum Bahnhof im Nachbarort Amboise, wo die Deutschen Weinfässer verluden. Als die Wachen einen Moment unaufmerksam waren, saugten Marceau und seine Freunde schnell und lautlos so viel Wein wie möglich mit den Gummischläuchen aus den Fässern. Dies wiederholten sie Nacht für Nacht mehrere Wochen lang, bis sich die Empfänger in Berlin darüber beschwerten, daß die ankommenden Fässer immer leer seien. Daraufhin verstärkten die Verantwortlichen in Amboise die Wachen in der Verladezone des Güterbahnhofs. Außerdem hängten sie Schwimmer in die Fässer, so daß sie den Füllstand ständig unter Kontrolle hatten.

Doch damit konnten sie Chevreau und seine Freunde nicht aufhalten. »Wir zapften weiter ab«, lachte Jean-Michel. »Und anschließend füllten wir die Fässer mit Wasser!«

TAGESBERICHT DES BAHNHOFSVORSTEHERS VON ST. THIBAULT: *»Bitte teilen Sie mir mit, was ich mit den vielen Weinfässern machen soll, die hier eingetroffen sind. Alle sind leer. Ihr ergebenster Diener, Henri Gaillard, Bahnhofsvorsteher.«*

Chevreau und andere überall im Land leisteten Widerstand – sie waren keine Mitglieder der Résistance, also der »offiziellen« Untergrund-Widerstandsbewegung, sondern sie übten sich darin, was die Schriftstellerin Janet Flanner *hiding, fibbing, and fobbing off*[81] (etwa »verstecken, beschwindeln, abblitzen lassen«) nannte.

So wurden nicht nur riesige Mengen Wein vor den Deutschen versteckt, sondern, so Flanner, »die Franzosen logen ganz patriotisch, daß sich die Balken bogen, was die Qualität der von ihnen an den Feind gelieferten Ware betraf. Schließlich hatten die Deutschen Spitzenburgunder bestellt und akzeptierten oft ganz ignorant auch *piquette*, billigen, eigentlich unverkäuflichen Fusel. Sie drehten ihren Besatzern auch verwässerte Weine und Weinbrände an, verdünnten ihre *grands crus* und Champagner und lieferten Billigspirituosen anstelle des Cognacs, für den die Deutschen gezahlt hatten.«

In der Champagne wurden die schlechtesten Weine in Flaschen mit der Aufschrift »Sonderabfüllung für die Wehrmacht« entsorgt. Wie zum Spott wurden diese dann noch mit minderwertigen Korken verschlossen, die sonst weggeworfen worden wären. Wenn die Deutschen dann bei Firmen vorstellig wurden, die sie in Betrugsverdacht hatten, zeigte sich die Geschäftsleitung, so der Schriftsteller Patrick Forbes, »ganz untröstlich, aber es sei leider im Weinkeller ein Rohr geplatzt, oder die Marne sei über die Ufer getreten, und mit ein wenig Glück wollten sich die Deutschen ihre schmucken, blankgewienerten Stiefel nicht in überschwemmten Weinkellern schmutzig machen und zogen wieder ab. Überhaupt zeigten sie nie ein besonderes Interesse für die unermeßlichen Kalk- und Sandsteingewölbe, in denen die Hersteller ihre Champagnervorräte lagerten: Sie hatten wohl Angst, es würde ihnen ähnlich ergehen wie Fortunato, der Hauptfigur in Edgar Allen Poes Gruselerzählung *Ein Faß Amontillado*, der in den schaurigen Katakomben der Montresors lebendig eingemauert wurde.«[82]

Viel an diesem Verhalten beruhte bereits auf schlechten Erfahrungen früherer Kriege. Nach der Schlacht bei Waterloo in Belgien plünderten preußische Truppen auch Weinkeller überall in der Champagne. Bevor sie wieder abzogen, ritzten manche von ihnen ihren Namen und gelegentlich ein »Dankeschön« oder auch weniger höfliche Bemerkungen in die Wände.

Das gleiche wiederholte sich im Ersten Weltkrieg, doch diesmal waren nicht nur die Deutschen die Schuldigen. Auch französische Soldaten nahmen so manche Flasche Champagner mit an die Front. Einer von ihnen sollte später zu den bekanntesten Chansonsängern Frankreichs zählen: Maurice Chevalier erinnerte sich im nachhinein mit einem Lachen an diese Geschichte: »Das war fast ein patriotischer Akt. Wir sagten uns: ›Wieder eine weniger für die Preußen!‹«[83]

Oft machten die Deutschen den Franzosen die Betrügereien leicht. »Sie waren unglaublich schlampig mit ihren Bestellungen«, erinnerte sich Jean Hugel aus dem Elsaß. »Wir erhielten einen Zettel, auf dem stand: ›Schicken Sie 10000 Flaschen dort und dorthin‹, aber nie genau, was für ein Wein es sein sollte, und so schickten wir ihnen immer unseren schlechtesten wie den 1939er, der völlig ungenießbar war. Ohne die Deutschen hätten wir den wohl heute noch nicht verkauft.«

Einige Winzer lasen auch die Bestimmungsorte falsch oder schickten die Lieferungen absichtlich in die Irre, so zum Beispiel anstatt nach Hamburg ins saarländische Homburg.

TAGESBERICHT DES BAHNHOFSVORSTEHERS VON ST. THIBAULT: *»Ich habe die Ehre, Ihnen mitzuteilen, daß mehrere große Weinfässer mit unklaren Beschriftungen eingetroffen sind. Zwar scheint der Bestimmungsort St. Thibault zu sein, aber es ist unklar, welches St. Thibault gemeint ist. Kein Händler hier in der Gegend kennt den Absender. Warte auf eine hilfreiche Antwort. Ihr ergebener Diener, Henri Gaillard, Bahnhofsvorsteher.«*

Eines der kuriosesten Beispiele, wie Winzer während des Ersten Weltkriegs versuchten, ihre Weine vor den Deutschen zu schützen, ereignete sich in Bordeaux. Der Besitzer eines Weingutes wollte, als er vom Vormarsch der kaiserlichen Truppen nach Südwesten hörte, seine wertvollen Flaschen in einem Teich auf seinem Grundstück verstecken. Alles ging gut, bis am nächsten Morgen einer der auf dem Gut eingewiesenen Offiziere Lust auf einen Spaziergang um den Teich hatte. Dort angekommen, traute er seinen Augen nicht: Die ganze Wasseroberfläche war mit treibenden Etiketten bedeckt.[84]

Zum Zweiten Weltkrieg hatten die französischen Winzer ein paar neue Ideen entwickelt. André Foreau, ein Winzer aus Vouvray, vergrub seine besten Flaschen unter Bohnen, Tomaten und Kohlköpfen in seinem Gemüsegarten. Foreaus Schwager Gaston Huet nutzte die natürlichen Höhlen des Loiretals, um seine Weinvorräte zu verstecken. Er pflanzte Stauden und Büsche vor die Höhlen, um die Eingänge zu tarnen.

Dennoch waren die Winzer von Vouvray besorgt, als sie erfuhren, daß ein deutsches Truppenkontingent in ihrer Gegend unterwegs war und dort übernachten wollte. Doch Bürgermeister Charles Vavasseur, selbst ein Winzer, hatte eine Idee. Gemeinsam fabrizierten sie ein hochoffiziell aussehendes Schreiben, das besagte, sämtlicher Wein in Vouvray sei »reserviert für die Wehrmacht«. Als ein Beauftragter der Besatzungsbehörde eintraf, um die Einquartierung der deutschen Soldaten anzuordnen, zeigte ihm Vavasseur die »offiziellen« Dokumente und erklärte, der einzige Raum, der groß genug für alle Soldaten war, sei der Weinkeller. »Natürlich können Sie sie dort unterbringen,« sagte er dem Offizier, »aber ich kann nicht garantieren, daß Ihre Leute die Flaschen für die Wehrmacht in Ruhe lassen. Ich kann nur hoffen, daß sie morgen früh noch nüchtern sind.« Der Offizier beschloß daraufhin, lieber einen anderen Schlafplatz für seine Leute zu suchen.[85]

Solche Vorsorge nutzte nichts in Aloxe-Corton, wo eine andere Gruppe von Soldaten übernachtete. »Sie bedienten sich großzügig in meinem Keller«, erinnerte sich Daniel Senard, ein Winzer aus dem Burgund, dessen Haus von den Deutschen beschlagnahmt worden war. Senard hatte die meisten seiner besseren Weine versteckt, doch ein paar absichtlich gut sichtbar liegen lassen. »Wir

konnten nicht alles verstecken«, erzählte er. »Dann wären die Deutschen mißtrauisch geworden. Vielleicht hätten sie aber noch mehr von meinem Wein genommen, wenn sie nicht etwas anderes entdeckt hätten.« Dieses »andere« war ein Vorrat an Steingutkrügen mit einer klaren Flüssigkeit, die die Soldaten für Gin in der traditionellen holländischen Aufbewahrungsweise hielten.

»Sie sprachen dem Gebräu mit großer Begeisterung zu«, erinnerte sich Senard mit einem Schmunzeln. Doch es war kein Gin, sondern *Eau de Santenay*, ein wirkungsvolles Abführmittel. »So etwas hatte jede Großmutter ›zur Entschlackung‹ zu Hause.« In dieser Nacht war der Hof ungewöhnlich voll mit Soldaten, die statt des Stechschritts den Durchmarsch exerzierten …

A. J. Liebling zufolge, einem amerikanischen Schriftsteller, der damals in Frankreich lebte, »hatten die Deutschen ständig das Gefühl, betrogen und ausgelacht zu werden«.[86]

Als sie zum Beispiel im Elsaß hörten, eine Familie habe eines ihrer Schweine Adolf genannt, schickten sie mehrere Soldaten dorthin. Als sie ankamen, fanden sie den Bauern bei der Arbeit und das Schwein dösend in der Ecke. Der befehlshabende Offizier näherte sich. »Sie da!«, rief er mit einem drohenden Unterton, »Was haben Sie sich eigentlich dabei gedacht, als Sie diesem Schwein den Namen Adolf gegeben haben?« Der alte Mann ließ sich jedoch nicht einschüchtern und fragte zurück: »Wieso? Was denken *Sie* denn?« Der Offizier war sprachlos, machte dann aber kehrt und nahm seine Männer mit.

Selbst in Paris, wo die Deutschen in den elegantesten Restaurants ein- und ausgingen, fühlten sie sich oft verunsichert. Bekamen sie wirklich das, was sie bestellt hatten? Stimmte der Jahrgang des Weines tatsächlich? Obwohl die Deutschen sehr mißtrauisch waren, fanden sie dennoch nicht heraus, daß eine Reihe Restaurantinhaber sie systematisch über die Qualität ihrer Weine täuschte. Das geschah mit Hilfe eines ganz besonderen Teppichhändlers.

Die Firma Chevalier war ein seit Generationen bestehendes Handelshaus für edle Teppiche. Sie kaufte und verkaufte nur allerfeinste Ware wie alte Aubussons und hochwertige Perserteppiche. Wenn irgendwo in der Stadt ein wertvoller Teppich gereinigt werden mußte, selbst einer aus dem Museum, wurde er gewöhnlich zu Chevalier gebracht. Niemand konnte sich später mehr daran erinnern, wer auf die Idee gekommen war, doch irgendwann fand jemand, daß der viele Staub eigentlich zu wertvoll zum Wegwerfen sei. So mancher Staub stammte doch sogar aus jahrhundertealten Teppichen, die nie gereinigt worden waren. Bald schon füllten also die Chevaliers ihren antiken Staub in Säcken ab und verteilten sie an einige der besten Restaurants von Paris. Dort wurde er dann auf Flaschen mit billigem jungem Wein ausgestreut, damit diese alt und wertvoll aussehen sollten. Schließlich zeigte man diese Flaschen der deutschen Kundschaft vor, die etwas ganz Besonderes zu bekommen glaubte.

Wie jene Restaurantbesitzer in Paris war auch Madame Gombaud von Château Loudenne im Bordelais entschlossen, daß die Deutschen nicht das bekommen sollten, was sie verlangten. Als sie erfuhr, daß die Deutschen einen Teil ihres Châteaus in ein Bordell umwandeln wollten, geriet sie außer sich. Sie stürzte nach draußen und sammelte in den Ställen des Anwesens Rattenkot, den sie dann im ganzen Schloß verteilte, insbesondere in den Schlafzimmern.

Ein paar Tage später erschien ein deutsches Inspektionskommando zur Besichtigung der Räume. Die Herren kamen recht bald zu dem Schluß, daß die Idee mit dem Bordell nicht optimal war, und ließen sie fallen.[87]

»Wir wußten natürlich, daß einiges im Busch war«, erinnerte sich ein deutscher Offizier später. »So wußten wir zum Beispiel, daß Weinhersteller ihre Vorräte einmauerten. Da waren wir ganz sicher. Aber wir hatten nicht die Zeit, jeden einzelnen Weinkeller zu untersuchen.«[88]

Erst recht dürften sie nicht die Zeit gehabt haben, hinter die Spinnweben von Maurice Drouhins neuer Wand in seinem Weinkeller zu blicken. Auch räumten sie nicht den Holzstoß weg, der die neugebaute Wand der Domaine de la Romanée-Conti verbarg. Und mit Sicherheit wäre es ihnen nicht gelungen, all die gefälschten Dokumente und Urkunden zu untersuchen, die die wahren Besitzverhältnisse bestimmter Weingüter verschleierten.

Diese Verschleierungstaktik gelang wohl niemandem besser als den Bartons, einer englisch-irischen Familie, die seit dem 18. Jahrhundert Verbindungen ins Bordelais hatte und die Châteaux Langoa- und Léoville-Barton besaß. Als der Zweite Weltkrieg ausbrach, erkannte Ronald Barton, der zwei Weingüter führte, aber nie die französische Staatsangehörigkeit angenommen hatte, daß die Zeit für ihn knapp wurde. Dennoch war er entschlossen, sich so lange wie möglich um seine Angelegenheiten in Frankreich zu kümmern. Jeden Abend trank nun Barton eine gute Flasche Langoa oder Léoville und brachte seinen privaten Toast aus, ganz

ähnlich wie jener von Maurice Chevalier: »Wenn die Deutschen gewinnen, bekommen sie eine Flasche weniger, wenn sie verlieren, dann trifft es meine Erben.«[89]

Als Marschall Pétain im Juni 1940 das Waffenstillstandsabkommen mit den Deutschen unterzeichnete, wußte Barton, daß er als britischer Staatsbürger fliehen mußte, und schaffte es gerade noch, das letzte Schiff zu erreichen, das aus Bordeaux auslief. Es war ein bewegender Abschied, bei dem sich Barton laut vor seinen Freunden fragte, ob er »sein geliebtes Langoa jemals wiedersehen« würde.

Seine Sorgen waren nicht unbegründet. Kurz nachdem Barton in England eingetroffen und in die britische Armee eingetreten war, verkündeten die Deutschen die Beschlagnahme seiner Châteaux und Weingüter als feindliches Eigentum. Doch dann geschah etwas Ungewöhnliches. Bartons Geschäftspartner Daniel Guestier ging zu den deutschen Besatzungsbehörden in Bordeaux und brachte vor, die Beschlagnahmung sei illegal, denn schließlich sei

Barton ja Ire. Er erinnerte die Deutschen daran, daß Irland ein neutrales Land sei und sie daher kein Recht hätten, Bartons Besitz zu beschlagnahmen. Freunde, Geschäftspartner, ja, sogar Fremde überschütteten die Besatzungsbehörden daraufhin mit Briefen – alle mit irischen Briefmarken und Poststempeln –, in denen Bartons irische Abstammung betont wurde. Sogar der irische Botschafter in Berlin beteiligte sich an der Verschwörung, unterstrich erneut die Neutralität Irlands und bekräftigte, Barton sei tatsächlich Ire.

Der Coup funktionierte. Obwohl die Deutschen die Châteaux Langoa- und Léoville-Barton zur Einquartierung von Soldaten nutzten, wurden die beiden Güter doch nicht wie vorgesehen konfisziert.

Die Bartons waren nicht die einzigen, denen es gelang, die Deutschen auf diese Weise hinters Licht zu führen. Überraschenderweise war auch die Vichy-Regierung daran beteiligt.

Es war kein Geheimnis, daß Generalfeldmarschall Göring ein

Liebhaber der großen Weine von Château Lafite-Rothschild war und es schon lange auf das berühmte Weingut abgesehen hatte. Nachweislich plante Hitler, Lafite als »Kriegsbeute« zu vereinnahmen und seinem selbst erwählten Nachfolger Göring als Geschenk zu überlassen. Um das zu verhindern, wandte die Vichy-Regierung, die kein Interesse daran hatte, daß französischer Besitz in die Hände der Deutschen fiel, einen juristischen Trick an und beschlagnahmte das Château und seine Weinberge. Nachdem Lafite nun offiziell in französischen Staatsbesitz übergegangen war, konnten es die Deutschen nicht mehr als jüdisches Eigentum konfiszieren.

Dennoch errichteten die Deutschen ein Hauptquartier in dem Schloß und brachten auch einige Soldaten dort unter. Dies machte Lafites Buchhalterin Gaby Faux sehr nervös. Madame Gaby, wie sie genannt wurde, lebte in dem Schloß und hatte den Rothschilds vor deren Flucht aus Frankreich versprochen, so gut wie möglich auf den Besitz achtzugeben. Sie hatte sogar die kostbarsten Objekte der Pariser Hauptsynagoge von Robert de Rothschild, dem Vorstandsmitglied der Synagogengemeinde, entgegengenommen und unter ihrem Bett und in ihrem Badezimmer versteckt. Sie war überzeugt, die Deutschen würden niemals die Privaträume einer alleinstehenden Frau durchsuchen. Doch sie war sich nicht sicher, ob das gleiche auch für den Lafiteschen Weinkeller galt.

Kurz vor der Ankunft der Soldaten brachte Madame Gaby daher mit Hilfe verschiedener bei Lafite Beschäftigter einige der wertvolleren Flaschen, darunter den klassischen 1797er, in den Kellern einiger benachbarter Güter unter, deren Besitzer einverstanden waren, die Flaschen zwischen ihren eigenen Weinen zu verstecken. Als zusätzliche Vorsichtsmaßnahme ließ sie sich aber noch etwas Besonderes einfallen: Sie frisierte die Bücher. Nacht für Nacht saß sie in ihrer kleinen Wohnung auf dem Gelände der Lafites und übertrug sorgfältig den Besitz der Lafiteschen Weine von der älteren Generation der Rothschilds, die aus Frankreich geflohen war, auf die Brüder Alain und Elie. Diese beiden Rothschilds waren in der französischen Armee und beim Überfall der

Deutschen gefangengenommen worden. Sie wußte, daß der Besitz der beiden unter dem Schutz der Haager und Genfer Konventionen stand und daher von den Deutschen nicht angetastet werden konnte.[90]

TAGESBERICHT DES BAHNHOFSVORSTEHERS VON ST. THIBAULT: *»Sie beanstandeten fehlendes Vieh bei meiner letzten Sendung. Handelte es sich dabei um Bullen oder Kühe? Ihr ergebener Diener, Henri Gaillard, Bahnhofsvorsteher.«*

Die Deutschen spürten die Hinhaltemanöver und Vorwände, doch sie konnten wenig dagegen ausrichten, außer ihre Sicherheits- und Überwachungsmaßnahmen zu verstärken. Auch Henri Gaillard spürte den wachsenden Druck. Als weiterhin Wein, Lebensmittel und Vieh auf so mysteriöse Weise verschwanden, wurde Gaillard von den deutschen Behörden mit Plakaten überschüttet, die ihn daran erinnern sollten, daß er unter ständiger Beobachtung stand. »Das Land schaut auf Dich, *cheminot*«, warnte eines. Gaillard sollte das Plakat in seinem Büro aufhängen und einen Monat lang hängen lassen.

Doch all diese Tricks und Betrügereien waren nicht das, was die Deutschen am meisten fürchteten. Viel mehr Sorgen bereitete ihnen die zunehmende Sabotage, insbesondere entlang der Bahnstrecken. Als Vergeltungsmaßnahme zwangen die Deutschen die Franzosen, selbst an der Verbesserung der Sicherheitsmaßnahmen mitzuwirken. Was sie aber offenbar nicht erkannten, war, daß zahlreiche ihrer neuen Helfer selbst diejenigen waren, die die Probleme verursacht hatten, so wie Marceau Chevreau, der mit seinen Freunden losgezogen war, um Weinfässer auf dem Bahnhof leerzupumpen.

»Es war das reinste Wechselbad der Gefühle; auf jeden Erfolg kam ein Mißerfolg – aber auch umgekehrt«, erinnerte sich Chevreau.

Ein kleiner Höhepunkt ihrer Versuche, die Besatzungsmacht an der Nase herumzuführen, waren die nächtlichen Patrouillen, die Chevreau und andere absolvieren sollten. »Wir sollten jede Nacht zwischen unserem Dorf und Amboise Streife laufen und alle verdächtigen Vorfälle melden«, erzählte Chevreau. »Die Deutschen gaben uns sogar Holzstöcke, mit denen wir verdächtige Objekte abklopfen sollten.«

Um sicherzugehen, daß Chevreau und die anderen tatsächlich ihre Streifengänge absolvierten, gaben die Behörden in Chevreaus Dorf Chançay Formulare aus, die zu Beginn der Arbeit mit der Uhrzeit versehen und gestempelt wurden. Am Ende des Patrouillengangs sollten sich die Männer dann in Amboise einen zweiten Stempel abholen. »Aber niemand von uns ist je wirklich unterwegs gewesen«, meinte Chevreau. »Wir rechneten nur die Zeit aus, die man zu Fuß entlang der Gleise zwischen unserem Dorf und Amboise braucht; dann fuhren wir mit unseren Rädern nach Amboise, warteten die errechnete Zeit ab und holten uns dann unsere Stempel. Dann radelten wir wieder nach Hause.«

TAGESBERICHT DES BAHNHOFSVORSTEHERS VON ST. THIBAULT: *»In Beantwortung Ihrer Frage bezüglich einer vermißten Sendung mit Wein kann ich Ihnen mitteilen, daß diesen Monat noch kein Weintransport meinen Bahnhof passiert hat. Ihr ergebener Diener, Henri Gaillard.«*

Gaillard war nicht überrascht, ein weiteres Plakat zu erhalten, diesmal eines mit dem Slogan der »nationalen Revolution« des Maréchal Pétain: »Arbeit, Familie, Vaterland.« Auf diese Parole reagierten Gaillard und viele andere Franzosen zunehmend mit Zynismus. Arbeit? Die sei doch nur noch zum Nutzen Deutschlands, höhnten sie. Familie? Eineinhalb Millionen Franzosen waren nun in deutscher Kriegsgefangenschaft, zahllose Familien ohne Väter, Ehemänner, Söhne. Vaterland? Nichts als eine Melkkuh für die Deutschen!

Trotz Pétains Versprechungen war den meisten Franzosen klar, daß ein Friedensvertrag mit Deutschland nicht in Aussicht stand, ebensowenig, wie die Kriegsgefangenen nach Hause kommen würden – und auch die Besatzungszeit würde in absehbarer Zukunft nicht enden.

Mit jedem Tag wirkte sich die Besatzung mit ihren Rationierungen, Straßensperrungen und Ausgehverboten stärker auf das Alltagsleben der Franzosen aus. In französischen Kinos sah man nun die deutsche Wochenschau. Amerikanische Filme und Jazzmusik wurden verboten. Doch je stärker die Verordnungen und Einschränkungen wurden, um so mehr wuchs der eigentliche Widerstand.

Dieser nahm oft subtile Formen an, kleine Nadelstiche, zu denen der Historiker H. R. Kedward feststellte: »Sie sollten unabsichtlich oder beiläufig aussehen: Einem Deutschen im Lokal das Getränk umkippen, so tun, als ob man auf der Straße eine Anordnung nicht gehört oder verstanden hätte, oder Kleidung so kombinieren, daß sie die verbotene Trikolore in Blau-Weiß-Rot zeigte.«[91]

Die Frau eines Winzers erinnerte sich, daß sie an einem 14. Juli, dem Nationalfeiertag, mit ihrer Mutter und ihrer Schwägerin Arm in Arm die Hauptstraße ihres Städtchens auf- und abspazierte. Alle Feiern zum traditionellen französischen Nationalfeiertag waren von der Vichy-Regierung verboten worden, doch die Frauen wußten unter den Augen der Behörden trotzdem zu feiern: Die Frau selbst trug ein blaues Kleid, ihre Mutter Weiß und ihre Schwägerin Rot.

Eine junge Nagelpflegerin fand ebenfalls einen Weg, ihren Protest gegen die Deutschen zum Ausdruck zu bringen. Als sie einmal einen Offizier, der regelmäßig in den Laden kam, in dem sie arbeitete, eintreten sah, stand sie auf, nahm ihren Mantel und ging hinaus. »Ich konnte mich nicht überwinden, seine Hände anzufassen«, meinte sie.[92]

Solche »herausfordernden Gesten« waren auch das Resultat einer Rede, die fast niemand gehört hatte. Am 18. Juni 1940, nur einen Tag nachdem sich Frankreich ergeben hatte, trat ein 49jähriger französischer Armeegeneral in London vor ein Rundfunkmikrofon und rief seine Landsleute zum Weiterkämpfen auf. Sein Name war Charles de Gaulle. De Gaulle erklärte, Frankreich habe nicht den Krieg verloren, sondern nur eine Schlacht. »Ich rufe französische Männer und Frauen überall auf, Widerstand zu leisten und weiterzukämpfen.« Zunächst reagierten auf diesen Aufruf nur wenige.

Einige Wochen später kursierte bereits ein Untergrundflugblatt mit dem Titel *Aufruf an die Besetzten*, das die Menschen zur Beachtung der Ausgangssperre aufrief, weil sie so zu Hause sein und die Sendungen der BBC hören könnten. Jeder solle, so das Flugblatt,

»nach außen Gleichgültigkeit zur Schau tragen, aber die Flamme eures Zornes soll weiter brennen; sie wird noch einmal nützlich sein«.

Viele folgten dem Aufruf und schalteten die BBC ein, nicht um geheime Botschaften oder Befehle zu empfangen, sondern unzensierte Informationen anstelle der offiziellen Propaganda der Deutschen und der Vichy-Regierung. »Die Sendungen verbreiteten eine ganz eigene Aura, und die Neuigkeiten wurden im Flüsterton weitergegeben«, erinnerte sich May Eliane Miailhe de Lencquesaing. »Nach dem Ende der Sendung stellten alle ihr Radio wieder auf eine französische Station oder auf Radio Vichy ein. Das geschah ganz automatisch, nur für den Fall, daß die Deutschen in die Wohnung kamen und herumschnüffelten.«

Am 11. November 1940 gab es eine besondere Nachricht: Am Arc de Triomphe in Paris waren Studenten mit der deutschen Polizei aneinandergeraten, weil sie an den Sieg Frankreichs über Deutschland im Ersten Weltkrieg erinnern wollten. Nach Angaben des Rundfunksenders fielen Schüsse, und einige Studenten lagen blutend auf dem Straßenpflaster. Als andere versuchten, ihre verletzten Kommilitonen aufzuheben, schlugen die Polizisten mit Schlagstöcken zu.[93]

Dieser Zwischenfall führte zu einer »spürbaren Veränderung« der Atmosphäre. »Noch bis vor kurzem war die Öffentlichkeit gleichgültig und zum Nachgeben bereit«, schrieb ein französischer Chronist. »Vichy und Berlin haben es nun beide fertiggebracht, dem ganzen Land das Unterwürfige dieser Haltung deutlich zu machen.«

Und damit war auch der Weg frei für einen oft beißenden Zynismus.

»Wenn wir, um den höflichen Ausdruck zu gebrauchen, von den Schweden ›besetzt‹ worden wären«, kommentierte ein Pariser, »dann hätte man uns wenigstens einen Tanz gelassen, vielleicht noch Freude an blauen und gelben Bändern; die Hottentotten, Italiener oder Ungarn hätten uns ein Lied, ein Lächeln oder eine bestimmte Art, den Kopf zu schütteln, gelassen … Doch bei den Deutschen, das weiß doch jeder, bleibt uns gar nichts mehr. Keine Melodie, nicht einmal ein Gesichtsausdruck. Sogar die Straßenkinder träumen nur noch vom Paradeschritt.«[94]

Trotz seiner Furcht vor Vergeltungsmaßnahmen hatte auch Bahnhofsvorsteher Gaillard allmählich die Nase voll; das schlug sich auch in seinen Berichten an die deutschen Behörden in Dijon nieder. Sie wurden immer spitzer und zynischer. Am deutlichsten wurde dies darin, daß er nicht mehr länger die im Französischen üblichen, streng formalisierten und üppigen Höflichkeitsfloskeln am Ende seiner Mitteilungen an die Deutschen verwendete, sondern nur noch mit seinem Namen zeichnete.

TAGESBERICHT DES BAHNHOFSVORSTEHERS VON ST. THIBAULT: *»Sie sollten bedenken, daß Ihre Weinlieferungen nicht so schnell eintreffen können wie Ihre Bestellungen. Sie können die Lieferung auch erst erhalten, wenn Sie mir korrekte Bestellungen geschickt haben. Das habe ich Ihnen schon einmal mitgeteilt. Und noch eines. Meine Toilette ist kaputt. Es wäre gut, wenn sie bis zum Winter repariert würde. Schon jetzt tropft sie in meinen Weinkeller. Henri Gaillard, Bahnhofsvorsteher.«*

Spätestens 1941 waren bei praktisch allen Franzosen alle Illusionen verflogen, und sie fühlten sich ähnlich wie Gaillard. Untergrundzeitungen tauchten auf, in denen die Franzosen zum Widerstand gegen die Deutschen aufgefordert wurden. Sowohl in der besetzten als auch in der »freien« Zone Frankreichs bildeten sich aktive Widerstandsgruppen, die Résistance.

Eine der ersten dieser Gruppen nannte sich *Combat* (»Kampf«); sie wurde von einer Gruppe französischer Offiziere und Reservisten gegründet. Zu ihnen gehörte auch Jean Monmousseaux, ein Winzer und *négociant* aus der Touraine. Er hatte in de Gaulles

Panzerregiment gedient und war einer der wenigen Hörer des ersten Radioaufrufs des Generals aus London. Er war tiefbewegt. »Meinem Vater fiel es sehr schwer, sich die Niederlage Frankreichs einzugestehen«, erzählte uns sein Sohn Armand.[95]

Monmousseaux traf sich oft mit seinen Freunden aus der Militärzeit. Bei diesen Treffen waren sie sich immer einig: »Wir müßten eigentlich etwas tun, doch was?« Eines Tages stand ein alter Kamerad im Türrahmen und gab ihm die Antwort: »Komm mit, Jean, wir brauchen dich!«, forderte der Freund ihn auf.

Weil Monmousseaux in der Nähe der Demarkationslinie lebte, war er den Deutschen bereits bekannt, denn er überquerte die Grenze oft mit seinen Weinfässern. Sein Freund meinte, diese Fässer seien groß genug, um einen Menschen darin zu verstecken. Jean verstand sofort und sagte begeistert seine Hilfe zu.

Es war allerdings gar nicht so einfach, jemanden in einem Weinfaß zu verstecken. Weinfässer sind wasserdicht; Ober- und Unterseite sind versiegelt, jedes Faßdaubenbrett schließt perfekt mit seiner Nachbardaube ab. Um jemanden dort zu verstecken, müssen erst alle Metallreifen um das Faß entfernt werden, dann muß man das Faß Daube für Daube auseinandernehmen und schließlich neu zusammensetzen. »Anders geht es nicht«, erklärte Armand. »Man kann jemanden ja nicht durch das Spundloch gießen.«

Jean und sein Küfer machten zuerst einige Probeläufe. Nach mehreren Versuchen schafften sie die ganze Prozedur schließlich in zwei Stunden. Der Mann im Faß mußte außerdem noch die Reise und die Wartezeit an der Grenze überstehen, was auch mehrere Stunden dauern konnte. Die Zeit in einem solchen dunklen, schlecht belüfteten Faß konnte ziemlich lang werden, aber es ging irgendwie doch.

»Das Risiko lohnt sich«, meinte Monmousseaux zu seinen Freunden. »Machen wir es!«

Und so schmuggelte Monmousseaux in den kommenden beiden Jahren Angehörige der Résistance in seinen Fässern in beide

Richtungen über die Demarkationslinie. Jedesmal wenn er einen Fahrgast abgeladen hatte, baute er das Faß wieder zusammen, füllte es mit Wein und fuhr wieder nach Hause. Er wurde nie entdeckt.

Mittlerweile waren Anschläge entlang der Bahnstrecken fast alltäglich geworden. Züge wurden zum Entgleisen gebracht, Lieferungen von Wein, Lebensmitteln und anderen Waren, die für Deutschland bestimmt waren, wurden gestohlen oder zerstört.

Fast jede Woche mußte auch Bahnhofsvorsteher Gaillard seinen deutschen Vorgesetzten in Dijon berichten, daß wieder eine Lieferung vermißt wurde. Einmal schrieb er, eine bei ihm eingetroffene Weinkiste wiege wesentlich weniger als bei ihrer Einlieferung. In der folgenden Woche fiel sein Bericht noch schlechter aus: »Anbei sende ich Ihnen eine Kiste mit eingepackten, aber völlig leeren Lebensmittelbehältern zurück. Sie sollten 37 Kilogramm Lebensmittel enthalten, aber sie sind leer. Außerdem fehlt ein 50-Kilo-Sack Salz.«

Diebstähle und Versuche, die Deutschen auszutricksen, hatten so stark zugenommen, daß sich die Widerständler gelegentlich sogar gegenseitig in die Quere kamen. So machte eine örtliche Résistance-Gruppe in Bordeaux einen für Berlin bestimmten Güterzug voller Weinflaschen aus und beschloß, die Flaschen abzuladen. »Sie räumten den Zug bis aufs letzte leer«, erinnerte sich ein Mann aus Bordeaux.[96]

Zu Hause entdeckten sie voller Begeisterung, daß die Flaschen einige der besten Jahrgänge und Lagen enthielten. Gleich beschlossen sie, einige der Flaschen zu entkorken, um ihren Erfolg zu feiern. Doch ihre Freude währte nicht lange – der Wein war praktisch ungenießbar. Die Abfüller waren der Résistance bereits zuvorgekommen und hatten schillernde Etiketten auf Flaschen geklebt, die nichts enthielten außer billigem Gesöff.

TAGESBERICHT DES BAHNHOFSVORSTEHERS VON ST. THIBAULT: *»Es ist ein großer Behälter mit Weinflaschen eingetroffen. Bitte teilen Sie mir mit, was damit geschehen soll. Alle Flaschen sind leer. Erbitte hilfreiche Antwort. Henri Gaillard.«*

Es war ein gefährliches Spiel, die Deutschen herauszufordern. In Bordeaux wurde ein Mann erschossen, weil er während einer deutschen Militärparade die geballte Faust gezeigt hatte. Ein anderer wurde hingerichtet, weil er Telefonkabel zerschnitten hatte.

Selbst die Hugels aus dem Elsaß, die den Deutschen nur allzugern den schlechtesten Wein unterschoben, wußten, daß sie vorsichtig sein mußten. »Wenn wir eine Anforderung vom Platterhof bekamen, Hitlers Gästehaus, schickten wir tatsächlich immer nur von unseren besten Weinen«, erinnerte sich Georges Hugel. »Gewöhnlich bekamen wir zwei Bestellungen pro Jahr, die meistens sehr präzise waren. Es gab dort eine Menge Leute, wenn auch nicht Hitler selbst, die sich mit guten Weinen auskannten. Wir wagten es nicht, sie zu betrügen.«

Andere, insbesondere jüngere wie der 17jährige Gerald Boevers, waren draufgängerischer. Boevers, der in dem Champagnedorf Louvois lebte, langweilte sich. Es war der 14. Juli, der französische Nationalfeiertag, doch die Vichy-Regierung hatte aus Furcht vor antideutschen Ausschreitungen alle traditionellen Feierlichkeiten verboten. Boevers und drei seiner Freunde entschlossen sich, trotzdem zu feiern. Sie fanden mehrere Blechkanister und füllten sie mit Schießpulver aus Jagdmunition, die sie vor den Deutschen verborgen hatten. Einer von ihnen zündete dann die Lunte, während die anderen in Deckung liefen.

»Es gab eine herrliche Explosion«, erinnerte sich Boevers. »Sofort waren die Polizei und eine Menge Soldaten zur Stelle.« Boevers und seine Freunde wurden umgehend zum Hauptquartier der Gestapo gebracht, wo sie die ganze Nacht über verhört und mißhandelt wurden. »Irgendwann sagte mir ein Gestapomann:

›Wenn du 18 wärst, hätten wir dich erschießen können.‹ Das war das einzige Mal, wo ich froh war, noch zu jung für die französische Armee zu sein.«

Auch ein anderer junger Franzose, Marcel de Gallaix, wollte nicht abseits stehen. Marcel war Rechtsanwalt und hatte sich auf Eigentumsrecht spezialisiert. Trotz der Ängste seiner Ehefrau nahm er Fälle von Winzern aus dem Burgund an, die gegen die Durchsuchungen und Beschlagnahmungen von seiten der Deutschen juristisch vorgehen wollten. Um mit seinen Mandanten zu sprechen, mußte er oft die Demarkationslinie überschreiten – eine nervenzerrende und zeitraubende Angelegenheit. Oft wurden Züge stundenlang festgehalten und Passagiere sowie Waggons durchsucht. Wenn Marcel dann schließlich am Ziel angekommen war, gab es meist ein weiteres Problem: Niemand hatte Geld. »Das macht nichts«, meinte er dann, »Sie können mich auch mit Wein bezahlen«.

So kam es, daß seine Tasche auf dem Rückweg meistens voller Flaschen war – alle ohne Etikett. »So konnte er den Deutschen erzählen, er hätte bloß irgendwo ein paar Flaschen einfachen Tafelwein bekommen«, erinnerte sich seine Frau Gertrude. »Ein paar Tage oder Wochen später bekamen wir dann einen Umschlag mit den Etiketten, manchmal per Post, manchmal brachte sie uns auch jemand persönlich vorbei. Mein Gott, was war dieser Wein für eine wunderbare Sache bei diesen schrecklichen Kriegsmahlzeiten!«

Im Winter 1941, einem der kältesten seit Menschengedenken, hatten sich die Lebensbedingungen in Frankreich verschlimmert, »aus reinem Mangel waren massive Versorgungslücken geworden«, so der Historiker Robert Paxton.[97] Es gab keine Importe mehr, und die Öl- und Kohlevorräte gingen zur Neige. »Vor lauter Kälte konnte man an überhaupt nichts anderes mehr denken«, meinte jemand.

TAGESBERICHT DES BAHNHOFSVORSTEHERS VON ST. THIBAULT: *»Ich wollte Sie darauf hinweisen, daß es inzwischen Dezember geworden und meine Toilette immer noch nicht repariert ist. Außerdem lege ich noch eine Liste mit den vermißten Frachtsendungen dieser Woche bei: Sieben Gebinde Lebensmittel, insgesamt 210 Kilo. Bitte um schnellstmögliche weitere Anweisungen. Henri Gaillard, Bahnhofsvorsteher.«*

Alle waren jetzt hauptsächlich mit dem »Organisieren« von Lebensmitteln beschäftigt. Die deutschen Beschlagnahmungsaktionen hatten zu dramatischen Versorgungslücken geführt, nicht nur für die Allgemeinbevölkerung, sondern auch für die Mitglieder der Résistance, die sich in Wäldern und auf den Bergen versteckten.

Zum Glück gab es Menschen wie Jean und Madeleine Casteret, ehemalige Arbeiter im Weinbau. Die Casterets lebten in St. Yzans in der Nähe von Château Loudenne, das die Deutschen in ein Bordell umwandeln wollten. Jetzt züchteten sie dort Vieh und bauten Gemüse zur Versorgung ihrer Soldaten an.

»Nachts, wenn die Deutschen schlafen gegangen waren, stahlen wir ihnen immer das Vieh weg«, erzählte uns Jean. »Die Résistance schickte uns ein verschlüsseltes Signal über das Radio, und wir machten uns auf den Weg.« Sie schlichen sich nach Loudenne und führten leise so viele Tiere wie möglich in die nahegelegenen Wälder, wo die Résistance-Kämpfer, die untergetaucht waren (sie befanden sich, wie man sagte, »im Maquis«) bereits auf sie warteten. »Es war gefährlich, weil man nie wissen konnte, wann einen eine der Wachen entdeckte und dann sofort alle anderen aufweckte, aber es war unglaublich befriedigend, die Deutschen an der Nase herumzuführen, *de narguer les Allemands.*«

Selbst Henri Gaillard dürfte von Zeit zu Zeit eine gewisse Befriedigung verspürt haben.

TAGESBERICHT DES BAHNHOFSVORSTEHERS VON ST. THIBAULT: *»Ich habe die Ehre, Ihnen mitzuteilen, daß der Viehtransport mit dem Zug Nr. 9305, der um 14.30 Uhr hier eintreffen sollte, bei Kilometer 45 durch zwei Kühe auf den Gleisen zum Halten gebracht wurde. Anscheinend öffnete dann jemand die Türen von mehreren Viehwaggons und ließ die Tiere frei. Einige sind verschwunden. Henri Gaillard, Bahnhofsvorsteher.«*

FÜNF

Mit knurrendem Magen

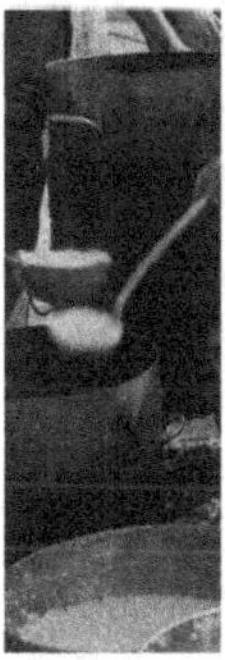

Gertrude de Gallaix hatte es eilig. Es war kurz nach sechs Uhr morgens, aber sie wußte, daß sich auf dem Markt jetzt bereits lange Warteschlangen von Frauen und Kindern bildeten.

Sie griff nach ihrem Einkaufskorb, nahm die Lebensmittelmarken und eilte die Wendeltreppe von ihrer Wohnung im dritten Stock hinunter auf die Straßen von Paris. In ihrem Korb hatte sie einen Eierkarton (kein Händler hatte so etwas) und das *filet*, das Einkaufsnetz, um das Gemüse unterzubringen, das es womöglich gab. Außerdem zwei leere Weinflaschen, die sie und ihr Mann Marcel im Laufe der Woche geleert hatten. Aufgrund des Flaschenmangels würde sie nur Wein kaufen können, wenn sie gleichzeitig leere Flaschen beim Händler ablieferte.

Gertrude wandte sich vor ihrem Mietshaus nach links und dann in südlicher Richtung entlang der Rue Boissière zur Place d'Iéna, die zwei Wohnblocks entfernt war. Obwohl gerade erst der Morgen graute, waren die Straßen schon belebt. Ein Straßenkehrer schwang seinen Reisigbesen und öffnete einen Hydranten, um den zusammengekehrten Abfall vom Bürgersteig in die Kanalisation zu befördern. Ein Scherenschleifer klingelte an seinem Stand mit dem Schleifstein und rief: »Messer, Scheren, haben Sie was zum Schleifen? Billig, billig!«

Auf ihrem Weg entlang der Rue Boissière schaute Gertrude nach rechts. Auf der Rue Bouquet de Longchamp standen zwei deutsche Soldaten vor einem Gebäude Wache. Der Anblick ließ Gertrude frösteln. Dort war das Polizeipräsidium, wo sie sich als Amerikanerin mindestens einmal täglich melden mußte. Obwohl sie mit einem Franzosen verheiratet war, betrachteten die Deutschen sie als feindliche Ausländerin und bestanden darauf, ständig ihren Aufenthaltsort zu kennen.

Gertrude hatte fast die Kreuzung an der Place d'Iéna erreicht, als sie merkte, daß etwas nicht stimmte.

Obwohl dies der größte Markt des 16. Arrondissements war, gab es an diesem Morgen keine Warteschlangen. Niemand wartete darauf, etwas zu essen zu finden, bevor die Kinder zur Schule gebracht werden mußten, keine Großmütter oder Großväter hielten für ihre Söhne oder Töchter Plätze in der Schlange frei. Niemand. Als sie näherkam, entdeckte sie den Grund für diesen ungewöhnlichen Anblick: Es gab nichts mehr zu kaufen. Schon um fünf Minuten nach sechs war alles verkauft, was an diesem Tag vom Land in die Stadt gebracht worden war.

Noch schlimmer: Es gab keinen Tropfen Wein. Die Stelle, wo der Weinhändler gewöhnlich seinen Stand hatte, war ebenso leer wie die Flaschen in Gertrudes Korb.

»Lebensmittel waren eine Sache – aber kein Wein? In Frankreich? Das hätte ich mir nie vorstellen können«, erinnerte sich Gertrude später.

Auch der Weinmangel war durch die Nazis verursacht worden, die Deutschland zum Selbstversorger und von Importen unabhängig machen wollten. Durch die Requirierung des Großteils der französischen Rohstoffe und verarbeiteten Waren – insbesondere Lebensmittel und Weine – wollte Hitler die Position Deutschlands stärken, um den Krieg zu gewinnen. Mit der Durchführung dieses Vorhabens hatte er den zu seinem Nachfolger auserkorenen Hermann Göring beauftragt. Der Kommandierende der Luftwaffe hätte geschmeichelter nicht sein können. Görings Plan war, Frankreich gnadenlos auszuplündern. »Die Franzosen strotzen so vor Nahrungsmitteln, daß es eine Schande ist. Das ist das Geheimnis ihrer Gewitztheit und Fröhlichkeit. Ohne diesen Reichtum an Nahrung wären sie nicht so glücklich.«[98]

Sofort ging Göring daran, die Vorräte der Franzosen abzuzweigen. Weizen aus der Ile de France, Käse und Gemüse aus dem Loiretal, Früchte aus den Anbaugebieten der Normandie, Charolais-Rind aus dem Burgund und vor allem Wein – eine Güterzugladung nach der anderen. Tausende Flaschen landeten so auch im privaten Weinkeller des Generalfeldmarschalls.

Als Chef der Wirtschaftsplanung für die besetzten Gebiete war Göring in wirtschaftlichen Angelegenheiten praktisch allmächtig. Eine seiner ersten Anordnungen bestand darin, die Franzosen aus den Pariser Luxusrestaurants zu verbannen, die er von den meisten Ausschankbeschränkungen für Weine ausgenommen hatte und deren Weinkeller er immer gut füllen ließ, um den Ansprüchen der nun deutschen Kundschaft entgegenzukommen. »Für uns müssen das Maxim's und das La Tour d'Argent die beste Küche servieren«, so Göring. »Drei oder vier hervorragende Restaurants, die für deutsche Offiziere reserviert sind, das wird perfekt sein, aber nichts für die Franzosen. Die brauchen so etwas nicht.« Eigentlich brauchte es auch Göring nicht, der bei einer Körpergröße von 1,80 m fast drei Zentner wog.

Hätte er es dabei bewenden lassen, wäre seine Anordnung von den Franzosen vielleicht »nur« als Schlag ins Gesicht empfunden worden. Allerdings ließ er dem noch einen Schlag in die Magengrube folgen. Er ordnete an, daß die französische Bevölkerung mit nur noch 1200 Kalorien pro Tag auskommen müsse, etwa der halben Menge, die ein Erwachsener durchschnittlich zum Leben braucht. Ältere Menschen, die die Deutschen als nicht mehr so produktiv betrachteten, bekamen Lebensmittelmarken für nur 850 Kalorien am Tag.[99]

Görings Maßnahmen lösten großen Unmut aus, insbesondere auch unter den Winzern, Weinherstellern und anderen, die mit dem französischen Weinbau in Verbindung standen. Léon Douarche, Vizepräsident der französischen Winzervereinigung, beklagte sich, Göring enthalte Wein besonderes denjenigen vor, die ihn am meisten bräuchten. »Die Alten und die Kranken brauchen Wein«, erklärte er. »Er ist ein hervorragendes Lebensmittel gerade für diese Personen, leicht verdaulich und eine Quelle von Vitaminen und Mineralstoffen. Wein ist das beste Elixier für ein langes Leben, das je erfunden wurde.«[100]

Douarches Engagement fand breiten Anklang. Mediziner aus dem ganzen Land wandten sich an die Besatzungsbehörden und die Vichy-Regierung, um eine gerechtere Weinzuteilung zu erreichen und so den Kalorienmangel wenigstens teilweise auszugleichen. »Geistesarbeitern«, so forderten sie, solle ein halber Liter Wein pro Tag zustehen, körperlich Arbeitenden mindestens ein ganzer und in Sonderfällen sogar eineinhalb Liter (zwei volle Flaschen) zu den Mahlzeiten, Frauen jeweils ein Drittel weniger.

Um zu unterstreichen, wie verzweifelt die Situation war, berichteten Ärzte von einem Besuch in einem Altenheim, wo sie mehrere ältere Menschen vorfanden, die vorgaben, sie lägen im Sterben. »Wir fragten sie nach dem Grund für ihr Verhalten. Wir fragten sie: ›Wollen Sie denn nicht wieder gesund werden und nach Hause gehen?‹ Daraufhin sagten sie uns: ›Nein, wenn das Personal hier meint, man liege im Sterben, bekommt man zweimal die Woche Wein zum Mittagessen.‹«[101]

Zum Abschluß ihres Berichtes warnten die Ärzte noch: »Es wäre ein Fehler, den wirklich Kranken Wein vorzuenthalten. Sie könnten aus dem Gleichgewicht geraten.«

Aber ihre Warnungen und Empfehlungen verhallten ungehört.

Zum ersten Mal seit der Belagerung von Paris 1870 traten Anzeichen von schwerer Unterernährung in Frankreich auf. Obwohl das Land immer noch mehr Lebensmittel produzierte als jedes andere in Europa, war es nun das am schlechtesten ernährte, und das bekam jeder zu spüren. »Wir konnten nur noch an Essen denken«, erinnerte sich Gertrude de Gallaix. »Wir waren wie besessen.«

Gertrude warf die Geranien aus ihren Blumenkästen und begann, auf ihrem Balkon Gemüse zu züchten. »Einige meiner

Nachbarn hielten sich Hühner oder Hasen auf ihrem Balkon. Einer hatte sogar eine Ziege am Geländer festgebunden, um Milch für das Baby zu haben.«

Auf dem Land war die Lage etwas besser. Auf Château Siran beispielsweise hatte es immer einen Gemüsegarten gegeben, aber angesichts der ständig schlechteren Versorgungssituation wuchs seine Bedeutung noch, wie May Eliane Miailhe de Lencquesaing erklärte. »Neben dem Weinberg wurde nun auch der Garten für unser Leben immer wichtiger. Für uns wurde er immer wertvoller.«

> *Jeden Morgen stehen wir um 6.30 Uhr auf,* schrieb sie in ihr Tagebuch. *Nach dem Bettenmachen und noch vor dem Frühstück gießen wir den Gemüsegarten. Unser Alltag ist geprägt*

durch den völligen Mangel an den einfachsten Dingen, wenig Heizmaterial, ein sehr karger Speisezettel ohne Zucker, wenig Brot, fast kein Fleisch; Butter gibt es nicht ... Wir leben im Rhythmus der Jahreszeiten. Ein paar Pflaumen für Marmelade mit sehr wenig Zucker; sie schmeckt sauer und hält sich nicht lange. Wir mahlen Mais zu einem groben Mehl, die Grundlage für die meisten unserer Mahlzeiten. Geröstete Gerste nehmen wir als Kaffee-Ersatz.

Ähnlich sah es bei den meisten Familien im Bordelais aus. Viele Winzer säten Mais und Hirse zwischen ihre Reben, um Futter für ihr Vieh zu haben. Für ihre eigene Lebensmittelversorgung rissen manche Winzer Weinstöcke aus, damit sie mehr Gemüse anbauen konnten. Doch der kiesige Boden, so perfekt für Weinstöcke, weil er wasserdurchlässig war und die Reben zwang, Wurzeln bis tief in den Boden zu treiben, war völlig ungeeignet für den Gemüseanbau. Weinstöcke, so sagt man, müssen leiden, Gemüse dagegen will verhätschelt sein.

Eines Tages beschloß Großmutter Miailhe, daß auch ihre Familie, tagelang in Weinberg und Gemüsegarten zugange, wieder einmal ein wenig verhätschelt werden sollte. Darum kündigte sie ein gemeinsames Picknick an. An diesem Morgen hatte sie ein paar Tomaten und Radieschen geerntet und etwas Maisbrot vom Vortag beiseite gelegt. Jetzt packte sie alles in einen Korb und nahm noch etwas Marmelade mit. May Eliane und die anderen Kinder konnten es kaum erwarten, loszuziehen.

Sie schwangen sich auf ihre Fahrräder und schossen die gewundene, schlammbedeckte Straße hinab, die sie durch Weinberge und schattige Kiefernwäldchen zum fünf Kilometer entfernten Château Cantemerle führte. Es war eine sehr angenehme Fahrt. Die Sonne lachte, die Vöglein zwitscherten und, was das Beste war, keine Deutschen weit und breit. Als sie eine halbe Stunde später Château Cantemerle erreichten, eines der ältesten Güter des Bordelais, waren alle in hervorragender Stimmung. Das Schloß war ideal geeignet für einen solchen Ausflug; es war umstanden von hohen Eichen und lag in einem großen, lieblichen Park. Die Erwachsenen unterhielten sich über das Wetter, die Weinberge und den Krieg, während die Kinder sich mit Verstecken und anderen Spielen vergnügten. Sogar das Mittagessen wurde zu einer Art Spiel. »Wir liefen herum und fingen Frösche«, schrieb May Eliane in ihr Tagebuch. »Dann wurden sie aufgegessen.«

Manche Spiele hatten einen ernsteren Hintergrund. Im Sommer 1940 erlebte Frankreich eine zweite Invasion, diesmal durch den Kartoffelkäfer. Besonders das Burgund war betroffen. Die Deutschen, die französische Kartoffeln heim ins Reich transportierten, zeigten sich irritiert, daß dieser Schädling in Frankreich noch nicht ausgerottet war. Um das Problem zu lösen, wurden Lehrer aufgefordert, mit ihren Schülern auf die Felder zu ziehen und dort die Käfer einzusammeln. Robert Drouhin erinnerte sich, daß sein Lehrer ihm und seinen Klassenkameraden Schraubgläser in die Hand drückte und sagte: »Wir wollen einmal sehen, wer von euch die meisten Käfer und Engerlinge sammelt.« Für die Kinder war es wie Ferien, als sie ihre Klassenräume verlassen konnten und auf die Felder zogen, um dort die Käfer von den Kartoffelpflanzen einzusammeln. »Am Ende des Tages mußte unser Lehrer die Tiere, die wir gesammelt hatten, an einen deutschen Soldaten übergeben«, erzählte uns Robert. »Ich weiß nicht, was die Deutschen getan hätten, wenn wir nicht genug gesammelt hätten.«

Schon bald hatten die Franzosen ein neues Schimpfwort für ihre Besatzer. Die *boches*, wie die Deutschen sonst abschätzig genannt wurden, waren jetzt *les doryphores*, »die Kartoffelkäfer«. »Genau!«, meinte ein deutscher Soldat, der diesen Ausdruck mitbekommen hatte: »Wir sind tatsächlich die Kartoffelkäfer, denn wir essen jetzt die Kartoffeln, und ihr bekommt nichts davon.«[102]

Oder so gut wie nichts. Im Jahr 1942, so ein Historiker, sei die wahre Stimme Frankreichs »der knurrende Magen« geworden.[103]

Um satt zu werden, war nun fast alles erlaubt. In Bordeaux fiel dem Reporter einer Lokalzeitung beim Überqueren der Place Lafite im Stadtzentrum etwas Merkwürdiges auf. Es war ganz ruhig. Wo waren die Tauben? Er begann zu zählen. Später war in seinem Artikel zu lesen: »Die Zahl der Tauben ist von etwa 5000 auf 89 gesunken.« *Pigeon rôti*, gebratene Taube, war damals öfter auf den Tellern des Bordelais zu finden.[104]

Aber das war noch nicht alles.

»Wir waren so hungrig, daß wir sogar den Goldfisch aus dem Gartenteich aßen«, erinnerte sich ein damals junger Amerikaner, der 1940 nach Frankreich gekommen war. Der Journalist und Bürgerrechtler Varian Fry, seinerzeit 32 Jahre alt, war vom New Yorker *Emergency Rescue Committee* auf eine Rettungsmission nach Marseille geschickt worden, um Künstlern und Intellektuellen die Flucht vor den Nazis zu ermöglichen.[105]

Die Nachricht von seiner Mission und der Möglichkeit, falsche Papiere zu bekommen und ins Ausland flüchten zu können, verbreitete sich rasch, und es bildeten sich bald regelrechte Warteschlangen auf der Treppe zu seinem Büro. Doch es kostete Zeit, Menschen aus dem Land zu schmuggeln, und bald mußte sich Fry um eine ganze Gästeschar kümmern, sie beherbergen und verpflegen, bis die notwendigen Vorkehrungen getroffen werden konnten. Unter seinen »Gästen« befanden sich Marc Chagall, Marcel Duchamp, André Breton, Hannah Arendt und Max Ernst. Insgesamt verhalf Fry 1500 Personen zur Flucht, bevor er selbst Frankreich verlassen mußte.

»Uns half eine Menge Wein«, erinnerte er sich später. »Je weniger wir zu essen hatten, desto mehr Wein tranken wir. An manchem Samstagabend kauften wir zehn oder zwölf Flaschen Châteauneuf-du-Pape, Hermitage, Mercurey, Moulin-à-Vent, Juliénas, Chambertin, Bonnes Mares oder Musigny und tranken und sangen den ganzen Abend.«[106]

Im Laufe der folgenden dreizehn Monate verschlechterte sich die Situation jedoch zusehends. »Ein paar Tage lang hatten wir gar kein Brot und praktisch kein Fleisch«, schrieb Fry in sein Tagebuch. Da erinnerten sie sich an den Goldfisch im Gartenteich.

»Aber noch schlimmer ist, daß es immer schwieriger wird, Wein aufzutreiben«, klagte er.

Das galt sogar für das Bordelais, die größte Weinbauregion der Welt. »Einwohner von Bordeaux trinken keinen Wein mehr!«, titelte eine Zeitung. Sie hatten aber auch keine Wahl. So viel Wein war beschlagnahmt worden, daß sogar die Restaurants den Ausschank einschränken mußten. In einigen Lokalen wurde sogar überhaupt kein Wein mehr ausgeschenkt, was einen Wirt zu der Bemerkung veranlaßte: »Wir haben dieses Jahr so viel Wasser zum Trinken, daß wir uns wie auf Noahs Arche vorkommen!«

Doch die Beschlagnahmungen waren nur einer der Gründe für den Weinmangel. Viel Wein gelangte schon gar nicht mehr auf die Märkte, weil die Deutschen auch Fahrzeuge und Lieferwagen requiriert hatten. Und wer noch ein Motorfahrzeug hatte, konnte nicht weit damit fahren, weil das Benzin streng rationiert war.

Auch neue Gesetze und Erlasse verringerten die verfügbare Weinmenge. Die Winzer mußten einen Teil ihres Weins zu Brennspiritus zum Betreiben von Motoren und zu Industriealkoholen destillieren lassen. Wer mehr als 5000 Hektoliter Wein pro Jahr produzierte, mußte die Hälfte davon zur Destillation abgeben.[107]

Diese Anordnungen sorgten zusammen mit ungünstiger Witterung, dem Mangel an Arbeitskräften und fehlenden Schädlingsbekämpfungsmitteln für einen drastischen Rückgang der gesamten Weinproduktion. 1940 sank die Menge gegenüber 1939 um etwa 30 Prozent. 1942 betrug sie gerade einmal die Hälfte des Vorkriegsstands.

Weinproduktion und Hektarertrag in Frankreich während des Zweiten Weltkriegs (in Hektolitern)[108]

Jahr	*Gesamtproduktion*	*Ertrag pro Hektar*
1939	69 015 071	46,2
1940	49 427 910	33,6
1941	47 585 638	32,7
1942	35 022 362	24,4

Besonders betroffen waren auch die Miailhes, denen fünf Weingüter im Bordelais gehörten: die Châteaux Siran, Palmer, Pichon Longueville, Comtesse de Lalande, Ducru-Beaucaillou (bis 1943) und Coufran. »Wir haben ein altes Sprichwort hier«, meinte May Eliane Miailhe de Lencquesaing. »Je mehr Châteaux du hast, desto ärmer bist du. Damals hatte niemand Geld, auch wir nicht.«

Schon vor dem Krieg waren die Weinberge der Miailhes wie die vieler anderer Winzer infolge der Wirtschaftskrise der 1920er Jahre und den schlechten Ernten in den 30ern in einem schlimmen Zustand.

Im Frühjahr 1942 teilte Edouard Miailhe, May Elianes Vater, der Familie mit, daß sie ihre Arbeiter nicht mehr länger bezahlen konnten und eines ihrer Güter verkaufen mußten. Er warnte auch, daß sie viele Weinstöcke verlieren würden, weil sie sich nicht mehr um sie kümmern könnten.

Doch das war erst der Anfang. In diesem Jahr beschlagnahmten die Deutschen Zehntausende Arbeitspferde – allein 30000 aus einer einzigen Weinbauregion – zum Transport von Soldaten und Material an die Front. Edouards Bruder Michel mußte alle Pferde der Miailhes auf den Platz vor dem Rathaus bringen. Innerlich kochte er vor Wut, doch er hielt sich zurück. Immer noch hielt er in einem seiner Châteaux zwei jüdische Familien aus Italien versteckt, und er wollte auf keinen Fall auf sich aufmerksam machen.

Als Louis ankam, war der ganze Platz voller Pferde der anderen Winzer; die Tiere stießen aneinander und scharrten mit den Hufen, weil sie nicht so eng nebeneinander stehen wollten. Sie wurden von den Besitzern mißmutig im Zaum gehalten, während die Deutschen, mit Schreibzeug bewaffnet, sorgfältig die Pferde untersuchten, die Zähne prüften und die Flanken abtasteten, um schließlich zu entscheiden, welche Tiere genommen werden sollten und welche nicht. Einige Winzer versuchten, die Deutschen hereinzulegen, indem sie den Tieren kleine Steine in die Hufe klemmten, damit sie lahmten. Manche kamen damit durch.

Schließlich wurde Miailhe aufgerufen. »Sind das Ihre?«, fragte der Offizier und betrachtete die sechs Pferde, die Louis am Zügel führte. Miailhe nickte. Der Offizier umkreiste die Tiere, hob den Huf eines Pferdes an, machte sich einige Notizen und meinte dann: »Die sind gut!«, und gab einem anderen Soldaten ein Zeichen. Dieser übernahm die Zügel und brachte die Tiere weg.

»Das brach Onkel Louis fast das Herz. Er hing so an seinen Pferden«, erinnerte sich May Eliane. Louis hatte viele Stunden damit zugebracht, die Tiere so abzurichten, daß sie den Pflug in einer geraden Linie zwischen den Reihen der Rebstöcke in den Weinbergen ziehen konnten, und zwar genau mit der richtigen Kraft, daß zwar das Unkraut untergepflügt wurde, die empfindlichen Wurzeln der Rebstöcke jedoch unversehrt blieben.

Während andere Winzer ihre Pferde durch Maultiere oder Ochsen ersetzen konnten, blieben den Miailhes nur einige Milchkühe. Das war ein trauriger Anblick. Die Kühe ächzten unter dem Joch, protestierten durch lautes Muhen und taten sich schwer, den Pflug entlang der Rebenreihen zu ziehen. »Oh, diese armen Kühe, die hatten auch kein schönes Leben. Und zu alledem mußten sie ja auch noch Milch geben!«, erinnerte sich May Eliane.

Der Verlust ihrer Pferde war zudem nicht der einzige, den die Miailhes zu verkraften hatten. Es gab auch kein Kupfersulfat mehr. In Wasser gelöst wurde diese Substanz – in Fachkreisen dann im Deutschen auch als »Bordelaiser Brühe« bezeichnet – zur Bekämpfung von Echtem und Falschem Mehltau verwendet, zwei Pilzkrankheiten, die vor allem in feuchten Jahren die Rebstöcke befallen. Die Chemikalie war jedoch von den Märkten so gut wie verschwunden, seitdem die Deutschen das französische Kupfer und andere Metalle für ihre Rüstungsindustrie eingezogen hatten.

In dieser Situation bat Louis Miailhe seinen Sohn, die Schule abzubrechen. »Ich brauche deine Hilfe«, erklärte er ihm. »Ich möchte, daß du zu Hause bleibst und mir beim Arbeiten hilfst.«

Jean, damals 16 Jahre alt, schaute seinen Vater an und sah einen erschöpften Mann, der viel zu schnell gealtert war und der es während der zwei Jahre deutscher Besatzung immer schlimmer mit dem Herzen hatte – zwei Jahre ständigen Kampfes, seine Familie zu ernähren und den Betrieb seines Weinguts aufrechtzuerhalten. So gerne er die Schule mochte, besonders den Unterricht in den naturwissenschaftlichen Fächern, wußte Jean, daß er diese Bitte seinem Vater nicht abschlagen konnte.

»Was soll ich tun?«, fragte er. Sein Vater antwortete: »Finde einen Weg, Kupfersulfat herzustellen.«

Zu Beginn der Besatzungszeit hatten die Deutschen den *vignerons* erlaubt, Kupfergegenstände gegen Kupfersulfat zu tauschen. Die Winzer hatten Haus und Hof nach Kupfer durchsucht und Stromkabel, alte Krüge und Pfannen abgeliefert. Schließlich schraubten sie auch noch kupferne Beschläge und Verzierungen von ihren Wänden. Doch dieses Tauschsystem stieß bald an seine Grenzen, und irgendwann war kein Kupfer mehr aufzutreiben.

Jean wälzte Bücher und Zeitungsartikel auf der Suche nach einer Idee. Das meiste, was er fand, war geradezu lächerlich. »So kommen Sie mit weniger Kupfersulfat zurecht«, titelte das *Bulletin international du vin*: »Behandeln Sie Ihre Reben seltener, verringern Sie die Dosis, vermeiden Sie Verluste durch sorgfältigeres Sprühen, lassen Sie Frauen und Kinder diese Arbeit tun, wenn Sie keine Männer als Arbeiter haben.«

Enttäuscht wandte Jean sich an seinen alten Chemielehrer und erklärte ihm, daß er monatlich zweieinhalb Tonnen Kupfersulfat herstellen wolle. »Mein Lehrer kannte alle möglichen Herstellungsmethoden und wollte sie ausprobieren.« Doch zuallererst mußte Kupfer beschafft werden. Die Deutschen hatten jedes Stück dieses kriegswichtigen Metalls beschlagnahmt, dessen sie in Bordeaux habhaft werden konnten, sogar ein Ensemble von Bronzestatuen, das auf der Place Quinconces an die Französische Revolution erinnerte. Sie waren eingeschmolzen und das Metall nach Deutschland gebracht worden.

Glücklicherweise war Jeans Familie mit dem belgischen Generalkonsul in Bordeaux gut bekannt. Als Jean ihm erklärte, was er brauchte, sagte ihm der Konsul seine Hilfe zu. Belgien bezog immer noch Kupfer aus seiner afrikanischen Kolonie Kongo. Der Konsul versprach, gegen Bezahlung mit Wein eine bestimmte Menge Kupfer versteckt auf Weintransportern, die zwischen Frankreich und Belgien unterwegs waren, zu schmuggeln.

Jean und sein Chemielehrer konnten nun beginnen. Sie errichteten auf Château Coufran, wo Jeans Familie lebte, ein »sehr einfaches, primitives Labor«. Das alte Bauernhaus, das sie für diesen Zweck umbauten, war weit genug vom Hauptgebäude des Anwesens entfernt, um vor den Blicken neugieriger Passanten geschützt zu sein.

Und doch war es eine schlechte Wahl.

Denn 1943 gehörte Coufran plötzlich zur *zone interdite*, einem Sperrgebiet, das die Deutschen zum Schutz vor einer Invasion der Alliierten entlang der Küste des Bordelais ausgerufen hatten. Die Miailhes wurden von ihrem Château vertrieben, und deutsche Soldaten besetzten das Gebäude. Von nun an, so die Vorschrift der Besatzungsbehörde, brauchten die Familienmitglieder einen Sonderausweis, um das Gelände zu betreten, sogar zur Arbeit in den Weinbergen.

Doch das Laboratorium war nun einmal eingerichtet, und Jean beschloß, seinen Plan weiter zu verfolgen. Nachts schlich er sich hinter die deutschen Linien, oder er versteckte sich am Ende des Tages und ging nach der Arbeit im Weinberg nicht nach Hause. Er verbrachte die Nacht im Laboratorium. Nachts konnte man den Rauch und die Dämpfe nicht erkennen, und durch die Entfernung vom Hauptgebäude bekamen die Deutschen auch nichts von den Schwefeldämpfen mit, solange nur der Wind aus der richtigen Richtung wehte.

Das alles ging einige Monate lang gut. Über Reagenzgläser und andere Apparaturen gebeugt mischte Jean Salpeter- und Schwefelsäure und ließ das Ganze dann mit dem herbeigeschafften Kupfer reagieren. Bald hatte er eine eindrucksvolle Menge Kupfersulfat hergestellt. Sein Vater war begeistert.

Doch dann versiegten die belgischen Kupferlieferungen plötzlich. Der Konsul teilte Jean mit, der Schmuggel sei zu gefährlich geworden. Die Deutschen würden allmählich Verdacht schöpfen, deshalb könne er nichts mehr liefern.

Nun wußte Jean nicht mehr weiter – bis er eines Tages einen fahrenden Schrotthändler auf der Straße traf. Der Händler ließ durchblicken, er komme »da und dort« an Metall und würde Jean gerne im Austausch gegen Wein Kupfer besorgen. »Das war eben unser kleines Tauschgeschäft«, erzählte uns Jean. »Ich stellte keine Fragen, und wir kannten noch nicht einmal unsere Namen.«

Ihr Hauptproblem bestand nun darin, das Kupfer zum Labor zu schaffen. Sie hatten nur ein Auto mit Holzgasantrieb. Damals wurden viele Kraftfahrzeuge wegen des Benzinmangels auf Gasantrieb umgestellt; das Gas wurde aus Brennholz gewonnen und in einer Vorrichtung am Wagen selbst erzeugt. »Wir setzten uns in den Wagen und fuhren von Coufran in Richtung Bordeaux. An jedem Hügel, jeder Kuppe mußten wir aussteigen und den Wagen schieben«, erinnerte sich Jean. »Ich weiß nicht, wie oft wir jedesmal aussteigen mußten, um eingeklemmte Holzkohlestücke aus dem Vergaser zu entfernen. Diese Maschinen waren einfach schrecklich. Sie waren so langsam, und wir hatten ständig Angst, von den Deutschen angehalten und durchsucht zu werden.«

Obwohl sich Jean über die Risiken durchaus im klaren war, fand er es spannend, ja sogar aufregend, sozusagen unter der Nase der Deutschen Kupfersulfat herzustellen. »Ich wollte unbedingt am Krieg teilnehmen und hatte das Gefühl, auf diese Art und Weise konnte ich es.«

Doch dann ereigneten sich fast gleichzeitig zwei Vorfälle, die Jean hautnah mit der Realität konfrontierten. Eines Nachts, als er in seinem Labor arbeitete, bekam er von einem Freund die Nachricht, sein Schrotthändler sei verhaftet worden. Es hatte sich herausgestellt, daß das Kupfer, das er Jean lieferte, aus einem deutschen Lagerhaus gestohlen war.

Jean war entsetzt – was würde jetzt geschehen? Würde der

Schrotthändler auspacken? Würden die Deutschen als nächstes ihn, Jean, abholen? Er war bereits einmal verhaftet worden, weil er nach Beginn der Ausgangssperre noch auf der Straße war, und nur wieder freigekommen, weil ein deutscher Freund der Familie sich für ihn eingesetzt hatte. »In diesem Augenblick hatte ich panische Angst«, erzählte Jean. »Nächtelang konnte ich nicht schlafen, so nervös war ich.«

Doch es vergingen Tage und Wochen, und nichts geschah. Allmählich beruhigte er sich wieder, doch die Entspannung war nur von kurzer Dauer. Eines Nachts wurde er in den frühen Morgenstunden durch den Lärm von heftigem Luftabwehrfeuer aufgeschreckt, gefolgt von einem ohrenbetäubenden Krachen. Hastig verschloß er sein Labor und rannte nach draußen. Dort lag mitten in einem Weinberg das brennende Wrack eines abgeschossenen amerikanischen Flugzeugs. Minuten später hörte er Hundegebell, als die deutschen Patrouillen aus dem Hauptgebäude stürzten, um nach den Piloten zu suchen.

Jean rannte zurück in sein Labor und baute so schnell wie möglich sämtliche Apparaturen ab. Die Gerätschaften versteckte er im Heu und an allen möglichen anderen Stellen. Einiges vergrub er sogar noch schnell im Weinberg. Dann schlich er sich leise zurück nach Bordeaux.

Jean Miailhes Chemikerkarriere war zu Ende.

God made man –
Frail as a bubble;
God made love –
Love made trouble.
God made the vine –
Was it a sin
That man made wine
To drown trouble in? Anonymus[109]

Nun gab es nicht einmal mehr genug Wein, um seine Sorgen darin zu ertränken, und die Politik der Vichy-Regierung vermehrte die Nöte der Winzer noch zusätzlich.

Die Kollaborationsregierung des Marschalls biederte sich immer stärker bei der Besatzungsmacht an und schien sogar stärker darauf bedacht, Berlins Weindurst zu befriedigen als die Bedürfnisse der eigenen Landsleute.

Um die schwindenden Weinvorräte zu strecken, startete die Vichy-Regierung unter dem Vorwand einer Gesundheitskampagne einen Kreuzzug gegen den Alkohol. Einige Wochentage wurden nun als »alkoholfrei« ausgerufen; Bars und Restaurants durften keinen Alkohol ausschenken. Werbung für alkoholische Getränke wurde verboten und zum ersten Mal in der französischen Geschichte ein Mindestalter für den Alkoholgenuß festgesetzt – 14 Jahre. Auf Beschwerden hin versuchte die Vichy-Regierung ohne große Überzeugungskraft die Maßnahmen damit zu rechtfertigen, daß einer der Gründe, warum Frankreich den Krieg verloren hatte, die große Zahl an Lokalen gewesen sei, nämlich ein Wirtshaus auf 80 Einwohner im Vergleich zu einem pro 270 Einwohner in Deutschland.[110]

Unter dem Druck Deutschlands nach immer größeren Weinlieferungen war die Vichy-Regierung in einer Zwickmühle gefangen. Einerseits wollte sie die französische Bevölkerung überzeugen, weniger Alkohol zu konsumieren, andererseits hielt sie zugleich die Winzer zur Erhöhung ihrer Produktion an. Weinbauern hatten nun die Erlaubnis, ja, wurden sogar dazu aufgefordert, früher »unerwünschte« oder »nicht zugelassene« Rebsorten anzupflanzen. Sie sollten sogar ihren Wein verwässern.[111] Die auf Qualität bedachten Hersteller waren erschüttert.

Ähnlichen Unmut lösten neue Weinsteuern aus. Die von den Deutschen auferlegten Besatzungslasten waren von der französischen Regierung kaum aufzubringen; daher wurde eine Steuer von 20 Prozent auf alle von den Winzern verkauften Weine erhoben. Zusätzlich mußten die Einzelhändler weitere 20 Prozent auf jede von ihnen verkaufte Flasche Wein erheben. Dadurch sank der Weinverkauf im Einzelhandel dramatisch, denn viele konnten sich Wein zu diesen neuen Preisen einfach nicht mehr leisten. Statt dessen entwickelte sich ein blühender Schwarzmarkt, wo der Wein unter dem Ladentisch verkauft wurde. Dieser Vorteil wurde von den französischen Konsumenten weidlich genutzt – doch ebenso von den Deutschen. Allein zwischen Juli 1942 und Februar 1943 kauften die Deutschen mit ihrer überbewerteten Reichsmark in der Tasche mehr als 10 Millionen Flaschen Wein auf dem Schwarzmarkt.[112]

Diese Entwicklung empörte die Vichy-Regierung. Als Vergeltungsmaßnahme wurde beschlossen, die vollständige Kontrolle über jeden Schritt der Weinvermarktung zu übernehmen. Von nun an, so warnten die Behördenvertreter, würden sie selbst entscheiden, wie, wann und an wen Wein geliefert und verkauft werden dürfe. An die Einwohner wurden Zuteilungsscheine ausgegeben, während Groß- und Einzelhändler Einkaufszertifikate erhielten, auf denen aufgeführt war, mit welchen Weinen sie handeln durften. Um alle Schlupflöcher zu versperren, wurde sogar ein Steuerprivileg gestrichen, das die Winzer schon seit Menschengedenken in Anspruch nehmen konnten. Diese Regelung hatte besagt, daß die Winzer eine erhebliche Menge Wein »für den Eigenbedarf« steuerfrei für sich behalten durften. Gewöhnlich wurde dieses Kontingent an Freunde und Bekannte verkauft und sicherte den Winzern ein zusätzliches Einkommen.

Dieser Schritt versetzte den französischen Weinhandel in hellen Aufruhr. Je härter die Vichy-Regierung nun aufzutreten versuchte, desto entschiedener wurde der Widerstand gegen sie. Letztendlich wuchs der Schwarzmarkt sogar noch stärker. Die Regierung konterte, indem sie besondere Untersuchungskommissionen einsetzte. Dutzende Weinbauern wurden wegen Verdachts des Verstoßes gegen die neuen Gesetze verhaftet. Viele andere gerieten unter Beobachtung. Einem Winzer warf man vor, allein 50 000 Flaschen Wein falsch etikettiert zu haben.

Claude Carrage, ein Winzer aus dem Mâconnais im südlichen Burgund, hörte mit wachsender Besorgnis die immer häufigeren Nachrichten über Razzien der Untersuchungskommission.

Er selbst besaß einen kleinen Weinberg in der Nähe von Vinzelles, in einer Region, deren Weißweine einen hervorragenden Ruf genießen, darunter Pouilly-Fuissé. Hier, inmitten idyllischer Täler und Kalksteinhügel, hatten im 12. Jahrhundert gebildete Mönche des Klosters Cluny zum ersten Mal Bauern den Anbau von Reben und die Pflege von Weinbergen gelehrt. Damit legten sie den Grundstock des Burgunder Weinanbaus.

Damals waren die Weine des Mâconnais außerhalb der Region praktisch unbekannt und wurden alle in der Gegend selbst getrunken. Doch um 1660 beschloß ein kühner und weitblickender Weinbauer namens Claude Brosset, das zu ändern. Er lud zwei Fässer seines besten Weins auf einen Karren und machte sich auf den Weg ins 400 Kilometer entfernte Paris. Damals »saß auf der Straße der Degen locker, und eine Nichtigkeit konnte einen schon das Leben kosten«.

Brosset schaffte es unversehrt nach Paris, wo er nach einer wochenlangen Reise ankam und gleich die Aufmerksamkeit des Sonnenkönigs Ludwig XIV. auf sich lenken konnte. Dieser war neugierig auf einen Winzer, der von so weit herkam, und noch viel neugieriger auf seinen Wein. Als Brosset ihm eine Weinprobe anbot, nahm der König dankend an. Nach ein paar Schlucken fand Ludwig durchaus Gefallen an dem Wein. Er sei zwar vielleicht nicht so großartig wie der Chambertin, der *Grand Seigneur* des Burgund, aber dennoch sehr angenehm. »Könnt Ihr noch mehr davon nach Paris schaffen?«, fragte der König Brosset. Als dieser bejahte, bestellte Ludwig eine Lieferung für seinen königlichen Weinkeller. Bald wurde der Mâconnais ausgesprochen populär, und die Nachfrage stieg.[113]

Claude Carrage kannte diese Geschichte gut. »Was für eine Ironie des Schicksals«, dachte er. »Brosset schaffte seinen ganzen Wein bis nach Paris, und ich komme noch nicht einmal bis zum

Markt ins nur 120 Kilometer entfernte Dijon. Aber statt um Straßenräuber muß ich mir Sorgen vor den Deutschen machen.«

Um seine Weine zu schützen, hatte Carrage seine besten Flaschen in einer kleinen Hütte inmitten seines Weinberges versteckt. »Kaum jemand hätte sich vorstellen können, wieviel Wein man in dem kleinen Schuppen hinter den Gartengeräten und Bündeln von Feuerholz unterbringen konnte«, erzählte uns sein Neffe. »Er war viel größer, als es von außen den Anschein hatte.« Der Wein lagerte in sieben Fässern, »traumhafte Weißweine, trocken und kühl«, wie der Neffe noch wußte. »Sie waren von blaßgelber Farbe mit einem Hauch Grün. Mein Onkel ließ mich jeden einzelnen kosten. Und jedesmal stießen wir aufs neue an und sagten zueinander: ›Wieder ein Schluck, den Pétain nicht den *boches* geben wird!‹«[114]

Doch bald schon schlug Carrages Euphorie um in Wut und Verzweiflung. »Er war außer sich«, erinnerte sich seine Nichte Lucie Aubrac. »Sein Maréchal Pétain, sein ›Held von Verdun‹ hatte ihn schmählich betrogen.«

Was war geschehen? Eines Tages standen Männer von der Kontrollkommission der Vichy-Regierung vor Carrages Tür, um Wein für die Herstellung von Brennspiritus zu beschlagnahmen. »Sie fanden die Fässer, und nachdem sie den Inhalt kontrolliert hatten, gossen sie in jedes Faß einen Becher Heizöl, um den Inhalt ungenießbar zu machen! So wollten sie die Ablieferung sicherstellen.«[115]

Carrage brach in Tränen aus. »Und dabei kam es mir noch nicht einmal so sehr auf den Wein an«, erklärte er. »Aber die Fässer! Ich hatte sie noch von meinem Vater, und je älter ein Faß ist, desto besser wird der Wein, den man darin lagert. Sie waren verloren! Das stinkende Öl ließ sich nicht mehr entfernen; man konnte die Fässer nur noch verbrennen ... Man kann sich das gar nicht vorstellen: all das nur, um aus bestem Wein Brennspiritus für die *boches* zu destillieren! Ich wünschte, sie hätten genug von dem Zeug gehabt, um allesamt bis nach Rußland zu marschieren, aber keines mehr für den Rückweg – sollten sie doch alle verrecken. Ah, dieser Marschall! Man sollte ihn zwölfmal erschießen!«

Für die Vichy-Regierung wie für die Deutschen hatten Vorfälle dieser Art gänzlich unerwartete Konsequenzen. »Viel stärker als jedes rationale Argument, jeder patriotische Überschwang«, meinte Carrages Nichte, »trieb so ein einziges Glas Heizöl in einem Faß Pouilly-Fuissé die Winzer des Mâconnais in die Résistance«.

Nicht nur die Winzer aus dem Mâconnais. Überall in ganz Frankreich, zu beiden Seiten der Demarkationslinie, sprossen Widerstandsgruppen aus dem Boden wie Unkraut in einem Weinberg.

Ebenso wuchs die generelle Ablehnung, ja, Feindseligkeit gegen Pétain. Bislang hatte sich der Mißmut vor allem gegen seine Regierung und Premierminister Pierre Laval, einen glühenden Nazi-Anhänger, gerichtet. Nun wurde der alte Mann selbst zur Zielscheibe von Hohn und Verachtung. Er wurde als Möchtegern-Schürzenjäger verspottet, und man überlieferte von ihm den Ausspruch: »Sex und Essen sind das einzig Wichtige.«[116] Auch machte man sich darüber lustig, daß er während der Sitzungen regelmäßig einschlief. Nach seiner Entsendung als Botschafter nach Spanien vor dem Krieg hatte man ihm den Spitznamen *le Conquistador* (»Der Eroberer«) verpaßt. Jetzt wurde dieser Name zu dem bösen *le con qui se dort*[117] verballhornt – »Der Idiot, der ständig einpennt«.

Verärgert über diese Despektierlichkeiten und alarmiert durch eine immer militantere Résistance wandte sich der 86jährige Marschall an die Weinbauern des Midi. Er beschuldigte sie, die Gesetze zu verletzen und seine Politik herauszufordern, und warnte sie schließlich, bald werde »ein kalter Wind« durch Frankreich wehen.[118] Doch kaum jemand hörte auf ihn.

Als die deutsche Wehrmacht jedoch im November 1942 die Demarkationslinie überschritt und auch noch den Rest des Landes besetzte, hörten die Franzosen sich wieder Pétains Radioansprache an. Der Marschall forderte seine Landsleute zum Zusammenhalten auf. Er sei ihr wahrer Führer. Alles werde gut, wenn sie ihm nur vertrauten.

Doch schon bei der nächsten Radioansprache schwand ihr ohnehin geringes Vertrauen schnell wieder. Jetzt war Premierminister Pierre Laval am Mikrofon. Der Krieg lief nicht mehr gut für Berlin – die Aura der Unbesiegbarkeit der Deutschen war angekratzt, erst in der mißlungenen »Luftschlacht um England«, dann in der Wüste Nordafrikas und schließlich im Schlamm und den Schneewehen in den Weiten der Sowjetunion. Nun sah Laval seine Chance gekommen und nutzte sie. Er wußte, daß die deutsche Rüstungsindustrie unter massivem Arbeitskräftemangel litt und die Franzosen sehnlichst die Rückkehr ihrer Kriegsgefangenen erwarteten. Über das Radio schlug Laval nun einen Handel mit der Bevölkerung vor: Für je drei Franzosen, die sich freiwillig zur Arbeit in Deutschland meldeten, sollte ein französischer Kriegsgefangener freikommen.[119]

Lavals Plan war ein vollkommener Fehlschlag. Die Resonanz war praktisch gleich Null. »Ich wollte nicht für die Deutschen arbeiten«, erklärte ein Winzer und drückte damit wohl die Meinung der Mehrheit der Franzosen aus. »Das allerletzte, was ich hätte tun wollen, wäre, zum Arbeiten nach Deutschland zu gehen.«

Lavals Plan funktionierte also nicht, und die NS-Führung in Berlin war darüber wenig begeistert. Jetzt wollte Laval stärkere Geschütze auffahren. Anfang 1943 kündigte er die Schaffung eines Zwangsarbeitsdienstes an, dem *Service de travail obligatoire*, kurz S.T.O. Im Rahmen dieses Dienstes konnten Männer zwischen 16 und 60 Jahren zur Arbeit nach Deutschland geschickt werden – ob sie wollten oder nicht. Jeder, der sich weigerte oder zu fliehen versuchte, wurde verfolgt und streng bestraft. Um seiner Drohung Nachdruck zu verleihen, gründete Laval auch noch eine paramilitärische Polizeitruppe, die *Miliz*. Bewaffnet durch die

SS und aufgebaut nach dem Vorbild der Gestapo, bestand ihre Hauptaufgabe darin, Widerständler festzunehmen und zu foltern. Der Anblick ihrer eigenen Landsleute in Khakihemden, schwarzen Uniformmützen und schwarzen Krawatten löste in der gesamten Bevölkerung Angst und Haß aus.

Fast 700000 Franzosen folgten der Einberufung zum S.T.O., darunter ein junger Mann aus Vosne-Romanée, Henri Jayer, der einmal einer der berühmtesten Winzer Frankreichs werden sollte. »Ich war verheiratet und hatte eine kleine Tochter, die noch ein Baby war. Ich hatte schreckliche Angst, was mit meiner Familie geschähe, wenn ich mich nicht melden würde«, erklärte er uns. Jayer wurde zur Arbeit in eine Maschinenfabrik für U-Boote nach Wien geschickt. Nach einigen Monaten konnte er jedoch fliehen und versteckte sich bis zum Ende des Krieges bei einem Cousin in der Nähe von Vosne-Romanée.

Zu Anfang konnten Weinbauarbeiter vom Arbeitsdienst ausgenommen werden, doch je stärker der Arbeitskräftebedarf in Deutschland wurde und je mehr Menschen in Frankreich sich der Résistance anschlossen, desto häufiger wurden diese Befreiungen vom S.T.O. widerrufen.

Daher hatten sich Bernard de Nonancourt, sein Bruder Maurice und mehrere Cousins schon auf ihre Einberufung vorbereitet, als sie dringend von ihrem Onkel in dessen Büro in der Champagnerkellerei Lanson in Reims gerufen wurden.

»Wir rechnen damit, daß die Regierung nun jeden zum Arbeitsdienst einberuft«, erklärte der Onkel. »Wir werden ein wenig eure Geburtsdaten manipulieren und euch zu Lehrlingen erklären. Dann seid ihr zu jung, um einberufen zu werden.«

Zwanzig andere Arbeiter der Firma Lanson hatten weniger Glück. Sie waren ganz offensichtlich zu alt, um noch als Lehrlinge durchzugehen, und mußten tatsächlich zum S.T.O. einrücken. Bernards Bruder Maurice, der bereits mit der Résistance zu tun hatte, war entschlossen, ihnen zu helfen.

Durch seine Kontakte erfuhr er, daß ein Zug nach Südfrankreich geschickt werden sollte, um dort Fleisch zu laden. Einige Angestellte, die diesen Zug betreuen sollten, hatten Maurice versprochen, in einigen Waggons so lange die Kühlung abzustellen, bis der Zug die Demarkationslinie passiert hatte.

An dem verabredeten Tag brachte Maurice kurz vor dem Morgengrauen die 20 Arbeiter zu dem Bahnhof, wo der Zug bereitstand. Er versicherte ihnen noch einmal, daß alles gut vorbereitet sei und sie in guten Händen seien. »Die Résistance wird dort sein und euch die Türen öffnen«, sagte er. »Sie haben schon alles vorbereitet, um euch zu verstecken.«

Die Männer kletterten in die noch kühlen Waggons, doch kurz vor der Abfahrt des Zuges geriet einer von ihnen in Panik. »Nein, es geht nicht«, sagte er zu Maurice. »Was soll aus meiner Familie werden?« Maurice flehte ihn an, er solle zur Besinnung kommen, doch bald wurde die ganze Gruppe unruhig. »Wir sind doch schon zum Arbeitsdienst einberufen, wir müssen einfach hingehen«, meinten sie nun, und einer nach dem anderen sprang wieder aus dem Waggon. Einige hielten noch kurz an, um sich bei Maurice zu entschuldigen, andere flohen gleich in Panik nach Hause.

Maurice war erschüttert. Unausweichlich würde etwas von der fehlgeschlagenen Aktion durchsickern, und er wußte, daß nun seine gesamte Familie in Gefahr war. Der einzige Ausweg, um sie zu schonen und sich selbst zu retten, war, so beschloß er, sofort unterzutauchen und die Flucht nach Spanien zu versuchen. Doch diesmal war die Gestapo schneller. Sie nahm fast unmittelbar die Verfolgung auf und konnte ihn festnehmen.

»Wir hörten nie wieder etwas von unserem Bruder«, erzählte Bernard. »Wir wissen nur, daß er nach Deutschland in ein Konzentrationslager gebracht wurde, wo er erkrankte und dann in der Gaskammer ermordet wurde. Ich konnte es nie über mich bringen, unserer Mutter zu sagen, wie er starb; ich sagte ihr nur, er sei gefallen.«

Für Bernard war das ein entscheidender Moment. Jetzt wußte er, daß er gegen die Deutschen kämpfen mußte.

»*Le Grand Charles* hatte mich dazu bewogen«, erklärte er. »Maurice und ich hatten de Gaulles Radioansprache aus London gehört«, eine Rede, in der der General 1940 an das französische Volk appellierte, der Krieg sei noch nicht verloren und sie sollten Widerstand leisten. »Jetzt wußte ich, daß ich nicht mehr länger warten konnte. Ich mußte meinen Bruder rächen.«

Bernards Ziel war es, sich nach London durchzuschlagen und de Gaulles *Forces françaises libres* (F.F.L.), den »Truppen des freien Frankreich«, beizutreten. Seine Mutter jedoch war dagegen. Ihr Mann war an einer Verletzung aus dem Ersten Weltkrieg gestorben, Maurice gefangengenommen worden. Der Gedanke, jetzt auch noch einen zweiten Sohn zu verlieren, überstieg ihre Kräfte.

»Sie flehte mich an, hierzubleiben, aber nach einer Weile sah sie ein, daß es sinnlos war«, erzählte uns Bernard. »Sie gab mir die Adressen von einigen entfernten Verwandten, zwei älteren Fräuleins, die kurz hinter der Demarkationslinie lebten. Sie wußte, die beiden würden mich aufnehmen und mir helfen.« Wenn er dort angekommen sein würde, so plante er, wollte er weiter nach Grenoble fahren. Von dort, so hatte er gehört, könnte ihn die Résistance nach London bringen.

Es war schon Winter, als er loszog, zuerst versteckt in einem Lastwagen zwischen leeren Champagnerflaschen, dann zu Fuß. Wo immer es ging, mied er Hauptstraßen.

Als er schließlich die Demarkationslinie erreichte, hörte er eine deutsche Patrouille. Er stürzte sich in den Fluß Creuse, um sich zu verstecken, doch die Strömung war stärker als erwartet. Er konnte gerade noch einen Ast am Ufer packen und sich festhalten, bis die Patrouille vorüber war. Als sie schließlich außer Sichtweite war, ließ er den Ast los und bewegte sich vorsichtig auf das andere Ufer des Flusses zu. Er erreichte die andere Seite, aber seine Hose und seine Schuhe waren davongetrieben. »Ich war völlig unterkühlt und voller Schlamm«, erinnerte sich Bernard. »Aber ich hatte nicht alles verloren: Ich hatte noch die Flasche Cognac, die mir mein Onkel Victor Lanson mitgegeben hatte. Ich hätte sie wohl nie besser gebrauchen können als in dieser Situation.«

Nachdem er sich gestärkt hatte, zog er weiter.

Mitten in der Nacht erreichte er das kleine Dorf, in dem seine Verwandten wohnten. »Der einzige auf der Straße war ein geistig zurückgebliebener Mann, der im Ort umherlief. Für mich war das wohl ein Glück, so wie ich aussah. Ich fragte ihn: »Wo wohnen die Schwestern St. Julien?« Mit einiger Mühe bekam Bernard die Adresse heraus und schlich sich zu dem Haus am Rande des Dorfs. Um drei Uhr morgens klopfte er an. »Die beiden alten Damen kamen an die Tür und zitterten wie Espenlaub vor lauter Angst«, erinnerte sich Bernard. »Sie hielten mich wohl für ein Gespenst.«

Doch schließlich ließen sie ihn herein, und er konnte sogar ein Bad nehmen. Auf dem Dachboden suchten sie etwas für ihn zum Anziehen, doch das einzige, was sie finden konnten, war ein Paar lange Unterhosen ihrer Großmutter. »Das ist wohl der Preis der Freiheit, dachte ich, und zog sie an.«

Im Morgengrauen schließlich radelte der fast zwei Meter große de Nonancourt auf dem Fahrrad der alten Damen nach Bordeaux, noch immer in Unterhosen.

Für Georges und Jean Hugel kam es nie in Frage, sich der militanten Résistance anzuschließen. Nachdem das Elsaß dem Deutschen Reich angegliedert war, gab es für die beiden Brüder keine andere Aussicht als für alle anderen elsässischen jungen Männer: Sie wurden zur deutschen Wehrmacht eingezogen. Wer bei einem Fluchtversuch erwischt wurde, wurde als Deserteur hingerichtet. Wenn doch jemandem die Flucht gelang, wurden seine Familienmitglieder festgenommen – das nannte man »Sippenhaft« – und in Konzentrationslager gesteckt.

»Keiner von uns wollte in die Wehrmacht, aber unsere Familie hatte schon Schwierigkeiten mit der Gestapo«, erzählte uns

Georges. »Wir hätten nie etwas getan, was sie in noch größere Schwierigkeiten gebracht hätte.«

Die Probleme der Hugels begannen 1936, während der Olympischen Sommerspiele in Berlin. Die Familie hatte in Heringsdorf an der Ostsee über die Ferien eine Villa gemietet. Dort gab es ein Wiedersehen mit Madame Hugels Bruder André Zoll, der mit seiner Familie in Berlin lebte. Sehr patriotisch pflanzte Frau Hugel zu dieser Gelegenheit einen Fahnenmast bei den Strandkörben auf und hißte der Reihe nach die Flaggen: zuoberst die olympische Flagge, darunter die schweizerische – André war in der Schweiz geboren –, dann die französische und zuunterst eine Hakenkreuzflagge. Die Gestapo, der diese Reihenfolge mißfiel, bestellte die Zolls zu einer Vernehmung ein. Doch die verstanden es, die Gestapoleute einzuschüchtern: Gleich ein Haus neben ihnen verbrachte der französische Botschafter seine Ferien, mit dem sie gut bekannt waren. »Er wird kaum erfreut darüber sein, wenn er erfährt, daß Sie uns Unannehmlichkeiten bereiten wollen.« So löste sich die Angelegenheit von selbst.

Drei Jahre später zogen die Hugels nochmals den Argwohn der Behörden auf sich. Anlaß war diesmal eine Zeremonie vor dem *Monument aux morts* in Riquewihr, dem Denkmal zu Ehren der Gefallenen des Ersten Weltkriegs. Es war der 14. Juli 1939, der französische Nationalfeiertag. Frankreich und Deutschland befanden sich noch nicht im Krieg miteinander, doch Hitler ließ bereits seit längerem die Muskeln spielen. Nach dem Anschluß Österreichs und der Besetzung von Teilen der Tschechoslowakei bedrohte er nun das übrige Europa. Einige Bewohner von Riquewihr hatten offen ihre Bewunderung für den »Führer« geäußert, sich über die Schwäche der französischen Dritten Republik beklagt und gefordert, auch Frankreich könne einen »starken Mann« gut gebrauchen. Diese Ansichten versetzten Großvater Hugel, der damals Bürgermeister von Riquewihr war, in Rage. Als er seine Rede halten sollte, brach es aus ihm heraus. Erst schaute er auf das Kriegerdenkmal, dann wies er mit der Hand zum Rhein

und erklärte: »Für alle von euch, die ihr Frankreich nicht mögt: Dort ist die Brücke!«

Von da an galten die Hugels nicht mehr bloß als »zu französisch« – sie galten als offen nazifeindlich.

Sogar das Wetter schien es in diesem Jahr nicht gut mit ihnen zu meinen. Zu Beginn der Weinlese im Oktober stand schon fest, daß der 1939er ein erbärmlicher Jahrgang wurde. Fast den ganzen Sommer hatte es geregnet, und die Weintrauben waren zwar prall, konnten aber nicht reifen. Schon die Lese gestaltete sich schwierig, weil die Hugels nur noch ein Pferd und keine Wagen mehr hatten. Die anderen Pferde und sämtliche Fahrzeuge waren bereits von der französischen Armee bei der Mobilmachung gegen die Deutschen beschlagnahmt worden.

Während der folgenden beiden Monate beobachtete Jean Hugel die Reifung des Weines sorgfältig. Am 21. Dezember nahm er wieder einmal eine Probe aus den Holzfässern in seinem Keller. Er war entsetzt. Es war noch schlimmer als befürchtet: Im besten Faß maß er gerade einmal 8,4 Prozent Alkohol, also noch nicht einmal den Mindestgehalt von 11 Prozent, geschweige denn den gewünschten Wert von 12,5 oder 13 Prozent. »Dieser Wein war einfach nur schrecklich«, meinte Jean. »Er war dünn, sauer und unreif, der schlechteste, den wir je hatten.«

Nach dem Einmarsch der Deutschen im folgenden Jahr machten die neuen deutschen Behörden den Hugels das Leben noch schwerer, indem sie den Verkauf ihres Weins »sperrten«. Sie durften ihn also noch nicht einmal an deutsche Händler weiterverkaufen. Mit Ausnahme einer winzigen Menge, die sie an Freunde und örtliche Restaurants abgeben durften, mußten sie ihren gesamten Vorrat für das deutsche Heer, die Marine oder bestimmte Persönlichkeiten aus der Führungsriege des Dritten Reichs zurückhalten. Sie bekamen jedoch keinerlei Zusage, wann oder wieviel Wein angefordert würde. »Wenn sie uns anwiesen, ein paar Fässer an die russische Front zu schicken, mußten wir das machen«, erzählte Jean. »Aber auf diese Weise wurden wir wenigstens diesen entsetzlichen '39er los. Die Aufträge der Deutschen waren ziemlich schlampig formuliert. Oft wollten sie keinen bestimmten Jahrgang, und da schickten wir ihnen immer den '39er.«

Das war der einzige Wein, den sie zu verkaufen versuchten. Die anderen Vertriebswege waren ihnen versperrt, und ohnehin waren die Preise von den Behörden so niedrig festgesetzt, daß sich ein Verkauf gar nicht gelohnt hätte. Deshalb beschlossen die Hugels, ihren Wein für bessere Zeiten aufzuheben. »Wir dachten uns Entschuldigungen aus, wenn wieder einmal Bestellungen eingingen. Mal hatten wir keine Korken, mal keine Flaschen, dann keine Transportmöglichkeit.« Das funktionierte auch meistens.

Die Deutschen dagegen waren noch nicht mit den Hugels fertig.

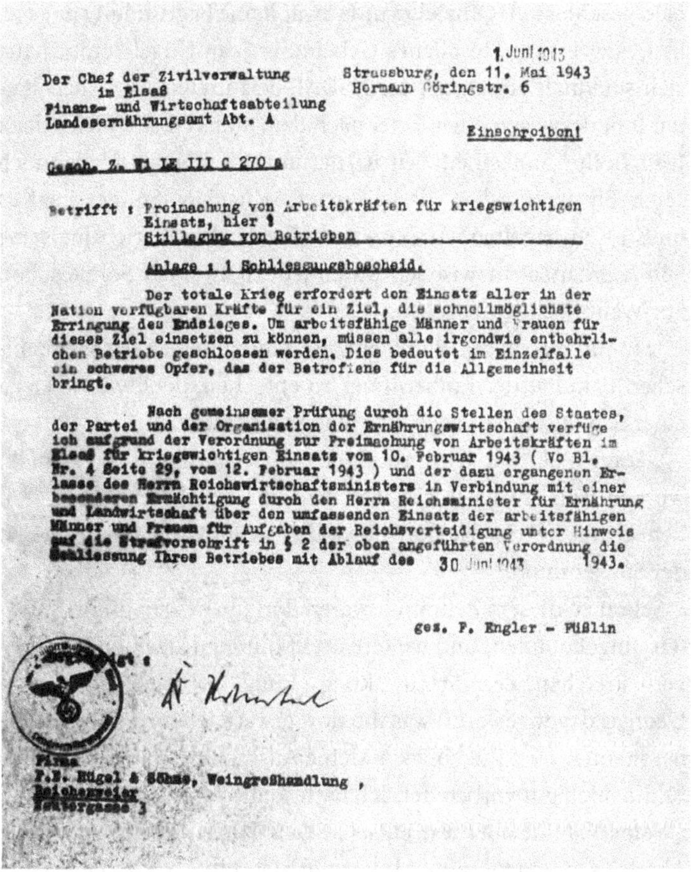

1. Juni 1943

Der Chef der Zivilverwaltung
im Elsaß
Finanz- und Wirtschaftsabteilung
Landesernährungsamt Abt. A

Strassburg, den 11. Mai 1943
Hermann Göringstr. 6

Einschreiben!

Gesch. Z. Wi LE III C 270 a

Betrifft : Freimachung von Arbeitskräften für kriegswichtigen Einsatz, hier :
Stillegung von Betrieben

Anlage : 1 Schliessungsbescheid.

Der totale Krieg erfordert den Einsatz aller in der Nation verfügbaren Kräfte für ein Ziel, die schnellmöglichste Erringung des Endsieges. Um arbeitsfähige Männer und Frauen für dieses Ziel einsetzen zu können, müssen alle irgendwie entbehrlichen Betriebe geschlossen werden. Dies bedeutet im Einzelfalle ein schweres Opfer, das der Betroffene für die Allgemeinheit bringt.

Nach gemeinsamer Prüfung durch die Stellen des Staates, der Partei und der Organisation der Ernährungswirtschaft verfüge ich aufgrund der Verordnung zur Freimachung von Arbeitskräften im Elsaß für kriegswichtigen Einsatz vom 10. Februar 1943 (Vo Bl. Nr. 4 Seite 29, vom 12. Februar 1943) und der dazu ergangenen Erlasse des Herrn Reichswirtschaftsministers in Verbindung mit einer besonderen Ermächtigung durch den Herrn Reichsminister für Ernährung und Landwirtschaft über den umfassenden Einsatz der arbeitsfähigen Männer und Frauen für Aufgaben der Reichsverteidigung unter Hinweis auf die Strafvorschrift in § 2 der oben angeführten Verordnung die Schliessung Ihres Betriebes mit Ablauf des 30 Juni 1943 1943.

gez. F. Engler - Füßlin

Firma
F.E. Hugel & Söhne, Weingroßhandlung ,
Reichenweier
[illegible]gasse 3

Als polnische Kriegsgefangene zur Arbeit in den elsässischen Weinbergen eingesetzt wurden, gingen die Hugels leer aus. So mußten Jean und sein Vater die meiste Arbeit ganz allein verrichten. »Ich war immer nur im Weinberg und versuchte, mit dem Pferd die Erde zu pflügen. Diese heißen Sommertage, wenn das Pferd keinen Schritt machen wollte und wir in einer Wolke von Fliegen standen – das war ein wahrer Alptraum.«

Wirklich alptraumhaft wurde die Situation, als die Behörden ankündigten, der 300 Jahre alte Familienbetrieb der Hugels werde bald geschlossen. Offiziell wurde zwar keine Begründung angegeben, aber es war ein offenes Geheimnis: Jean Hugel Senior hatte sich standhaft geweigert, der NSDAP beizutreten. Die Nazis hatten ihm deswegen einen Brief nach dem anderen geschickt, doch Jean hoffte, um einen Beitritt herumzukommen und dennoch seine Firma *Hugel et fils* (die jetzt »Hügel & Söhne« heißen mußte) zu behalten. Außerdem wollte er den Betrieb für seine Söhne erhalten. Inzwischen waren jedoch zwei der Söhne schon zur Wehrmacht eingezogen.

Jean jun. versuchte, durch eine Einschreibung an der medizinischen Fakultät der Einberufung zu entgehen, doch wurde er zu einer Sanitätseinheit nach Norditalien geschickt.

Georges, der zunächst zu einer Offiziersausbildung geschickt worden war, erwartete ein sehr viel schrecklicheres Ziel, wohin kein deutscher Soldat freiwillig gehen wollte: die »Ostfront« in der Sowjetunion.

Schon zu diesem Zeitpunkt waren dort über eine Million Soldaten umgekommen, und weitere drei Millionen steckten in einem verlustreichen Zermürbungskrieg. Einige Überlebende hatten Georges davor gewarnt, was ihn dort erwartete, doch uns gegenüber meinte er im Rückblick: »Meine Ausbildung war gut, und ich fühlte mich gut vorbereitet. Ich hatte keine Angst.«

Seine Familie aber war entsetzt. Den ganzen Abend vor seiner Abreise schluchzte seine Mutter vor sich hin; sein Vater brachte kaum ein Wort heraus. Schließlich erhob sich Georges' Großvater aus seinem Sessel. Er ging langsam zum Wohnzimmerschrank, zog eine Schublade auf und nahm die Schärpe in den Farben der Trikolore hervor, die ihm als Bürgermeister als Zeichen seiner Amtswürde zustand. Er hatte sie auch an dem Tag getragen, als er sich öffentlich gegen seine deutschenfreundlichen Mitbürger gestellt hatte. Er nahm eine Schere, schnitt ein Stück des blau-weiß-roten Bandes ab und reichte es Georges. »Ich möchte dir etwas geben«, sagte er. »Das ist das Wichtigste, was ich besitze. Trag es immer bei dir. Wenn du in Schwierigkeiten gerätst, sag' ihnen, daß du Franzose bist und kein Deutscher.« Außerdem gab er ihm noch zwei Goldmünzen. »Das ist alles, was ich für dich tun kann«, meinte er traurig.

Am 15. Juli 1943 traf Georges in der Ukraine ein. Während in den eroberten westeuropäischen Ländern das Kriegsrecht weitgehend eingehalten wurde, war die Lage in Osteuropa vollkommen anders. Hitler hatte zu einem »Vernichtungsfeldzug«[120] gegen die östlichen Nachbarn Deutschlands aufgerufen. Er hatte geprahlt, die Sowjetunion würde leichter zu erobern sein als Frankreich. Doch er hatte die Entschlossenheit der Roten Armee unterschätzt.

»Hitler war vollkommen verrückt«, sagte Georges in unserem Interview. »Natürlich gab es ein paar in unserer Truppe, die glaubten, was er erzählte, doch die meisten von uns hielten ihn für verrückt. Wir kämpften auch nicht für Hitler. Wir versuchten bloß, am Leben zu bleiben.«

Schon am Tag ihrer Ankunft in der Ukraine befand sich seine Einheit in der Defensive und fast ständig auf dem Rückzug. Sämtliche Motorfahrzeuge waren ausgefallen und alles, selbst Lebensmittel und Munition, mußte mit Pferden herangeschafft werden. Sie marschierten Tag um Tag, fast die ganze Zeit in strömendem Regen, der die endlosen Ebenen der Ukraine in einen gigantischen Morast verwandelte. »Der Schlamm war bis zu einem halben Meter tief, wir steckten bis zu den Knien darin«, erinnerte sich Georges. »Wir kamen kaum voran. Auch unsere Pferde und die Fuhrwerke blieben ständig stecken.«

Und überall um sie herum war alles tot. Greueltaten und eine Politik der »verbrannten Erde« hatten die Landschaft in eine Ödnis voller Leichen verwandelt. »Es war schlimmer als alles, was man sich vorstellen kann«, berichtete Georges. »Tote Menschen und Tiere lagen herum ...«

»Man brauchte etwas, woran man sich klammern konnte, sonst wurde man verrückt.« Für Georges war es die Erinnerung an das Motorrad, das ihm sein Vater zu seinem Abitur 1939 geschenkt hatte. »Ich versuchte, nicht an zu Hause, meine Familie, die Weinberge zu denken; das war viel zu schmerzhaft. Statt dessen konzentrierte ich mich auf mein Motorrad und eine Tour, die ich in die Alpen unternommen hatte. Ich versuchte, mich an jeden Kilometer, an jedes Detail am Wegesrand zu erinnern. Die Berge, die Wälder, das war alles, woran ich zu denken versuchte.«

Doch nichts konnte die Horrorbilder verdrängen, mit denen sie mit jedem Kilometer nach Westen erneut konfrontiert wurden: niedergebrannte und verlassene Dörfer, überall Tote, an Bäumen oder Galgen hängend. Das waren die schlimmsten Augenblicke. Wenn die Leichen nicht zu hoch hingen, befahl Georges seinen Leuten, die Stricke abzuschneiden.

»Wir hatten keine Gefühle mehr«, erinnerte sich Georges. »Wir waren vollkommen abgestumpft und zu keiner Regung mehr fähig. Nach über 500 Kilometern Fußmarsch waren wir einfach selbst am Ende.«

Doch hören konnten sie noch immer die gespenstischen Rufe russischer Partisanen durch ihre blechernen Lautsprecher, die Georges und seine Männer Mörder nannten und Brandschatzer, weil sie ihre Dörfer niedergebrannt hätten.

Wann immer möglich, blieben sie dicht hinter den rollenden Panzern und benutzten die Spuren, die die Ketten der Fahrzeuge in den Schlamm gegraben hatten. Doch sie durften an die Panzer auch nicht zu nahe herankommen; Georges wies seine Männer an, etwas Abstand zu halten, weil die Panzer besonders gute Ziele für die Rote Armee waren. Trotz Georges' Warnung waren einige seiner Leute nicht vorsichtig genug und bezahlten mit ihrem Leben.

Es wurde September, und die Wärme des Sommers ließ nach. Nicht jedoch der Regen. Niemals. Der endlose Regen wurde nur noch stärker und der Matsch immer tiefer. Nur eines hielt Georges und seine Männer auf den Beinen: die Furcht vor dem, was passieren würde, wenn sie den sowjetischen Soldaten in die Hände fallen würden. »Wir hatten gehört, wie sie deutsche Gefangene behandelten«, erzählte Georges. »Besonders fürchteten wir uns davor, was sie angeblich taten, bevor sie die Leute töteten.«

Eines Nachmittags spürte Georges ein Brennen in seinen Stiefeln. Er versuchte, es zu ignorieren, aber der Schmerz ließ nicht nach, und er mußte stehenbleiben. Als er die Stiefel auszog, sah er, daß seine Füße voller Blut waren. Granatsplitter hatten seine Füße getroffen und zu einer Infektion geführt – eine Blutvergiftung drohte. Er konnte nicht mehr laufen und wurde von seinen Männern am Straßenrand zurückgelassen.

»Das war der schrecklichste Augenblick. Ein Verwundeter nutzte den Russen nichts, und ich wußte, wenn sie mich fanden, war ich tot.«

Tatsächlich dürfte diese Verletzung jedoch für Georges der größte Glücksfall seines Lebens gewesen sein. Ein Sanitätswagen näherte sich ihm und hielt an. Der Fahrer hatte sich verfahren und fragte Georges, ob er eine bestimmte Stadt kenne; er sei mit lauter Verwundeten auf dem Weg zu einem Lazarett. Georges sagte, er wisse, wo die Stadt liegt, und könne den Weg weisen, wenn er ein Stück mitgenommen werde. Der Fahrer war einverstanden und hievte Georges in den bereits überfüllten Krankenwagen.

Nach ein paar Wochen in einem Feldlazarett wurde Georges zurück nach Kattowitz in Oberschlesien geschickt, wo er die letzten Monate seiner Dienstzeit auf der Krankenstation verbrachte. Er kehrte nie wieder in die Ukraine zurück.

Bernard de Nonancourt war ganz aufgeregt: Bald sollte er als Soldat in de Gaulles *Forces françaises libres* eintreten. Zumindest hoffte er das. Nach zwei Monaten auf der Straße hatte der junge Champagnerhersteller aus Reims endlich Grenoble erreicht. Bernard blickte sich um und versuchte sich zu orientieren. Vor seinem Aufbruch aus der Champagne hatten ihm Freunde seines Bruders Namen und Adresse eines Priesters genannt, der als Kontaktperson für die Résistance tätig war.

Bernard war nicht wirklich überrascht, daß der Priester nur einen Satz für ihn übrig hatte: »Geh beichten, junger Mann, aber in der Kathedrale Notre Dame, und achte darauf, daß du zu Abbé Pierre Goundry gehst.« Dann nannte er noch ein Paßwort, das er während der Beichte nennen sollte.

Als er in Notre Dame ankam, schaute er sich kurz in der gotischen Kathedrale um und versicherte sich, daß er den richtigen Beichtstuhl gefunden hatte. Dann stellte er sich in die Reihe der anderen Gläubigen, die ebenfalls auf eine Beichtgelegenheit warteten. »Wie viele von diesen wohl aus dem gleichen Grund hier sind wie ich?«, fragte er sich. Bernard wiederholte das Paßwort wieder und wieder im Kopf, während sich die Warteschlange voranschob. »Jetzt geht es richtig los«, dachte er. »Noch ein paar Tage, und ich bin in England bei de Gaulle.«

Schließlich war er an der Reihe, und er schlüpfte in den engen Beichtstuhl. »Mein Vater, ich habe gesündigt«, begann er seine Beichte. »Seit sechs Tagen habe ich nicht mehr gebeichtet ...« Und schließlich war der Augenblick gekommen – er nannte die Parole: »Wir treffen uns später.«

Abbé Pierre rückte näher an das Gitter heran und flüsterte Bernard zu, er solle am Abend zu ihm kommen. Dann fuhr er zu Bernards Überraschung mit der Beichtzeremonie fort und ließ den jungen Champagnerhersteller nach den richtigen Worten suchen, der zunehmend ungeduldiger wurde und wünschte, die Prozedur möge endlich ein Ende finden.

Es war schon dunkel, als Bernard die Wohnung von Abbé Pierre erreichte. Die Abenddämmerung ließ Bernards Aufregung noch weiter steigen.

Doch der Abbé war ein praktischer Mann und konnte mit Bernards romantischen Vorstellungen wenig anfangen. »Nun gut«, meinte er. »Jetzt erzähl mir einmal, was du willst.«

»Ich möchte nach England gehen und gemeinsam mit de Gaulle kämpfen«, antwortete Bernard prompt.

»Moment mal, nicht so schnell«, unterbrach ihn Abbé Pierre. »Was für Erfahrungen hast du? Woher kommst du? Was meinst du, daß du dort tun kannst?« Die Fragen prasselten nur so auf de

Nonancourt nieder, daß er sich allmählich Sorgen machte. Hatte er sich geirrt? War das der richtige Priester? Konnte der ihm überhaupt weiterhelfen? Und war er tatsächlich in der Résistance?

Bernard wußte nicht, daß Abbé Pierre, der einer der prominentesten französischen Kämpfer für Menschenrechte werden sollte, von Anfang an der Résistance angehört hatte. Er war einer der Begründer und Strategen, der Menschen aus dem Land schleuste und neue Mitglieder anwarb.

»Schau, ich will dich nicht entmutigen«, meinte er zu Bernard. »Aber du sollst verstehen, daß wir dich hier in Frankreich dringender brauchen. Es gibt so viel zu tun, und wir brauchen junge Männer wie dich.«

Für Bernard war es ein enttäuschender Moment. Er sah seinen Traum, den er seit de Gaulles Radioansprache aus London gehegt hatte, zerplatzen wie eine Seifenblase. Dennoch nickte er schließlich. »In Ordnung. Was soll ich tun?«, fragte er.

»Ganz einfach«, antwortete Abbé Pierre. »Gegen die Deutschen kämpfen. Wir bilden dich aus für eine Kommandoeinheit.«

SECHS

WÖLFE VOR DEN TOREN

Vor langer Zeit gab es im Burgund noch freilebende Wölfe. Sie bewohnten die Wälder, und in kalten Wintern kamen sie manchmal bis in die Dörfer und Städte. Im 10. Jahrhundert, so wird erzählt, waren sie so zahlreich, daß sie die Herzöge von Burgund aus ihrer windumtosten Hauptstadt Auxerre in das mildere Dijon vertrieben. Die Herren sprachen von einem Fluch der Wölfe – wo immer die Tiere auftauchten, brächten sie Unglück.[121]

Heute werden diese alten Geschichten von den meisten belächelt, doch manche schwören immer noch, sie seien wahr. Père Le Brun, der vor dem Zweiten Weltkrieg in Auxerre lebte, erzählte uns: »Die Wölfe machten uns ziemliche Schwierigkeiten. Das war schon immer so in den Weinbauregionen. Die wilden Tiere kennen die eßbaren Früchte, und deshalb mußten wir die reifen Trauben bewachen.«

Das galt vor allem in Hungerjahren. Und solche gab es oft in diesen kargen Gegenden Frankreichs, wo kaum ein anderer landwirtschaftlicher Anbau möglich war. Doch die Bewohner machten eine interessante Beobachtung. Monsieur Le Brun erzählte, die Weintrauben hätten die Wölfe betrunken gemacht. »Ich vermute, der Wolfsmagen ist so beschaffen, daß die Früchte bald zu gären anfangen, nachdem sie der Wolf gefressen hat. Wie auch immer, wir haben oft betrunkene Wölfe gesehen.«

Heute kommt das nicht mehr vor, denn Wölfe sind im Burgund längst ausgerottet. Doch Le Brun erinnerte sich an ein ganzes

Rudel betrunkener Wölfe, die eines Tages in seinem Dorf auftauchten. »Sie kamen genau diese Straße entlang«, sagte er und zeigte auf die kopfsteingepflasterte Dorfstraße. »Dieser Anblick war einfach unvergeßlich.

Alle Wölfe waren betrunken. Das hatte sie ins Dorf getrieben und war schließlich auch der Grund dafür, daß den Dorfbewohnern nichts passierte. Denn die Tiere waren einfach zu betrunken, um sich daran zu erinnern, daß sie Wölfe waren.«

Die Dorfbewohner verschanzten sich in ihren Hütten und betrachteten mit schaudernder Faszination, wie die Tiere erst heulend und geifernd durch die Straßen zogen und schließlich alle zusammen in tiefen Schlaf fielen – mitten auf der Dorfstraße.

»Sie lagen einfach so da, vollkommen besoffen.« Monsieur Le Brun kann es heute noch nicht fassen.

Schließlich wagten sich die Dorfbewohner mit Jagdmessern in der Hand vorsichtig aus ihren Häusern. Als sie sahen, daß sich die Wölfe nicht regten, töteten sie sie alle. Nach Le Bruns Ansicht war das die letzte Wolfspanik im Burgund.

Außer vielleicht in stürmischen Nächten, wenn der Regen über die Dächer peitscht und der Wind in die Kamine fährt. Dann erzählen die Älteren, sie hörten noch immer das Heulen der Wölfe, wie sie immer näher an die Tore der Stadt heranrücken, bis zu den Hütten ihrer Bewohner.

Die Haustür der Rue d'Enfer Nr. 7 in Beaune erzitterte. Es war vor sechs Uhr morgens, und Familie Drouhin schlief noch. Als das Klopfen begann, waren alle sofort wach. Sie wußten, wer an der Tür war.

Maurice zögerte keine Sekunde. Er langte unter sein Bett und ergriff den kleinen Koffer, der seit zwei Jahren für diesen Augenblick gepackt bereitlag. Es war keine Zeit mehr für einen langen Abschied. »Ich liebe dich«, sagte er zu seiner Frau, die kurz zurücknickte. Dann stürzte er aus dem Zimmer. So schnell wie

möglich rannte er die Stufen hinunter und verschwand im Gängelabyrinth des Weinkellers.

Seine Frau Pauline öffnete die Fensterläden und schaute auf die Straße hinab. Unten standen mehrere Gestapooffiziere, begleitet von etwa einem Dutzend Soldaten. »Was ist los?«, fragte sie.

»Wir müssen mit ihrem Mann sprechen«, rief einer der Männer.

»Er ist nicht zu Hause«, antwortete Pauline treuherzig.

»Wo ist er? Wir müssen ihn unbedingt sprechen!«

»Er ist geschäftlich unterwegs. Er sagte etwas von Paris.« Pauline wollte so viel Zeit wie möglich für ihren Mann herausschinden. Die Deutschen glaubten ihr nicht und forderten sie auf, die Tür zu öffnen.

Der acht Jahre alte Robert, der im Schlafzimmer seiner Eltern schlief, hatte jedes Wort mitbekommen. Als er hörte, was seine Mutter den Deutschen antwortete, kletterte er aus dem Bett und schlich auf allen vieren an der Wand des Schlafzimmers entlang zur Tür und in das Zimmer seiner Schwestern nebenan.

Die Mädchen waren ebenfalls aufgewacht und wollten wissen,

was passiert war. Hastig berichtete Robert ihnen. »Mama hat der Gestapo gesagt, daß Papa auf Geschäftsreise in Paris ist«, erzählte er atemlos. Dann kroch er hastig wieder zurück in sein Bett.

In der Zwischenzeit hatte sich seine Mutter endlich bereit erklärt, hinunterzugehen und die Haustür zu öffnen. »Bleib liegen«, schärfte sie Robert ein.

Die Gestapo durchsuchte das ganze Haus Raum für Raum und jeden Schrank bis in den letzten Winkel. Im Kinderzimmer fragten sie die beiden Töchter nach dem Vater. »In Paris«, kam die Antwort.

Schließlich kamen sie in das Schlafzimmer der Eltern, wo Robert in seinem Bett lag und sich schlafend stellte. »Wo ist dein Vater?«, wollten sie von dem Jungen wissen.

Robert setzte sich auf, rieb sich die Augen und betrachtete die großen Männer, die sich über ihn beugten. »In Paris, auf Geschäftsreise«, piepste er. Das überzeugte die Gestapo. Ein kleiner Junge, gerade aus dem Schlaf aufgeschreckt, mußte einfach die Wahrheit sagen. Enttäuscht wandte sich der Offizier zur Tür. »Wir verlieren hier nur unsere Zeit. Abmarsch!«, befahl er.

Im Weinkeller unter dem Haus zündete Maurice eine Kerze an und betrat das Gängelabyrinth, seinen Weinkeller. Jahrhunderte zuvor hatte dieser riesige unterirdische Irrgarten, der in hartes Gestein getrieben war, die Weine der Herzöge von Burgund und der Könige von Frankreich beherbergt. Nun, hoffte Maurice, sollte er ihm einen Weg in die Freiheit verschaffen. Seit er 1941 aus einem deutschen Gefängnis entlassen worden war, war er überzeugt, daß es nur eine Frage der Zeit war, bis die Deutschen wiederkommen würden, die ihn der Mitgliedschaft in der Résistance verdächtigten. Dieser Moment war nun gekommen.

Getrieben von der schrecklichen Gewißheit, daß er im Fall einer Festnahme umgebracht würde, suchte Maurice verbissen nach einer kleinen, unscheinbaren Holztür. Selbst mit seiner Kerze konnte er in den finsteren *caves* nicht viel sehen. Schließlich fand er, was er gesucht hatte. Die Tür verbarg sich hinter einem Regal mit Weinflaschen und einer dicken Schicht von Spinnweben. Maurice räumte den Weg frei und drückte die Türklinke. Das Schloß öffnete sich ganz leicht. Maurice stieg die Stufen hinauf, die sich hinter der Tür verbargen, und nach wenigen Augenblicken stand er draußen, auf der Rue du paradis.

Vorsichtig schaute er sich einige Sekunden lang um. Nichts bewegte sich, kein Laut war zu hören. Keine Deutschen zu sehen. Nur der schwache Schein des ersten Tageslichts zeichnete sich über den alten Ziegeldächern der schlafenden Stadt ab. Und ebenso lautlos verschwand Maurice in den frühen Morgen.

Den Miailhes graute vor dem Gedanken, ihre jüdischen Gäste, die sie im Château Palmer versteckt hielten, könnten entdeckt werden. Sie wußten nur zu gut, daß die Deutschen ein Konzentrationslager in Mérignac vor den Toren von Bordeaux eingerichtet hatten und daß regelmäßig Züge mit Juden jeden Alters und aller Nationalitäten den Bahnhof Saint-Jean direkt in Richtung Auschwitz verließen.

Und noch etwas wußten sie: Ihre Zeit wurde knapp. Die Miailhes mußten nun ihre Freunde aus dem Nebengebäude bringen, während gleichzeitig die Deutschen das Hauptgebäude von Château Palmer besetzt hielten – nur wenige Meter entfernt.

Wie die meisten Bewohner des Bordelais hatten auch die Miailhes gehofft, alles würde anders kommen. 1940 waren sie regelrecht erleichtert, als Marschall Pétain das Amt des Staatspräsidenten übernahm, und vertrauten seinen großväterlichen Versicherungen, er würde die Franzosen vor den schlimmsten Exzessen der Deutschen schützen, indem er eine Vermittlerrolle einnähme. Doch ihre Hoffnungen zerschlugen sich rasch, als sie mit ansehen mußten, daß die 5000 Juden der Stadt Bordeaux zum Tragen des Davidssterns gezwungen wurden. Mit wachsender Bestürzung verfolgten sie mit, wie die Pétain-Regierung die einheimischen und hierher geflohenen Juden Schritt für Schritt ihrer Rechte und ihres Besitzes beraubte und schließlich mit Deportationen begann.[122]

Ein Ereignis im Jahre 1942 machte allen deutlich, wie gefährlich die Lage geworden war. Im Juli des Jahres organisierten die Deutschen mit Hilfe der französischen Polizei die ersten Massenverhaftungen unter der jüdischen Bevölkerung von Paris. Viertausend Kinder wurden ihren Eltern entrissen und in ein Radsportstadion in Paris gebracht, das Vélodrome d'hiver. Fünf Tage lang wurden sie dort ohne jegliche Versorgung sich selbst überlassen. Als Kirchenvertreter daraufhin zum ersten Mal gegen die Kollaborationspolitik der Vichy-Regierung protestierten und Premierminister Laval zum Einschreiten aufforderten, weigerte dieser sich. Das Leiden der Kinder ließ ihn unbeeindruckt. Er ließ nur verlautbaren: »Die Kinder müssen alle fort.«[123]

Was dann auch geschah. Aus dem Durchgangslager Drancy wurden sie schließlich zusammen mit 70000 anderen Opfern deportiert.

Bis dahin hatten die Miailhes und ihre versteckten Freunde Glück gehabt. Die Deutschen waren nie auf den Gedanken gekommen, daß sich direkt in ihrer Nähe, nur durch die Wand der Küche getrennt, zwei Flüchtlingsfamilien aus Italien verbargen, vier Erwachsene und drei Kinder.

Nun war es an Edouard und Louis Miaihle, sich um die Flucht ihrer Freunde aus Frankreich zu kümmern. Die beiden waren den Deutschen bekannt, vor allem Louis, der fast täglich auf das Gut kam, um die Reben zu kontrollieren und zusammen mit seinen Angestellten im Weinberg zu arbeiten.

Nun tauchten beide noch öfter auf dem Gut auf, auch zu verschiedenen Tageszeiten, immer unter dem Vorwand, im Weinberg zu arbeiten. Tatsächlich wollten sie so aber die Deutschen an ihre Anwesenheit gewöhnen.

Oft ging Louis mit einer Schere die Rebstöcke entlang und tat so, als beschneide er die Pflanzen, und hielt immer wieder an, um eine Raupe abzusammeln oder die Pflanzen auf Mehltau zu kontrollieren. Gewöhnlich war Edouard dicht bei ihm; die Deutschen glaubten, er halte die Gerätschaften bereit. Tatsächlich aber verbargen sich unter den Werkzeugen Lebensmittel, Kleidung und andere lebensnotwendige Dinge für ihre jüdischen Freunde. Wenn die Deutschen dann einmal nicht hinschauten, schlüpfte Edouard durch die Hecke zu dem Anbau und schob den Korb mit den Sachen durch eine kleine Tür nach innen.

Auf diese Weise konnten sie auch die neuesten Nachrichten mitteilen, die seit einiger Zeit ziemlich schlecht ausfielen. So erfuhren die Freunde, was den anderen Juden in Bordeaux zugestoßen war. Die Miailhes warnten sie, jetzt ganz besonders vorsichtig zu sein. Ein einziger Schrei eines der Kinder konnte sie alle verraten. Edouard versicherte ihnen, es werde an einem Fluchtplan gearbeitet; das benötige aber noch etwas Zeit. »Haltet durch!«, ermutigte er sie.

Endlich kam der Tag, an dem die Miailhes eine gute Nachricht überbringen konnten. Sie hatten jemanden gefunden, der Ausweispapiere für die Freunde fälschen konnte, und es war ihnen gelungen, Schiffstickets ins Ausland zu bekommen.

All das war durch die Hilfe eines Nachbarn möglich geworden, eines hilflosen alten Mannes, den die Arthritis an den Rollstuhl gefesselt hatte. Zumindest sollten das die Deutschen denken. Tatsächlich handelte es sich um General Brutinel, einen pensionierten frankokanadischen Offizier, der von seinem Wohnsitz Château Lascombes aus ein Fluchthilfenetzwerk leitete und sich um britische Piloten kümmerte, die über Frankreich abgeschossen worden waren.

Edouard Miailhe hatte Brutinel kennengelernt, kurz nachdem dieser das Gut Lascombes Anfang der 30er Jahre gekauft hatte. Ihr Interesse an Wein führte bald zu einer engen Freundschaft. Viele Abende verbrachten die beiden gemeinsam in der großen Bibliothek von Château Lascombes und verglichen Geschmacksnuancen und große Jahrgänge, die sie einmal getrunken hatten. Fast immer tranken sie auch bei ihren Diskussionen eine Flasche ganz besonderen Wein.

Oftmals jedoch ging es in ihren Gesprächen um weit mehr als nur um Wein, sie sprachen über Kunst, Politik, den Krieg und nicht zuletzt über die neuesten Nachrichten der BBC. Oft kam Edouard in Begleitung seiner Tochter May Eliane. Diese erinnerte sich noch gut, welch ehrfürchtigen Respekt sie vor dem General hatte, »diesem brillanten, hochkultivierten Mann«, der oft über seine Lebensphilosophie sprach und über die Grausamkeit, mit der sich die Menschen manchmal gegenseitig behandeln. »Oft ist der Mensch selbst des Menschen Wolf«, erinnerte sie sich an einen seiner Aussprüche.

»Ob das stimmt?«, fragte sie flüsternd ihren Vater. »Leider ja«, antwortete dieser traurig.

Die Flucht der italienischen Freunde aus Château Palmer fand mitten in der Nacht statt. Louis, der auf Château Coufran wohnte, traf Edouard im Château Siran, wo die übrige Familie lebte. Mit zwei Autos fuhren die Brüder dann die drei Kilometer nach Château Palmer und parkten etwas abseits vom Schloß an einer schwer einsehbaren Stelle. Dann krochen die Miailhes quer über das Gelände zu dem Anbau des Schlosses und klopften an die kleine Tür. Die beiden Familien waren schon fertig. Schnell und in aller Stille reichten sie ihr kleines Gepäck heraus und kletterten schließlich selbst ins Freie.

Obwohl es auf dem Gelände Wachen gab, war in diesem Moment niemand zu sehen. Flüsternd und mit Handzeichen führten die Miailhes ihre Freunde durch den Weinberg zu den Wagen. Im Flüsterton teilten sie ihnen mit, daß sie nun zuerst nach Bayonne gefahren würden, einer Stadt an der spanischen Grenze. Dort sei alles vorbereitet, daß sie an Bord des letzten Schiffes nach Argentinien gehen könnten.

Dann rollten die Wagen los, langsam und zunächst noch ohne Licht, den Feldweg entlang durch den Weinberg, immer weiter von Château Palmer weg.

»Die Abfahrt dieser beiden Wagen, und wie sie in der Dunkelheit verschwanden, werde ich wohl nie vergessen«, erzählte uns May Eliane. »Wir rechneten damit, daß sie es nicht schaffen würden. Und die Wahrscheinlichkeit war achtzig Prozent, daß auch Vater und Onkel Louis festgenommen und in ein Lager gebracht würden.«

Gegen Ende 1943 kamen wieder »Wölfe« in die Nähe der Weinberge. Die Deutschen hatten den durchaus zutreffenden Eindruck gewonnen, daß die Résistance immer militanter wurde, und waren entschlossen, diesen Widerstand zu brechen.

Wegen der Hinterhalte, die an jeder Ecke drohten, waren sie so erbittert, daß sie mit gnadenlosen Vergeltungsmaßnahmen zurückschlugen, nicht nur gegen die Résistance, sondern gegen jeden, der der Unterstützung der Widerstandsgruppen verdächtig war. Der Krieg, den Frankreich 1940 zu vermeiden versucht hatte, war nun doch ins Land gekommen. Überall wurden Bauernhöfe niedergebrannt, Dörfer dem Erdboden gleichgemacht und Tausende Menschen wahllos erschossen.

Auch die Weinberge waren nicht mehr länger sicher. »Immer, wenn wir im Weinberg arbeiteten, rechneten wir nun mit dem Klicken eines Gewehrs«, erzählte uns André Foreau, ein Winzer aus Vouvray. *Vignerons* wie Foreau waren wie der Großteil der Landbevölkerung zutiefst desillusioniert von Pétains Regierung und seinen vielen gebrochenen Versprechungen. Es war ihm nicht gelungen, die harten Besatzungsbedingungen abzumildern, und die Regierung tat wenig gegen die sich ausweitenden Beschlagnahmungen der deutschen Wehrmacht, die immer mehr als Raubrittertum empfunden wurden. Die »heroische Ruhe des Landmanns«, die Marschall Pétain glorifiziert hatte, war schon lange dahin.

Die Winzer verstärkten ihre Unterstützung für die Résistance, indem sie ihr Land für nächtliche Fallschirmabwürfe von Geld,

Waffen und Nachschub zur Verfügung stellten, Dinge, die immer wichtiger wurden, je mehr Franzosen sich der Teilnahme am S.T.O. verweigerten. Zwischen April und Dezember 1943 waren 150000 Personen aus dem Arbeitsdienst geflohen. Während des folgenden halben Jahres stieg diese Zahl auf mehr als das Doppelte.[124]

Viele suchten Unterschlupf in den Bergen und Wäldern, im *maquis*, wie es damals hieß. Zahlreiche andere wurden von Winzern und Bauern in Scheunen und Kellern versteckt.

Je stärker sich die Résistance auf dem flachen Land verschanzte, desto öfter kamen nun auch deutsche Patrouillen in Städtchen und Dörfer, die bisher von der Besatzung relativ unbehelligt geblieben waren.

Das merkte auch Marceau Chevreau, ein Winzer aus Chançay an der Loire, sofort. Zu Beginn der Besatzungszeit, 1940, kamen selten Deutsche in den Ort. Diese wenigen Gelegenheiten nutzten Marceau und seine Freunde eher als Abenteuerspiel – sie schlichen sich während der Ausgangssperre aus dem Haus und entleerten Weinfässer auf Zügen, die für Deutschland bestimmt waren. »Damals machte es uns Spaß, ihnen immer einen Schritt voraus zu sein«, erinnerte sich Marceau. »Jedesmal, wenn sie dachten, jetzt hätten sie uns, war uns schon wieder etwas Neues eingefallen.«

Doch 1943 hatte sich die Lage grundlegend geändert. Schwerbewaffnete Patrouillen kamen nun regelmäßig auch in Dörfer wie Chançay. »Das waren nicht die Deutschen, wie wir sie 1940 kennengelernt hatten«, meinte Marceau. »Diese hier waren skrupellos und unberechenbar.« Fast jeder Franzose kannte inzwischen jemanden, der direkt unter den Deutschen zu leiden gehabt hatte, und ihr Leben war nun durchdrungen von einer tiefsitzenden Furcht.

Schließlich wurde den Franzosen klar, daß sie einer alles vereinnahmenden Macht gegenüberstanden, die bereit war, alles niederzuwalzen, was sie nicht kontrollieren konnte.

Der Historiker H. R. Kedward drückte es so aus: »Mit jeder Woche, die ins Land zog, wurden die Franzosen durch die Realität, ein besiegtes *und* besetztes Land zu sein, dazu gezwungen, ihre ursprüngliche Reaktion auf die Deutschen neu zu beurteilen. War es ursprünglich üblich gewesen, anzuerkennen, daß sich die Deutschen korrekt verhielten, gewann die schon fast sprichwörtliche Redewendung ›*Les Allemands sont corrects*‹ bald einen beißenden Zynismus, und finsterer Groll gewann die Oberhand.«[125]

Mehr noch: Nun war jeder davon überzeugt, daß ein einziger Fehler, ein falscher Schritt Folter und Tod bedeuten konnte.

»Wir versuchten, so unauffällig zu leben wie die Schatten«, erinnerte sich Marceau.

Vorsichtig zog ein einsamer Lastwagen über die Hügel der *Montagne de Reims* in der Champagne in Richtung der Stadt. Der Fahrer kannte die Strecke gut und verließ sich so wenig wie möglich auf seine abgedunkelten Scheinwerfer. Es war schon lange nach Beginn der Ausgangssperre.

Auf einmal sah er ein Blinklicht vor sich. Er blendete mehrmals auf, um erkennen zu können, was los war, doch plötzlich richtete sich ein Scheinwerfer direkt auf ihn. Ein Mann mit starkem Akzent forderte ihn auf, anzuhalten. Er trat auf die Bremse.

Ein deutscher Soldat riß die Wagentür auf und zog den Fahrer heraus. »Wohin fahren Sie? Was tun Sie hier?« Wütende Fragen prasselten auf den Fahrer ein, während andere Soldaten sich daran machten, den Wagen zu durchsuchen. Noch bevor der Fahrer ein Wort sagen konnte, rief jemand von der Ladefläche. Ein Soldat sprang heraus und hielt mehrere Gewehre in der Hand.

»Was soll das bedeuten?«, herrschte der Offizier den Fahrer an. Dieser gab keine Antwort. Der Deutsche versetzte ihm einen Faustschlag in die Magengrube und wiederholte seine Frage. Schließlich stammelte der Fahrer, aufrecht gehalten von zwei anderen Soldaten, er wisse nichts von irgendwelchen Waffen. Sein Chef sei der Marquis Suarez d'Aulan, der Inhaber der Champagnerfirma Piper-Heidsieck. In dem Wagen befand sich eine große Menge Waffen, darunter Gewehre, Pistolen und Granaten, die für die Résistance mit Fallschirmen abgeworfen worden waren. Sie waren in einem Piper gehörenden Weinberg in der Nähe von Avize in der Côte des Blancs gelandet, etwa 20 Kilometer von Reims entfernt.

Wie viele andere Champagnerhersteller hatte auch der Marquis seinen riesigen Weinkeller der Résistance zur Verfügung gestellt. Diese brachten dort ihre Leute unter und lagerten Waffen, die von den Alliierten über der Region abgeworfen wurden und zu Beginn der Befreiung Frankreichs an Untergrundkämpfer im *Maquis* ausgegeben werden sollten.

Die Deutschen hatten schon lange solche Aktivitäten vermutet, konnten aber dank der disziplinierten und hochgradig konspirativen Vorgehensweise der Résistance-Gruppen in der Champagne nie einen Beweis dafür finden. Mit der Festnahme und dem Geständnis des Fahrers von Piper-Heidsieck hatten die Deutschen nun endlich etwas in der Hand.

Wenige Stunden später, noch im Morgengrauen, fuhr ein Konvoi mit Soldaten und Gestapoleuten vor der Hauptverwaltung von Piper-Heidsieck vor. Die Männer machten sich nicht die Mühe anzuklopfen, sondern traten gleich die Tür ein und wollten wissen, wo Monsieur Suarez d'Aulan war. Ein Angestellter antwortete ihnen, der Chef sei nicht da, er sei zum Bergsteigen in die Alpen gefahren. Die Deutschen begannen mit der Durchsuchung des Gebäudes. Rasch fanden sie in einem Versteck im Keller eine riesige Menge Waffen, aber keine Spur von Suarez d'Aulan.

Voller Wut rasten die Gestapobeamten zum Privathaus des Inhabers. Sie hofften, dort wenigstens noch Familienangehörige anzutreffen. Ein Firmenmitarbeiter war jedoch schon zehn Minuten früher dort eingetroffen und hatte die Familie gewarnt. Als die Deutschen schließlich ankamen, waren alle Hausbewohner, darunter die Ehefrau des Marquis, Yolande, geflohen.

Die Deutschen gaben aber noch lange nicht auf. Einige Tage später starb Yolandes Mutter – für die Gestapo eine neue Gelegenheit. Die Deutschen beschlossen, während der Trauerfeier die Kirche zu umstellen und die Familie beim Herauskommen zu verhaften.

Die Messe begann wie geplant. Während der Predigt nahmen Soldaten Aufstellung vor allen Ausgängen. Doch nur ein einziges Familienmitglied kam aus der Kirche heraus: Ghislaine, die 15jährige Tochter von Suarez d'Aulan. Der Rest der Familie war der Zeremonie ferngeblieben; sie hatten mit einer Aktion der Gestapo gerechnet, glaubten aber, daß diese ein Kind nicht behelligen würde.

Tatsächlich wurde Ghislaine aber verhaftet – den Umstehenden wurde mitgeteilt, daß sie nur im Austausch gegen ihre Eltern wieder freikomme. Ghislaine gab unbeirrt an, sie habe keine Ahnung vom Aufenthaltsort ihrer Eltern. Darauf meinte der Offizier, dann müsse sie eben warten. Ghislaine wurde ins Gefängnis von Châlons-sur-Marne gebracht, wo bereits etliche Résistancemitglieder aus der Champagne inhaftiert waren.

Über diesen ungeheuerlichen Vorgang war die ganze Region außer sich. Die Deutschen wurden mit Protestschreiben überschüttet. Manche nahmen sogar das Risiko einer Bestrafung oder der Verhaftung in Kauf und gingen zu Dienststellen der Gestapo, um sich dort persönlich zu beschweren. Selbst der Bürgermeister von Paris, Pierre Taittinger, schaltete sich ein und bat den König von Schweden um eine Intervention.

Angesichts dieser Reaktionen, und weil es nach wie vor keine Spur von Ghislaines Familie gab, wurde die Tochter nach drei Wochen schließlich freigelassen.

In der Zwischenzeit hatte sich ihr Vater, ein erfahrener Pilot, nach Algier, der Hauptstadt der französischen Kolonie Algerien, durchgeschlagen und war einer französischen Kampfeinheit beigetreten. Ghislaines Mutter hatte Unterschlupf bei Résistancemitgliedern im Vercors, im Osten Frankreichs, gefunden.[126]

Ihre Firma wurde unterdessen unter direkte deutsche Kontrolle gestellt. Die neue Leitung übernahm nun »Weinführer« Otto Klaebisch.

Selbst die kleinen Leute bekamen den stärkeren Druck der Besatzungsmacht zu spüren. Weil nur wenige Champagnerfirmen eigene Weinberge besaßen, kauften die meisten ihre Trauben von kleinen Winzern wie Henri Billiot.

Billiot gehörten etwa zwei Hektar Land in der Nähe von Ambonnay, doch er war noch für viel mehr verantwortlich. Sein Vater war krank und sein Großvater durch einen Schlaganfall teilweise gelähmt, und so mußte sich der 17jährige Henri um die ganze

Familie kümmern. Dazu gehörten seine fünf jüngeren Geschwister, seine Eltern, vier Großeltern sowie seine Tante mit ihren drei Kindern. Sein Onkel, ein Offizier der französischen Armee, war in ein Lager nach Deutschland verschleppt worden, nachdem er sich geweigert hatte, für die Deutschen zu arbeiten.

»Ich arbeitete rund um die Uhr, um die Familie zu ernähren«, erzählte Henri. »Ich kannte keine Ferien oder Wochenenden. Meine Jugend war kein Spaß.«

Aber er war einer der wenigen Winzer in der Champagne, die ein Pferd besaßen. Die meisten anderen Pferde in der Region waren von den Deutschen beschlagnahmt worden. Der einzige Grund, warum die Billiots noch ihre Tiere hatten, war ihr teilweise gelähmter Großvater gewesen. Als die Deutschen kamen, um die Pferde zu beschlagnahmen, hatte sich Großvater Billiot in seinem Rollstuhl vor das Stalltor gestellt und sich strikt geweigert wegzufahren. Mit seinem Stock hatte er dem deutschen Offizier wild vor der Nase herumgefuchtelt und böse gerufen: »Meine Pferde bekommt ihr nicht! Schert euch zum Teufel!« Der Offizier war perplex und meinte nur: »Sie sind einfach *zu* französisch!«, machte mit seinen Leuten auf dem Absatz kehrt und verließ wutschnaubend den Hof, nicht ohne noch die schwere Haustür mit lautem Krachen ins Schloß fallen zu lassen.

Dank des starrsinnigen Großvaters konnte Henri nun seine Arbeitsmittel mit einem Nachbarn zusammenlegen, dem es ebenfalls gelungen war, ein Pferd zu behalten. Zwei Pferde erleichterten die Arbeit im Weinberg tatsächlich enorm. Leider wurden Henris Lebensumstände in anderer Hinsicht sehr viel komplizierter.

Die Deutschen, die in der Nähe eine Einrichtung für die Offiziersausbildung eröffnet hatten, kündigten an, daß sie einen Teil des Hauses der Billiots für die Unterbringung einiger Soldaten konfiszieren wollten.

Zur gleichen Zeit eröffnete Henris Schwester Denise ihrem Bruder, daß sie seit einiger Zeit für die Résistance arbeite. Und nun sei sie gefragt worden, ob Henri vielleicht im *Service des renseignements* mitarbeiten wolle, dem geheimen Informationsdienst der Résistance – mit anderen Worten, ob er Spion werden wolle. Denise berichtete Henri, ihre Vorgesetzten hielten ihn für geeignet, weil er sich bestens in den Weinbergen auskenne und jeden Tag viele Stunden dort zubringe. Damit wäre es ein Leichtes für Henri, das Kommen und Gehen der Deutschen etwas genauer zu beobachten und einmal pro Woche mit dem Fahrrad auf die Hügel der *Montagne de Reims* zu fahren und dort einem Verbindungsmann seine Erkenntnisse weiterzugeben.

Das fand Henri sehr aufregend. Wie viele seiner Freunde wollte auch er sich endlich am Krieg beteiligen und seinem Land irgendwie behilflich sein. Anders als seine Altersgenossen konnte er jedoch aufgrund seiner familiären Verpflichtungen nicht einfach von zu Hause losziehen und sich de Gaulles Truppen anschließen. Da kam der Spionageauftrag gerade recht, und Henri akzeptierte bereitwillig.

Alles ging gut bis zum Dezember 1943. Es herrschte starker Schneefall, und kaum jemand war auf der Straße. Auch Henri konnte weder die Deutschen beobachten noch sich mit seinem Kontaktmann treffen. Die gedrückte Stimmung wurde noch weiter dadurch belastet, daß auf der anderen Seite der Wand zu Henris Schlafzimmer vier deutsche Soldaten wohnten.

Henri wartete auf seine Gelegenheit und versuchte, sich auf die Champagnerherstellung zu konzentrieren. Wie viele andere Winzer hatte er sich schon überlegt, eigenen Champagner herzustellen. Seine Trauben waren ausgezeichnet und hatten immer einen guten Preis erzielt. Warum sollte er es also nicht einmal versuchen?

Doch bevor er mit Experimenten beginnen konnte, kam seine Schwester mit einer neuen Nachricht von der Résistance. »Fahr nach Bouzy«, sagte sie. »Dein Kontaktmann will sich sofort mit dir treffen.«

Trotz der Dunkelheit und des tiefen Schnees nahm Henri sein

Fahrrad und radelte mehrere Kilometer zu der genannten Stelle, ein windiges Stück unbebauten Ackers inmitten eines Weinbergs. Dort warteten schon sein Kontaktmann, ein Lastwagen und ein kleiner Haufen gefüllter Kartoffelsäcke. Daneben standen vier amerikanische Piloten, deren Flugzeuge abgeschossen worden waren. Jeder von ihnen hielt einen leeren Kartoffelsack in der Hand.

Bevor Henri fragen konnte, was hier vor sich ging, wies sein Kontaktmann auf die Amerikaner und meinte: »Die vier hier müssen in die Säcke. Hilf uns beim Aufladen, bevor uns jemand sieht.« Die Piloten kletterten auf die Ladefläche und stiegen mit Henris Hilfe in die Säcke. Dann schichteten Henri und sein Kontaktmann die anderen Kartoffelsäcke über die Männer, bis nichts mehr von ihnen zu sehen war.

Henri sollte nun nach Ambonnay fahren und die vier für zwei Tage verstecken. Dann sollten sie von anderen Résistance-Mitgliedern abgeholt werden, die ihnen bei der Flucht nach Spanien helfen würden.

Henri warf sein Fahrrad auf die Ladefläche und ließ den Motor an. Der Schneefall hatte aufgehört, und es war etwas heller geworden. Der Wagen schlitterte langsam die glatte, abschüssige Straße herunter, vorbei an einem deutschen Feldlager. Das war der gefährlichste Teil der gesamten Fahrt. Wenn Henri irgendwo gestoppt würde, dann hier. Trotz seines unbändigen Verlangens, so schnell wie möglich an den Deutschen vorbeizukommen, wagte er es nicht, schnell zu fahren. Er hielt den Atem an und fuhr ganz normal weiter. Zwei Minuten später konnte er erleichtert aufatmen. Das Lager der Deutschen lag hinter ihm.

Henri fuhr direkt zu seinem Großvater am Rand von Ambonnay und erklärte ihm die Lage. »Es ist nur für ein paar Tage«, meinte er. Sein Großvater war einverstanden, zwei der Amerikaner bei sich zu beherbergen.

Als nächstes fuhr Henri zu einem Café, das einem Freund gehörte. Auch dieser erklärte sich bereit, einen Piloten aufzunehmen und in einem Raum direkt über der Gaststube zu verstecken.

Es war nun schon später Vormittag, und die deutschen Soldaten würden bald auf der Straße sein, doch Henri mußte noch den letzten Piloten unterbringen, einen Bombenschützen namens Edmund Bairstow. Er wendete den Wagen und fuhr direkt nach Hause. Als er ankam, war seine Mutter ebenfalls dort. »Ist jemand von den Deutschen in der Nähe?«, fragte er sie und erklärte ohne viele Worte, daß auf seinem Laster ein amerikanischer Pilot versteckt sei. Die Mutter beruhigte ihn, die Deutschen seien alle weggegangen, und Henri führte Bairstow ins Haus. Zunächst brachte er ihn in sein Schlafzimmer und warnte ihn, ruhig zu sein, denn hinter der Wand hausten deutsche Soldaten. Zuerst verstand der Amerikaner ihn nicht. »Es gab auch in ganz Ambonnay niemanden, der Englisch sprach, und Bairstow konnte kein Französisch«, erinnerte sich Henri. »Deswegen war ich ein wenig besorgt, aber ich dachte, zwei Tage würden wir es schon miteinander aushalten.«

Leider hatten Henris Schwierigkeiten gerade erst angefangen. Zwei Tage später kam jemand von der Résistance vorbei und erklärte, derjenige, der sich um die Amerikaner kümmern sollte, sei von den Deutschen gefangengenommen, gefoltert und in ein Konzentrationslager verschleppt worden. Jetzt sollte sich Henri solange um die Piloten kümmern, bis eine andere Lösung gefunden sei.

Henri hätte sich kaum eine schlechtere Nachricht vorstellen können. Es war undenkbar, einen Amerikaner in seinem Schlafzimmer zu verstecken, solange im gleichen Haus deutsche Soldaten wohnten. Er beschloß, Kontakt mit dem einzigen anderen Mitglied der Résistance aufzunehmen, das er kannte, einem Chirurgen, der ihm vielleicht helfen konnte. Er war jedoch noch nicht dort angekommen, als er von Nachbarn hörte, daß die Gestapo seinen Bekannten abgeholt und erschossen hatte.

Henri war verzweifelt – er befürchtete, die Gestapo sei nun auch schon ihm auf den Fersen und könnte jeden Moment bei ihm zu Hause auftauchen. Zu allem Überfluß wurden die vier Amerikaner immer unruhiger; sie hielten es kaum noch aus, in kleinen Wohnungen praktisch gefangen zu sein und sich mit niemandem unterhalten zu können. Am schlimmsten traf es Ed Bairstow. »Er war unglaublich niedergeschlagen und weinte die ganze Zeit«, erinnerte sich Henri. Bairstow fürchtete, alle Leute in seinem Flugzeug seien ums Leben gekommen, und sehnte sich verzweifelt nach Nachrichten.

Henri spürte, daß er keine Wahl hatte. Mit Hilfe eines Freundes besorgte er Zivilkleidung für die Amerikaner und nahm sie mit in die Stadt, nicht ohne sie zuvor zu warnen, vorsichtig zu sein und in der Öffentlichkeit kein Englisch zu sprechen. Sie hielten sich weitgehend an seine Anweisungen. Gelegentlich erlaubten sie sich einen Drink und ein paar Zigaretten in der Dorfkneipe, während Henris Freund draußen Wache stand. Zu Henris Mißfallen schlich sich manchmal aber auch einer der Amerikaner ins Dorf, um sich dort ein Fußballspiel anzuschauen. Ein anderes Mal überredeten die Piloten Henri, vor seinem Haus ein Foto von ihnen zu machen. Sie posierten gemeinsam und gaben sich alle Mühe, wie Franzosen auszusehen. Henri beruhigte das nicht.

Eines Nachts beschloß er, es sei am sichersten, die Männer zu sich nach Hause zum Kartenspielen einzuladen. Die Deutschen sollten an diesem Abend nicht da sein. Alles ging glatt, bis plötzlich Henris Schwester Denise hereingerannt kam. »Sie müssen weg!«, rief sie aufgelöst. »Die Deutschen kommen zurück!« Henri machte den Amerikanern ein Zeichen, sie sollten ihm folgen. Denises Zustand ließ keinen Zweifel, daß etwas nicht in Ordnung war. Henri führte die vier über den Hof zu seinem Weinkeller. Dann hastete er zurück in die Wohnung.

Fast im gleichen Moment tauchte eine Gruppe Soldaten auf und näherte sich dem Haus. Es war März, und die Alliierten hatten gerade ihre ersten Bombenflüge bei Tageslicht über Berlin durchgeführt.

Die Deutschen erklärten Billiot, daß Hitler demnächst eine Radioansprache halten würde, die sie mit Henris Rundfunkgerät anhören wollten. Henri verlor schon den Mut. Wer wußte, wie lange der Führer reden würde? Wie lange konnten es die Amerikaner in dem dunklen, kalten Keller aushalten?

Merkwürdigerweise hatte seine Schwester ein heiteres Lächeln aufgesetzt. »Ich bin gleich zurück«, meinte sie.

Die Deutschen, etwa ein Dutzend Leute, setzten sich um den Rundfunkapparat und versuchten, den Sender einzustellen. Doch aus dem Lautsprecher drangen nur Rauschen und merkwürdige Geräusche. Ein paar Minuten später kam Denise zurück und zwinkerte Henri verschwörerisch zu.

Die Deutschen waren ratlos. Sie empfingen überhaupt keinen Sender. Henri stand ebenfalls vor einem Rätsel, hatte er doch gerade eine Stunde vorher eine Sendung gehört. Einer der Soldaten, ein Fernmeldespezialist, untersuchte das Gerät. »Ich kann nichts finden; das Radio ist nicht kaputt«, meinte er.

Ungeduldig schauten die anderen auf ihre Armbanduhren. Die Rede sollte bald beginnen. Noch ein letzter Versuch, und die Deutschen gaben entnervt auf. Sie wollten woanders hingehen, um die Rede zu hören. Als sie den Raum verließen, hörte Henri einen von ihnen sagen: »Was soll's?! Der Führer ist ohnehin verrückt geworden.«

»Ich kann mir das gar nicht erklären«, meinte Henri zu seiner Schwester. »Noch vor ein paar Minuten hat das Ding einwandfrei funktioniert.«

»Stimmt«, antwortete sie. »Aber das war, bevor ich dieses Bauteil aus dem Stromzähler entfernt habe«, und zeigte ihm ein Stück Blei. »In der Résistance lernt man so manches …«

Am nächsten Tag ging er in das Café und vertraute seinem Freund an, daß es so nicht mehr weitergehen könne. Er müsse sich endlich wieder um seinen Weinberg kümmern, und die Amerikaner seien ja nun schon einen ganzen Monat hier. Der Freund antwortete, er habe von einem gewissen Monsieur Joly aus Paris gehört, der für die Résistance arbeite und möglicherweise helfen könne.

Henri und sein Freund schwangen sich auf ihre Fahrräder und fuhren zum etwa 30 Kilometer entfernten Haus Jolys. Als sie angekommen waren und ihr Anliegen vorgebracht hatten, sagte Joly, er wisse von nichts. Er ließ sie nicht einmal eintreten und schlug ihnen die Tür vor der Nase zu.

Die beiden hatten sich schon auf den Rückweg gemacht, als ein Mann aus Jolys Haus kam und ihnen nachlief. Er holte sie ein und berichtete ihnen außer Atem: »Er wird heute Abend zu euch kommen.«

Doch das Treffen verlief ebenfalls ergebnislos. Joly zeigte sich nicht kooperationsbereit. Henri und sein Freund waren völlig niedergeschlagen – sie hatten den weiten Weg umsonst gemacht und mußten den Heimweg sogar noch während der Ausgangssperre antreten.

Immerhin klopfte ein paar Tage später ein Bahnarbeiter an Henris Tür und erklärte, er sei gekommen, um die Amerikaner abzuholen. Insgesamt waren sie 42 Tage in Ambonnay gewesen.

Nachdem die Gäste alle gegangen waren, ging Henri in sein Schlafzimmer zurück. Auf seinem Kopfkissen fand er zwei Geldscheine zu hundert Francs. Auf dem einen stand eine handschriftliche Nachricht: »Lieber Henri! Ich verdanke Ihnen mehr, als ich sagen kann. Möge Ihre Zukunft so leuchtend sein wie die Tage, die ich mit Ihnen verbringen durfte.«

Die Zeilen waren unterschrieben mit Edmund N. Bairstow.

SIEBEN

DAS FEST

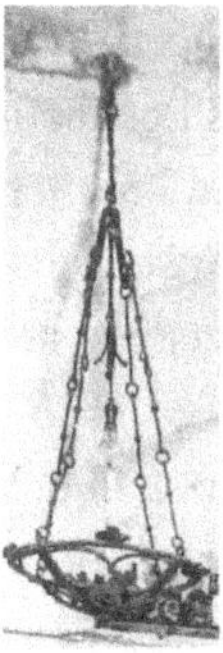

Gaston Huet war speiübel. Er hätte sich übergeben, wenn nur etwas in seinem Magen gewesen wäre.

Aus dem Blechnapf, der vor ihm stand, schaute ihn mit großen Augen eine riesige Wanze an. Huet hätte den Napf am liebsten fortgestoßen, besann sich dann aber eines Besseren. Statt dessen fischte er das Insekt mit seinem Löffel aus der milchigen Flüssigkeit und schnippte es auf den Fußboden. Dann schloß er die Augen und trank die Suppe aus.

Was hätte er gegeben für ein saftiges *poulet rôti* oder *rillettes de porc*, ein Brathähnchen oder Grieben in Schweineschmalz, und dazu eine Flasche seines eigenen süßen Vouvray! Doch nach über drei Jahren in einem deutschen Kriegsgefangenenlager war selbst eine solche Phantasie kaum zu ertragen.

Seit dem 17. Juni 1940, als sich nach seiner Gefangennahme bei Calais die Tore des Lagers *Oflag IV D* in Schlesien hinter ihm geschlossen hatten, war das Leben für den Winzer aus Vouvray immer schwieriger geworden. Bei seiner Ankunft wog er 72 Kilo; jetzt waren es noch 48.

Nicht besser ging es den anderen 4000 Gefangenen, die in 20 Betonbaracken untergebracht waren, zwei Reihen zu je zehn Gebäuden und dazwischen ein schmaler, staubiger Weg, den die Insassen »Hitlerstraße« nannten. Das ganze Gelände war mit Stacheldraht umzäunt und von mehreren Wachtürmen umgeben.

In der Mitte jedes der Gebäude befand sich eine Reihe von Becken aus Beton. Zu beiden Seiten erstreckten sich lange Reihen von dreistöckigen Bettgestellen. Die Matratzen waren mit Hobelspänen gefüllt, und außer einer Decke pro Bett gab es nichts. Die Fenster hatten keine Scheiben, auf dem Fußboden nichts als der nackte Beton. Am Tag vor Huets Ankunft hatten die Deutschen eine Rolle Toilettenpapier pro Baracke verteilt – bei 180 Mann gerade einmal ein Blatt pro Person.

Oflag IV D – die Abkürzung stand für »Offizierslager«. Gemäß der Genfer Konvention durften gefangengenommene Offiziere »nicht schlechter« ernährt und untergebracht werden als die der Armee, die sie gefangengenommen hatte. Sie hatten das Recht auf Religionsausübung, waren von Schwerarbeit befreit und konnten mit Familien und Freunden Kontakt aufnehmen. Auf Ausbruchsversuche durfte keine härtere Strafe als ein Monat Einzelhaft stehen.

So schlimm die Offizierslager auch waren, waren sie dennoch weit besser als die Kriegsgefangenenlager für die einfachen Soldaten und überhaupt nicht zu vergleichen mit den Konzentrationslagern, in die Juden, Slawen, Sinti und Roma sowie andere Gruppen – von den Nazis pauschal als »Untermenschen« diffamiert – geworfen wurden. Nach einer Befragung bei der Einlieferung hatte ein kriegsgefangener Offizier weiter nichts mehr zu tun, als das Ende des Krieges abzuwarten. Nun war endlose Langeweile ihr größter Feind und ständiger Hunger der zweite. Fast immer kreisten die Gedanken ums Essen.

Eines Morgens erwachte Gaston Huet wieder einmal mit einem geradezu unerträglichen Gedanken an das »Frühstück«: »Schon wieder ›Panzermilch‹!« Das war eine Art verdünnte Sojamilch, die die Gefangenen Morgen für Morgen mit einem kleinen Stück Brot erhielten. Auch das Mittagessen würde nicht besser ausfallen; eine dünne Suppe, vielleicht mit einer geriebenen Kartoffel. Am Abend würde es dann eine Art »Pastete« geben, kleingehackte Fleischstückchen unbekannter Herkunft, die von viel Fett zusammengehalten wurden.

Eine der wenigen Unterbrechungen in der Monotonie ihres Alltags war es, wenn ein deutscher Wachmann kurz vor Mittag hereinkam und für einige Gefangene Post hatte. Obwohl das Kriegsrecht forderte, daß Offiziere Briefwechsel mit ihren Angehörigen führen durften, wurden diese Bestimmungen oft nicht eingehalten. Erst seit wenigen Wochen waren überhaupt Postsendungen – natürlich zensiert – im *Oflag IV D* eingetroffen. Diesmal waren mehrere Päckchen darunter, alle geöffnet und von den deutschen Behörden kontrolliert.

Huet strahlte, als sein Name genannt wurde. Er hatte einen Brief und ein Päckchen von seiner Frau bekommen. Er steckte den Brief in seine Jackentasche – und hob sich damit das Beste für zuletzt auf – und öffnete das Päckchen. Darin waren drei Eier, verpackt in Mehl, damit sie nicht während des Transports zerbrachen. Eier und Mehl waren bei den Kriegsgefangenen außerordentlich geschätzt, weil sie so vielseitig zum Strecken ihrer mageren Lebensmittelrationen verwendet werden konnten. Huet kontrollierte das Mehl sorgfältig mit seinen Fingern, um nichts zu übersehen, was eventuell noch darin hätte verborgen sein können, etwa ein Stück Seife oder ein Suppenwürfel. Besonders auf letztere hatten die Deutschen ein wachsames Auge, nachdem sie entdeckt hatten, daß mehrere Gefangene geheime Botschaften auf der Innenseite des Einwickelpapiers der kleinen Würfel erhalten sollten.

Gaston fand nichts mehr im Mehl und verstaute die Eier in einem abschließbaren Verschlag. Dann zog er sich auf seine Pritsche zurück, um den Brief zu lesen. »*Mein geliebter Mann* …«, begann der Brief, und Gaston fand sich in eine andere Welt entrückt, in die Heimat, zu seiner Familie und seinen Freunden. Er kostete jedes einzelne Wort aus und malte sich bis in jede Einzelheit aus, wie seine Tochter nun gewachsen war, wie sie nun aussehen mochte. Er hatte sie zuletzt an ihrem ersten Geburtstag gesehen. Ihre ersten Schritte, ihre ersten Worte hatte er nicht miterlebt. Bald würde sie nun vier sein, und er würde schon wieder einen Geburtstag verpassen.

Nachrichten über den Zustand des Weinbergs ließen sein Heimweh noch schmerzlicher werden. Kurz vor seiner Einberufung 1938 hatte er die volle Verantwortung für die Lage *Le haut lieu* übernommen, weil sich die aufgrund von Spätfolgen des Ersten Weltkriegs bereits geschwächte Gesundheit seines Vaters weiter verschlechtert hatte. »Es ist arg mühselig, aber die Reben sind in gutem Zustand«, schrieb Gastons Frau. Zwischen Stellen, die vom Zensor geschwärzt worden waren, erfuhr Huet, daß es in Vouvray geregnet hatte. Auch die Wörter *mauvaises herbes*, Unkraut, waren stehengeblieben. Wenn durch die Streichungen des Zensors auch einige Worte seiner Frau ausgelöscht waren, konnte sich Huet doch lebhaft vorstellen, wie sein Weinberg jetzt aussah. Es war Frühsommer, und er wußte, daß die Trauben jetzt noch grün und winzig waren, aber wenn es nicht allzusehr regnete, konnte es noch ein ordentlicher Jahrgang werden. Er sehnte sich danach, zur Weinlese zu Hause zu sein, aber er wußte, daß das unmöglich war.

Gaston steckte den Brief in seine Jackentasche und machte sich auf die Suche nach seinem Freund Daniel Senard. Er fand ihn auf seiner Pritsche liegen. »Neuigkeiten von zu Hause?«, fragte Huet. Senard, ein Winzer aus Aloxe-Corton im Burgund, schüttelte den Kopf. Er hatte keine Post bekommen. Aus früheren Briefen wußte er aber, daß deutsche Soldaten seine Wohnung besetzt, seinen Weinkeller geplündert und sogar einen Teil der wertvollen Möbel verheizt hatten. Huet erzählte Senard von seinen Neuigkeiten. Bald wandte sich ihr Gespräch Problemen zu, die Winzer in allen Teilen Frankreichs betrafen. Auch die anderen *vignerons* saßen nun um sie herum.

Die meisten der eineinhalb Millionen französischer Kriegsgefangener, die in deutschen Lagern festgehalten wurden, stammten aus ländlichen Gegenden. Viele von ihnen, darunter auch Hunderte Insassen des *Oflag IV D*, hatten direkt oder indirekt mit dem Weinbau zu tun. Um die endlos langen, ereignislosen Tage zu überstehen, hatten die Insassen von *Oflag IV D* sich zu Gruppen zusammengefunden, die Informationen über ihre Weinberge und spezielle Arbeitstechniken austauschten.

Bei einem dieser Gruppentreffen hatte Huet eine Idee, die sofort alle in den Bann schlug. »Machen wir doch ein Weinfest!«, schlug er vor. Zuerst war es ganz still, doch dann brach ein lebhaftes Gemurmel los. Schließlich stellte jemand die nächstliegende, aber entscheidende Frage: Wie sollte man ein Weinfest feiern ohne Wein? Auch Huet mußte zugeben, daß er darauf noch keine konkrete Antwort hatte. »Aber laßt mich einmal überlegen.«

Später erklärte er seinen Plan Senard und einem anderen befreundeten Winzer, André Cazes, Eigentümer von Château Lynch-Bages im Bordelais. »Um es mit einem Wort zu sagen:«, meinte Gaston, »Erpressung!«

Er hatte von einigen arbeitenden Gefangenen erfahren, daß in einem nahegelegenen Lager für Kriminelle entgegen den Bestimmungen Wein und Schnaps zirkulierten. »Laßt uns damit drohen, daß wir das verraten«, schlug Huet vor. »Ihr wißt so gut wie ich, daß der Lagerleiter eine Heidenangst vor der Gestapo hat. Vielleicht läßt er uns etwas Wein für uns selbst ins Lager, wenn wir ihm versprechen, stillzuhalten.« Senard und Cazes hielten die Sache für einen Versuch wert.

Ein paar Tage später konfrontierten die Gefangenen den Lagerleiter mit ihrem Wissen. Dieser reagierte nervos. »Woher haben Sie diese Information? Sagen Sie um Gottes Willen niemandem etwas davon!« Huet antwortete ihm, er könne sich auf ihr Schweigen verlassen, aber das habe seinen Preis. Dann präsentierte er seinen Vorschlag.

Zunächst lehnte der Lagerleiter ab, aber letztlich wollte er unter allen Umständen Aufsehen vermeiden und niemanden auf sich selbst aufmerksam machen.

»In Ordnung. Sie können den Wein haben«, willigte er ein. »Aber keinen Schritt weiter. Und sie müssen dafür Ihre *tickets colis* aufbrauchen.«

Die französischen Kriegsgefangenen erhielten monatlich eine

solche Paketmarke, damit sie sich von zu Hause Lebensmittel und andere Waren schicken lassen konnten. Die Marke mußte auf das Paket geklebt werden, und die Sendung durfte nicht schwerer als fünf Kilo sein. Doch es gab keine Garantie, daß die Deutschen die Pakete auch ausliefern würden; zumindest wurde jede Sendung geöffnet und kontrolliert.

Huet und seine Freunde waren völlig aus dem Häuschen und rannten aus dem Haus der Lagerleitung wie kleine Schuljungen, denen man einen Ausflug angekündigt hat. »Es hat geklappt«, beglückwünschten sie einander. »Wir kriegen unseren Wein!« Sie eilten zurück in ihre Baracken und begannen sofort mit der Planung.

Die Neuigkeit verbreitete sich in Windeseile, noch schneller als später die Nachricht von der Befreiung. »Ist das wahr?«, fragten die anderen Gefangenen. Viele waren skeptisch und hielten das Ganze für einen Scherz. Doch am Ende des Tages gab es nur noch die Frage: »Können wir helfen?«

Huet ernannte ein Komitee, in dem aus jeder Weinbauregion jemand vertreten war. Man errechnete, daß man 700 Flaschen Wein brauchen würde, damit jeder ein Glas bekommen konnte. Das Fest sollte im Herbst 1942 stattfinden, so daß es mit der Weinlese zu Hause zusammenfiel.

Es war keine Überraschung, daß die Vorbereitungen jetzt alle völlig in Anspruch nahmen. Zuvor war die Langeweile ihr größter Feind gewesen, doch jetzt galt es, ein Fest vorzubereiten! Huet und die anderen Mitglieder des Festkomitees waren nun den ganzen Tag zugange. Zuerst ließen sie wissen, jeder Gefangene mit Beziehungen zum Weinbau solle drei Flaschen Wein von zu Hause bestellen. Nach sorgfältigen Berechnungen waren sie sich sicher, daß drei Flaschen pro Paket insgesamt nicht über die von den Deutschen auf Geschenksendungen verfügte Gewichtsgrenze von fünf Kilogramm kamen.

Als die ersten Weinsendungen im Spätsommer ankamen, brach eine euphorische Stimmung aus. »Es scheint wirklich zu funktionieren«, waren die Gefangenen jetzt überzeugt. Und damit fingen die Schwierigkeiten an.

Die erste Ernüchterung wurde ausgerechnet von zu viel Champagner verursacht. Damals wurde Champagner meist noch in 0,8-Liter-Flaschen abgefüllt, die 50 Milliliter mehr als gewöhnliche Weinflaschen enthielten. Das bedeutete, daß alle Pakete mit Champagnerflaschen die Gewichtsgrenze von fünf Kilo leicht überschritten. Der Lagerleiter hatte versprochen, keines der Pakete würde geöffnet, solange es den Vorschriften entspreche. Bei den Paketen mit Champagnerflaschen war dies nicht der Fall, und übereifrige Wachmänner kassierten sie ein.

Huet mußte die schlechte Nachricht überbringen. »Wir haben den meisten Champagner verloren«, berichtete er den anderen Gefangenen. »Die Deutschen haben die Pakete beschlagnahmt und die Flaschen wahrscheinlich selbst getrunken.« Dann erklärte er, daß ohne Champagner nicht genug Wein für alle da sei und daß deshalb das Fest um einige Monate verschoben werden sollte.

Diese Nachricht traf die Männer wie ein Schock. Einen Moment herrschte Stille, als sich alle über die Bedeutung seiner Worte klarwurden. Alle Paketmarken verloren. Doch damit nicht genug.

»Dieses Fest bedeutete uns alles,« erinnerte sich Huet viele Jahre später, »und plötzlich schien es so, als wurde uns das alles weggenommen«.

Zu diesem Gefühl eines Verlustes kamen noch schlechte Nachrichten von zu Hause. Die deutsche Wehrmacht hatte die Demarkationslinie überschritten und das gesamte Land unter Besatzungsstatut gestellt. Post von den Familien, die auch vorher schon bestenfalls unregelmäßig kam, traf jetzt nur noch sporadisch ein. Die Stimmung unter den Gefangenen sank, und Zorn und Wut machten sich breit. Vor jedem Wachmann rissen sie den Arm hoch und schrien voller Spott »Heil Hitler!«. Sie errichteten eine *tombe d'Adolf*, »Adolfs Grab«, wo sie eine beißend-sarkastische Totenfeier veranstalteten. Die Lagerleitung fürchtete eine Zuspitzung der

Situation und ließ Hunderte Gefangene unter dem Vorwurf »antideutscher Äußerungen« in Einzelhaft sperren.

Auch Huet war beunruhigt. Er rief sein Festkomitee zusammen und erklärte: »In unser aller Interesse müssen wir unser Fest weiter planen. Selbst wenn wir nicht soviel Wein haben wie vorgesehen, müssen wir es machen. Legen wir einen Termin fest und halten uns daran.« Sie entschieden sich für den 24. Januar, den Namenstag des Heiligen Vinzenz, Schutzpatron der französischen Winzer.

Das war eine glückliche Wahl, denn inzwischen hatte in Deutschland der Winter mit aller Härte eingesetzt. Es schneite stark, und die Temperaturen sanken weit unter den Gefrierpunkt, doch kaum jemand nahm Notiz davon. Jeder war wie besessen mit den Vorbereitungen für das große Fest beschäftigt. Alle wollten sich daran beteiligen. Künstler entwarfen Plakate und Landkarten der verschiedenen Weinregionen. Eine Theatergruppe übte Sketche über Wein ein und wollte sogar Kostüme herstellen. Ein Priester, der einen Lagerchor leitete, erklärte, sie würden nun ihre geistlichen Lieder vergessen und statt dessen Trinklieder einstudieren.

Als Huet mit der genaueren Programmplanung begann, wurde er von einem Vertreter der Zimmerleute angesprochen. »Wie wäre es mit einer Weinpresse? Wir könnten ein Modell herstellen«, bot dieser an. Huet war von der Idee begeistert, aber fragte sich, ob das nicht etwas zu kompliziert sei. Und wo sollten sie das Holz hernehmen? Der Zimmermann meinte, das sei kein Problem und Huet könne ihm einen großen Gefallen tun, wenn er ihn und seine Kollegen die Presse bauen ließe. Huet fand bald heraus, daß die Gruppe aus fünf Leuten bestand, die einen Fluchtversuch vorbereiteten. Sie waren damit beschäftigt, einen Tunnel zu graben und nutzten Bretter ihrer Pritschen zum Abstützen der Tunnelwände. Die Weinpresse, so der Zimmermann, könnte dabei helfen, mißtrauische Wachen zu beruhigen, die sich über das Verschwinden der Bettplanken wundern könnten. Außerdem würde der Lärm beim Faßbauen die Tunnelbaugeräusche übertönen.

Huet fand die Idee originell, sie überraschte ihn nicht. Es hatte schon viele Fluchtversuche aus dem *Oflag IV D* gegeben, einige sogar mit Erfolg. Ein Gefangener schrieb in eine Art Tagebuch: »Es werden so viele Tunnel gegraben, daß man sich wie auf einem Ameisenhaufen vorkommt.« Beim spektakulärsten Fluchtversuch gruben sich 150 Offiziere von den Latrinen bis zu einem Wald außerhalb des Lagers, nicht ohne vorher mit den anderen Gefangenen abgesprochen zu haben, daß man einen Teil der Latrinen bis zum Abschluß der Flucht nicht benutzte.

An Flucht dachte Huet nie ernsthaft. Wie viele Kriegsgefangene hatte auch er Angst davor, was die Deutschen seiner Familie antun könnten. Wer einen Fluchtversuch wagte, war gewöhnlich unverheiratet und hatte keine Kinder.

Das Angebot des Zimmermanns aber interessierte ihn. Er zuckte mit den Schultern: »Warum nicht? Nur zu, baut diese Presse«, meinte er.

Inzwischen hatte sich Huets ursprünglich geplante einmalige Weinprobe zu einem zweiwöchigen Feuerwerk von Aktivitäten mit Ausstellungen und Seminaren zum Ruhm der Weine Frankreichs ausgeweitet. Ein von den Winzern des Lagers verteiltes Faltblatt verkündete:

> *Laßt uns von der Sonne und dem frischen Wind singen, der durch die Weinberge streicht. Laßt uns davon singen, was das Auge hinter dem Stacheldraht und den Mauern dieses Lagers nicht sehen kann und was man sich hier in dieser trockenen, unfruchtbaren Ebene Schlesiens gar nicht erst vorstellen kann. Wir wollen unseren von drei Jahren Wasser und Brot ausgelaugten Mägen vom Wein singen. Unser Fest soll sein wie eine in Schönheit und Großzügigkeit gewachsene, gereifte und geerntete Rebe.*

Einige Tage vor dem großen Fest wurden die über 4000 Kriegsgefangenen des Lagers *Oflag IV D* gefragt, welchen Wein sie am liebsten trinken würden. Burgunder? Bordeaux? Oder vielleicht einen lieblichen *Val de Loire*? Nun hatten sie die Qual der Wahl, und sehr bald tauschten die Kriegsgefangenen Geschichten aus, welche Weine sie schon getrunken hatten, und fachsimpelten über die besten Jahrgänge und darüber, in welcher Region Frankreichs die besten Weine wuchsen. Alle waren aufgefordert worden, insgesamt drei Alternativen zu nennen für den Fall, daß der Wein ihrer ersten Wahl nicht mehr vorhanden war.

Inzwischen gingen Huet und die anderen Mitglieder des Organisationskomitees in den verschlossenen Lagerraum und fingen an, die Weinflaschen zu zählen. Das Resultat enttäuschte sie etwas. Insgesamt waren nur 600 Flaschen zusammengekommen, 100 weniger, als sie sich erhofft hatten. »Das heißt, eine Flasche muß nun für sieben Leute reichen«, rechnete Huet den anderen vor. »Das wird ein ziemlich kleines Glas voll.«

Am 24. Januar war alles fertig zur Eröffnung der *Quinzaine des vins de France* – wie es der Name schon andeutete, sollte das Fest nunmehr ganze zwei Wochen (fünfzehn Tage) dauern. Während *vignerons* die Funktionsweise der neugebauten Weinpresse demonstrierten, wurden bunte Plakate zum Ruhm des Weines an den Wänden der Baracken aufgehängt. Eine Schauspielertruppe, gekleidet in Papierkostüme, probte ein letztes Mal ihren Auftritt. Der Lagerchor wärmte sich mit Tonleitern und ein paar Strophen eines Trinkliedes auf, das er einstudiert hatte: »Lebt wohl, ihr Körbe, die Lese ist vorbei …«

Inmitten all dieser Aktivitäten bereiteten sich die fünf Tunnelbauer auf ihre Flucht vor. Dank einer kurzen Periode mit ungewöhnlich mildem Wetter konnten sie ihren Tunnel früher als geplant fertigstellen. Während einige Mitgefangene am Fenster Wache standen, schoben die fünf eines der Betten zur Seite und schlüpften durch den Tunneleingang in die Tiefe. Auf ihrem Weg durch den 110 Meter langen Tunnel griff jeder von ihnen nach einem kleinen Päckchen mit neuer Kleidung. Nach ihrem Ausstieg verkleideten sie sich im Schutz der Bäume: Es waren selbstgemachte deutsche Uniformen aus der Pappe, in der die Weinflaschen verpackt gewesen waren. Drinnen im Lager vergewisserten sich andere Gefangene ein letztes Mal am Fenster, ob keine Deutschen in der Nähe waren, und rückten dann das Bettgestell wieder an seinen alten Platz.

Als der Abend kam, konzentrierten sich alle nur noch auf den so sehnsüchtig erwarteten Augenblick. Ein freudig erregter Gaston Huet, nahezu überwältigt von Rührung und Erleichterung, rief die Mitglieder seines Festkomitees zusammen und hielt eine letzte, sehr kurze Ansprache: »Es ist soweit«, sagte er einfach.

Das Fest fand in der sogenannten *Halle d'information* statt – so hatten sie die Baracke genannt, in der die ersten Pläne für diese Soirée gereift waren. Weil der Raum begrenzt war – in dem Gebäude hatten nur 235 Personen Platz –, wurde beschlossen, die Zeremonie siebzehnmal im Laufe mehrerer Tage abzuhalten, damit alle Gefangenen daran teilnehmen konnten.

Bei der ersten Vorstellung herrschte eine geradezu surreale Atmosphäre. Viele Gefangene schienen kaum glauben zu können, was sich hier ereignete. Jeder Teilnehmer fand auf seinem Stuhl eine mit Schreibmaschine geschriebene Grußbotschaft:

> *Dieser Abend soll uns die Gelegenheit geben, uns an einen der reichsten Schätze Frankreichs zugleich zu erinnern und ihn zu rühmen, unseren Wein, und das Elend etwas erleichtern, in dem wir jetzt schon so lange leben müssen. Ein Fest zur Ehre des Weines? Nein, nicht ganz. Es ist auch ein Fest, um uns selbst zu feiern und unser Überleben. Mit diesem kleinen Glas Wein, das wir heute abend hier gemeinsam trinken, werden wir nicht nur eine seltene Frucht kosten, sondern auch die Freude eines befriedigten Herzens genießen.*

Die »seltene Frucht« sollte allerdings erst später kommen. Zuerst kündigte einer der Redner an, er wolle einige Mißverständnisse ausräumen. »Einige von euch nehmen an, daß es kein schöneres

Geräusch in dieser Welt gibt als das eines knallenden Champagnerkorkens«, sagte er. »Das ist aber nicht richtig. Champagner soll nicht mit einem Knall geöffnet werden, sondern mit einem Flüstern.« Anderenfalls, so warnte er, könne die Kohlensäure vorzeitig entweichen – und das Ergebnis sei »zwar spektakulär, aber gewöhnlich eine große Sauerei«.

Nun nahm er eine leere Champagnerflasche zur Hand, die eigens zu diesem Zweck präpariert worden war, und erklärte den Anwesenden, wie Champagner geöffnet werden müsse. Gedankenverloren betrachtete das Auditorium, wie der Redner sorgfältig die Bleikapsel entfernte, den Draht löste, während er gleichzeitig den Korken festhielt und dann den Korken vorsichtig hin- und herdrehte. »Denkt daran,« erinnerte er seine Zuhörer noch einmal, »immer nur ein Flüstern«.

Auch unter den Zuhörern war zunächst nur ein Flüstern zu vernehmen – bald jedoch prusteten die ersten los vor Lachen: Der Korken rührte sich keinen Millimeter. Dem Redner war klar, daß es aus dieser Situation kein Entrinnen gab. Er klemmte die Flasche zwischen seine Knie, griff den Flaschenhals mit seiner Linken und zog mit der anderen Hand mit aller Kraft am Korken. Der herausspringende Korken verursachte ein Geräusch wie ein Pistolenschuß. Wäre die Flasche nicht leer gewesen, hätte man Handtücher an die Anwesenden verteilen müssen. Verdattert meinte der Redner schließlich: »Nun ja, jetzt kennt ihr wenigstens das Prinzip.«

Lachen und Applaus nahmen noch weiter zu, als die Theatergruppe auftrat und mit einer Aufführung von Sketchen begann, in denen sie das Leben im Weinberg nachspielten. Das Gelächter war derart laut, daß die deutschen Wachen neugierig vorbeikamen um nachzusehen, was hier vor sich ging. Glücklicherweise sprachen diese nicht genug Französisch, um den Slang und die Dialektausdrücke zu verstehen, mit denen die Sketche gespickt waren, denn in den Szenen wurde nicht zimperlich mit den Deutschen umgegangen. Die Wachen schüttelten meist nur den Kopf und gingen wieder weg.

Der wahre Star des Abends, der Wein, wurde schließlich während einer Pause ausgegeben, nicht jedoch ohne ein paar einführende und lobende Worte.

»Singen und Lachen – das ist französische Lebensart!«, meinte ein Redner.

Ein anderer meinte zu den Anwesenden: »Viele von euch kommen nicht aus Weinbaugegenden, deshalb wollen wir euch heute abend die gesamte Schönheit und Reinheit des Weines nahebringen.« Dann begann er mit einem Loblied auf die verschiedenen Weinbauregionen Frankreichs. »Wir sind stolz auf jede dieser Regionen«, sagte er. »Heute abend reisen wir mit Rabelais ans Ufer der Loire, wir besuchen die *chais* von Bordeaux und Cognac, sonnen uns in den Wogen von Licht, die die Hügel des Languedoc und Roussillon überfluten und den blauen Himmel der Provence, wir genießen die Freuden des Burgund, Königreich der *tastevins*, wandern durch die Champagne, das Land des Dom Perignon, und über die Hügel des Jurançon. Wir kommen sogar bis nach Suresnes, das bei keiner Weinreise fehlen soll …«

Gaston Huet jedoch hatte nicht vergessen, worauf jeder eigentlich wartete, und drängte auf die Bühne. »Das reicht«, meinte er. »Es ist eine schöne Sache, über Wein zu reden, aber es ist doch so viel besser, ihn zu trinken!«

Mit diesen Worten, die fast völlig in Trinksprüchen untergingen, wurden Tische aufgestellt und die Flaschen aufgetragen, je eine für sieben Mann. Jeder hatte sein eigenes Glas mitbringen müssen; die meisten hatten kleine Gläser, in denen ihnen von zu Hause Senf geschickt worden war. Huet drängte die Männer, schnell ihren Tisch zu finden, wo der Wein stand, den sie zuvor gewählt hatten. »Wir haben versucht, so korrekt wie möglich vorzugehen«, erklärte Huet. »Die Weine, die gekühlt getrunken werden sollen, haben wir draußen stehen gelassen. Die anderen, die bei Raumtemperatur serviert werden sollen, stehen bereits seit einigen Stunden hier drinnen.«

Angesichts der sehr geringen Menge, die für jeden zur Verfügung stand, ermahnte Huet die Männer jedoch, nicht zu hastig zu trinken. »Laßt euch Zeit, um wirklich schätzen zu können, was ihr hier vor euch in euren Gläsern habt«, sagte er. »Bewundert es, bevor ihr es an eure Lippen führt, dieses Senfglas voller Nektar, und nehmt euch Zeit, euch daran zu erinnern, daß heute abend nichts anderes unser Ziel ist, als einen unserer größten Schätze zu verehren.«

Für einen Moment war es, als säßen die Kriegsgefangenen in einer Kathedrale. Es herrschte tiefe, geradezu ehrfürchtige Stille.

Und dann wurde spontan ein Trinkspruch ausgebracht. »Ich weiß nicht, ob ich jemals zuvor so bewegt war«, erzählte uns Huet.

Sobald jeder den Wein in seinem Glas hatte und die Fröhlichkeit einem ersten Höhepunkt zutrieb, kamen der Priester und sein Chor an die Reihe, die die Gefangenen zu weiteren Trinkliedern anregten und zu einigen melancholischen Weisen aus Frankreich.

Huet zog sich in eine Ecke des Raums zurück, um sein kleines Senfglas Wein zu genießen. Er seufzte voller Befriedigung. Es war ein trockener Weißwein aus dem Loiretal, nicht von seinem eigenen Weingut, aber doch mit dem Aroma seiner Heimat. Er betrachtete versonnen die grün-goldene Farbe des Weins, atmete dann tief das Aroma ein, sein blumiges Bouquet mit Anklängen an Zitrone, Pfirsich, Apfel und Honig.

Als er das Glas an die Lippen führte, gewann der Winzer in ihm die Oberhand. »Hmmm, ein wenig säuerlich«, dachte er. »Grün, und der Abgang ist schwach. Ich bezweifle, daß die Chenin-Blanc-Trauben wirklich voll ausgereift waren.«

Aber diese Analyse beschäftigte ihn nur wenige Sekunden, als dann doch wieder der Weinliebhaber Huet zum Vorschein kam, und die Düfte und Aromen des Weins ihn umwoben.

Jahre später erinnerte sich Huet immer wieder an diesen Augenblick und an all die Arbeit, die für die Planung und Organisation notwendig gewesen waren. »Diese Aktion rettete uns auch unseren Verstand«, erklärte er. »Ich weiß nicht, was wir ohne dieses

Fest gemacht hätten. Wir hatten etwas, woran wir uns halten konnten. Wir hatten einen Grund, morgens aufzustehen und jeden einzelnen Tag durchzustehen. Über Wein zu reden und ihn dann sogar noch zu teilen ließ unser Zuhause näherrücken, und wir fühlten uns lebendiger.«

Huet erinnerte sich nicht mehr genau, was für einen Wein er damals trank, oder welchen Jahrgang. »Es war nichts Besonderes, und außerdem nur ein Fingerhut voll«, sagte er. »Aber es war großartig, und der beste Wein, den ich jemals getrunken habe.«[127]

»Der beste Wein, den ich jemals getrunken habe? Hmm. Laß mich darüber nachdenken.«

Roger Ribaud lag ausgestreckt auf seiner Pritsche im *Stalag 17 A*, einem deutschen Kriegsgefangenenlager in der Nähe von Edelbach in Österreich. Es war Weihnachten 1940, einer der ganz seltenen arbeitsfreien Tage in der ansonsten endlosen Lagerarbeit, und er und seine Mitgefangenen konnten nur an zu Hause denken und an das, was ihnen jetzt so sehr fehlte.

»Wir hatten einen großartigen Bordeaux letzte Weihnachten zum Truthahn«, erzählte er seinem Freund, der auf dem anderen Ende der Pritsche saß. »Es war ein '37er Échézeaux, hell, aber sehr voll. Aber der beste überhaupt? Nein, ich glaube nicht. Da gab es einen ...« Und so nahm das Gespräch seinen Lauf, als die beiden Männer noch weiter über die Weine sinnierten, die sie einmal getrunken hatten, und über die jeweiligen Anlässe.

»Das ist genau der Punkt«, meinte Ribaud. »Es hängt vollkommen davon ab, mit wem du sie trinkst und zu welchen Speisen. Hattest du noch nie mit einer ganz besonderen Frau einen billigen Rosé getrunken und gedacht: Klasse!?«

Nachdem sein Freund wieder gegangen war, blieb Ribaud auf seiner Pritsche liegen, starrte zur Decke und träumte. Es waren die ersten Weihnachten fern von zu Hause, und die Einsamkeit war fast unerträglich.

Doch Träumen allein genügte ihm nicht, um durch diesen grauen Wintertag zu kommen, und so griff er in seine Tasche und zog einen Bleistift heraus. Dann begann er, eine Liste aufzustellen: alle französischen Weine, alle anderen Weine, jeden Wein, der ihm überhaupt einfiel. Einige davon hatte er bereits selbst gekostet, bei anderen hoffte er, irgendwann einmal die Gelegenheit dazu zu haben.

Während der langen, kalten und einsamen Januartage schrieb Ribaud weiter, und es fiel ihm bald auf, daß er zu den Weinen auch die Speisen notierte, die er dazu gegessen hatte, und ob ihm diese Kombination gefallen hatte.

Als Ribaud die Aufzeichnungen seinem Freund zeigte, war dieser beeindruckt und ermutigte ihn, sie weiterzuführen.

Und so wuchs die Liste weiter an. Nun sortierte er die Weine nach Regionen und bewertete sie: Burgund, Bordeaux, Champagne, Elsaß und Loire.

Was dabei allmählich entstand, war eine Art gastronomisches Tagebuch, in dem Ribaud sich in Gedanken durch die Weine und Weinberge Frankreichs schlemmte. Er sorgte sich darüber, was die Deutschen wohl anstellen würden, fürchtete, viele der größten Weine könnten »vorzeitig geopfert«, also vor ihrer vollen Reife getrunken werden. Er konnte sich lebhaft eine Gruppe junger Soldaten vorstellen, die einen Teller mit Würstchen und Sauerkraut mit einem kostbaren Margaux hinunterspülten. Schon der Gedanke daran jagte ihm einen Schauer über den Rücken – aber brachte ihn auch auf eine neue Idee. Dieses Tagebuch sollte ein richtiger Wein- und Speisenführer werden.

Er nannte das Werk *Le maître de maison – de sa cave à sa table*, zu deutsch »Der Hausherr – vom Keller zur Tafel«. Im Vorwort schrieb er: »Dies ist eine Sammlung großer Speisen und Weine und darüber, wie sie perfekt miteinander harmonieren.«

Plötzlich schienen die Tage kürzer zu werden. Ribaud sammelte nun jeden Fetzen Papier, sogar das Packpapier von Päckchen von zu Hause, um darauf zu schreiben. Und jede freie Minute nutzte er nun zur Arbeit an seinem Buch. Jetzt ging er sogar noch mehr in die Details. Er fragte andere Gefangene nach ihren Lieblingsweinen und -gerichten, nach den Rebsorten, die in ihrer Region am besten wuchsen, und nach Kochrezepten.

Im Laufe der Zeit sammelte er eine riesige Menge Informationen und Wissen an, nicht nur über die berühmteren Weine, sondern auch über seltene und lokale Rebsorten, die außerhalb einzelner Dörfer kaum bekannt waren. Da gab es den Crépy, ein weißer, leicht moussierender Wein aus dem Hochsavoyen, vom französischen Ufer des Genfer Sees, den Vic-sur-Seille, ein *vin gris* aus Lothringen, und den Irouléguy, ein Wein von den Hängen der Pyrenäen, den es als roten, weißen und als Rosé gab. »Der Crépy«, so Ribaud, »paßt hervorragend zu gedünsteten Schalentieren und sehr würzigen Speisen«. Die leichte, angenehme Fruchtigkeit des Vic-sur-Seille sei ideal geeignet für eine *tourte chaude*, eine überbackene Schinken-Käse-Pastete. Irouléguy dagegen passe besser zu Sardellen und Sardinen, fetten, salzigen Gerichten aus dem Baskenland.

Ribaud betonte, man müsse kein Experte sein, um sich diese Kenntnisse anzueignen, das meiste könne man sich durch Lesen, Schmecken und Unterhaltungen mit anderen beibringen. Es sei auch kein eigener Weinkeller mit allen Weinen der Welt erforderlich. Besser sei es, einen *cave* mit Weinen zu haben, die man selber mag und die man sich leisten kann. Um dabei zu helfen, zeichnete Ribaud Diagramme, um Weine und Speisen miteinander in Einklang zu bringen.

»Die Weinauswahl hängt davon ab, was man mit dem Wein erreichen will«, erklärte er. »Der Wein kann die Eigenheiten eines jeden Gerichts unterstreichen, oder er kann auf die Bedeutung hinweisen, die Sie jedem Gericht geben wollen.«

Zu einer Vorspeise wie *aspics de foie gras* schlug Ribaud einen herben Champagner, einen weißen Hermitage oder einen Weißwein aus Korsika oder aus der Provence vor. Austern dagegen verlangten nach einem weißen Graves aus dem Bordeaux. »Sollte all dies jedoch gerade einmal nicht in Ihrem Weinkeller vorrätig sein, nehmen Sie ruhig einen Vouvray, einen Pouilly oder einen Cérons.«

Ribaud hob hervor, daß regionale Besonderheiten sorgfältig beachtet werden sollten. Zu einer *foie gras* aus dem Périgord sollte ein süßer weißer Sauternes gereicht werden, weil die Gänse in dieser Region überwiegend mit Nudeln aus Maismehl und Maisbrei gestopft werden und dadurch größer und fetter sind als die Straßburger Gänse, die Nudeln aus Weizenmehl erhalten und deren Leber weniger fett ist und deshalb von einem herzhaften roten Pommard begleitet werden sollte.

Ribaud erkannte, daß aufgrund der Lebensmittelknappheit in Frankreich nichts verschmäht wurde. So empfahl er den hungrigen Städtern von Bordeaux, die sogar Tauben aßen, einen Moulis, einen Margaux oder einen Wein vom Château Beychevelle.

Denen, die Wein gegen Lebensmittel tauschten, zum Beispiel Koteletts von frisch geschlachteten Schweinen, empfahl Ribaud einen Santenay oder einen anderen hellen Rotwein aus dem Burgund.

Zu panierten Schweineohren empfahl er einen tanninreichen, strohfarbenen Arbois oder einen tintenschwarzen Cahors. Zu Schweineschwänzen passe am besten ein Joigny, ein einfacherer Rotwein aus dem nördlichen Burgund, oder Bouzy rouge, ein nicht moussierender Rotwein aus der Champagne. Schweinsfüße bräuchten einen nicht ganz ausgereiften Champagner oder einen robusten Weißwein aus Algerien.

Hirn verlangte nach Ribauds Ansicht ganz besondere Aufmerksamkeit. Viel hänge von der Zubereitungsart ab. Serviert man es in einer braunen Buttersauce, empfahl er einen großen Montrachet oder Mercurey, beides Weine, die den zarten, etwas ungewöhnlichen Geschmack des Hirns unterstreichen, aber nicht überdecken würden. Für in Fett schwimmend ausgebackenes Hirn jedoch passe ein rustikalerer Tropfen wie ein Viré oder Mâcon blanc besser.

Ribauds Buch beschäftigte sich mit jedem einzelnen Gang, von der Vorspeise bis zum Dessert. Er gab Empfehlungen für Grapefruit (einen Condrieux), gefüllten Kohl (Chassagne Montrachet) und gefüllten Karpfen (Chablis oder Cassis).

Zu Froschschenkeln empfahl Ribaud einen Saumur aus dem Loiretal oder einen Silvaner aus dem Elsaß. Zu Schnecken passe am besten ein gekühlter Chablis oder weißer Hermitage, ja, sogar ein algerischer Weißwein.

Entscheidend war seiner Ansicht nach, daß ein Wein einer Mahlzeit eine ganz besondere Qualität verleihen konnte, egal ob das Glanzlicht ein herrliches vorderes Rippenstück vom Lamm (mit einem Pauillac oder Saint-Estèphe) oder ein *Croque-monsieur*, ein Schinken-Käse-Toast (dieser mit einem Chinon oder einem Auxey-Duresses) sei.

»Es ist eine Kunst, den besten Moment herauszufinden, die großen Weine zu genießen und die Speisen dazu auszuwählen, um kunstvoll die Aromen von Wein und Speisen miteinander zu verschmelzen«, schrieb er.

All die Weine, die Ribaud während seiner Gefangenschaft auswählte, konnte er nur in seiner Phantasie genießen. Der beste Moment sollte jedoch noch kommen. Nach dem Krieg wurde sein Buch mit großem Erfolg veröffentlicht und galt als eines der ersten Bücher, die sich ernsthaft mit regionalen Weinen und Speisen auseinandersetzten.

Jedem seiner ehemaligen Mitgefangenen schickte Ribaud ein Exemplar seines Buches. »Ich hoffe«, schrieb er ihnen, »dieses Buch kann ein wenig dazu beitragen, die Leiden der Gefangenschaft vergessen zu machen und statt dessen eine schöne Erinnerung sein an die Zeit, die wir zusammen verbrachten.«[128]

ACHT

DIE RETTUNG DES SCHATZES

CHAMPAGNERVERSTECK IN SCHÜTZENLOCH!

Unterwegs mit der 3. US-Armee westlich von Bastogne, Belgien. 8. Januar

(AP) – Lieut. William T. McClelland aus der Forest Street 318, Ben Avon, Pennsylvania, wird vielleicht noch viele Löcher in diesem Kampfgebiet ausheben, aber es ist zweifelhaft, ob noch eines davon so bekannt wird wie sein erstes: Beim Ausschachten seiner ersten Behausung auf dem Schlachtfeld entdeckte er 400 (!) Flaschen Champagner und andere Weine.

NEW YORK TIMES, 9. JANUAR 1945

Der Schatz war überall: in Weinkellern, Lagerhäusern, Häfen, auch in Eisenbahnzügen und Flugzeugen. Manchmal sogar in der Erde vergraben.

Doch als die Militärstrategen der Alliierten 1943 die Pläne für ihre *Operation Overlord* aufstellten, den Codenamen für die Invasion der Alliierten in Westeuropa, dürften sie wohl am wenigsten an verborgene Schätze gedacht haben. Ihr Ziel war es, Hitler zu besiegen und das Dritte Reich in die Knie zu zwingen.

Dennoch war die Bergung eines Schatzes, »Frankreichs wertvollstes Juwel«,[129] wie ihn der französische Premierminister Daladier vor dem Krieg genannt hatte, einer der freudigeren Aspekte der Operation.

Die ganze Nacht über hatte es stark geregnet. Obwohl die Felder schlammig waren und noch dunkle Wolken am Himmel hingen, drängte es Marceau Chevreau aufs Feld. Seine Weinstöcke hatten gerade zu blühen begonnen, und er wollte nachsehen, wie sie den Sturm überstanden hatten.

Der Loire-Winzer zog einen dicken Pullover über und schaute kurz aus dem Fenster. Plötzlich stutzte er. Zu seiner größten Verwunderung war kein einziger deutscher Soldat zu sehen. Die Einheiten, die noch am Vortag dagewesen waren und sein Dorf auch schon die letzten vier Jahre besetzt gehalten hatten, waren plötzlich verschwunden – so, als ob es sie nie gegeben hätte.

Die Lösung des Rätsels hieß *D-Day*. Es war der 6. Juni 1944, und die lang erwartete Invasion der alliierten Truppen in Europa hatte begonnen. Hitler und seine Generäle zogen verzweifelt Truppenteile aus dem Loiretal und anderen Regionen Frankreichs ab und beorderten sie in die Normandie.

Für Georges Hugel, der nach einer Verwundung an der »Ostfront« in der Sowjetunion ins heimatliche Elsaß zurückgeschickt worden war, kam die Landung der Alliierten nicht völlig überraschend. Von seinem Bett aus konnte er drei Radioapparate gleichzeitig bedienen. Eines war auf Radio Berlin eingestellt, eines auf Radio Paris, und ein drittes auf BBC London. So verpaßte Georges keine Nachrichtensendung auf einem der drei Sender und spürte, das etwas Ungewöhnliches vor sich ging.

Seit ein paar Tagen hatte Radio London die Zahl der verschlüsselten Funksprüche drastisch erhöht. Ständig hörte man nun kryptische Sätze wie »Die Apfelbäume blühen«, »Jean, setz deinen Hut auf« oder »Die gesprenkelte Katze hat dreimal miaut«. Am 5. Juni wurden sogar acht Stunden hintereinander nur solche Nachrichten verlesen.

Am nächsten Morgen wurde Georges von den Schmerzen in seinen Füßen schon sehr früh geweckt. Noch im Halbschlaf schaltete er nacheinander die drei Radios an. Während allmählich die Radioröhren ins Glühen kamen und der Ton erschien, merkte er, daß der Sprecher der BBC erregt war. Auf einmal war Georges hellwach.

»Heute morgen um 0 Uhr 15 haben die vereinigten Streitkräfte …«

Georges ließ sich zurück auf sein Bett fallen. »Na endlich!«, dachte er.

Es war die größte See- und Luftoffensive der Geschichte. Fünf alliierte Divisionen, 7000 Schiffe und Landungsfahrzeuge, dazu 24 000 amerikanische und britische Fallschirmjäger waren daran beteiligt. Zuerst landeten die Fallschirmspringer, bereits kurz nach Mitternacht, und nahmen Positionen an den Flanken der Küstenabschnitte ein, wo die Invasion stattfinden sollte. Sechs Stunden später landeten die Invasionstruppen an den Stränden mit den Codebezeichnungen Utah, Omaha, Gold, Juno und Sword. Während Schiffe und Landungsfahrzeuge die deutschen Stellungen beschossen, wateten Tausende Soldaten an Land.

Den ganzen Tag über klebte Georges förmlich an seinen Radios. Ständig wechselte er von einem Sender zum anderen. So hörte er auch, wie General Charles de Gaulle sich an die französische Nation wandte. »Die Entscheidungsschlacht hat begonnen! Nach so vielen Kämpfen, so viel Zorn und so viel Leid ist jetzt die Zeit gekommen für die entscheidende Konfrontation, auf die wir so lange gewartet haben.«

Niemand verfolgte das Drama intensiver als die eineinhalb Millionen französischer Kriegsgefangener, die nun schon bis zu gut vier Jahre lang in Lagern festgehalten wurden. Einer von ihnen, Gaston Huet, hörte vom D-Day in einem Radio, das er und andere Gefangene sich gebastelt und erfolgreich vor den Wachen versteckt hatten. »Für uns war das ein Augenblick riesiger Freude«, erzählte Huet. »Wir dachten, wir könnten bald nach Hause gehen, vielleicht sogar schon zur nächsten Weinlese.«

Ähnlich ausgelassen reagierten Winzer in ganz Frankreich. Die Neuigkeiten von der Landung ließen viele gleich in die Weinberge steigen, um noch einmal die Wachstumsbedingungen für dieses

Jahr zu überprüfen: »Wenn es nicht zu viel regnet, wenn es keinen Mehltau gibt, wenn wir an Dünger herankommen, wenn, wenn, wenn, …« Und das größte »wenn« von allen war: Wenn wir gewinnen und der Krieg bis zum Herbst zu Ende ist, *dann* können wir *vielleicht* diesmal endlich wieder einen guten Wein machen.

Doch ihre Hoffnungen waren verfrüht, denn die Deutschen zogen nicht einfach ab. Statt dessen verschanzten sie sich nun in ihren Stellungen und führten noch schrecklichere Vergeltungsmaßnahmen gegen alle durch, die sie des Widerstandes verdächtigten.

Dieses Schicksal mußte auch Comblanchien erleiden, ein winziges Winzer- und Steinbrucharbeiterdorf inmitten der Côte d'Or im Burgund. Schon lange waren die Deutschen überzeugt, daß sich hier ein Hauptquartier der Résistance verbarg. Ein Zug nach dem anderen war in der Gegend in die Luft geflogen, und es gab so viele Sabotageaktionen, daß die deutschen Einheiten unberechenbar wurden und Züge nur noch dann passieren ließen, wenn die Wassertanks jedes Bahnhofs gefüllt waren. Nur allzu oft hatten sich darin Résistance-Kämpfer versteckt, um aus diesem Hinterhalt auf Züge zu schießen. Obwohl viele *maquisards* ertranken, wenn die Nazis plötzlich die Tanks füllen ließen, gingen die Angriffe und die Sabotageaktionen weiter.

Am 21. August gegen 9.30 Uhr vormittags war der elfjährige Jacques Cortot gerade mit dem Frühstück fertig, als plötzlich Gewehrsalven ertönten. Für einen Augenblick fiel der Strom aus, kam dann aber wieder. Jacques rannte zum Küchenfenster und schaute zusammen mit seiner Mutter durch die halb geschlossenen Fensterläden. Aus einem Haus und einem Stall weiter unten an der Straße sahen sie Flammen lodern. Dann hörten sie Weinflaschen klirren und Menschen um Hilfe rufen.

»Die Deutschen verbrennen uns bei lebendigem Leib in unseren Häusern!«, schrie Jacques' Mutter. Sie rannte zu einem anderen Fenster. Noch mehr Häuser brannten. »Lauf los und versteck dich im Weinberg«, rief sie Jacques zu. Sie drückte ihm etwas Geld und einige wichtige Papiere in die Hand und schärfte ihm ein: »Bleib dort und rühr dich nicht vom Fleck, bis ich komme!«

Jacques schlüpfte aus dem Haus in den nahegelegenen Weinberg. Er war nicht alleine. Ein Dutzend weitere Kinder mit ihren Müttern waren ebenfalls schon dort.

Verborgen zwischen den Weinstöcken mußten sie beobachten, wie ein Haus nach dem anderen in Brand gesteckt wurde. Die ganze Nacht über hörten sie die Rathausuhr schlagen, »und mit jeder Stunde wuchs unsere Angst«, wie Jacques später in sein Tagebuch schrieb. »Würden wir bei Tagesanbruch überhaupt noch leben?«

Gegen fünf Uhr morgens brannte auch Jacques' Elternhaus. Zwei Stunden später drang Rauch aus der Kirche. »Der Kirchturm brannte ab. Es blieben nur noch die vier Eisenträger übrig, die die Glocke trugen«, erinnerte sich Jacques. Die Glocke selbst wurde schließlich rotglühend, und zuletzt fiel alles in sich zusammen. Es blieb nur noch ein Beichtstuhl übrig.

Am Ende dieses grauenvollen Tages waren acht Einwohner tot, 52 Häuser niedergebrannt und mindestens 175 Dorfbewohner obdachlos. Unter diesen war auch der Vizebürgermeister des Dorfes, Ernest Chopin, mit seiner Familie; sie hatten sich im Weinkeller verborgen, während über ihnen ihr Haus abbrannte.

Chopin kam am nächsten Morgen wieder aus seinem Versteck und mußte erfahren, daß 23 seiner Nachbarn festgenommen und nach Dijon verschleppt worden waren. Voller Angst, sie würden erschossen werden, fuhr er so schnell wie möglich ebenfalls nach Dijon und kam gerade in dem Moment, als die Deutschen seine Nachbarn an eine Wand stellten, um sie dort zu erschießen. Chopin flehte die Deutschen an, sie zu verschonen. Er erreichte die Freilassung von elf Leuten aus der Gruppe, die jüngsten und die ältesten. Die anderen wurden in Arbeitslager nach Deutschland deportiert.[130]

Pierre Taittinger wußte, wozu die Deutschen fähig waren. Er erinnerte sich gut, welche Angst er hatte, als sein Sohn François ins Gefängnis gesteckt wurde, weil er dem »Weinführer« Otto Klaebisch minderwertigen Champagner geliefert hatte. Er wußte auch noch allzu gut, wie besorgt er und andere Champagnerhersteller waren, als man ihnen wegen ihres Protests gegen die Verhaftung von Robert-Jean de Vogüé selbst mit der Festnahme drohte.

Doch diesmal war Pierre Taittinger wirklich bis ins Mark erschüttert. Denn jetzt mußte er fürchten, sein geliebtes Paris könnte dem Erdboden gleichgemacht werden, und keinem traute er so etwas eher zu als dem General Dietrich von Choltitz.

Von Choltitz war ein preußischer Offizier »der alten Schule«, der bereits die Zerstörung von Rotterdam 1940 und von Sewastopol 1942 überwacht hatte. Im August 1944 hatte Hitler ihn nach Paris geschickt; die Befehle des Führers klangen ihm noch in den Ohren: »Machen Sie Paris zur Frontstadt; es soll eher zerstört werden als sich dem Feind ergeben!«[131]

Taittinger, der von der Vichy-Regierung anerkannte Bürgermeister von Paris, wußte, daß er etwas – irgend etwas – machen mußte, um die Stadt zu retten.

Die Polizei, Post-, Fernmelde- und Bahnangestellten waren in den Streik getreten. Auf den Straßen entstanden Barrikaden, als die Résistance zum verstärkten Widerstand aufrief. Den Deutschen wurde nun klar, daß sie es mit einem regelrechten Volksaufstand zu tun bekommen könnten, und sie beschlossen, die Stadt den kämpfenden Truppen zu überlassen und alle übrigen Soldaten und das Verwaltungspersonal abzuziehen.

Es war ein unwirkliches Bild, das sich den in den Straßencafés sitzenden Parisern bot und das Jean-Galtier Boissière, ein Einwohner, *la grande fuite des Fritz* nannte, »die große Flucht der Fritzen«. Er hielt den 18. August in seinem Tagebuch fest: »Ich sah Dutzende, Hunderte Lastwagen, überladene PKW und Militärfahrzeuge, die Kanonen zogen, Krankenwagen voller Verwundeter. Sie fuhren hintereinander her, voreinander vorbei und

versuchten zu überholen. Generäle mit Monokel und elegant gekleideten blonden Damen im Arm strömten aus den Luxushotels nahe der Place de l'Etoile und sprangen in ihre blankgeputzten offenen Tourenwagen – es sah so aus, als wären sie auf dem Weg in ein mondänes Seebad.«

Doch am bestürzendsten war, mitanzusehen, welche Unmengen Waren die abziehenden Besatzer mitgehen ließen. Die Autoren Larry Collins und Dominique Lapierre schrieben in ihrem Buch *Is Paris Burning?*: »Paris wurde mit dem LKW leergeräumt. Badewannen, Bidets, Teppiche, Möbel, Radios, kistenweise Wein – alles wurde unter den zornigen Blicken der Pariser an diesem Morgen weggeschafft.«

Einen Tag später brachen sporadische Straßenkämpfe aus, orchestriert vor allem von den Kommunisten in der Résistance, deren Schlachtruf *Chacun son boche!* (»Jedem seinen Deutschen!«) bald zu einer allgemeinen Parole wurde.

Diesen Ruf hörte auch Frédéric Joliot-Curie. 1939 hatte er eine Arbeitsgruppe von Physikern geleitet, denen Teilerfolge beim Versuch der ersten atomaren Kettenreaktion gelungen waren.[132] Nun beschäftigte sich Joliot-Curie jedoch mit einer chemischen Reaktion: Er stellte nämlich Molotow-Cocktails für die Résistance her. Es gab nur ein Problem – zu wenig Flaschen. Joliot-Curie hatte einige in seinem Labor gefunden, wo seine Schwiegermutter, Marie Curie, das Element Radium entdeckt hatte, doch er brauchte noch mehr. Mit Hilfe seiner Freunde fand er sie schließlich im Keller der Polizeipräfektur: Dutzende Kisten mit Champagner, alle gefüllt und versehen mit Etiketten der Champagnerkellerei von Pierre Taittinger.

Sie zögerten nur einen kurzen Augenblick, und ohne großes Bedauern entkorkten Joliot-Curie und seine Kollegen die Flaschen und schütteten den wertvollen Inhalt in den Ausguß.[133]

Inzwischen hatte Taittinger endlich einen Gesprächstermin bei von Choltitz erhalten. Der Bürgermeister von Paris betrat das Hôtel Meurice, ging den marmornen Gang entlang und die Treppen hinauf zu dem prächtigen Saal, der als Hauptquartier des Kommandanten von Paris diente. Die elfenbeinerne Farbe auf den Holzvertäfelungen war rissig, und der vergoldete Putz war angelaufen und stellenweise abgeblättert, doch mit seinem massiven Kristallüster war der Raum immer noch eindrucksvoll – ein perfektes Ambiente für von Choltitz mit seiner tadellos gebügelten Uniform und seinen glänzenden Orden.

Der General kam gleich zur Sache. Paris, so warnte er, würde dasselbe Schicksal wie Warschau erleiden, also dem Erdboden gleichgemacht werden, wenn es einen Aufstand der Résistance gäbe. Wenn auf Deutsche geschossen würde, dann sollten »alle Häuser in diesem Wohnblock brennen und jeder einzelne Bewohner exekutiert werden«.[134]

Taittinger bat von Choltitz inständig, diese Anordnung noch einmal zu überdenken: »Paris ist eine der letzten unzerstörten europäischen Großstädte; Sie müssen mir helfen, es zu retten!«[135]

Von Choltitz antwortete, er habe seine Befehle. Gleichzeitig gab er aber auch zu erkennen, daß er selbst keine Zerstörung von Paris wünschte. Er führte seinen Besucher auf den Balkon und gestand, daß es eine seiner größten Freuden war, hinaus auf die Stadt zu blicken und das Kommen und Gehen der Menschen zu beobachten.

Diese nachdenklichen, geradezu philosophischen Äußerungen überraschten Taittinger, der von diesem Sinneswandel des Generals – so sein Eindruck – profitieren wollte. Er wandte sich zu von Choltitz und sagte zu ihm: »Generäle haben selten die Macht, etwas aufzubauen, eher die Macht zum Zerstören.« Er drängte von Choltitz, sich vorzustellen, was er empfinden würde, wenn er eines Tages zurück nach Paris käme und wieder auf diesem Balkon stände. »Sie schauen nach links, auf die Perrault-Kolonnade, mit dem Louvre zur Rechten, dann das Palais de Gabriel und die Place de la Concorde«, sagte Taittinger. »Und inmitten all dieser prachtvollen Gebäude, jedes schwer beladen mit Geschichte, werden Sie sagen können: ›Ich, von Choltitz, hatte einmal die Macht, all das zu zerstören, aber ich bewahrte es für die Menschheit.‹ Wiegt das nicht allen Ruhm eines Eroberers auf?«

Taittingers Eloquenz hatte einen verblüffenden Effekt.

»Sie sind ein guter Anwalt für Paris«, antwortete ihm der General. »Sie haben Ihre Arbeit gut gemacht.«[136]

Taittinger kehrte in sein Büro zurück und wartete. Er wußte, daß überall in der Stadt Sprengladungen angebracht waren. 22 000 Soldaten, darunter viele SS-Männer, 100 Panzer vom Typ »Tiger« und 90 Bomber standen bereit und warteten auf das Signal, die Stadt dem Erdboden gleichzumachen. Doch dieses Signal wurde nie gegeben.

Zum ersten Mal in seinem Leben widersetzte sich von Choltitz einem Befehl. Als am 25. August General Leclercs 2. Panzerdivision in Paris einrollte, übergab der deutsche General die Stadt intakt.

Am nächsten Tag zog Charles de Gaulle in einer triumphalen Siegesparade über die Champs-Elysées. Aufgeregte französische Soldaten, in der einen Hand ein Gewehr, in der anderen eine Weinflasche, hatten sich auf den Dächern der Stadt postiert auf der Ausschau nach verbliebenen deutschen Scharfschützen. Einer von ihnen, Yves Fernique, stand auf dem Dach des Hôtel Continental, als der Oberkellner mit einem Silbertablett, einem Kristallglas und einer Flasche gekühltem Sancerre erschien.

Doch noch waren nicht alle Deutschen aus Paris abgezogen. Zwar versuchten sie nicht, den Eiffelturm, den Arc de Triomphe oder eine der anderen großen Sehenswürdigkeiten der Stadt zu zerstören, doch sie hatten es auf ein anderes Monument abgesehen: Die *Halles aux vins*, den Weingroßmarkt.

Bereits früher, vor der Kapitulationserklärung von Choltitz', hatten die Deutschen erfolglos versucht, die von führenden Weinhändlern hier gelagerten Bestände zu beschlagnahmen. Während nun in anderen Teilen der Stadt bereits die Befreiung gefeiert wurde, tauchten auf einmal über den *Halles aux vins* einige deutsche Flugzeuge auf und warfen Bomben ab. Tausende Flaschen Champagner, Cognac und anderer Spirituosen wurden dabei vernichtet. In der Hitze des durch die Bomben ausgelösten Brandes platzten Tausende Champagnerflaschen, und Glassplitter flogen umher. Dadurch wurden auch die Löscharbeiten erheblich behindert. Am Ende standen von den *Halles aux vins* nur noch die Grundmauern. Auf dem Gelände türmten sich Berge von geschmolzenem Glas, das einmal zur Aufbewahrung hervorragender Weine gedient hatte.

Ein Großhändler versuchte noch, das Beste aus der Situation zu machen. Es war ihm gelungen, zwei große Fässer Bordeaux aus dem Inferno zu retten. Nun zapfte er die Fässer mit einem Schlauch an und servierte, wie sich ein Augenzeuge erinnerte, »den Wein in wunderlich-anmutigen flachen Silbertassen an Feuerwehrleute und alle anderen, die durstig aussahen. Der Wein floß wie Wasser, und es landete mehr auf dem Boden als in den Tassen.«[137]

So ziemlich der einzige, der an diesem Tag kein Glas erhob, war Charles de Gaulle. Im Hôtel de Ville, dem Rathaus von Paris, bot ein von der Vichy-Regierung eingesetzter Beamter dem General ein Glas Champagner an. De Gaulle nahm es nicht; er sagte, er wolle nicht mit Kollaborateuren anstoßen oder mit Leuten, die sich den Nazis nicht entgegengestellt hatten.

Die Nachricht von der Bombardierung der *Halles aux vins* ließ die Weinhändler in Bordeaux das Schlimmste befürchten. Auch sie hatten wertvolle Lagerbestände, die leicht das gleiche Schicksal treffen konnte.

Bordeaux war immer noch von 30 000 Deutschen besetzt, aber jedem, auch den Deutschen selbst, war klar, daß ihr Abzug nur noch eine Frage der Zeit sein konnte. Wie in Paris ging es jetzt noch darum, ob es nach ihrem Abzug die Stadt überhaupt noch geben würde. Große Teile der Stadt, vor allem der Hafen, waren mit Zehnzentnerbomben gespickt, die beim Abzug der Truppen gezündet werden sollten.

Die Zerstörung des Hafens wäre auch für die dort in den Lagerhäusern aufbewahrten und anderweitig versteckten Millionen von Weinflaschen und damit für den Weinhandel der Region eine Katastrophe gewesen. Mit dem Heranrücken der Alliierten und der verstärkten Aktivität der Résistance schien das Schlimmste kaum noch zu vermeiden zu sein.

> *»Letzte Nacht wurden die Öltanks der Raffinerie bombardiert. Konstantes Maschinengewehrfeuer«,* schrieb May Eliane Miailhe de Lencquesaing in ihr Tagebuch. *»Aber ich flicke gerade unsere Trikolore! Die Amerikaner rücken auf Bordeaux vor, und wir warten schon auf sie!«*

Louis Eschenauer wartete ebenfalls – doch war er voller Besorgnis. Der »König von Bordeaux«, wie er genannt wurde, hatte viel Geld damit gemacht, engen Bekannten in Deutschland Wein zu verkaufen. Er hatte Angst davor, was jetzt mit ihm geschehen würde. Darum führte er nun einige letzte Telefongespräche mit seinen deutschen Freunden. »Wenn ihr abzieht, sprengt nicht die Stadt in die Luft«, bat er sie inständig.

Einer seiner ersten Gesprächspartner war Kapitän Ernst Kühnemann, der Hafenkommandant. Falls ein Befehl zur Zerstörung des Hafens gegeben würde, war er für die Ausführung verantwortlich. Zusammen mit einigen Weinhändlern und anderen Einwohnern von Bordeaux, die ihn dazu gedrängt hatten, seinen Einfluß geltend zu machen, lud Eschenauer nun seinen entfernten Verwandten zum Mittagessen ein. Kühnemann, selbst von Beruf Weinhändler, überraschte diese Einladung nicht. Er aß und trank ebenso gerne gut wie Louis, und die beiden trafen sich regelmäßig zum Abendessen, oft in Louis' Restaurant, dem *Chapon fin*.

Eschenauer redete eindringlich auf seinen Cousin ein, er solle den Hafen erhalten. Detailliert beschrieb er die Schwierigkeiten, die mit der Zerstörung verbunden wären. Kühnemann hörte mitfühlend zu. Er erklärte, auch er selbst wolle den Hafen nicht zerstören; ein solches Vorgehen wäre nichts anderes als ein absurder Racheakt. »Doch wenn ich den Befehl dazu aus Berlin bekomme, dann bin ich in einer sehr schwierigen Situation«, meinte er.

Am 19. August erreichte dann tatsächlich der Funkspruch Nummer 1-122-144 mit dem Vermerk »Streng geheim« das Kühnemannsche Hauptquartier. Die Zerstörung des Hafens solle in fünf Tagen um genau 17 Uhr nachmittags beginnen.[138] Die Atmosphäre in Bordeaux veränderte sich schlagartig.

> *Die Stadt ist von der Außenwelt abgeschnitten und von deutschen Truppen umstellt. Wir sind wie im Belagerungszustand. Es gibt kein Wasser, kein Gas, keinen Strom, weit und breit nichts zu essen; es ist nicht einmal mehr jemand auf der Straße.* (Aus dem Tagebuch von May Eliane Miailhe de Lencquesaing.)

Während Kühnemann geradezu ohnmächtig vor dem Zwang zu einer Entscheidung stand, nahm ein Untergebener, der die Einstellung seines Vorgesetzten teilte, die Sache in die eigene Hand und sprengte das Depot in die Luft, in dem sich die Zünder für alle in der Stadt angebrachten Sprengladungen befanden. Durch die Explosion kamen 15 deutsche Soldaten ums Leben; sie war kilometerweit zu hören. Die deutschen Behörden machten fälschlicherweise die Résistance für den Anschlag verantwortlich.

> 24. AUGUST. *Letzte Nacht eine schreckliche Explosion aus Richtung Bordeaux. Ursache unklar. Obwohl der Maquis Château Beychevelle und andere Teile der Region befreit hat, zögern wir noch mit dem Hissen der Flagge, weil nur eine einzige Résistance-Gruppe in unserer Nähe ist. Heute Nachmittag haben wir um 17.30 Uhr mit unseren Angestellten die Marseillaise gesungen. Die Amerikaner sind nur noch 15 Kilometer vor Bordeaux.* (Aus dem Tagebuch von May Eliane Miailhe de Lencquesaing.)

In Wirklichkeit waren die Amerikaner keineswegs in der Nähe von Bordeaux, doch das wußten auch die Deutschen nicht, und sie bereiteten sich auf eine Evakuierung vor. Weil sie fürchteten, die Résistance sei viel stärker als angenommen, versuchten sie ebenfalls zu bluffen und warnten die Bevölkerung, sie hätten noch genug Sprengstoff, um die ganze Stadt zu zerstören, wenn während des Rückzugs auf sie geschossen würde. Daraufhin erklärte sich die Résistance zu einer Feuerpause bereit.

Am Abend des 27. August begannen die deutschen Truppen mit ihrem Abzug aus Bordeaux. Der letzte, der die Stadt verließ, war Ernst Kühnemann.[139]

> **BERÜHMTES WEINBAUGEBIET FREIGEKÄMPFT**
> Über Funk an die New York Times
> ROM, 10. SEPTEMBER – *Franzosen und Amerikaner haben die Deutschen in den wohl berühmtesten Weinbergen der Welt*

besiegt – im Burgund. Über die Schäden an diesem Kulturerbe gibt es noch keine verläßlichen Schätzungen, aber nach zahlreichen Berichten waren die Deutschen schon vorher ziemlich erfolgreich darin gewesen, diese wertvolle Landschaft völlig zu ruinieren.

NEW YORK TIMES, 11. SEPTEMBER 1944

Dieser Bericht stimmte nicht ganz. Die Weinberge des Burgund hatten den Krieg gut überstanden. Die Alliierten hatten sie wohl *freigekämpft*, aber diese Kämpfe fanden nicht *in* den Weinbergen selbst statt.

Kaum waren die französischen und amerikanischen Truppen an der Côte d'Azur gelandet, hatte die Aktion schon ihren Spitznamen weg: *The Champagne Campaign* – der »Champagner-Feldzug«. »Wir gingen unter einem eindrucksvollen Sperrfeuer an Land«, schrieb der britische Kriegsberichterstatter Wynford Vaughan-Thomas. »Wir hatten erwartet, von Maschinengewehrsalven niedergemäht zu werden, doch keine einzige Kugel erwartete uns: Die Deutschen hatten sich wenige Stunden zuvor taktvoll zurückgezogen, und statt ihrer trat uns aus dem Pulverdampf ein tadellos gekleideter Franzose mit einer Magnumflasche Champagner und zehn Gläsern entgegen. ›Seien Sie herzlich willkommen, meine Herren‹, strahlte er. ›Aber wenn ich mir eine kleine Kritik erlauben darf: Sie sind vier Jahre zu spät!‹«[140]

Das Ziel des Champagner-Feldzugs, der offiziell unter der Bezeichnung *Operation Anvil* (»Operation Amboß«) lief, war es, durch das Rhônetal und Burgund nach Norden vorzustoßen und sich mit den in der Normandie gelandeten Truppen zu vereinigen. Gelegentlich war es etwas schwieriger, dieses Ziel nicht aus den Augen zu verlieren. Es gab einfach zu viele Ablenkungen.

Eine davon war das prachtvolle Luxushotel Négresco in Nizza, das die Amerikaner als Hauptquartier gewählt hatten. Das Hotel war bekannt für seine hervorragende Küche, seine exquisiten Weine und einen der besten Nachtclubs der Welt. Einer derjenigen, die so oft wie möglich dort vorbeischauten, war Sergeant Major Virgil West. »Tagsüber machten wir immer unsere Patrouillengänge«, erzählte er uns, »hatten dann und wann ein kleines Scharmützel und kehrten blutig und voller Dreck zurück nach Nizza – und fünf Stunden später saßen wir in einem der größten Nachtclubs der Welt mit einem Mädchen und einer Flasche Champagner.«[141]

Doch das Leben dort bestand auch nicht nur aus Mädchen und Champagner. Ein anderer Soldat erinnerte sich: »Das Überwältigende war der absonderliche Charakter der Kampfhandlungen dort. Es war sehr hart, und wir verloren eine Menge Männer. Aber wir zerstörten die schöne Riviera nicht, sondern wir gingen an den Strand, badeten und tranken eine Flasche Wein, und dann fuhren wir wieder ins Gebirge und kämpften.« Selbst als die Kugeln flogen, so beschrieben es Augenzeugen, »versuchten die Frauen, uns Wein und Blumen zuzustecken«.

Gelegentlich gab es auch andere Präsente.

Kurz nach seiner Ankunft saß der Kriegsberichterstatter Vaughan-Thomas in einem Straßencafé und schwärmte davon, wie ihn der Wein, den er gerade schlürfte, an eine wunderschöne Frau erinnerte, als plötzlich »eine ausladende Matrone mit fünf charmanten jungen Damen« vor ihm stand. Sie stellte sich als die Chefin der örtlichen *maison de tolérance* heraus. Sie wies auf die jungen Damen und meinte: »Für Sie, tapferer Befreier.« Als Vaughan-Thomas zurückwich, fügte sie schnell hinzu: »Nur keine Angst. Meine Mädchen waren immer patriotisch. Nur die Schielende hat mit Deutschen geschlafen.«

Während der Champagnerfeldzug die Phantasie der Öffentlichkeit nie so stark beschäftigte wie der D-Day, war es doch hier zum ersten und wahrscheinlich sogar einzigen Mal in der Geschichte der Fall, daß gastronomische Erwägungen direkten Einfluß auf militärische Planungen hatten. Es war kein Zufall, daß der französische General Lucien de Montsabert, der an der Planung des Feldzugs beteiligt war, sicherstellte, daß französische Truppen auf der Westseite der Rhône vorrückten, wo es die besten Weinlagen gibt. Die Amerikaner nahmen die Ostseite mit den weniger guten Lagen.

Der französische General erklärte Vaughan-Thomas später seine Strategie. »Die Amerikaner waren unverzichtbar, aber der weinkundige Historiker wird feststellen, daß sie noch nicht einmal in die Nähe eines einzigen besseren Weinbergs gelassen wurden. Ganz anders dagegen der Vormarsch der französischen Armee. Wie selbstverständlich nahmen sie Tavel ein, und nachdem sie sichergestellt hatten, daß alles in Ordnung war mit diesen Lagen, die einen der besten Roséweine Frankreichs hervorbringen, machten sie sich voller Elan auf nach Châteauneuf-du-Pape. Die Côte-Rôtie fiel dann in einem gut geplanten Flankenangriff.«

Vaughan-Thomas erfaßte den Geist des Champagnerfeldzugs in einer genußvollen Kurzgeschichte mit dem Titel *How I Liberated Burgundy* (»Wie ich das Burgund befreite«). An einer Stelle beschreibt er die Begegnung mit einem amerikanischen Offizier, der eindeutig verwirrt zu sein schien.

»Thomas«, sagte er, »wie ich höre, werden Sie heute nachmittag wieder die *frogs* treffen. Nun, wir haben da ein kleines Problem. Ich habe den Eindruck, daß die Franzosen hier so eine Art Bummelstreik veranstalten. Mir kommt es vor, unsere Freunde bleiben etwas zu lange in diesem Chalon sur Soundso.«

»Chalon sur Soundso« war tatsächlich Chalon-sur-Saône, der südliche Zugang zur Côte d'Or, dem Gebiet mit den berühmtesten Lagen Burgunds. Der amerikanische Offizier hatte recht: Die Franzosen bummelten tatsächlich etwas, um zu vermeiden, daß die Weinberge zu Schlachtfeldern wurden.

Ein französischer Geheimdienstoffizier erzählte Vaughan-Thomas noch am gleichen Tag: »Ich muß Ihnen ja kaum die schrecklichen Konsequenzen ausmalen, was geschähe, wenn wir nicht so vorgehen würden. Panzerkrieg in den *Grands crus*! Ob uns das die Franzosen je vergeben würden? Denken Sie bloß einmal an 1870.« Damals tobten die letzten Schlachten des Deutsch-Franzö-

sischen Krieges um die Stadt Nuits-Saint-Georges, und die deutschen Truppen preschten durch die Weinberge von La Tâche, Romanée-Conti und Richebourg.

»So etwas darf nie wieder passieren«, meinte der Offizier.

Sekunden später stürmte ein junger Offizier herein, salutierte hastig und erklärte mit strahlender Miene: »Beste Neuigkeiten, *mon colonel*, wir haben die Schwachstellen der deutschen Verteidigung gefunden. Alles keine besonderen Lagen!«

Schnell wurde General de Montsabert informiert, und der Angriff begann. Innerhalb von 24 Stunden wurden die Deutschen »aus dem Burgund hinausgejagt«, berichtete Vaughan-Thomas. »Eine gesprengte Brücke hier, ein zerstörtes Haus dort, aber was machte das schon aus angesichts der alles überragenden Tatsache, daß wir jetzt Meile um Meile unzerstörter Weinberge vor uns haben.«

Zehn Jahre später schrieb Vaughan-Thomas: »Die Zeit glättet manche Kontroverse, und die Geschichte ferner Kriege erscheint in einem milderen Licht – sie reift sozusagen heran wie ein '49er Burgunder.« Die Kontroverse, auf die er anspielte, hatte mit einem Geschenk der Franzosen an ihre amerikanischen Verbündeten zu tun, als der Marsch durch das Rhônetal beendet war.

Zum Zeichen der Anerkennung beschlossen die Franzosen, den Amerikanern eine Kollektion der besten Weine überhaupt zu schenken, die das Burgund zu bieten hatte. Vaughan-Thomas stellte sich freiwillig zur Verfügung, um bei der Zusammenstellung dieser einzigartigen Sammlung von Raritäten mitzuwirken. Bei dieser Gelegenheit kam er in mindestens 20 Kellereien und konnte seinen Jeep mit einigen der seltensten Kostbarkeiten der Region füllen. Diese übergab er dann den Amerikanern.

»Alle? Ich will ehrlich bleiben«, schrieb Vaughan-Thomas. »Durch die unwägbaren Widrigkeiten des Transports zu Kriegszeiten fanden einige von ihnen noch im Jahr nach dem Krieg den Weg in meinen Weinkeller ...« Doch den Rest übergab er tatsächlich pflichtbewußt einem jungen Offizier.

»Dies sind die größten Weine Frankreichs«, erklärte er feierlich. »Bewahrt sie mit Sorgfalt; laßt sie ruhen; und dann sorgt dafür, daß sie Raumtemperatur haben, bevor ihr sie serviert.«

»Keine Angst«, meinte der Amerikaner. »Unser Doc kennt sich mit diesem Zeugs von den *frogs* schon aus. Und wenn wir soweit sind, dann laden wir Sie ein und machen uns einen gemütlichen Abend.«

Die angekündigte Party fand in einem Palast aus dem 18. Jahrhundert statt. Die französischen Gäste schritten würdevoll die breiten Stufen hinauf, während die amerikanischen Gastgeber »sie in einem Salon erwarteten, der eines Empfangs für die Madame de Pompadour würdig gewesen wäre«, wie Vaughan-Thomas notierte. Fanfaren ertönten, und eine lange Reihe Kellner marschierte ein und präsentierte die kostbaren Flaschen auf Silbertabletts. Aber Vaughan-Thomas bemerkte sofort, daß etwas nicht stimmte. »Mir blieb fast das Herz stehen – der Burgunder in den Flaschen blubberte doch tatsächlich still vor sich hin. ›Wir haben

Glück‹, flüsterte mir augenzwinkernd ein amerikanischer Colonel zu, der neben mir stand. ›Unser Doc hat das Zeug mit Wundalkohol aus dem Lazarett ordentlich aufgesprittet!‹«

Vaughan-Thomas beschrieb die Szene später: »Ein Blick von ungläubigem, fassungslosem Entsetzen machte sich auf den Gesichtern der Franzosen breit. Aller Augen richteten sich auf General de Montsabert. Er hatte sie durch die Wüste Nordafrikas geführt und über die schneebedeckten Alpengipfel Italiens. Jetzt stand er vor der bislang schwersten Krise der französisch-amerikanischen Beziehungen – wie würde er sich verhalten? Er fixierte seine Leute mit starrem Kommandoblick. ›Meine Herren, erheben wir die Gläser!‹ forderte der Gastgeber auf. Widerstrebend griffen die Franzosen zu. ›Auf unsere Waffenbrüder, *les braves Américains*‹, schnarrte der General eisig. Und dann stürzte er den Inhalt seines Glases in einem Zug herunter – bis auf den letzten Tropfen. Schließlich murmelte er – aber das konnten nur die Franzosen, die ganz nahe bei ihm standen, und ich hören: ›Oh *Libération*, was für Verbrechen in deinem Namen schon begangen wurden!‹«

Trotz dieses etwas bitteren Nachgeschmacks leugnet niemand, daß der Champagnerfeldzug an sich eine der erfolgreichsten Operationen des Krieges war. Die französischen und amerikanischen Truppen stießen nur auf vereinzelten Widerstand und nahmen das Rhônetal schneller ein, als sich das irgend jemand hätte träumen lassen. Sie wurden dabei von einer ungewöhnlichen Art »Frühwarnsystem« unterstützt: Wenn ein Dorf oder ein Städtchen mit Blumen und Flaggen geschmückt war und die Leute am Straßenrand standen und den Soldaten Weinflaschen entgegenstreckten, wußten diese, daß die Deutschen geflohen waren und der Weg frei war.[142]

»Natürlich tranken wir den einen oder anderen sehr guten Wein«, erzählte Jean Miailhe, »aber nicht so viel, wie wir gerne gewollt hätten, denn wir hatten es sehr eilig und wollten schnell vorankommen«. Noch wenige Monate zuvor hatte Jean unter der Nase der Deutschen Kupfersulfat hergestellt. Als Bordeaux befreit war, trat er in die französische Armee ein, die sich durch das Rhônetal entlang hochkämpfte. Manchmal wurden Jean und seine Kameraden von Einheimischen in deren Weinkeller eingeladen, und gemeinsam wurde dort so manche während des Krieges versteckte Flasche entkorkt. »Einmal fanden wir eine ganze Reihe Flaschen mit sehr vielversprechenden Etiketten, aber schlechtem Inhalt«, erzählte uns Jean. »Der Wein sollte an die Deutschen abgegeben werden. Die guten Sachen hoben die Leute aber für uns auf.«

In der Nacht zum 6. September wachte Robert Drouhin verwundert auf. Es war ganz still – wie seit Tagen nicht. Er hatte mit seiner Mutter und seinen Geschwistern fast die ganze Zeit in ihrem Weinkeller verbracht, weil das nahegelegene Chalon-sur-Saône heftig bombardiert wurde. In dieser Nacht war das Bombardement aber plötzlich zu Ende. Alle setzten sich auf ihren Matratzen auf und lauschten. Es gab keinen Zweifel: Die Explosionen hatten tatsächlich aufgehört. Nachdem sie sich noch einmal versichert hatten, stiegen sie aus dem Keller und legten sich in ihre Betten im Haus.

Gegen sechs Uhr morgens wurden sie wieder geweckt, diesmal von einem anderen Geräusch. Robert sprang aus seinem Bett ans Fenster und schaute hinaus. Unten sah er einen amerikanischen Jeep, der auf dem Platz vor der Kirche wendete und dann wieder davonfuhr. Kurz danach traf ein anderes Fahrzeug ein, und Soldaten stiegen aus. Sie trugen amerikanische Uniformen. Robert beobachtete sie, wie sie eine große Rolle aus weißem Stoff abwickelten und auf dem Platz ein großes Kreuz legten – ein Signal für die alliierten Flugzeuge, daß Beaune befreit war.

Damit begann, was Robert später als »der Tag, an dem alles anders war«, im Gedächtnis blieb. Während sich Beaune mit Panzern und anderen Militärfahrzeugen füllte, begannen die Kirchenglocken zu läuten. Die Menschen strömten auf die Straßen und feierten, so eine Lokalzeitung, »diese gesegnete und großartige Stunde unserer Befreiung. Französische und alliierte Fahnen wehten aus allen Fenstern. Lange waren sie auf den Dachböden versteckt, jetzt kamen sie wieder zu Ehren, um im Wind der Befreiung zu wehen.«

Auch der Wein floß in Strömen zu Ehren der Befreier. Jemand behauptete, die Trinksprüche habe man noch 40 Kilometer entfernt hören können.

»Beaune wurde mit amerikanischer Militärausrüstung und amerikanischem Kaugummi befreit«, erinnerte sich Robert Drouhin. »Es war eine richtige *scène classique*, wie in einem Kinofilm.«

Doch während hier bereits gefeiert wurde, gab es andernorts noch Kämpfe. Mademoiselle Yvonne Tridon von der Beauner Winzervereinigung tanzte auf der Straße mit einem amerikanischen Soldaten, als jemand sie anhielt und beschimpfte. »Schämen Sie sich nicht zu feiern, solange noch gekämpft wird?« Tridon war überrascht. Es war ihr gar nicht in den Sinn gekommen, daß der Krieg noch nicht zu Ende war.

Keine 20 Kilometer weiter nördlich versuchten deutsche Truppen aus dem Château Clos de Vougeot zu entkommen, einer bekannten Sehenswürdigkeit des Burgund, die zu Beginn des Krieges zur Lagerung von Munition beschlagnahmt worden war. Die Soldaten hatten die Munition auf einen Zug verladen und versuchten sie zurück nach Deutschland zu bringen. Doch ein paar Hundert Meter vom Château entfernt eröffnete die Résistance das Feuer auf den Zug und brachte dadurch die Munition zur Explosion. Eine gewaltige Druckwelle deckte das Dach des Schlosses ab, und 200 000 alte Dachziegel wurden über ein Gebiet von über einem Hektar verstreut. Die Explosion war bis nach Beaune zu hören.[143]

Doch das Geräusch, das Robert an diesem Tag am stärksten berührte, war ganz leise – ein Klopfen an der Haustür. Gleich rannte er hinunter, um nachzusehen. Vor der Tür stand sein Vater. Neun Monate, nachdem er durch seinen Weinkeller vor der Gestapo geflohen war, war Maurice Drouhin zurückgekehrt.

»He, Al, komm hier rüber! Wir brauchen dich hier.«

Al Ricciuti, ein junger Mann aus Baltimore und sein Leben lang Fan der Orioles, der Baseballmannschaft seiner Heimatstadt, war Übersetzer in Pattons 3. Armee. Er war als Wehrpflichtiger eingezogen worden und kurz nach dem D-Day am Utah-Beach in der Normandie gelandet. Jetzt war er an der Befreiung Frankreichs beteiligt. Seine Einheit lagerte außerhalb des Dorfes Avenay-Val d'Or in der Champagne. Bereits Als Vater war hier im Ersten Weltkrieg als Soldat durchgezogen.

Al wollte sich etwas umschauen und für seinen Vater einige Fotos machen, als ihn Soldaten aus seiner Einheit plötzlich zu sich riefen. Er ging zu ihnen hin um zu hören, was sie von ihm wollten. »Diese Mädchen hier wollen uns etwas erzählen, aber wir können kein Wort verstehen.« Vor ihnen standen drei Mädchen, die alle zugleich redeten und auf ein Haus hinter ihnen zeigten. Al, dessen Mutter Französin war, hörte ihnen zu und erklärte dann: »Diese Mädchen sind Schwestern. Sie sagen, sie hätten zwei US-Piloten aus einer B-17 bei sich zu Hause versteckt.«

Al und die anderen folgten den Kindern zu ihrem Haus, um die abgeschossenen Flieger abzuholen. Nachdem die Piloten zum Stützpunkt der Amerikaner abtransportiert waren, kehrte Al zu der Familie der drei Mädchen zurück. Diese erzählten ihm, wie sie die Männer aufgefunden und während der letzten Tage der deutschen Besatzungszeit gepflegt hatten.

Die Revoltes, kleine Champagnewinzer, luden Al ein, zum Abendessen zu bleiben. Paulette, eine der Töchter, nahm Al mit zu einem Spaziergang über die Weinberge der Familie. »Diesmal hatten wir Glück«, meinte sie. »Es wurde hier nicht wirklich gekämpft, anders als im Ersten Weltkrieg. Trotzdem hatten wir natürlich Angst.« Wie viele in der Champagne hatten auch die Revoltes gehört, daß die Deutschen in einigen Weinkellern großer Champagnerhäuser Sprengstoffladungen angebracht hatten. Paulette fragte ihn, ob das stimmte.

Al erklärte, daß er das nicht sicher wisse. Er sagte, die Deutschen hätten einige Brücken vermint, aber keine Zeit mehr gehabt, die Sprengladungen auszulösen, weil die amerikanischen Truppen unter General Patton so schnell vorgerückt seien.[144] Patton, so meinte Al lachend, wäre wohl ziemlich entsetzt, wenn irgendwo Champagner zu Schaden komme. »Er trinkt gewöhnlich nur die besten Whiskys, aber er mag auch Champagner, und er kennt sich damit aus.«

Al selbst dagegen hatte von Champagner überhaupt keine Ahnung. Er mußte zugeben, daß er sogar noch nie welchen getrunken hatte. Beim Abendessen sorgte nun Familie Revolte dafür, daß er so etwas nie wieder sagen mußte: Sie servierte ihm eine ganze Reihe verschiedener Champagnersorten, vom süßesten bis zum trockensten. Diese Weinprobe war für den jungen Mann aus Baltimore wie eine Offenbarung – bis dahin hatte er sich selbst eher für einen Biertrinker gehalten. »Ich probierte also etwas von dem Champagner und meinte gleich: ›Hey, das ist ja was für mich!‹«

Doch die Zeit war zu knapp, um der neuen Leidenschaft zu frönen. Patton wollte schnell weiter vorrücken, und schon am folgenden Morgen war die Dritte US-Armee wieder unterwegs. Paulette kam, um Al zu verabschieden. »Ich schreibe dir«, versprach er, aber da war er schon halb verschwunden.[145]

Als die Deutschen im Elsaß feststellten, wie schnell die Alliierten vorrückten, begannen sie ihrerseits mit einer Erstürmung der Weinkeller. Menschen wie Georges Hugel mußten bestürzt mit ansehen, wie die deutschen Soldaten auf ihrer wilden Flucht soviel Wein wie möglich auf ihre LKW verluden. Doch viel war es nicht, denn die Deutschen standen fast pausenlos unter dem Beschuß der alliierten Jagdflugzeuge. »Und so blieb der meiste Wein glücklicherweise bei uns im Land.«

Das Elsaß war die letzte Region Frankreichs, die befreit wurde – kurz nach der Weinlese. »Es war eine gewaltige Ernte, aber auch eine traurige«, erinnerte sich Georges' Bruder André. Ihr Vater versteckte sich vor der Gestapo, weil er sich geweigert hatte, der NSDAP beizutreten, und als Geisel hätte verhaftet werden sollen; ihr Bruder Jean jun. war in der deutschen Wehrmacht. Georges selbst mußte sich immer noch von seinen in der Ukraine erlittenen Verletzungen erholen und konnte nur auf Krücken laufen. »Zwei meiner Söhne kämpfen für Ihren Führer, und Sie wollen meinen Mann verhaften! Schämen Sie sich!« entgegnete Mimi Hugel zornig den deutschen Behörden.

Es war fast unmöglich, die Ernte einzubringen. Viele Weinberge waren mit Antipanzerminen gespickt. Während der Lese griffen alliierte Flugzeuge abziehende deutsche Fahrzeugkolonnen in der Nähe der Weinberge an. Georges und André brachten gerade eine Ladung Weintrauben in die Kelterei, als ein Militärflugzeug mit Maschinengewehrfeuer im Tiefflug über sie hinwegflog. Georges stieß André zur Seite und fiel neben ihn. Trauben und Erdbrocken flogen in alle Richtungen, als die von dem Flugzeug abgefeuerten Kugeln in den Weinberg schlugen. Als die beiden Brüder wieder aufstanden, sahen sie in einiger Entfernung einen deutschen LKW in Flammen stehen. Der Staub und Rauch legten sich, dann war ihnen klar, daß die zwei Soldaten auf dem Lastwagen ums Leben gekommen waren.

Als Georges und André zu Hause ankamen, berichtete ihnen ihre Mutter vom Besuch eines deutschen Offiziers. Zuerst habe sie sich geweigert, ihn einzulassen, doch er habe sich nicht abwimmeln lassen. »Ich habe eine Nachricht für Sie«, erklärte er. »Madame, Sie können Ihrem Mann ausrichten lassen, daß er jetzt sicher nach Hause kommen kann.« Frau Hugel fürchtete eine Falle und antwortete, sie verstehe nicht, wovon der Offizier rede, und habe ohnehin keine Ahnung, wo sich ihr Mann aufhalte. Der Deutsche lächelte grimmig. »Madame, Sie haben mich sehr gut verstanden. Es besteht für ihn keine Gefahr mehr, verhaftet zu werden. Jetzt ist alles anders.«

Als der Geschützdonner der alliierten Artillerie näher rückte, suchten die Hugels und andere Familien Schutz in ihren Weinkellern. In der Nacht zum 3. Dezember schlugen amerikanische Mörser- und Artilleriegeschosse in Riquewihr ein.

Zwei Tage später waren die Straßen des Städtchens voller Texaner, einige in Panzern, andere bewachten gefangengenommene Deutsche, und wiederum andere durchsuchten Haus für Haus.

Es war 7.30 Uhr morgens, als die Amerikaner, Teil der 36. Infanteriedivision, eintrafen. Großvater Emile Hugel war eine Stunde zuvor aufgewacht. Als ihm klarwurde, daß Riquewihr befreit war, beschloß er, seinen besten Anzug anzuziehen, um die Amerikaner zu begrüßen. Doch als er gerade seine Hose anzog, stürmte ein nervöser junger GI auf der Suche nach versteckten Deutschen in sein Zimmer. Zuerst verstand der 75jährige Hugel, der schon nicht mehr gut sehen konnte, nicht, was sich gerade abspielte, doch sein Enkel André, der den Soldaten begleitete, erklärte es ihm rasch. Der alte Mann war so außer sich vor Freude, daß er quer durch das Zimmer zur Tür lief und dem amerikanischen Soldaten um den Hals fiel. Dabei rutschte ihm seine Hose herunter. Der Soldat war so verblüfft, daß er seine Waffe auf Hugel richtete. Doch dieses Mißverständnis klärte sich schnell auf, und der jetzt tadellos gekleidete Emile schloß sich der jubelnden Menge auf der Straße an.

Für Familie Hugel war es ein um so größeres Fest, als auch Jean Hugel aus seinem Versteck aufgetaucht war. Bald nach seiner Rückkehr begann er, Wein gegen Benzin zu tauschen, immer einen Kanister Wein gegen zwei Kanister Treibstoff. Für die Texaner war das ein Schnäppchen.

Eine Woche nach der Befreiung von Riquewihr starteten die Deutschen einen Gegenangriff, um das Städtchen wieder einzunehmen. Als sie durch die Straßen rasten, schossen die Texaner aus den Fenstern von Wohnhäusern und anderen Gebäuden auf sie. Bald lagen die kopfsteingepflasterten Straßen voller Toter und Verwundeter. Die Verletzten wurden auf den Hof der Hugelschen Weinkellerei gebracht, wo die Amerikaner eine Erste-Hilfe-Station und eine Leichenhalle eingerichtet hatten.

Die größten Schäden erlitten jedoch die Weinberge. Amerikanische Panzer wühlten sich durch Zäune und Rebstockreihen, lösten sogar beim Versuch, die Deutschen zurückzudrängen, Landminen aus.

Ähnliche Szenen spielten sich in Dörfern und Städten überall im Elsaß ab. In Ammerschwihr brannte es überall, und als die Einwohner versuchten, die Brände zu löschen, brach plötzlich die Wasserversorgung zusammen. Eine amerikanische Bombe hatte die örtlichen Zuleitungen getroffen. Verzweifelt schleppten die Einwohner Weinflaschen und -fässer aus ihren Kellern und gossen den Inhalt in die Flammen. Als die Feuer schließlich erloschen, war von dem kleinen Städtchen kaum mehr etwas übriggeblieben.

Georges Hugel blickte mit Trauer und Schmerz auf die Verwüstung. Er hatte die Brutalität des Krieges als deutscher Soldat an der »Ostfront« kennengelernt und geglaubt, nichts könne jemals so schlimm sein wie das. Doch als er jetzt sein eigenes Heim bedroht sah und seine eigenen Freunde und Nachbarn angegriffen wurden, war er überzeugt, daß er jetzt wieder etwas tun mußte. »Ich gehe wieder zurück in den Krieg«, erklärte er seiner Familie. »Ich trete in die französische Armee ein.«

Das war die schlimmste Mitteilung, die sich seine Eltern hätten vorstellen können. Ein Sohn kämpfte noch bei den Deutschen, und der andere jetzt bei den Alliierten.[146]

NEUN

Hitlers »Adlerhorst«

Wo sind bloß die Franzosen?

Das fragte sich praktisch jeder amerikanische Soldat, während die alliierten Truppen durch Deutschland zogen.

Während dieser letzten Kriegstage zogen die Alliierten rasch in Richtung Berlin. Alle, die Amerikaner, die Briten, die Kanadier und die Sowjets, wollten die ersten sein.

Währenddessen gab es noch einen anderen Wettlauf, und zwar quer durch Süddeutschland, auf Berchtesgaden zu, Hitlers Rückzugsort in den bayerischen Alpen. Für die Franzosen war diese Route von großer historischer Bedeutung. Schon Napoleon war hier entlanggezogen, als seine Truppen 1805 bei Ulm einen großen Sieg über die Österreicher erringen konnten. Für eine kurze Zeit, von 1809 bis 1810, stand die Region einschließlich Berchtesgaden unter französischer Herrschaft.

Doch diese geschichtliche Erinnerung war nur ein Grund, warum Berchtesgaden so wichtig war. Weit bedeutender war der Schatz, den jeder hier verborgen wußte. Er umfaßte Gold, Bargeld aus einem Dutzend Ländern, unschätzbare Mengen Juwelen, meisterhafte Kunstwerke, Luxuswagen und etwas, das in die Hand zu bekommen die Franzosen überhaupt nicht erwarten konnten: Hunderttausende Flaschen der besten Weine der Welt, Wein, der ihrem Land gestohlen worden war.

Berchtesgaden war sicherlich einerseits Hitlers Refugium und der Ort, wo Himmler, Göring und andere Nationalsozialisten gern ihre Ferien verbrachten, aber es war auch ein riesiges Warenlager, ein wahres Labyrinth von unterirdischen Kellern, Stollen und Durchgängen, die im 12. Jahrhundert zur Salzgewinnung in den Berg getrieben worden waren. Jetzt dienten diese Gewölbe als Lagerraum für die zusammengeraffte Kriegsbeute der Nazis.

Der Wettlauf um die Bergung des Schatzes begann am 22. April, als General Philippe Leclerc grünes Licht dafür bekam, mit seiner 2. Panzerdivision zurück nach Deutschland zu gehen. Anfang des Monats war er von Charles de Gaulle nach Frankreich beordert worden, der entschieden hatte, bei der endgültigen Kapitulation von Deutschland keinen Teil Frankreichs mehr in deutscher Hand sehen zu wollen.

Es gab immer noch vereinzelte Widerstandsnester, insbesondere um Royan auf der Halbinsel Médoc bei Bordeaux, wo die Deutschen den Befehl hatten, bis zur letzten Kugel auszuharren. Royan war strategisch wichtig, denn von der Halbinsel aus konnte der ein- und ausfahrende Schiffsverkehr des Hafens Bordeaux kontrolliert werden. Ohne den Hafen hatten die Bordeaux-Händler keine Möglichkeit, ihren Wein in alle Welt zu verschicken. Leclerc hatte daher den Befehl bekommen, die Hafenzufahrt zu sichern.

Er war zornig. Nicht hier wollte er sein; die wichtigsten Kriegshandlungen fanden jetzt in Deutschland statt. Leclerc, der Paris und Straßburg befreit hatte, wollte jetzt dort sein, wenn es ums Ganze ging. Er rang de Gaulle die Zusage ab, sofort nach Deutschland geschickt zu werden, sobald seine Einheiten Royan eingenommen haben würden.

Die deutschen Truppenteile in Royan kapitulierten am 18. April. Vier Tage später waren Leclerc und seine Männer schon unterwegs nach Deutschland. Ihr Gewaltmarsch quer durch Frankreich war beispiellos. In einem Brief schrieb Leclerc an seine Frau: »Es wäre schrecklich für uns, wenn wir diesen historischen Augenblick auch nur um ein paar Meter verpassen würden.«[147] Er war fest entschlossen, daß ihm das nicht passieren würde. In gerade einmal fünf Tagen hatten er und seine Division die über tausend Kilometer hinter sich gebracht und überquerten den Rhein nach Deutschland.

Um das Manöver so schnell wie möglich zu bewerkstelligen, willigte Leclerc in eine Aufteilung seiner Division in getrennte Einheiten ein, die der amerikanischen Armee zugeordnet werden sollten. So kam seine »5. Taktische Gruppe« zum 21. Amerikanischen Armeekorps, dessen Ziel Berchtesgaden war.

In einem wahren Wettlauf machten sich beide Einheiten auf in die bayerische Stadt, und jede der beiden war fest entschlossen, als erste anzukommen.

Aus Furcht, die Franzosen könnten sie schlagen, gaben die amerikanischen Kommandanten der 5. Taktischen Gruppe ein entfernteres Ziel vor, Salzburg, das von Berchtesgaden aus jenseits der Salzach lag.

Um nicht ausgetrickst zu werden, akzeptierte Leclerc scheinbar den Befehl, teilte aber seine Gruppe in drei Untergruppen auf. Zwei von ihnen zogen wie von den Amerikanern angeordnet in Richtung Salzburg. Die dritte jedoch hielt weiter auf Berchtesgaden zu. Ihre Mission: vor den Amerikanern dort zu sein.

Es dauerte nicht lange, bis die Amerikaner merkten, daß etwas nicht ganz stimmte. Die französische Einheit, die rechts von den Amerikanern vorrücken sollte, also die dritte Untergruppe, kam immer wieder aufs neue in Sicht und verschwand. Schließlich war sie völlig untergetaucht.

Als die Amerikaner eine Funkverbindung herzustellen versuchten, stießen sie auf nichts als Schweigen im Äther.

»Nachdem sie uns angebettelt hatten, sich uns anschließen zu können, verschwanden sie einfach«, grummelte ein GI. »Gerade waren sie noch da, und plötzlich waren sie weg.«[148]

Als die Amerikaner verstanden, was geschehen war, waren die Franzosen schon 200 Kilometer weiter und näherten sich ihrem Ziel.

Am 4. Mai war Berchtesgaden zum Greifen nahe – es fehlten nur noch 50 Kilometer –, als die Amerikaner endlich aufholten. Sie sahen, daß die Franzosen in einer Schlucht von feuernden SS-Männern aufgehalten worden waren. Die Amerikaner entschieden, daß sich hier ihre große Chance bot. Sie wendeten ihren Konvoi und wollten auf einem Umweg nach Berchtesgaden gelangen, nämlich über die Autobahn. Dadurch, so spekulierten sie, könnten sie früher als die Franzosen ankommen.[149]

Doch das war eine schlechte Entscheidung. Am späten Nachmittag trafen sie auf eine eingestürzte Autobahnbrücke, die in die Luft gesprengt worden war, und mußten die ganze Nacht dort verbringen, während Pioniere damit beschäftigt waren, das Bauwerk wieder notdürftig instand zu setzen.

Die Franzosen, die so kurz vor dem Ende des Krieges keine Verluste mehr in Kauf nehmen wollten, warteten geduldig in ihrer Stellung, daß der SS die Munition ausging. Als dies der Fall war und die Deutschen sich in alle Winde zerstreuten, rückten die Franzosen weiter vor.

Später an diesem Nachmittag rollte dann ein französischer Panzer ohne einen einzigen Schuß in Berchtesgaden ein. Er wurde von einem jungen Mann aus der Champagne befehligt. Bernard de Nonancourt konnte es kaum fassen: Er war am Ziel.

Sein erster Blick auf Berchtesgaden an diesem 4. Mai war atemberaubend. Es war, wie es ein anderer Besucher beschrieb, »ein Märchenland mit schneebedeckten Bergen, dunkelgrünen Wäldern, eiskalten Wildbächen und Lebkuchenhäuschen, die reinste Augenweide.«[150] Nach der Legende lagen dort irgendwo tief unter den Berggipfeln Kaiser Barbarossa und seine Ritter verzaubert in tiefem Schlaf. Eines Tages, so hieß es, würde Barbarossa erwachen und Deutschland in ein goldenes Zeitalter von Frieden und Wohlstand führen.[151] Doch diese Zeit war noch nicht gekommen. Barbarossa schlief noch immer, und statt dessen hatte Hitler das Land in Krieg und Verderben gestürzt.

Es war hier in Berchtesgaden, wo er viele seiner Pläne für ein »Tausendjähriges Reich« gesponnen hatte. Er ließ die idyllische Landschaft in eine Festung verwandeln. Seine ländliche Berghüt-

te wurde in eine Trutzburg mit Flugabwehrkanonen und sogar einer Nebelmaschine umgebaut, die bei Gefahr von Luftangriffen die ganze Gegend in dichte Schwaden hüllen konnte. Bäume wurden gefällt, und aus Waldwegen wurden gepflasterte Straßen. In der Umgebung entstanden häßliche Betongebäude zur Unterbringung von Truppen, Gästen und einer ganzen Flotte von Edelkarossen.[152]

Doch Hitlers extravagantes Spielzeug war ein Aufzug, der ihn zum sogenannten »Adlerhorst« bringen konnte, einem privaten Refugium auf einem Berggipfel Hunderte Meter über Berchtesgaden. Hitler-Biograph Robert Payne schrieb: »Hitler schwebte vor, in den Berg einen Schacht zu treiben, damit er über einen Aufzug zum Gipfel gelangen und dann die umliegende Landschaft überblicken konnte, wie ein Gott alle Königreiche der Erde überwacht.«[153]

Es dauerte volle drei Jahre, bis der Schacht in das harte Gestein gehauen war. Der anschließend eingebaute Aufzug hatte eine vergoldete Tür, einen Teppich auf dem Boden und gepolsterte Sitzgelegenheiten. Gleich eine ganze Reihe Telefonapparate verbanden den Aufzug mit Berlin, Paris, London und jeder anderen wichtigen Stadt der Welt. Zwar hatte das Projekt 30 Millionen Reichsmark gekostet, doch Hitler war sehr zufrieden mit dem Resultat. Der 1939 fertiggestellte Aufzug war sein eigenes Geschenk zu seinem 50. Geburtstag.

Unglücklicherweise war der Aufzug defekt, als Bernard de Nonancourt und seine Männer eintrafen. Die geflüchteten Deutschen hatten ihn noch sabotiert.

Von der Einstiegsluke seines Panzers aus betrachtete Bernard den Berggipfel und war fasziniert von all dieser Schönheit. Um den 2400 Meter hohen Gipfel kreisten langsam Adler, deren Schwingen im Schein der untergehenden Sonne glühten. Es war schon ein langer Tag gewesen, aber er war immer noch nicht zu Ende.

»He, Sie da, Nonancourt, kommen Sie mal hier rüber!« Das war sein vorgesetzter Offizier. Bernard rutschte von seinem Panzer und lief zu ihm hinüber. »Sie sind aus der Champagne, nicht wahr?«, wurde er gefragt. »Dann müssen Sie ja was von Wein verstehen.« Bernard nickte und wollte schon etwas antworten, als der Offizier fortfuhr: »Wir haben einen Spezialauftrag für Sie. Morgen werden Sie bergsteigen!« Der Offizier erklärte, nach Geheimdienstvermutungen befinde sich ein großer Teil der von den Nazis in Frankreich gestohlenen Weine im »Adlerhorst«. »Nehmen Sie sich ein paar Männer mit und schauen Sie mal dort oben nach. Ruhen Sie sich jetzt aus, denn morgen müssen Sie früh los. Das wird kein leichter Aufstieg.«

Es dauerte eine Weile, bis Bernard die ganze Tragweite der Worte des Offiziers erfaßt hatte. Plötzlich wurde ihm klar, daß er einen Ort aufsuchen sollte, wohin noch kaum ein Mensch seinen Fuß gesetzt hatte. Niemand wußte genau, was sich dort verbarg, oder in welchem Zustand alles war. Die abrückende SS hatte bereits die Keller einiger Häuser mit Heizöl vollaufen lassen und in Brand gesteckt. Was hatten sie mit dem »Adlerhorst« gemacht? fragte er sich.

Obwohl Berchtesgaden in den letzten Tagen das Ziel von alliierten Bombenangriffen gewesen war, fanden Bernard und einige andere Soldaten eine noch unzerstörte Hütte, wo sie ihre Ausrüstung unterbringen konnten. Zum ersten Mal seit Wochen sollten sie heute Nacht in richtigen Betten schlafen.

Bernard brachte jedoch kein Auge zu. Er zog ein Blatt Papier hervor und begann, einen Brief an seine Mutter zu schreiben. Es war so viel geschehen in der letzten Zeit, daß es schwierig war, sich gegenseitig auf dem laufenden zu halten. Jetzt mußte er aber feststellen, daß er vieles seiner Mutter gar nicht erzählen konnte oder durfte. Wie konnte er all das erklären, was er in seiner Kommandoeinheit der Résistance hatte tun müssen? Wie sollte er je das Grauen beschreiben, das er bei der Befreiung des Konzentrationslagers Dachau gesehen hatte? »Ich weiß, was du nach dem Verlust unseres Maurice fühltest«, schrieb er schließlich. »Es vergeht kein Tag, an dem ich nicht an meinen Bruder denke und daran, was dieser Kampf uns alle gekostet hat, aber jetzt kann ich mit Sicherheit sagen, daß das Kämpfen in diesem Krieg für mich das Richtige war.«

Bernard weckte seine Männer noch vor dem Morgengrauen. In der Nacht war General Leclerc eingetroffen und hatte noch einen weiteren Befehl für die Männer, die den Berg besteigen sollten. Er wollte, daß auf dem »Adlerhorst« die französische Trikolore gehißt werden sollte.

Der erste Abschnitt des Aufstiegs war der leichteste. Bernard und seine Truppe fuhren mit dem Auto von Berchtesgaden zu einem kleineren Gebäude weiter oben in den Bergen, etwa 20 Minuten entfernt. Dort gab es einen Parkplatz und den Eingang zu dem Aufzug, den Hitler hatte bauen lassen. Bernard kontrollierte noch einmal mit Hilfe von eigens dorthin abkommandierten Pionieren, ob der Aufzug vielleicht noch zu reparieren war. Doch die Fachleute sagten ihm, das sei unmöglich.

Bernard und seine Männer begannen mit dem Aufstieg.

Es war warm, und sie kamen im frühen Morgenlicht gut voran.

Dennoch mußten sie regelmäßig anhalten, und ein Vorauskommando überprüfte den Anstieg auf Minen und sonstige Fallen.

Nach ein paar Stunden fiel den Männern bereits das Atmen schwer. Auch Hitler war es ähnlich ergangen; das war einer der Gründe, warum er nur selten den »Adlerhorst« besuchte.[154]

Kurz vor dem Gipfel wurde der Pfad immer steiler. Bernard schickte einige Bergsteigerspezialisten voraus, um Seile anzubringen. Schließlich zogen sie sich einer nach dem anderen auf den Gipfel hinauf.

Als sie schließlich oben angekommen waren, waren sie alle erschöpft. Selbst auf 2300 Metern Höhe war es noch warm. Die Sicht war großartig, und die Männer rasteten eine Weile, um die Aussicht zu genießen, während sie nach Luft schnappten. Von außen war das Gebäude unauffällig und glich eher einem Bunker. Bernard wurde schnell klar, daß es nicht leicht sein würde, hineinzukommen. Der Eingang, ein Stahltor, war fest verschlossen. Es war aussichtslos, daran herumzurütteln, sogar mit schweren Hämmern konnten sie nichts ausrichten. Bernard trat zur Seite, als Pioniere eine kleine Sprengladung anbrachten. Als sich der Rauch und der Staub verzogen hatten, stand das Tor einen Spalt weit offen. Jeder quetschte sich hindurch; Bernard rannte auf den *cave* zu.

Hierzu mußten sie noch eine weitere Tür aufbrechen. Wie das Haupttor gab auch diese zunächst wenig nach, doch Bernard verschaffte sich gewaltsam Zutritt.

Hinter der Tür war es dunkel. Bernard knipste seine Taschenlampe an. Er brauchte nur wenige Sekunden, um zu erkennen, was er vor sich sah. Er rief nach den anderen, sie sollten ebenfalls kommen. »Das glaubt ihr nicht!«, schrie er atemlos. Wo immer Bernard mit seiner Taschenlampe hinleuchtete, sah er Flaschen, einige in Holzkisten, andere auf stählernen Regalen.

Auch die anderen Männer kamen mit ihren Taschenlampen herein. Was sie sahen, war überwältigend. Sie standen in einem riesigen Raum, der vom Boden bis zur Decke mit Wein gefüllt war. »Da

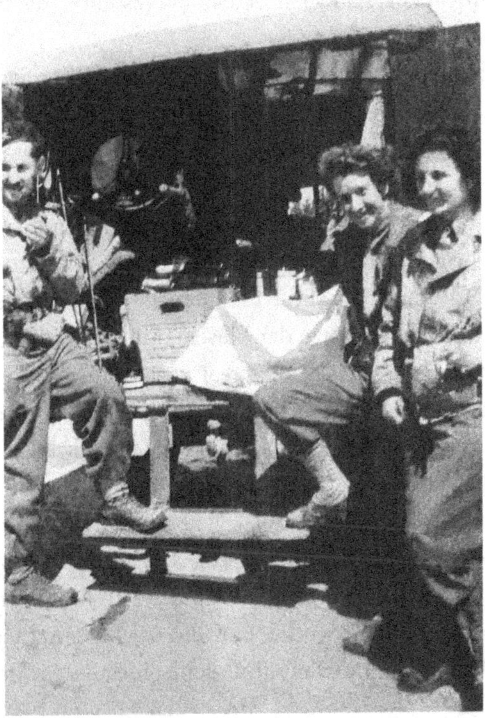

stand jeder große Wein, von dem ich je gehört hatte«, erinnerte sich Bernard später. »Alles, was je bei den Rothschilds gekeltert worden war, alle Lafites und Moutons. Die Bordeauxweine waren ganz außergewöhnlich.«

Bernard machte eine kurze Überschlagsrechnung. Das mußten mindestens eine halbe Million Flaschen sein, darunter viele Magnumflaschen.

Die Bordeauxweine machten aber nur einen Teil aus. Es gab ebenso hervorragende Burgunder wie seltene Portweine und Cognacs aus dem 19. Jahrhundert. Aus jeder bedeutenderen Champagnerkellerei fanden sich Flaschen: Krug, Bollinger, Moët, Piper-Heidsieck und Pommery, all die großen Marken. Und dann stieß Bernard auf Lanson, die Marke seines Onkels. »Diesen Champagner habe ich selbst hergestellt«, dachte Bernard ergriffen.

Doch das war es nicht, was ihn am meisten überraschte.

»Ganz besonders erinnere ich mich aber an den 1928er Salon, diesen unvergeßlichen Champagner. Er war *so* phantastisch, aber es gab nur winzige Mengen davon.« Knapp fünf Jahre zuvor, als er bei Delamotte, einer Champagnerkellerei gegenüber der Firma Salon arbeitete, hatte de Nonancourt zusehen müssen, wie Görings Männer genau diese Flaschen abtransportierten.

Bernard berührte einige der Flaschen mit den Fingern, wie um sich zu überzeugen, daß alles real war. Dann mußte er lachen. Einige dieser Champagnerflaschen, das sah er, enthielten kaum mehr als billigen Fusel. So gab es etwa eine Unzahl Flaschen mit dem Etikett »Reserviert für die Wehrmacht«, andere waren nur mit »Kategorie A«, »B« oder »C« gekennzeichnet. Sie machten ein Drittel aller Champagnerkäufe von 1937 bis 1940 aus, die die Wehrmacht »zur Aufrechterhaltung der Moral der Truppen« beschafft hatte. Bernard wußte, daß die Champagnerhändler diese Gelegenheit dazu nutzten, ihre schlechtesten Produkte loszuwerden.

Doch nun stand Bernard zunächst vor einem weiteren Problem: Wie bekam er eine halbe Million Flaschen den Berg hinunter? Er bat die Pioniere um Rat. »Sind Sie sicher, daß der Aufzug nicht funktioniert? Und daß man ihn unter keinen Umständen reparieren kann?« Die Spezialisten schüttelten den Kopf und erklärten, der Schaden sei so umfangreich, daß zur Reparatur mehr Werkzeug erforderlich sei, als sie dabei hatten.

Da erinnerte sich Bernard an eine gewisse Gruppe von Leuten, die wußten, wie man sorgfältig mit ihnen anvertrauten Objekten umgeht, auch unter den schwierigsten Umständen. Über Funk forderte er Sanitäter an. »Und bringen Sie sämtliche Tragen mit, die Sie auftreiben können«, verlangte er.

Was dann geschah, dürfte zu den bizarrsten Rettungsaktionen gehören, die je während eines Krieges stattfanden. Kistenweise wurde der Wein aus dem »Adlerhorst« herausgeschleppt und auf die Krankentragen gebunden. Mit Hilfe eines Trupps von Bergsteigern wurden die Tragen vorsichtig einige Hundert Meter vom Gipfel hinunterbugsiert, wo schon Sanitäter und andere Träger warteten. Von diesen wurden die Tragen dann langsam den Berg hinuntergebracht, wo wiederum Panzer, Lastwagen und andere Militärfahrzeuge warteten. Bernard kämpfte sich kletternd vorwärts an die Spitze des Zuges und betrachtete von Zeit zu Zeit diese seltsame Prozession von Krankentragen, jede voller Weinkisten, die sich langsam den Berg hinunterbewegte.

Bernard erreichte seinen Panzer, kurz bevor der erste Weintransport ankam. »Hierher bitte«, befahl er und winkte die Träger zu seinem Fahrzeug. *»Faites le plein«*, meinte er dann, »Bitte volltanken!«. Die Männer hoben eine Kiste von der Trage und reichten sie Bernard auf den Turm. Es war eine Kiste mit dem 1928er Salon Champagne.

Diese Szene wiederholte sich bei jeder weiteren Trage, die ankam. Die Soldaten nahmen aus ihren Panzern alles heraus, was nicht unbedingt notwendig war, Kleidung, Werkzeug, sogar zusätzliche Munition, um Platz für die neue Ladung zu schaffen. Einige Soldaten leerten ihre Feldflaschen und füllten sie mit so legendären Tropfen wie '29er Latour, '34er Mouton oder '37er Lafite.

Es ging hoch her. Als die französische Flagge über dem »Adlerhorst« wehte, öffnete Bernard eine Flasche '28er Salon und brachte einen Trinkspruch aus. Die Soldaten nannten es *le repos du guerrier*, »die Kampfpause des Kriegers«.

Doch ein letztes Scharmützel lag noch vor ihnen. Ihre amerikanischen »Cousins« waren inzwischen ebenfalls in Berchtesgaden eingetroffen und weniger erfreut darüber, daß die Franzosen sie bei ihrem Rennen geschlagen hatten. Die Amerikaner waren immer überzeugt gewesen, daß sie als erste in Berchtesgaden ankommen würden. Es wurmte sie, daß sie von einem Haufen Jungspunden übertrumpft worden waren, die offiziell unter ihrem Kommando standen.

Bernard und seine Männer kümmerte das jedoch nicht besonders. Zu diesem Zeitpunkt war ihre kleine Feier gerade auf dem Höhepunkt, und sie wollten sich die Stimmung nicht von einem dahergelaufenen Haufen Verlierern verderben lassen. Außerdem gab es mehr als genug Alkohol in dieser Gegend, so daß keiner nüchtern bleiben mußte. Das merkten auch die Amerikaner ziemlich bald. Überall gab es Weinkeller, fast in jeder Villa. Die Neuankömmlinge entdeckten das Haus, das Generalfeldmarschall Göring gehört hatte. Der Keller platzte mit über 10 000 Flaschen fast aus allen Fugen. Nur wenig später hörte man kaum noch ein anderes Geräusch als das Knallen von Sektkorken.

Ein Amerikaner jedoch war überhaupt nicht in Feierstimmung. General Wade Haislip, der Kommandant des 21. Armeekorps, war ebenfalls gerade in Berchtesgaden eingetroffen, und das erste, was er sah, war die französische Trikolore, die über dem »Adlerhorst« wehte. Er war zornig und irritiert.

»Sie standen unter unserem Befehl und stehen immer noch!«, blaffte er General Philippe Leclerc an. »Nehmen Sie sofort diese Fahne herunter und hissen Sie die *Stars and Stripes*!«[155]

Leclerc tat wie befohlen und zuckte dann mit den Achseln. Was machte das jetzt schon noch aus? Er wußte, wer den Wettlauf gewonnen hatte.

Kurz darauf traf er einen seiner Kollegen, General Paul de Langlade.

»Nun, wir haben's geschafft«, meinte er zu ihm. »Es war ein langer und schwieriger Weg, aber ›Ende gut – alles gut‹, meinen Sie nicht auch?«[156]

Langlade nickte und schmunzelte: »Gott liebt eben die Franzosen.«[157]

ZEHN

Der Kollaborateur

Es war unmöglich, Louis Eschenauer nicht zu kennen.[158]

»Er war ein dicker Mann mit einer dicken Zigarre und einem noch einnehmenderen Wesen«, erinnerte sich Jean Miailhe. »Jedermann kannte Onkel Louis.«

Onkel Louis war der prominenteste Weinhändler von Bordeaux, ein unermüdlicher Kaufmann, der Weine *en gros* einkaufte, selbst abfüllte und dann in alle Welt verkaufte. Er sprach fließend Englisch, Französisch, Deutsch und Russisch und schrieb auch seine Geschäftsbriefe selbst in diesen Sprachen. Auch auf seinem Spezialgebiet, den Bordeauxweinen, kannte er sich bestens aus. An einem typischen Tag besuchte er mehrere Châteaux, testete Weine und handelte einen seiner Meinung nach »fairen Preis« aus. Außerdem kümmerte er sich um Berge von Korrespondenz und Bestellungen und überwachte noch Abfüllung, Verpackung und Versand der Waren. Onkel Louis war so erfolgreich und verdiente so viel Geld, daß er kaum je einen Kredit bei einer Bank aufnehmen mußte. Gewöhnlich kaufte er die gesamte Jahresproduktion kleinerer Winzer und legte den Kaufpreis bar auf den Tisch.

»Eschenauer war sehr begabt, ein richtiger Experte«, schwärmte Heinz Bömers Jr. auch viele Jahre später noch in unserem Interview. Bömers Jr. hatte wie sein Vater, der »Weinführer« in Bordeaux, Louis gekannt und selbst mit ihm zusammengearbeitet. »Er entdeckte sofort die geringsten Qualitätsschwankungen oder Schwachstellen bei Weinen. Während des Krieges zogen er und mein Vater gemeinsam los und testeten bis zu einem Dutzend Weine auf einmal. Sie verließen sich gegenseitig voll auf das Urteil des andern und waren sehr enge Freunde.«

Dank dieser Freundschaft und seinen engen Verbindungen zur deutschen Führungsschicht konnte Eschenauer während des Krieges sein Vermögen enorm vermehren, indem er dem Dritten Reich Wein verkaufte.

Nach dem Krieg brachte ihn das jedoch in Schwierigkeiten. Er wurde verhaftet und der wirtschaftlichen Kollaboration angeklagt.

Obwohl jener Prozeß schon 1945 stattfand, halten es sehr viele Franzosen selbst heute noch, über 50 Jahre später, für ein allzu peinliches, sensibles Thema, um überhaupt darüber zu reden. Schließlich handelt es sich um ein dunkles Kapitel ihrer Geschichte, das viele am liebsten vergessen möchten. Nach dem Krieg wurden über 160 000 Menschen wegen »Kollaboration mit dem Feind« vor Gericht gestellt oder Untersuchungen gegen sie eingeleitet. Sogar Präsident Charles de Gaulle sorgte sich über diesen Abschnitt in der französischen Geschichte und zog im Interesse der nationalen Einheit ein offizielles Geschichtsbild von Frankreich als einer »Nation von Widerstandskämpfern« vor.

Der Fall Eschenauer jedoch wirft unangenehme Fragen zu diesem offiziellen Geschichtsbild auf, Fragen, die auch heute noch hitzig debattiert werden. War er ein Kollaborateur? Nutzte er seine Beziehungen zu den Deutschen, um sich illegal zu bereichern? Oder war er nur einer von vielen Franzosen, die einfach nur das taten, was sie tun mußten, um zu überleben?

Diejenigen, die »Onkel Louis« kannten und bewunderten, argumentieren heute, es sei unangemessen und geschmacklos, die Vergangenheit eines Menschen aufzuwühlen, der sich nicht mehr selbst verteidigen kann. »Laßt ihn in Frieden ruhen«, heißt es, »und uns andere in Frieden weiterleben«.

Diese Haltung wird auch durch die französische Rechtsprechung unterstützt. Die Akten zu Eschenauers Prozeß, der teilwei-

se unter Ausschluß der Öffentlichkeit ablief, stehen immer noch unter Verschluß – ein entsprechendes Gesetz zum Schutz der Privatsphäre beschränkt den Zugang zu persönlichen Unterlagen eines Menschen bis 60 Jahre nach seinem Tod.

Eschenauer starb 1958.

Geboren wurde er 1870.

Seine Familie betrieb bis zum Deutsch-Französischen Krieg 1870/71 einen erfolgreichen Weinhandel in Straßburg. Als das Elsaß kurz davor stand, vom Deutschen Reich annektiert zu werden, floh seine Familie nach Bordeaux, wo sie sich sicherer fühlte. Dort kam im selben Jahr der kleine Louis zur Welt.

Der Umzug war eine glückliche Entscheidung. Der Hafen und die übrige wirtschaftliche Infrastruktur der großen Stadt boten der Familie den perfekten Rahmen zur erfolgreichen Wiederaufnahme ihres Gewerbes. Schon nach einem Jahr gehörte die Maison Eschenauer zu den bekanntesten Namen der Region.

Auf der persönlichen Ebene sah die Sache allerdings etwas anders aus. Louis' Vater galt als Frauenheld, was seine Mutter den Kleinen auch deutlich spüren ließ. Eine der frühesten Erinnerungen von Louis war, daß seine Mutter einmal in Tränen ausbrach, weil sein Vater »bei einer anderen Frau war«. Oft wurde Louis von seiner Mutter aus dem Haus und hinunter zum Hafen gezerrt, wo sie dann gemeinsam die Bars und Spelunken nach Mann und Vater absuchten. »Ich will, daß du siehst, was dein Vater anrichtet; Du sollst die schrecklichen Folgen von so einem Lebenswandel kennenlernen«, sagte seine Mutter immer zu ihm. Später erzählte Louis seinen Freunden, daß dies für ihn als kleinen Jungen traumatische Erfahrungen waren, die sein ganzes Leben lang sein Verhältnis zu Frauen belasteten. Er war sich sicher, daß er eines Tages wohl eine Geliebte haben würde, sie aber gewiß nicht heiraten oder ein von ihm stammendes Kind anerkennen würde. Das könne er nicht, erklärte er, weil seine Mutter das nicht gutgeheißen hätte.

Als im Jahre 1900 sein Vater starb, übernahm der nun 29jährige Louis die Maison Eschenauer und verwandelte sie in eines der führenden Handelshäuser von Bordeaux, indem er sich auf besonders exklusive Weine spezialisierte, die *grands crus*. Er war schlau, anspruchsvoll und betrieb seine Firma mit feinem Spürsinn für gute Geschäfte. Während der Prohibitionszeit in den USA verschickte er den Wein an seine amerikanischen Kunden in Parfumflakons. Die besten Weine wie Château Ausone und Château Suduiraut wurden sogar in echtem Kristallglas verschickt. Trockene Weine bekamen das Etikett »Wasser aus Römischen Bädern«.

In der Gesellschaft war Onkel Louis, wie er allseits genannt wurde, als warmherziger und großzügiger Gastgeber bekannt. Die Frauen verehrten ihn, und Freunde flehten ihn geradezu an um eine Reservierung im *Chapon fin*, Eschenauers Restaurant. »Man kam nur hinein mit einer Spur britischem Humor, einer Auszeichnung der Ehrenlegion und einer persönlichen Einladung von Onkel Louis«, erinnerte sich ein damaliger Bewohner von Bordeaux.[159] Das Restaurant führte die besten Weine Frankreichs und leistete sich die dazu passende Kundschaft. König Alfonso XIII. von Spanien und der britische Prince of Wales waren nur zwei der regelmäßigen Gäste. Alfonso schwärmte besonders für die als Beilagen zu delikat angerichteten Fleischspeisen in Silberschalen gereichten Trüffeln. Der Prince of Wales schwankte immer zwischen *Écrevisses à la nage* und *Lièvre royale*. Und weil Eschenauer auch *le roi de Bordeaux* (»der König von Bordeaux« oder »des Bordelais«) genannt wurde, fühlten sich die königlichen Besucher wohl erst recht am richtigen Platz.

Als prominentester Weinhändler der Region saß Eschenauer einer Gesellschaft vor, die in vielerlei Hinsicht geheimnisumwittert und von der Öffentlichkeit abgeschottet war, den sogenannten *Chartrons*. Der Name des Vereins war vom *Quai des chartrons* abgeleitet, dem Bereich im Hafen, wo ihre Mitglieder ursprünglich lebten und arbeiteten. Die Chartrons selbst waren Händler englischer und deutscher Abstammung, Protestanten, deren Vorfahren sich vor 200 Jahren in der Stadt niedergelassen und ihren Handel begründet hatten. Sie hatten Namen wie Lawton, Johnston, Kressmann und Schyler. Sie heirateten bevorzugt untereinander, spielten Tennis und Golf, sprachen Englisch und Deutsch ebensogut wie Französisch und waren fleißig auf ständigen Kontakt mit ihren Herkunftsländern bedacht. So pilgerten sie alljährlich zu den Wohnorten ihrer Vorfahren und legten auf den alten Familiengräbern Blumen nieder. Hinter den verschlossenen und nicht gekennzeichneten Türen der Häuser des Quai des Chartrons lebten sie in großen Wohnungen von zurückhaltender Eleganz, umgeben von alten Mahagonimöbeln und dem Tafelsilber der Familie.

Obwohl sich Eschenauer auch als einer der Chartrons betrachtete, entsprach deren Lebensweise doch nicht seinem Stil. Er wohnte nicht am Quai, sondern in einer stattlichen Villa, die mit modernen Gemälden dekoriert war. Statt Golf und Tennis bevorzugte er Pferderennen und besaß mehrere preisgekrönte Rennpferde, die ihm, wie er sagte, die Familie ersetzen halfen, die er nicht hatte.

Eine andere Leidenschaft waren Autos. Er besaß eines der ersten in Bordeaux, und später gehörten ihm mehrere speziell für ihn angefertigte Sondermodelle. Die blitzschnellen Wagen zogen erhebliche Aufmerksamkeit auf sich, insbesondere, wenn er die Küste hinunterfuhr in den Badeort Biarritz, wo er seiner Mätresse eine Wohnung eingerichtet hatte.

»Louis liebte wirklich den Luxus«, erklärte uns Florence Mothe. »Mit seinen prächtigen Limousinen und dadurch, daß er jeden Winter in Ägypten verbrachte, wirkte er geradezu wie aus einem Buch des amerikanischen Schriftstellers F. Scott Fitzgerald.«

Eschenauer trat auch in seinem Geschäftsleben nicht weniger pompös auf, prunkte mit seinen berühmten deutschen Kunden und seinen weltweiten Kontakten. Einer seiner engsten Geschäftspartner war Joachim von Ribbentrop, der Außenminister des Dritten Reiches, den Eschenauer noch vor dem Krieg (und vor Ribbentrops politischer Karriere) als Handelsvertreter engagiert hatte, um einige seiner Weine in Deutschland zu verkaufen. Als Frankreich 1939 Deutschland den Krieg erklärte, fand sich Eschenauer, der mehr als die Hälfte seiner Geschäfte mit diesem Land abwickelte, in einer unangenehmen Lage: Einige seiner besten Freunde und Kunden waren nun »der Feind«. Als die Exporte nach Deutschland von einem auf den anderen Tag eingestellt wurden, saß Eschenauer plötzlich auf einem riesigen Weinvorrat, den er nicht mehr verkaufen konnte.

Doch diese Krise war nur von kurzer Dauer. Nachdem im Juni 1940 die deutsche Wehrmacht Frankreich überrannt hatte, klopfte eines Tages ein alter Freund und Kunde an Eschenauers Tür. Es war Heinz Bömers, der vor kurzem noch für Reidemeister & Ulrichs tätig gewesen war, Deutschlands größten Weinhändler. Bömers erklärte Louis, er habe gerade eine neue Stellung angenommen: den Weinankauf für das Deutsche Reich. »Das könnte sich für uns beide auszahlen«, meinte Bömers. »Ich bin nämlich nicht nur in offiziellem Auftrag hier, sondern ich habe auch die Erlaubnis, für meine eigene Firma einzukaufen. Wir können also ganz normal wie bisher Handel treiben. Dazu kannst du noch direkt an die deutsche Regierung liefern.« Bömers erklärte, er habe sich vor der Annahme des neuen Amtes völlige Unabhängigkeit ausbedungen, insbesondere unbeschränkten Geldumtausch für seine eigenen Geschäfte. Außerdem, so fügte er hinzu, sei es Frankreich als besetztem Land von nun an ohnehin nur noch erlaubt, an Deutschland zu liefern. Alle anderen damals bestehenden Exportmärkte wie Großbritannien, die Sowjetunion und die USA waren damit verloren.

Louis brauchte nicht lange überzeugt zu werden. Es war ihm schnell klar, daß das von Bömers vorgeschlagene Arrangement nicht nur für beide Seiten praktisch, sondern auch noch potentiell ein lukratives Geschäft war – und zwar für sie beide. Schnell wurde man sich handelseinig und schloß einen Vertrag, auf den andere Winzer bald neidisch wurden.

Die neuen politischen und ökonomischen Realitäten, die nun in Frankreich herrschten, schienen – trotz aller mit der Besatzung verbundenen Traumata – Eschenauer entgegenzukommen. Wie die meisten anderen Chartrons war er politisch konservativ und allem gegenüber argwöhnisch, was seine Geschäfte behindern könnte. Am meisten graute ihm vor dem Gespenst des Kommunismus, vor sozialen Unruhen und Arbeitskämpfen.

Daher hieß er die Rückkehr von Marschall Pétain in die Politik 1940 mit einem großen Seufzer der Erleichterung willkommen. Louis fühlte, daß der Haß des neuen Regierungschefs auf die Kommunisten und seine Entscheidung für eine Kollaboration mit Deutschland Frankreich die beste Garantie dafür bot, nicht einer ähnlichen ökonomischen Stagnation anheimzufallen, wie sie die Volkswirtschaften anderer Länder in den Jahren vor dem Krieg so stark in Mitleidenschaft gezogen hatte.

Zu diesem Zeitpunkt hatte der Begriff »Kollaboration« noch keinen besonders negativen Klang. Er bezeichnete zunächst nichts weiter als die Arbeitsbeziehungen, die Pétain mit Berlin aufbauen wollte und die Frankreich bei seinem eigenen Wiederaufbau helfen sollten. In diesem Sinn trat Eschenauer der *Groupe collaboration* bei, einer Organisation, die Pétains Programm unterstützte und ihren Namen aus den Reden des Marschalls ableitete, in denen dieser für eine deutsch-französische Zusammenarbeit warb. Unter den Mitgliedern der Organisation – das sollte Louis später noch einmal bereuen – fanden sich auch Hunderte Personen mit eindeutig faschistischen und pro-nationalsozialistischen Anschauungen. Louis spendete der Organisation 10 000 Francs.

Spätestens 1942 hatte sich die Bedeutung des Begriffs *»collaboration«* dramatisch verändert. Nun bedeutete er auch Jagd und Deportation von vor den deutschen Nazis nach Frankreich geflüchteten Juden, Verhaftungen von Kommunisten und anderen als Staatsfeinden betrachteten Personen – es wurde alles getan, was Berlin verlangte, in der Hoffnung, dadurch Frankreich eine bessere Ausgangslage in einem neuen, von Deutschland beherrschten Europa zu sichern.

Bekam Eschenauer eigentlich genau mit, was da geschah? Und wenn ja, hätte das für ihn irgend etwas geändert?

»Seine erste Priorität war das Geschäft«, erklärte uns Mothe, die Eschenauer kannte und deren Stiefvater für Onkel Louis arbeitete. »Doch er war kein Antisemit. Ich habe von ihm nie auch nur ein Wort gegen die Juden gehört.«

Tatsächlich war er ein Freund von Baron Philippe de Rothschild, der ihn auch später vor Gericht verteidigte.

Als die Deutschen versuchten, die Weine der Châteaux Lafite-Rothschild und Mouton-Rothschild zu konfiszieren, drängte Eschenauer Bömers zum Einschreiten, um es zu verhindern. Der »Weinführer« war einverstanden. Er hatte schon der Bevölkerung des Bordelais versichert, er werde alles in seiner Macht Stehende tun, um ihre besten Weine zu schützen. Die Weine der Rothschilds blieben denn auch unangetastet. Baron Philippe, der Eschenauer und Bömers kannte, bestätigte später die Geschichte Florence Mothe gegenüber und bezeichnete Onkel Louis in seinem Buch als »einen meiner guten Freunde«.

Und doch zögerte Eschenauer nicht, bei der »Arisierung«, dem von den Deutschen angeordneten Zwangsverkauf von beschlagnahmten Weinbergen jüdischer Winzer an sogenannte »Nichtjuden«, große Gewinne zu machen. Er gründete sogar eigens eine Firma, die *Société des Grands Vins français*, die ihm einen diskreten Aufkauf solcher Ländereien ermöglichte.

»Er war ein Opportunist, ohne jeden Zweifel«, erklärte Mothe, »aber er war kein Nazi; er dachte zuallererst an sich selbst. Für Louis kam das Geschäft immer an erster Stelle.«

Doch viele Mitglieder des Bordeauxhandels empfanden dieses Verhalten Eschenauers als Provokation. Sie nahmen es ihm übel, wie er mit seinen deutschen Freunden protzte. Oft lud er mächtige Deutsche wie Heinz Bömers auf einen Nachmittag zum Pferderennen ein. Louis' entfernter Verwandter Ernst Kühnemann, der deutsche Offizier, der den Hafen und die U-Boot-Basis der Stadt befehligte, war ein noch häufigerer Gast. Die beiden standen sich sehr nahe, weil Kühnemann zuvor ebenfalls im Weinhandel tätig gewesen war und sogar an der Spitze der Berliner Weinhandelsgesellschaft Julius Ewest gestanden hatte. Oft konnten sie Arm in Arm am Rande der Rennbahn spazierend angetroffen werden, ein Anblick, der französische Beobachter wütend machte und den sie geschmacklos fanden.

»Sie mochten entfernte Vettern gewesen sein«, erinnerte sich ein Zeitzeuge, »aber es löste doch einen Skandal in Bordeaux aus, den ›Kaiser der Chartrons‹ in so enger persönlicher Beziehung mit dem Befehlshaber der Marinebasis zu sehen«.

Auch jenseits der Rennbahn konnte man die beiden Cousins in Onkel Louis' Restaurant beobachten, wo sich auch andere deutsche Behördenvertreter, viele davon von Minister Ribbentrop persönlich vorbeigeschickt, gut unterhielten. Um es seinen deutschen Gästen so angenehm wie möglich zu machen, genoß das *Chapon fin* einige Ausnahmegenehmigungen: So durfte rund um die Uhr Wein serviert werden; der Ausschank war nicht wie in anderen Restaurants aufgrund der Rationierungen auf wenige Stunden eingeschränkt, noch mußten wie sonst üblich vier verschiedene Menüs zu den festgesetzten Preisen von 18, 50, 70 und 100 Francs angeboten werden. Hier durfte der Inhaber verlangen, was er wollte. Und obwohl andernorts Fisch und Fleisch kaum zu bekommen waren, konnte man im *Chapon fin* nach wie vor immer gut essen.

Solche Privilegien hinterließen bei vielen in der Region einen bitteren Nachgeschmack. Während sie selbst ums Überleben kämpften, lebte Onkel Louis weiter in Saus und Braus.

Spätestens im Sommer 1944 war es fast allen klar, daß Deutschland jeden Moment zusammenbrechen konnte. Selbst Heinz Bömers, der zu Besuch bei seiner Familie in Bayern war, wußte, daß das Ende in Sicht war, und weigerte sich, nach Bordeaux zurückzukehren.

Nach der Landung der Alliierten in der Normandie wurde eine Stadt nach der anderen befreit.[160] Über den Haustüren von vermuteten Kollaborateuren erschienen Hakenkreuzmarkierungen aus Kreide. Die Botschaft stand sozusagen an der Wand; nur Louis Eschenauer schien davon überhaupt nichts zu bemerken.

Trotz Warnungen von Charles de Gaulle, diejenigen, die mit dem Feind zusammenarbeiteten, würden bestraft, ging Louis' Lebensstil unverändert weiter. Es gab weiterhin Ausflüge nach Biarritz in seinen schicken Wagen (im Gegensatz zu anderen schien er immer noch Benzin auftreiben zu können), Nachmittage auf der Pferderennbahn mit seinen deutschen Freunden, und fast tägliche Mittagessen mit Kapitän Ernst Kühnemann.

Vielleicht während eines dieser Mittagessen informierte Kühnemann Eschenauer, angesichts der Invasion der Alliierten in

Frankreich würden die deutschen Besatzungstruppen in der Bordelais-Region wohl bald abgezogen. Bei dieser Gelegenheit könnte Onkel Louis zum ersten Mal wirklich realisiert haben, daß sich der Wind gedreht hatte und er in ernsthafte Schwierigkeiten geraten konnte.

Mit wachsender Unruhe beobachtete er, wie die bereits abziehenden deutschen Truppen Massenerschießungen und Grausamkeiten begingen und wie daraufhin die Résistance um so härter zurückschlug und mutmaßliche Kollaborateure ebenso wie Deutsche jagte.

Im August erfuhr Eschenauer, daß die Deutschen vor ihrem Abzug die Hafenanlagen in die Luft sprengen wollten. Als ihn ein Lokalpolitiker mit Verbindungen zur Résistance bat, seinen Einfluß einzusetzen, um den Hafen zu retten, ergriff Louis sofort diese Chance. Für ihn war das eine Möglichkeit, erneut auf die Seite der Sieger zu gelangen und seinen Hals zu retten. Außerdem entsprach das auch genau seinen Geschäftsinteressen. Er brauchte einfach den Hafen, um seinen Wein zu verschicken.

Eschenauer setzte sich sofort mit Kühnemann in Verbindung, um ein Dringlichkeitstreffen mit anderen deutschen Offizieren zu organisieren. Dort argumentierte er, die Zerstörung des Hafens wäre ein großer Fehler, sei ohne militärische Bedeutung und würde dazu noch zahlreiche Unschuldige das Leben kosten. Weder Eschenauer noch die Résistance konnten ahnen, daß die Deutschen wahrscheinlich schon gar nicht mehr in der Lage gewesen wären, den Hafen zu zerstören, weil die meisten Zünder für die im Hafen angebrachten Sprengladungen bereits einige Tage vorher von einem deutschen Soldaten, der ebenfalls gegen den Plan war, sabotiert worden waren. Doch dieses Geheimnis behielten die Deutschen für sich. Sie blufften, sie würden den Hafen tatsächlich nicht in die Luft sprengen, wenn sie dafür Bordeaux unbehelligt verlassen dürften und nicht beschossen würden. Die Résistance willigte ein.

Kühnemann stellte noch eine zweite Bedingung: Onkel Louis

sollte nichts geschehen. Nach dem Abzug der Deutschen sollte er in Ruhe gelassen werden.

Am 26. August 1944, morgens um 6.30 Uhr wurden im Hafengebiet Fahnen gehißt als Zeichen, daß eine Einigung getroffen wurde. Eschenauer und Kühnemann waren zu diesem Zeitpunkt bei Louis zu Hause und sagten einander bei einer Flasche Wein Lebewohl.

Am nächsten Tag waren die Deutschen weg. Eschenauer atmete tief erleichtert auf.

Vier Tage später wurde er von der Résistance verhaftet.

Eschenauers Verhaftung folgte auf die Festnahme von Marschall Pétain, der eineinhalb Wochen zuvor zurückgetreten war. Von Deutschen, die möglicherweise versuchten, das Vichy-Regime zu erhalten, war der 88jährige »in Schutzhaft« genommen und gegen seinen Willen ins württembergische Sigmaringen gebracht worden. Zuvor hatte er noch gelobt, er werde nie den französischen Boden verlassen. Vor seiner Abreise erhielt er eine letzte Gelegenheit, sich an das französische Volk zu wenden.

»Wenn Euch diese Nachricht erreicht, bin ich nicht mehr in Freiheit«, erklärte er. »Ich hatte nur ein Ziel, euch alle vor dem Schlimmsten zu bewahren. Manchmal haben euch meine Worte oder Taten sicher überrascht. Ihr dürft aber versichert sein, daß sie für mich noch schmerzhafter waren als für euch. Doch ich habe nie aufgehört, mit aller Macht gegen alles zu kämpfen, was euch bedroht hat. Ich habe euch aus einer ganzen Reihe von Gefahren geführt; es gab jedoch einige, die ich euch leider nicht ersparen konnte.«[161]

Obwohl die neue französische Regierung unter Charles de Gaulle hoffte, Pétain würde nicht wieder nach Frankreich zurückkehren, war der greise Marschall zur Rückkehr fest entschlossen. Er erklärte, er wolle seine Rolle als Chef der Vichy-Regierung verteidigen. Im Juni 1945 kehrte er dann tatsächlich zurück. Er wurde sofort verhaftet, des Verrats angeklagt und vor Gericht gestellt.

In der Verhandlung vor dem Obersten Gerichtshof hielt Pétain, der von de Gaulle mit seinem Angebot, die Macht zu übergeben, ignoriert worden war, eine temperamentvolle Verteidigungsrede, argumentierte, er habe versucht, als Schutzschild für das französische Volk zu wirken. »Tag für Tag, ein Messer am Hals, kämpfte ich gegen die Forderungen des Feindes«, erklärte er. »Die Geschichte wird alles ans Licht bringen, was ich euch erspart habe, obwohl meine Gegner nur daran denken, mir das Unvermeidliche vorzuwerfen … Während General de Gaulle den Kampf außerhalb unserer Grenzen führte, habe ich den Weg für die Befreiung bereitet, indem ich Frankreich beschützt habe. Frankreich hat gelitten, aber es lebt.«

Viele Franzosen teilen diese Meinung, auch heute noch. Eine von ihnen ist May Eliane Miailhe de Lencquesaing. »Die Leute sagen, de Gaulle hat Frankreich gerettet, aber de Gaulle wäre nichts gewesen ohne die Amerikaner«, meint sie heute. »Pétain ist geblieben, er opferte sich selbst für das Land und hat uns vor viel Schlimmerem bewahrt. Manche bei uns sagen, er war auf der Seite der Deutschen. Nein; er haßte die Nazis.«

Dennoch wurde Pétain für schuldig befunden und zum Tode verurteilt. Angesichts seines Alters wurde die Todesstrafe später von de Gaulle in eine lebenslängliche Gefängnisstrafe umgewandelt.[162] Andere Mitglieder der Vichy-Regierung wie Premierminister Laval wurden ebenfalls zum Tode verurteilt und erschossen.

Die Aussicht, den Rest seines Lebens im Gefängnis zu verbringen oder Schlimmeres, traf Louis Eschenauer schwer. Nachdem er mitgeholfen hatte, Bordeaux vor den Deutschen zu retten, war seine Verhaftung für ihn ein schwerer Schock. Wenn der oberste Gerichtshof schon bereit war, Marschall Pétain zum Tode zu verurteilen, was hatte dann er zu erwarten?

Während er in seiner Gefängniszelle auf seinen Prozeß wartete, erfuhr der 75 Jahre alte Weinhändler von den Massenprozessen, die vor verschiedenen Tribunalen stattfanden. Frauen, die Beziehungen mit deutschen Soldaten eingegangen waren, erhielten, was Gertrude Stein *coiffure '44* genannt hatte – ihnen wurden die Haare abgeschnitten.[163] Geschäftsleute, insbesondere in Nordwestfrankreich, die das gleiche Verbrechen begangen hatten, dessen auch Eschenauer angeklagt war – Wirtschaftskollaboration – wurden vor Füsilierkommandos gestellt und erschossen.

Es war die Zeit der Abrechnung, der Begleichung alter Rechnungen. Mindestens 4500 Personen wurden von Standgerichten der Résistance zum Tode verurteilt und hingerichtet.

»Niemand, der sich mit der Rolle der Résistance beschäftigt, sollte versuchen, diese Fälle von Ungerechtigkeiten, böswilligen Verdächtigungen und persönlicher Rache zu verharmlosen«, so der Historiker H. R. Kedward. »In den Monaten nach der Befreiung verging kaum ein Tag ohne eine neue Enthüllung von Greueltaten, Folterungen, Deportationen und Hinrichtungen, für die die Gestapo und die *Miliz* verantwortlich waren.[164] Je mehr verscharrte und schwer mißhandelte Opfer aus dem Widerstand in den ländlichen Gebieten um praktisch jede größere Stadt ausgegraben wurden und die Gestapokeller ihre unmenschlichen Geheimnisse enthüllten, desto eindringlicher ertönten populäre Forderungen nach einer Vergeltungsjustiz gegen die Kollaborateure.«[165]

Nach Angaben eines Winzers, der Louis Eschenauer persönlich kannte, »gab es in Bordeaux ein ›gesundes‹ Denunziantentum. Niemand konnte sicher sein, auf wen als nächstes mit dem Finger gezeigt würde.«

Im weiteren Verlauf der Säuberungen wurden etwa 160000 Menschen offiziell von der neuen Regierung wegen Kollaboration angeklagt. Mehr als 7000 wurden zum Tode verurteilt, etwa 800 dieser Urteile vollstreckt; weitere 38000 Personen wurden zu Gefängnisstrafen verurteilt.[166]

Aus Furcht, die Situation könnte außer Kontrolle geraten, erinnerte ein Sprecher des Justizministeriums in einer Radioansprache im März 1945 daran, daß nicht unbedingt jede frühere Handelsbeziehung mit den Deutschen zwangsläufig als Verbrechen zu bewerten sei. »Nicht alle diese Fälle sind gleich zu beurteilen«, erklärte er. Einige könnten durchaus als »normal« oder sogar als »legitim« gelten. Das Gesetz gegen Wirtschaftskollaborateure, so führte der Sprecher weiter aus, ziele »auf die Bestrafung der Schuldigen und nicht auf die Schikanierung der Unschuldigen«.[167]

Im September 1945 ging der Regionaldirektor einer Kommission zur Wirtschaftsüberwachung in Bordeaux sogar noch weiter. In einem Brief an die Gerichte in seiner Region ermutigte er die Richter, »die Verfahren und laufenden Untersuchungen so schnell wie möglich zu einem Ende zu bringen«.

In dieser allgemeinen Stimmung eines »Laßt es uns endlich hinter uns bringen« begann der Prozeß gegen Louis Eschenauer am 9. November 1945. Seit seiner Verhaftung war ein ganzes Jahr vergangen. Eschenauer wirkte nervös und zerbrechlich. Ein Psychiater, der ihn untersucht hatte, attestierte ihm eine schwere Depression. Die einzige gute Nachricht für Eschenauer war, daß er nicht mehr mit der Todesstrafe rechnen mußte. Ein Untersuchungsrichter hatte ermittelt, Eschenauers Verbrechen des »Handels mit dem Feind« habe nicht die staatliche Sicherheit gefährdet und sollte deshalb nicht vor einem Militärgericht oder einer anderen Gerichtsbarkeit verhandelt werden, die die Todesstrafe verhängen könnte.

Eschenauer wurde der Wirtschaftskollaboration in drei Punkten angeklagt: Erstens habe er »freiwillig Korrespondenz und Beziehungen zu Agenten des Feindes aufgenommen«; zweitens »illegalen Handel« mit den Feinden Frankreichs getrieben, die diesen »einen bedeutenden wirtschaftlichen Vorteil verschafften«; und drittens habe er »wissentlich Deutschland direkte oder indirekte Hilfestellung geleistet, die geeignet war, die Einheit der [französischen] Nation zu gefährden«.

Im Gerichtssaal stritt Eschenauer die Anschuldigungen ab. »Ich bin kein Kollaborateur«, erklärte er. »Ich habe mit den Deutschen Handel getrieben, weil ich es tun mußte. Ich mußte meinen Betrieb retten. Ich wollte auch die Interessen der anderen *négociants* und Winzer schützen.«[168]

Eschenauer bezeugte, daß seine »engen Beziehungen« zu »Weinführer« Bömers ihn in die Lage versetzten, die Deutschen daran zu hindern, die besten Weine des Bordelais in ihre Hände zu bekommen, zum Beispiel die Châteaux Lafite-Rothschild und Mouton-Rothschild. Seine Freundschaft mit Ernst Kühnemann, so erklärte er weiter, half ihm dabei, die Deutschen zu überzeugen, den Hafen von Bordeaux und andere Teile der Stadt nicht zu zerstören. »Ich gebe zu, daß ich mit vielen der Deutschen hier gut bekannt war, aber ich kannte auch ihre schwachen Stellen und konnte mit ihnen umgehen«, erklärte er. »Ich verachtete die Nazis; niemals habe ich ihnen geholfen. Ich wollte vielmehr den Alliierten helfen.«

Weiterhin erinnerte er das Gericht an seine Rolle in einem Hilfskomitee für Flüchtlinge in Bordeaux während des *drôle de guerre* 1939/40. Allerdings ging seine Rolle nicht darüber hinaus, einen Scheck von dem amerikanischen Bankier Clarence Dillon anzunehmen und ihn an bestimmte Wohltätigkeitsorganisationen weiterzugeben.

Eschenauers Aussage erschien wie der verzweifelte Versuch eines müden und verängstigten alten Mannes, in einem schwachen Moment alles auszusagen, um seinen Kopf zu retten, selbst wenn es gegen Heinz Bömers gerichtet war, den Eschenauer noch kurz vor der Verhandlung als »engen Freund der Familie« bezeichnet hatte.

Vor Gericht stellte Eschenauer Bömers als »Geier« dar, als »gewalttätigen Menschen«, der versucht habe, seinen, Eschenauers, Betrieb zu übernehmen, und der ihn an den Rand eines Nervenzusammenbruchs gebracht habe. »Er dachte, aufgrund unserer früheren Geschäftsbeziehungen müsse mein Betrieb an ihn gehen. Er träumte davon, nach meinem Tod die Maison Eschenauer zu leiten.«

Eschenauer klagte, er habe unter dem ständigen Druck Bömers' gestanden, immer mehr Wein zu liefern. »Er versprach mir, er wolle mir alles abkaufen, aber ich erklärte ihm, das sei unfair und er sollte auch bei anderen *négociants* kaufen.«

Louis stellte sich selbst als Helden dar, der »die Weine des Bordelais rettete«, und erklärte, er habe als Puffer zwischen Bömers einerseits und den Winzern und anderen Weinhändlern andererseits fungieren wollen. »Ich habe ihn daran gehindert, sich die besten Weine unter den Nagel zu reißen«, versicherte Eschenauer. »Dafür habe ich ihm schlechte Ware angedreht.«

Schlechte Ware? Nach den Unterlagen des Gerichts hatte Eschenauer allein 1944 folgende Weine an Bömers verkauft: 1939er Château Margaux (2400 Flaschen), 1939er Château Mouton-Rothschild (3000 Flaschen), 1939er Château Ausone (3600 Flaschen), Château Rauzan-Ségla (4500 Flaschen), Château La Lagune (6000 Flaschen), 1937er Château Cos d'Estournel (2400 Flaschen), 1937er Château Brane-Cantenac (2000 Flaschen) und 1939er Château Talbot (8000 Flaschen).

Obwohl weder 1937 noch 1939 große Jahrgänge waren (1939 stellte sich sogar als katastrophal schlecht heraus), konnte man *diese* Weine dennoch nicht als schlechte Ware bezeichnen. Immerhin kamen sie von den besten Lagen des Bordelais, und zu dem Zeitpunkt, als Eschenauer sie verkaufte, waren sie weitaus mehr als nur »zufriedenstellend«.

Noch weniger konsistent und überzeugend war Eschenauers Zeugenaussage zu einer seiner Firmen, der *Société des Grands vins français*. Deren Zweck, so gab er an, sei es gewesen, Ländereien für Bömers aufzukaufen. Im Frühjahr 1941 erwarb die Gesellschaft die Châteaux Lestage und Bel-Air, zwei zuvor jüdischen Eigentümern gehörende Weingüter, die von der Vichy-Regierung beschlagnahmt und »arisiert« worden waren.

Bei seiner ersten Befragung, warum er die Güter gekauft habe, erklärte Eschenauer, er habe »Druck von seiten Bömers' vermeiden« wollen, der selbst Eschenauers Firma habe übernehmen wollen. Er habe vermutet, wenn Bömers die beiden Châteaux bekommen habe, wolle er nicht auch noch die Maison Eschenauer.

Auf weitere Nachfragen jedoch gab Eschenauer an, der wahre Grund für den Kauf sei gewesen, »die Güter für ihre rechtmäßigen jüdischen Besitzer zu retten«. Er erklärte: »Ich wußte, daß Deutschland den Krieg verlieren würde und damit jedes Versprechen, das ich Bömers während des Krieges gemacht hatte, nach dem Krieg null und nichtig sein würde.«

Die Richter blieben skeptisch. Als sie Eschenauer nach Dokumenten befragten, die seine Aussage unterstützen könnten, erklärte Onkel Louis, es existierten keine. Alles sei nur auf der Basis von mündlichen Absprachen geregelt worden. »Bömers hatte vollkommenes Vertrauen in mich«, versicherte er. »Tatsächlich hatte ich auch sehr wenig persönlich mit dieser Firma zu tun. Praktisch alles wurde von meiner Buchhalterin erledigt.« Die Buchhalterin hielt dagegen, dies stimme nicht.

Florence Mothe erklärte vielmehr, sie sei erschüttert von Eschenauers Aussage. »Warum verhält sich ein Mann, der im Leben nichts entbehren mußte, von der kleinsten Kleinigkeit bis zum größten Luxus so? Seine Mitarbeiter anschwärzen?! Das kann ich einfach nicht verstehen.«

Der Prozeß selbst wurde von Anfang an in Bordeaux mit wachsender Sorge betrachtet. Andere *négociants*, die ebenfalls Wein an die Deutschen verkauft hatten, wußten, daß genausogut sie selbst auf der Anklagebank hätten sitzen können. In der Tat waren auch einige von ihnen bereits zu Geldstrafen verurteilt worden; auch Ländereien waren eingezogen worden. Andere hatten während des Krieges aktiv um Eschenauers Aufmerksamkeit geworben, ihn zu Festen eingeladen, dann versucht, ihr Interesse an deutscher Musik und Literatur zur Schau zu stellen. Gemäß den Aufzeichnungen seiner Sekretärin fand Bömers jedoch all diese Bestrebungen »lächerlich«. Nun sorgten sich auch die Chartrons, denn eine

Firma oder eine Einzelperson konnte auch dann wegen Wirtschaftskollaboration angeklagt werden, wenn sie sich aktiv um Geschäftskontakte mit dem Feind gekümmert hatte.

Konsequenterweise fanden sich jetzt doch noch die meisten Weinhändler der Region zu Eschenauers Verteidigung bereit, auch wenn viele von ihnen Eschenauer um seine guten Verbindungen während des Krieges beneidet hatten. Einige schrieben Briefe an das Gericht, in denen sie Eschenauer als »Patrioten« und »Ehrenmann« bezeichneten. Ein anderer Unterstützer gab an, Louis habe die Résistance unterstützt, indem er Lastwagen zum Transport von Lebensmitteln und Waffen zur Verfügung gestellt habe. Sogar Baron Philippe de Rothschild, Inhaber von Château Mouton-Rothschild, schrieb einen Unterstützerbrief zu Eschenauers Gunsten.

Am Ende des dreitägigen Prozesses stritt Eschenauer jegliche Verfehlungen ab und wiederholte, er sei kein Kollaborateur. Er sei der *Groupe collaboration* nur beigetreten, »um einem Freund einen Gefallen zu tun«, und fügte hinzu, er habe niemals wirklich irgend etwas mit der Gruppe selbst zu tun gehabt. Er gab jedoch zu, der Organisation Geld gespendet zu haben.

Sein größtes Verdienst, erklärte er, sei gewesen, Bordeaux vor der Zerstörung bewahrt zu haben. »Dank meinen guten Beziehungen zu Ernst Kühnemann und anderen deutschen Offizieren war ich in der Lage, sie nach langen und intensiven Verhandlungen zu überzeugen, ihre Pläne zur Zerstörung des Hafens und anderer Teile der Stadt fallenzulassen.«[169]

Der Prozeß gegen Onkel Louis endete am 11. November, dem Gedenktag des Waffenstillstands am Ende des Ersten Weltkriegs. Es war der erste 11. November nach dem Krieg, der wieder als Feiertag begangen wurde. Im ganzen Land fanden große Zeremonien statt, und an diesem Tag erschienen keine Zeitungen. Vor allem letzteres kam dem Gericht sehr gelegen: Die öffentliche Aufmerksamkeit bei der Urteilsverkündung würde denkbar gering ausfallen.

Das Gericht zog sich morgens um 1.15 Uhr zur Beratung zurück. Um drei Uhr nachts wurde das Urteil verkündet.

Das Urteil lautete: Schuldig in allen Anklagepunkten.

Die Richter verwarfen Eschenauers Behauptung, er habe versucht, den Bömersschen Forderungen nach Weinlieferungen zu widerstehen. »Willentlich lieferte er Bömers, was dieser verlangte, und leistete zu keinem Zeitpunkt irgendeinen Widerstand.« Außerdem verwarf das Gericht Eschenauers Aussage, seine Firma, die *Société des Grands vins français*, habe zwei »arisierte«, vormals jüdischen Inhabern gehörende Weingüter mit dem Ziel erworben, sie für ihre rechtmäßigen früheren Besitzer zu retten. Das Gericht erklärte vielmehr: »Die Gesellschaft wurde nur zu dem einzigen Zweck gegründet, um Geschäfte mit dem Feind zu machen.« (Bömers selbst hatte kein Geheimnis um die Tatsache gemacht, daß er selber ein Weingut im Bordelais besitzen wollte, nachdem seine Familie nach dem Ersten Weltkrieg Château Smith-Lafite verloren hatte. Tatsächlich kaufte er einige Jahre nach dem Zweiten Weltkrieg das Château du Grand Mouëys, das seiner Firma heute noch gehört.)

Onkel Louis wurde wegen »illegaler Profite« zu zwei Jahren Gefängnis und zu einer Geldstrafe von 62 Millionen Francs verurteilt. Er hatte zugegeben, während des Krieges einen Gesamtumsatz von 957 Millionen Francs gemacht zu haben, aber das Gericht stieß sich vor allem an der Art und Weise dieser Geschäfte. Es machte ihn zu einem natürlichen Ziel für Vorwürfe, daß er die deutschen Behördenvertreter in seinem Restaurant und auf der Rennbahn regelrecht hofiert hatte und mit seinen Beziehungen protzte. Ein Zeitzeuge aus Bordeaux meinte hierzu: »Louis war einfach zu weit gegangen.«

Eschenauers Besitz wurde eingezogen und ihm selbst verboten, in Bordeaux weiter Geschäfte zu treiben. Außerdem wurden ihm die bürgerlichen Ehrenrechte aberkannt.

Als Onkel Louis abgeführt wurde, brach er in Tränen aus. »Nach 1918 habe ich eine Auszeichnung bekommen, weil ich den Deutschen Wein verkauft habe, und jetzt werde ich dafür ins Gefängnis gesteckt«, schluchzte er. »Wenn Mutter mich jetzt sehen könnte!«

Es gab aber sogar jemanden, der noch größere Geschäfte mit den Deutschen machte als Louis Eschenauer und sich noch auffälliger gab. Sein Name war Marcel Borderie, ein Weinhändler, der sein Vermögen als Friseur in Paris durch die Erfindung einer »wirklich dauerhaften« Dauerwelle gemacht hatte.

Einer seiner besten Freunde war Max Bonnafous, Vichys Minister für Lebensmittelversorgung, der riesige Mengen von Borderies Weinen aufkaufte. Gleiches tat Heinz Bömers.

Borderies Vermögen wuchs noch beträchtlich an, als er einen Aperitif aus billigem Rotwein kreierte, der so populär wurde, daß sogar die Marktstellung der italienischen Firma Cinzano ins Wanken geriet.

Zur Feier seiner ersten Million Francs gab Borderie eine große Party. Doch das war ein großer Fehler. Zu spät merkte er, daß er sich dadurch verdächtig gemacht hatte, schaffte den Großteil seines Vermögens nach Monaco und setzte sich selbst zum Maquis ab. Er war einer derjenigen, die später spöttisch »Widerständler des 32. August« genannt wurden.

Dennoch rechnete die Regierung de Gaulle mit ihm ab und erlegte ihm eine Geldstrafe von über einer Milliarde Francs auf, das Sechzehnfache der Strafe Eschenauers.

De Gaulle wollte, daß der Reinigungsprozeß schnell vonstatten gehen sollte. Nach der Bestrafung der bedeutenderen Kollaborateure sollte der Heilungs-, Wiederaufbau- und Einigungsprozeß einsetzen. Besonders wichtig war ihm dies für das Bordelais, eine Region, deren politische Unterstützung er als wichtig erachtete und deren Wirtschaftskraft – Wein und der Hafen – essentiell für die Konsolidierung der Nation waren. Hierzu verabschiedete die Regierung 1951 ein Amnestiegesetz, das es vielen als »Profiteure« verurteilten Kaufleuten erlaubte, wieder ein Gewerbe aufzunehmen.

Louis Eschenauer wurde 1952 amnestiert. Seine letzten Jahre verbrachte er auf seinem Schloß in Camponac vor den Toren von Bordeaux.

Bevor Onkel Louis starb, empfing er noch einmal Heinz Bömers jun., den Sohn des »Weinführers« von Bordeaux, der seine Kenntnisse über den Weinhandel verbessern wollte. Onkel Louis nahm ihn gerne auf und ging mit ihm – wohin sonst? – zum Pferderennen.

»Eines wollte ich dir noch sagen«, meinte er und nahm Heinz in den Arm. »Du sollst wissen, daß ich vor dem Krieg und während des Krieges ein Freund deines Vaters war. Und ich bin es noch heute.«

ELF

»Als ich heimkam, war ich alt«

Es war später Vormittag, als ein gebeugter, alt aussehender Mann mit einem selbstgebastelten Tornister auf dem Rücken durch den Schlamm und Dreck eines milden Februartages watete.

Gaston Huet war auf dem Weg nach Hause.[170]

Nach fünf Jahren als Kriegsgefangene waren Huet und die anderen Insassen des *Oflag IV D* endlich frei. Die Befreiung kam völlig unvermittelt. Früh am Morgen waren sie von ungewöhnlichem, nie zuvor gehörtem Lärm geweckt worden. Vor ihren Baracken bot sich ihnen ein bizarrer Anblick. Vor ihnen ritten schwertschwingende Kavalleristen der Roten Armee und schrien sich fast die Lunge aus dem Leib. Huet und die anderen Gefangenen beobachteten wie gebannt die Reiter, die durch die Tore galoppierten, die Wachen überrannten und die verängstigten Deutschen in die Flucht schlugen. Sollte das die Freiheit bedeuten, fragte sich Huet, oder war es nur der Auftakt zu einer neuen Gefangenschaft unter anderen Herren?

Schließlich machte sich einer der Kommandierenden der Reitertruppe durch den Tumult hindurch verständlich. »Geht«, forderte er die Franzosen auf. »Nehmt, was ihr tragen könnt!«

Das war nicht viel. Huet hatte gerade einmal die Briefe von zu Hause, die ihm geholfen hatten, die schwierigsten Augenblicke seiner Gefangenschaft durchzustehen. Dann gab es noch das Stück der französischen Trikolore, das er 1940 kurz vor seiner Gefangennahme bei Calais abgerissen hatte. Er hatte es oft betrachtet und sich gefragt, ob er jemals wieder nach Frankreich zurückkehren würde. Und schließlich hatte er noch das Programm des Weinfestes, das sie alle gefeiert hatten, ein Ereignis, das mehr als alles andere dazu beigetragen hatte, das Leben der Kriegsgefangenen einigermaßen erträglich zu machen.

Huet blickte sich ein letztes Mal im Lager um. Er betrachtete die Baracken, in denen sie gehaust hatten, dann die Wachgebäude. Die Maschinengewehre standen noch an ihrem Platz, auch der Stacheldraht, der sich rund um das Lager zog, war noch vorhanden. Auch die *tombe d'Adolf*, »Adolfs Grab«, das die Gefangenen als sarkastisches Mahnmal errichtet hatten. Das Leben im *Oflag IV D* war schon ein Alptraum gewesen, die lähmende Kälte der Winter, die brütende Hitze im Sommer und besonders der ständige Hunger. Er schauderte bei der Erinnerung an jene bitterkalten Januartage, als die Gefangenen versuchten, Ratten zum Essen zu fangen. Und doch waren während dieser Jahre auch unglaubliche Freundschaften entstanden.

An diese mußte er denken, als er noch einmal die »Hitlerstraße« hinunterging, diesen matschigen Fußweg, der das Lager teilte und zum Eingangstor führte.

Huet durchschritt das Tor und schlug den Weg nach Westen ein, Richtung Frankreich, nach Hause.

Er war nicht allein. Die Straßen waren voll von zerbrechlichen, kranken Männern, die alle sehr viel älter aussahen, als sie waren. Von Zeit zu Zeit ermutigten sie sich gegenseitig, wenn der Schlamm allzu schwer an ihren ausgetretenen Schuhen und Stiefeln klebte. Nach der jahrelangen Gefangenschaft waren sie so schwach und ausgemergelt, daß jeder einzelne Schritt eine Qual war. Das einzige, was sie noch vorwärts trieb, war der Gedanke an zu Hause. Was würden sie ihren Familien erzählen? Würden ihre Freunde sie noch wiedererkennen? Was war geschehen in diesen fünf Jahren, in denen sie weg waren?

Über Hunderte Kilometer schleppte sich Huet voran über von Panzern aufgerissene und mit Bombenkratern übersäte Straßen.

Noch war der Krieg nicht vorbei, hatte Deutschland nicht kapituliert. Immer wieder mußten Huet und die anderen zum Schutz vor Fliegerangriffen auf der nassen und schlammigen Erde Deckung suchen.

Als sie schließlich die deutsch-französische Grenze erreicht hatten, trafen sie auf entgegenkommende alliierte Truppen, die ihnen endlich Hilfe anboten. »Hier entlang, hier entlang«, führten sie die Heimkehrer zu Zügen, die sie in die Nähe ihrer Heimatorte bringen sollten.

Es war Ende Februar, als Huet endlich in Vouvray eintraf.

Zur Begrüßung waren keine Worte notwendig. »Meine Frau und ich fielen einander nur in die Arme«, erinnerte sich Huet. »Wir lachten und weinten zugleich. So viele Gefühle auf einmal!«

Und dann sah er seine Tochter. Das Kind, das er zum letzten Mal an seinem ersten Geburtstag gesehen hatte, war inzwischen fast sieben Jahre alt geworden und versteckte sich scheu hinter der

Schürze der Mutter. Es betrachtete den Mann, den es nur aus seinen Briefen und von den Erzählungen der Mutter kannte, und fragte ihn, ob er mit ihm spielen wollte. Diese Frage rührte ihn zu Tränen. »Sie war so schön, ich konnte es kaum glauben«, erzählte Gaston.

Es sollte aber noch eine ganze Weile dauern, bis er mit seiner Tochter herumtoben konnte. Er hatte über ein Drittel seines Gewichts verloren. Vor seiner Gefangennahme wog er fast 80 Kilo, jetzt weniger als 50.

Bevor er an diesem Abend ins Bett sank, zum ersten Mal wieder zu Hause, hatte er noch eine letzte Frage: »Und die Weinberge? Was machen die Rebstöcke?«

Ein paar Tage später suchte er selbst nach der Antwort und mußte fast schon wieder weinen. Fünf Jahre Krieg und Vernachlässigung hatten ihre Spuren hinterlassen. Die ganzen Jahre waren die Reben nicht beschnitten worden und ins Kraut geschossen. Von den einst sauber gezogenen Reihen war kaum noch etwas zu erkennen. Und überall stand Unkraut, obwohl es gerade erst März war. Man hatte nicht pflügen können, weil die Deutschen die Pferde eingezogen hatten. Beim Betrachten der kranken und überalterten Weinstöcke, von denen viele ersetzt werden mußten, wurde Gaston wieder schmerzlich die Bedeutung von Dünger und Kupfersulfat bewußt.

Ähnlich sah es bei den anderen heimgekehrten Winzern aus. Auch die Weinkeller waren nicht völlig verschont geblieben. Wein, der seit fünf Jahren in Holzfässern lagerte, mußte dringend abgefüllt werden, aber es gab keine leeren Flaschen. Viele Weine waren ohnehin schon überaltert. Sie waren eingetrocknet, hatten ihr Aroma verloren und waren ungenießbar geworden. Viele Fässer hatten Schimmel angesetzt. Manche Holzfässer waren zudem durch übereifrige Inspektoren der Vichy-Regierung ruiniert worden, die den Wein mit Heizöl vergällt hatten, um die *vignerons* zur Erfüllung ihrer Ablieferungspflichten von Wein zur Herstellung von Brennspiritus für die Industrie zu zwingen.

Gerade als es endlich schien, die Talsohle der Entwicklung sei erreicht, wandte sich Mutter Natur wieder einmal gegen die Winzer.[171] Am ersten Mai, nach einigen bereits warmen Frühlingstagen, fiel das Thermometer erneut deutlich unter null Grad. Die jungen Triebe der Weinstöcke erfroren. Ein alter Winzer aus Bordeaux erzählte uns, er habe noch nie so spät im Frühjahr einen solchen Frost erlebt. Viele Winzer verloren ihre gesamte Ernte.

In anderen Regionen sah es nicht besser aus. Im Burgund dagegen sollte das Schlimmste noch kommen. Maurice Drouhin hatte schon aufgeatmet, als nach dem Frost die Temperaturen wieder stiegen und seine Rebstöcke erneut ausschlugen, schließlich sogar Blüten ansetzten.

Doch jetzt sah er, zusammen mit seinem Sohn Robert im Weinberg stehend, von Nordosten eine bedrohliche, schwarze Wolkenwand herannahen. Es war der 21. Juni 1945, 5 Uhr nachmittags. Anstatt den längsten Tag des Jahres zu genießen, wurde das gesamte Burgund plötzlich von rabenschwarzer Dunkelheit eingehüllt, es war fast wie Nacht. Ein Sturm brach los und rüttelte an den Häusern. Dann kam der Hagel. Eisklumpen prasselten auf alle Weinberge der Côte de Beaune. Zehn der wichtigsten Ortschaften, von Puligny bis Corton, wurden verwüstet. Maurice konnte es nicht fassen. Wie alle anderen fragte er sich, ob es genug Trauben geben würde, um überhaupt noch Wein zu machen.

Am nächsten Morgen ging er mit Robert in den Weinberg, um den Schaden zu betrachten. Überall lagen Blätter auf dem Boden, wie von einem scharfen Messer abgetrennt. Die Blüten lagen da wie von einer durchgegangenen Büffelherde in den Boden gestampft. Maurice unterhielt sich mit anderen *vignerons* – überall das gleiche. Jeder sagte, man könne von Glück reden, wenn wenigstens fünf Prozent der erwarteten Ernte übrig blieben.

Maurice beschloß, daß jetzt die Zeit für etwas gekommen war, was er sich schon seit der Unterzeichnung der deutschen Kapitulationsurkunde vorgenommen hatte – jetzt war er überzeugt, daß der Krieg endgültig Vergangenheit war. »Schnapp' dir einen

Besen«, forderte er Robert auf. »Wir müssen ein paar Spinnweben beseitigen.«

Dann stiegen sie zusammen in den Weinkeller und begannen, die Spinnweben und den Dreck von der Mauer wegzukehren, die Maurice fünf Jahre zuvor gebaut hatte. Die dahinter versteckten Weine zeigten sich in tadellosem Zustand, darunter der komplette Vorrat der 1928er und '29er Domaine de la Romanée-Conti.

Maurice nahm eine Flasche für das Abendessen mit hinauf und kündigte Pauline ein denkwürdiges Ereignis an. Mit diesen Weinen, so sagte er, seien sie gut in der Lage, sämtliche offenen Rechnungen zu bezahlen und sogar den Betrieb wieder neu zum Laufen zu bringen.

Auch viele andere, die Wein vor den Deutschen versteckt hatten, setzten nun auf diese Strategie. Gaston Huet nahm seine Flaschen aus einer Höhle an der Loire hervor. Der Eingang war inzwischen vollkommen verdeckt von den Stauden und Büschen, die er davor gepflanzt hatte, aber er hatte keine Mühe, ihn wiederzufinden.

Sein Schwager André Foreau, ebenfalls Winzer in Vouvray, grub die versteckten Weinflaschen in seinem Garten aus, ebenso wie ein Nachbar, Prinz Philippe Poniatowski. Doch Poniatowski war sich nicht sicher, wie die jahrelange Lagerung im Boden seinen Weinen bekommen war, und so lud er einige Weinexperten zu einer Verkostung ein. Das Urteil fiel einhellig aus: Alle Weine waren in einem hervorragenden Zustand, sogar der 1875er.

In der Champagne nahm Marie-Louise de Nonancourt ihren Sohn Bernard mit, als sie »ihre« Wand bei Laurent-Perrier niederriß. Es gab nur ein einziges kleines Mißgeschick: Beim Einreißen der Mauer mit schweren Hämmern ging die Marienstatue zu Bruch, die sie in die Wand einzementiert hatte, damit diese den verborgenen Schatz bewachte. Marie-Louise sah dies jedoch eher als gutes Zeichen an und meinte, die Jungfrau Maria habe nun ihre Aufgabe erledigt und ab jetzt müßten sich die de Nonancourts eben wieder selber darum kümmern.

Im Juni 1945 wurde der Marquis d'Angerville aus Volnay im Burgund überrascht von einem Brief eines J. R. Swann aus New York City. Er lautete: »Ich schreibe Ihnen, um nachzufragen, ob Sie immer noch im Besitz der zehn Kisten '34er Volnay Champans und der 10 Kisten '34er Meursault Santenots sind, die Sie seinerzeit in meinem Auftrag gekauft und sicherheitshalber bei sich aufbewahrt hatten. Ich wage es gar nicht, mir vorzustellen, daß sie nicht von den Deutschen beschlagnahmt wurden, aber ich möchte zumindest die Hoffnung nicht aufgeben.«

Die in der Bestellung erwähnten Weine gehörten ausgerechnet zu den Flaschen, die den ganzen Krieg unversehrt in d'Angervilles Keller zugebracht hatten. In einem Brief informierte der Marquis daher Swann, sein Wein sei immer noch da, und er werde ihm so schnell wie möglich zugeschickt.

Doch das fiel dem Marquis nicht leicht. Sein 1934er Volnay war einer der besten Weine, die er je hergestellt hatte, und er trennte sich nur äußerst ungern von jeder einzelnen Flasche. 1934 war ein hervorragender Jahrgang gewesen, sicher der beste des Jahrzehnts, mit sehr üppigen, samtigen und harmonischen Gewächsen. Der '34er Volnay Champans machte da keine Ausnahme. Das war der Wein, den die Familie zur Feier des Kriegsendes getrunken hatte, und wenn es irgendeinen Weg gegeben hätte, ein paar Flaschen davon zurückzuhalten, dann hätte d'Angerville das getan.

Doch er wußte, daß das unmöglich war. Allein dieser Handel würde ihm die Wiederaufnahme seiner Geschäfte ermöglichen. Deshalb verpackte er den Wein und schickte ihn nach Amerika.

---

30 000 000 FLASCHEN CHAMPAGNER, DIE DEN DEUTSCHEN ENTGINGEN, WARTEN AUF DEN EXPORT

PARIS, 13. SEPTEMBER (UP) – *Über 30 Millionen Flaschen Champagner warten in französischen Weinkellereien auf den Export in die Vereinigten Staaten, weil die Deutschen sich*

gefürchtet hatten, in die unterirdischen Keller hinabzusteigen und sie wegzunehmen.
Léon Douarche, ehemaliger Direktor des Internationalen Weinamts (Office international du vin in Paris), erklärte heute, die Deutschen hätten nur einen kleinen Teil der diesjährigen Wein- und Champagnerproduktion requiriert, die er auf insgesamt 3,7 Milliarden Liter schätzt, im Vergleich zu 5 Milliarden Litern im Vorjahr.

NEW YORK TIMES, 14. SEPTEMBER 1944

Im Juli 1944 hatte Otto Klaebisch, der »Weinführer« der Champagne, über das C.I.V.C. eine große Bestellung für die deutsche Wehrmacht aufgegeben. Drei Wochen später stornierte er sie unvermittelt und floh zurück nach Deutschland.

Mit dem raschen Vorrücken der 3. Armee General Pattons auf die Champagne mußten sich die Deutschen schnell zurückziehen, so schnell, daß sie nicht einmal mehr Zeit hatten, alle Sprengladungen zur Explosion zu bringen, die sie unter den Brücken angebracht hatten. Außerdem sprengten sie auch nicht die riesigen Weinkeller der Champagne in die Luft, womit Himmler gedroht hatte.

Dennoch hatte die deutsche Besatzungszeit Firmen und persönliche Biographien schwer getroffen oder zerstört.

Die Nazis hatten millionenschwere Champagnerrechnungen nicht bezahlt. Champagnerhäuser, insbesondere Moët & Chandon, waren in großen Schwierigkeiten, nachdem ihr Führungspersonal inhaftiert und die Firmen selbst unter direkte deutsche Kontrolle gestellt worden waren.

Die Bewohner der Champagne waren erleichtert, daß Robert-Jean de Vogüé, ehemaliger Direktor von Moët und des C.I.V.C., nach eineinhalb Jahren in einem Zwangsarbeitslager noch am Leben war. Dennoch waren sie entsetzt über seinen Zustand.[172]

De Vogüé hatte auch gar nicht überleben sollen. Auf den Deportationslisten stand hinter seinem Namen die Abkürzung »NN«,

Nacht und Nebel: Er sollte sich in einem Lager zu Tode arbeiten und anschließend anonym verscharrt werden. Schon kurz nach seiner Ankunft in dem Lager eröffnete ihm ein sadistischer Wächter: »Du weißt, was über Ziegenhain gesagt wird? Hierher kommt man, um zu sterben!«

Tatsächlich überlebte de Vogüé auch nur knapp.

Eines Morgens entdeckte er beim Aufwachen, daß sich eine Infektion des kleinen Fingers seiner rechten Hand verschlimmert hatte. Bei näherem Betrachten mußte er feststellen, daß Wundbrand eingesetzt hatte. Seine Bitte nach einem Arzt wurde von den Aufsehern ignoriert. De Vogüé wußte, daß er sterben würde, wenn er nicht selbst die erforderlichen Maßnahmen ergriff. Er fand eine Glasscherbe und schliff sie so scharf wie er konnte. Dann begann er zu schneiden. Ohne Betäubungsmittel war der Schmerz unerträglich, doch de Vogüé schnitt weiter, bis er seinen Finger komplett abgetrennt hatte. Mit Fetzen seiner Anstaltskleidung brachte er schließlich die Blutung zum Stillstand. Diese rohe Operation rettete ihm zunächst das Leben, aber sie war beinahe doch umsonst.

Nach der Befreiung des Lagers machte sich de Vogüé zu Fuß auf den Weg nach Hause. Ein paar Kilometer schleppte er sich voran, dann brach er erschöpft zusammen. Als er bewußtlos am Straßenrand lag, stieß ein britischer Offizier auf ihn. Es war zufällig jemand, der früher bei de Vogüé in der Champagne gearbeitet hatte. Der Engländer sprang aus seinem Jeep und lud den Bewußtlosen auf; dann benachrichtigte er de Vogüés Familie, er werde ihn bald nach Hause bringen.

Für de Vogüés fünf Kinder war das ein bewegender Augenblick. Sie hatten keine Ahnung, in welchem Zustand ihr Vater war, und dekorierten das Wohnzimmer festlich.

Als ihr Vater eintraf, verschwand die Freude schlagartig. Niemand erkannte diese gebrechliche, dürre Gestalt, die nicht mehr aufrecht stehen konnte. Sie hatte keinerlei Ähnlichkeit mehr mit dem eleganten und dynamischen Mann, der die Champagnerkellerei Moët & Chandon geleitet und sich mit Otto Klaebisch angelegt hatte.

Jetzt hing er zwischen den Schultern des britischen Offiziers und seines Schwagers. Seine Begrüßung war so schwach, daß seine Kinder nicht einmal sicher waren, daß er überhaupt etwas gesagt hatte. Ihre Mutter begann zu weinen, als sie die Männer ins Schlafzimmer geschickt hatten, um ihren Mann ins Bett zu bringen. Mehrere Tage lang war es ungewiß, ob er überleben würde.

De Vogüés Assistent Claude Fourmon, der mit seinem Chef zusammen in Klaebischs Büro festgenommen worden war, kehrte sogar in einem noch schlimmeren Zustand in die Champagne zurück.[173] Fourmon war nach Bergen-Belsen bei Hannover gebracht worden, wo jeder Tag ein Kampf ums Überleben war. Er hatte sich selbst immer ein Datum zum Ziel gesetzt, an dem er noch am Leben sein wollte. Hatte er diesen Tag erreicht, setzte er sich ein neues Ziel. So nahm er sich zum Beispiel vor: »Wenn ich es nur bis zum 13. Januar aushalte, dann schaffe ich es auch ganz.« Am 13. Januar suchte er sich dann ein neues Datum aus.

Auf diese Weise überlebte er den Winter 1943/44. Die Kälte war unerträglich. »Ich sang«, erinnerte sich Fourmon. »Ich sang gegen die Kälte. Ich sang Kirchen- und Kinderlieder, alles. Lieder schienen das einzige zu sein, was half.«

Als er schließlich nach Hause zurückkehrte, war er wie de Vogüé mehr tot als lebendig. Er war auch gefoltert worden und keineswegs mehr der aufbrausende junge Mann, den die Gestapo zwei Jahre zuvor in Reims festgenommen hatte. »Als ich nach Hause kam, war ich ein alter Mann«, erinnerte sich Fourmon.

In Wahrheit war er erst 30.

May Eliane Miailhe de Lencquesaing weinte. Sie und ihre Familie waren gerade nach Château Pichon Longueville zurückgekehrt.

Die Deutschen waren erst einen Tag zuvor abgezogen, und zum ersten Mal seit vier Jahren konnten die Miailhes einen Blick in das Innere ihres Hauses werfen.

»Die Deutschen waren wirklich Rohlinge«, erinnerte sich May Eliane:

> *Sie hatten ihre Uniformen am offenen Kamin getrocknet, und überall waren Funken umhergeflogen. Die herrlichen Holzvertäfelungen waren ruiniert und jede Glasscheibe kaputt. Sogar die Marmorkamine und die Türen waren ruiniert. Sie hatten die Fenster offenstehen lassen, und Regenwasser war über den Parkettfußboden gelaufen. Das Stroh auf den Böden, wo die Soldaten geschlafen hatten, war verrottet zu Mist.*
> *Und dann der Gestank! Wir haben Jahre gebraucht, um den Geruch ihres Stiefelfetts aus dem Château zu bekommen.«*

Überall im Bordelais standen die zurückgekehrten Eigentümer der Châteaux vor ähnlichen Problemen, um die Narben zu heilen, die die Besatzung verursacht hatte. Überall fanden sich in die Mauern eingeritzte Hakenkreuze, Kritzeleien auf den Wänden und sogar Einschußlöcher.

Château Mouton-Rothschild war ebenfalls von den Deutschen in Beschlag genommen und beschädigt, aber nicht offiziell konfisziert worden. Hier war die Vichy-Regierung den Besatzungsbehörden zuvorgekommen, um die Deutschen daran zu hindern, das Gut zum jüdischen Besitz zu erklären und es in deutsches Eigentum übergehen zu lassen.

Als Baron Philippe de Rothschild zurück nach Château Mouton kam, hatte er schon einige Schicksalsschläge hinter sich.[174] Er war 1942 aus Frankreich geflohen, um sich de Gaulles »Freiem Frankreich«, den *Forces françaises libres*, anzuschließen, und hatte seine Frau und seine kleine Tochter zurückgelassen. Fast den ganzen Krieg über gelang es den beiden zu überleben, zuerst in Südfrankreich, später in Paris. Die Frau des Barons, die Comtesse Elisabeth de Chambure, galt nicht als Jüdin und war daher zuversichtlich, daß die Deutschen sie in Ruhe lassen würden.

Doch da täuschte sie sich. Kurz vor der Befreiung von Paris drang die Gestapo in ihre Wohnung ein und verschleppte sie vor den Augen ihrer entsetzten Tochter Philippine. Sie wurde in einem der letzten Deportationszüge nach Ravensbrück in Brandenburg gebracht und dort wenige Tage vor der Befreiung des Konzentrationslagers ermordet.

Der Anblick seines geliebten Château verstärkte die Trauer des Barons noch. Seine Weinberge waren zwar unangetastet geblieben, doch die Nazis hatten das Schloß durch die Umwandlung in ein Nachrichtenzentrum schwer beschädigt. In einigen Räumen gab es Einschußlöcher in den Wänden, wo die Deutschen Gemälde als Zielscheiben für Schießübungen mißbraucht hatten.

Baron Philippe war fest entschlossen, alle Anzeichen der Anwesenheit der Nazis zu tilgen. Er erfuhr, daß einige der Soldaten, die sein Eigentum besetzt hatten, in einem Gefangenenlager in der Nähe festgehalten wurden. »Wer hätte das Schloß besser als diese Leute wieder instand setzen können? Alles war verwüstet, mußte gesäubert werden, repariert und neu gestrichen«, schrieb er später in sein Tagebuch. Als der Baron die Behörden um die Erlaubnis bat, die Deutschen bei sich arbeiten zu lassen, wurde es ihm gestattet.

Viele Tage lang arbeiteten die Kriegsgefangenen nun, um die von ihnen angerichteten Schäden wieder zu beheben. Kilometerlange Kabel, die auf dem Gelände verlegt worden waren, mußten wieder entfernt werden, Fundamente für Flugabwehrgeschütze herausgerissen und Einschußlöcher verfüllt werden.

Doch damit waren sie noch lange nicht fertig. Schon seit Jahren hatte Baron Philippe davon geträumt, einen Park um Château Mouton zu errichten nebst einer Straße, die das Anwesen mit Mouton d'Armailhacq verbinden sollte, einem benachbarten Weingut, das er ebenfalls gekauft hatte. Nun drückte der Baron den Deutschen Rechen, Harken und Schaufeln in die Hand und forderte sie auf, loszulegen. Unter sengender Sonne mußten die Gefangenen nun Bäume, Sträucher und Blumen pflanzen, ein Gelände für den Park vorbereiten und eine Trasse für die geplante Straße ausheben.

Es dauerte Monate, bis das Projekt abgeschlossen war, doch am Ende zeigte sich der Baron hochzufrieden.

»Ich kann niemals diese Straße ansehen«, meinte er, »ohne daran zu denken, daß es meine ›Straße der Rache‹ ist«.[175]

Die französischen Winzer waren überwältigt von der Menge Arbeit, die vor ihnen lag, und von den dafür notwendigen Investitionen. Geld für Reparaturen, für neue Traktoren und Geräte, für Dünger und Kupfersulfat, für neue Rebstöcke. Doch wo sollte das herkommen?

Glücklicherweise fanden die Weinbauern Gehör bei einem Mann, der für das staatliche Wiederaufbauprogramm für die nationale Wirtschaft zuständig war. Sein Name war Jean Monnet, der Mann, der bald darauf die Idee einer europäischen Wirtschaftsgemeinschaft mitbegründen sollte.[176] Monnet war im Cognac aufgewachsen, jener Gegend um die gleichnamige Stadt in Westfrankreich, wo der weltbekannte Weinbrand hergestellt wird. Auch Monnets Familie beschäftigte sich mit der Cognac-Herstellung. Er verstand die Probleme der Winzer und war sich deutlich bewußt, daß eineinhalb Millionen Familien in Frankreich ökonomisch vom Wein abhängig waren.

Doch die neue Regierung wurde von allen Wirtschaftssektoren gleichermaßen bedrängt und hatte auch nur begrenzte Möglichkeiten. Ihre Hauptsorge, was den Wein betraf, war es, eine ausreichende Versorgung der Bevölkerung sicherzustellen. Dank des Drängens von Monnet erklärte die Regierung sich aber schließlich bereit, mehr Geld für den Austausch von alten und kränklichen Rebstöcken zur Verfügung zu stellen.

Das neue Programm stieß vor allem im Elsaß auf große Zustimmung, wo nach dem Deutsch-Französischen Krieg 1870/71 überwiegend Reben mit hohem Ertrag, aber bescheidenerer Qualität angepflanzt worden waren.

Nach dem Ersten Weltkrieg machte man sich daran, die vorhandenen Hybridsorten durch die traditionellen regionalen Gewächse zu ersetzen. Manche Winzer reagierten auf entsprechende Aufrufe allerdings zögerlich. Sie hielten diese Pläne für zu teuer, und es bestand auch niemand mit Nachdruck darauf. Nach der Besetzung 1940 lobten deutsche Winzerfunktionäre die Fortschritte des Weinbaus im Elsaß.

Dennoch kam der Neuanbau nach der Befreiung nur langsam in Gang. Die meisten Weinberge waren übersät mit nicht explodierten Minen und Bombensplittern. Außerdem gab es zuwenig Arbeitskräfte; die meisten jungen Männer waren zur Wehrmacht eingezogen worden. Von diesen waren wiederum die meisten an die »Ostfront« geschickt worden, sehr viele von ihnen bereits gefallen. Diejenigen, die überlebt hatten, konnten sich erst jetzt auf den Heimweg machen. Den Hugels fiel das Warten besonders schwer. Ihr ältester Sohn Georges kämpfte jetzt in der französischen Armee, während ihr zweiter Sohn, Jean Jr., immer noch bei den Deutschen kämpfte.

Jean kam als erster zurück. Er kämpfte in einer Einheit in der Nähe des Bodensees, als er plötzlich eine Kolonne französischer Panzer herannahen sah. Er versteckte sich in einem Gehöft, warf seine deutsche Uniform weg und tauschte sie bei dem Bauern gegen alte Zivilkleidung. »Gib' auf dich acht«, rief der Bauer ihm nach, als Jean hinausging, um die Franzosen zu begrüßen. Ein paar Tage später – es war der Tag des Waffenstillstands, der 9. Mai – war Jean wieder zurück in Riquewihr.

Am folgenden Tag kehrte auch Georges zurück.

Sie stellten fest, daß sie beide gleichzeitig in derselben Gegend gekämpft hatten – auch Georges war am Bodensee gewesen.

Jetzt war das Elsaß endgültig und vollständig befreit, und auch die Familie Hugel war wieder glücklich vereint. Nun konnte das große Feiern beginnen. »Wir zogen von Weinkeller zu Weinkeller«, erinnerte sich Jean. »Wir waren drei Tage lang sturztrunken. Jeden Tag kam jetzt ein anderer unserer Freunde aus dem Krieg zurück.«

Die Elsässer nahmen schnell ihre französische Staatsangehörigkeit wieder an. Jetzt war es nicht mehr länger verboten, französisch zu sprechen und »Bonjour« zu sagen. Auch das Tragen von Baskenmützen war wieder erlaubt. Reichenweier hieß wieder Riquewihr, und die Namen von Straßen und Geschäften wurden rasch ausgewechselt.

So auch bei den Hugels: *Hügel und Söhne* waren nun wieder *Hugel et fils*.

Auch ein anderer Name mußte noch ersetzt werden.

Schon bald nachdem die burgundischen Weinerzeuger eine ihrer besten Lagen dem jetzt völlig diskreditierten Marschall Pétain vermacht hatten, wurde ihnen diese Geschichte allmählich immer unangenehmer.

Jeden Tag auf dem Weg zur Arbeit schien sie der imposante steinerne Torbogen des *Clos du maréchal* geradezu verspotten zu wollen. »Da muß etwas geschehen«, sagten sie sich. Sie wandten sich an einen befreundeten Rechtsanwalt. Schließlich sei der besagte Weinberg von der Regierung beschlagnahmt worden. Ob es wohl einen Weg gebe, das Gelände zurückzubekommen?

Der Rechtsanwalt sagte zu, die Sache vor Gericht zu bringen und die Schenkung des *Clos du maréchal* für null und nichtig erklären zu lassen. Das Verfahren wurde gewonnen, und die Parzelle gelangte wieder zurück in den Besitz der *Hospices de Beaune*.[177]

Am Tag nach der Urteilsverkündung stiegen die Winzer mit Vorschlaghämmern und Spitzhacken bewaffnet hinauf zu der Parzelle und machten sich daran, das einst so stolz errichtete Steintor abzureißen.

Yvonne Tridon, die einige Jahre zuvor dem Marschall die Schenkungsurkunde im Auftrag der Weinhändler von Beaune übergeben hatte, konnte sich eines seltsamen Gefühls nicht erwehren. »Wir Franzosen sind manchmal etwas schwierig zu verstehen«, stellte sie in unserem Interview fest. »Heute singen wir ›*Maréchal, nous voilà*‹, und am nächsten Tag wollen wir nie wieder etwas von ihm hören.«

Binnen einer Stunde lag der Torbogen in Trümmern. Doch nicht ganz. Während noch eifrig gehackt und zertrümmert wurde, schafften Maurice Drouhin und sein Sohn Robert einen der Torpfosten zur Seite.[178]

Der Abriß des Torbogens beendete die Kontroverse um den *Clos du maréchal* jedoch noch nicht. Es gab da ja immer noch die von den Hospices für den Marschall hergestellten Weine. Die Flaschen trugen Etiketten mit dem Namen Pétains und einer Abbildung der Hospices. Für alle, die Pétain erst kurz zuvor als Retter in der Not zugejubelt hatten, war die Sache jetzt äußerst peinlich.

Deshalb waren die Winzer von der Ankündigung alarmiert, die Regierung, die Pétains Vermögen eingezogen hatte, wolle die

Weine nun versteigern.[179] Schon vor Beginn der Auktion war der Auktionsraum von Protestierern besetzt, darunter auch Kriegs- und Résistanceveteranen, die Vereinigung der deportierten Zwangsarbeiter und die Vereinigung der politischen Deportierten. Alle beschwerten sich vehement, die Auktion sei unpatriotisch.

Der Auktionator, ein Mann namens Georges Rappenau, war Berufsanfänger und hatte bisher erst eine einzige derartige Veranstaltung geleitet. Er wußte nicht, was er tun sollte. Zuerst rief er die Protestierenden in sein Büro und versuchte, mit ihnen zu diskutieren. Die Demonstranten weigerten sich jedoch zuzuhören und forderten, die Versteigerung abzubrechen.

Schließlich erinnerte sich Rappenau jedoch daran, wie man im Herzen von Burgund Probleme löst. »Bitte warten Sie einen Moment«, bat er die Demonstranten. »Ich bin gleich zurück.« Rappenau ging hinaus und bat einen seiner Assistenten, Gläser und einen Korkenzieher aufzutreiben. Dann ließ er die Gläser verteilen und schenkte eine Runde *Clos du maréchal* aus.

»Messieurs«, erklärte er, »stoßen wir an auf einen erfolgreichen Abschluß unserer Verhandlungen«. Es dauerte nicht lange, und man hatte das Problem gelöst. Die Auktion konnte beginnen.

Und wer kaufte den Wein? Die Veteranen selbst!

Sie verkauften den Wein mit *Clos du maréchal*-Etiketten und unterstützten mit dem Erlös ihre eigenen Organisationen. Jemand schlug vor, die Hospices könnten sogar noch mehr daran verdienen, wenn sie für die Weine aus Pétains früherem Weinberg die alten *Clos du maréchal*-Etiketten verwendeten, auf die vor die Lagebezeichnung ein »Ex-« aufgedruckt werden könnte. »Das wäre eine gute Idee, die Öffentlichkeit auf sich aufmerksam zu machen und noch etwas hinzuzuverdienen«, schlug er vor. Die *Hospices* übernahmen die Idee.

Obwohl Maurice Drouhin froh war, daß Pétains Weinberg den Hospices de Beaune zurückgegeben wurde, war er doch auch zufrieden, daß sein Sohn Robert und er einen Torpfosten vom ehemaligen *Clos du maréchal* gerettet hatten. »Es ist ein Stück unserer Geschichte«, erklärte er seinem Sohn. »Wir sollten daraus lernen und nicht alles blindlings zerstören, als ob wir ungeschehen machen könnten, was geschehen ist.«

In diesem Geist, sich der Geschichte zu stellen, zögerte Maurice auch nicht, einen Brief zu beantworten, den er kurz nach dem Krieg von einem Dr. Erich Eckardt aus Deutschland erhielt. Eckardt war der Richter gewesen, der 1942 dem Gerichtsverfahren gegen Maurice vorgesessen und Maurices Freilassung aus der Haft angeordnet hatte. Nun bat Eckardt selbst um Hilfe. Er erklärte, die alliierten Behörden in Deutschland hätten ihm die weitere Berufsausübung untersagt. »Könnten Sie irgend etwas für mich tun, etwas angeben, was mir helfen könnte?«, fragte er Maurice. Drouhin erinnerte sich, wie bereitwillig der Richter während des Prozesses seine Verteidigungsrede angehört hatte. So gab es für ihn keinen Grund zum Zögern, in einem notariell beglaubigten Antwortschreiben zu erklären, Eckardt sei »ein anständiger Mann, der fair und unparteiisch über ihn geurteilt« habe. Nur kurze Zeit später setzten die Alliierten Eckardt wieder in sein Amt ein.

Auch Robert-Jean de Vogüé erhielt einen Brief. Er wurde als »Zeuge aus Feindesland« im Verfahren gegen Otto Klaebisch vor Gericht geladen. Der frühere »Weinführer« der Champagne war zur Untersuchung bestimmter Verbrechen vor ein Nachkriegsgericht gestellt worden. Der Gerichtshof war ganz verblüfft, als de Vogüé, anstatt Klaebisch zu belasten, sich zu dessen Gunsten aussprach. Er räumte ein, der »Weinführer« und er hätten einige heftige Meinungsverschiedenheiten gehabt, doch er betonte zugleich, Klaebisch sei immer sehr korrekt gewesen. »Er war in einer schwierigen Lage«, erklärte de Vogüé den Richtern. »Ich habe keine Minute geglaubt, daß er selbst je meine Verhaftung oder die meiner Kollegen angeordnet hätte. Das war immer nur die Gestapo.«

Damit war Klaebisch entlastet.

Baron Philippe de Rothschild war ein wenig beklommen zumute, als er die deutsche Briefmarke auf dem Brief sah, den der gerade bekommen hatte. Er öffnete ihn. »Lieber Baron Philippe«, begann der Brief. »Ich habe die Mouton-Weine immer sehr gemocht, und ich frage mich, ob es irgendeine Möglichkeit gibt, daß ich sie wieder für Sie in Deutschland vertreten kann.«

Unterzeichner des Briefes war Heinz Bömers, der ehemalige »Weinführer« von Bordeaux.

Obwohl der Baron in den vergangenen Jahren viel Trauer und Schmerz ertragen mußte, zögerte er keinen Moment mit einer Antwort. »Ja, sicher, warum nicht?«, schrieb er zurück. »Schließlich müssen wir jetzt ein neues Europa bauen.«

»Der Wind der Apokalypse, der 60 Monate lang aus dem Osten wehte, Lachen und Glück aus dem Königreich der Reben vertrieben und nur noch Totenstille geduldet hatte, hat endlich aufgehört.«

Mit diesen Worten eröffnete der Großmeister Georges Faively das 32. Treffen der *Confrérie des Chevaliers du Tastevin*; der »Bruderschaft der Ritter des Tastevin« (eine flache Weinprobierschale). Für sie war das Treffen »die Auferstehung«, nachdem die burgundische Weinbruderschaft während des Krieges »in Schlaf versetzt« worden war.[180]

An diesem 16. November 1946 jedoch wurde sie mit allem Pomp und Zeremoniell, dessen die Gemeinde der Weinerzeuger fähig war, wiedererweckt. Regierungsvertreter, ausländische Würdenträger, Militärführer und die berühmtesten Winzer des Bordelais trafen sich zu einem großen Essen und Weintrinken, und um dem Autor Georges Duhamel, einem Mitglied der Académie française, zuzuhören, wie er die Tugenden und Stärken des Weines pries.

Wie jeder andere Teilnehmer des Banketts hatte auch Duhamel vor seinem Vortrag das siebengängige Mahl und ein halbes Dutzend Weine genossen, darunter einen 1938er Beaune Clos des

Mouches von Maurice Drouhin, einen 1940er Clos Blanc de Vougeot, einen 1942er Nuits Clos de Thorey und einen 1929er Nuits Château-Gris. Daher war es kein Wunder, daß sein Loblied geradezu überschwenglich geriet.

»Wein war eines der ersten Anzeichen für die Entstehung der menschlichen Zivilisation«, erklärte er. »Ob in der Bibel oder bei Homer, überall schimmert der Wein durch die Seiten der Geschichte und trägt seinen Anteil bei zum Schicksal großer Männer. Denen, die ihn zu genießen wissen, verleiht er Geist, doch straft er die, die nicht das rechte Maß kennen.«

Auch William Bullitt, der zu Beginn des Krieges Botschafter der USA in Frankreich gewesen war, hatte eine Botschaft für die Confrérie. »Wie jedem anderen wurde mir, als ich Botschafter wurde, gesagt, ich solle meine Augen und Ohren offenhalten und meinen Mund geschlossen«, sagte er. »Doch hier tue ich nun das Gegenteil, öffne meinen Mund, um Ihnen ein Loblied zu singen, und schließe meine Augen, um Ihren Wein zu genießen.«

Es war ein Abend voller geteilter Freuden und Erinnerungen. Die Zeit hatte schon begonnen, die Erinnerung an den Krieg zu verklären. Je mehr Wein floß, desto mehr Geschichten erzählten die Teilnehmer des Banketts. Ein Gast erinnerte an einen Freund aus Chantilly, der in der französischen Armee gedient hatte.

Sein Bekannter, so erzählte der Gast den anderen Anwesenden an seinem Tisch, war ein großer Weinliebhaber, der vier lange, entmutigende Jahre von zu Hause fortgewesen war. Als der Krieg vorbei war, konnte er es kaum erwarten, wieder in seinen Keller zurückzukommen, wo er mehrere Hundert Flaschen Wein weggeschlossen hatte. Mit großer Vorfreude und einem gewissen Zittern steckte er den Schlüssel, den er die ganzen vier Jahre bei sich getragen hatte, in das Schloß. Er drehte sich. Die Tür war immer noch verschlossen! Aufgeregt stieß er die Tür auf und betrat den dunklen Kellerraum. Er zog eine Taschenlampe hervor und leuchtete umher.

Überall glitzerten Glasflaschen.

Alles war so, wie er es zurückgelassen hatte.

Vorsichtig hob er eine der Flaschen aus dem Regal. Sie war immer noch verkorkt. Auch die nächste und übernächste Flasche.

Er nahm sie mit nach draußen. Sämtliche Flaschen waren in einem tadellosen Zustand – nur waren sie leer.

Als sich das Gelächter am Tisch wieder gelegt hatte, bat der Großmeister der Bruderschaft Duhamel, den Abend stilvoll zu beschließen. Der alte Schriftsteller, Akademiemitglied und Weinliebhaber, der er war, kehrte bereitwillig aufs Podium zurück.

»Diese Feier hat uns Optimismus und Zuversicht gegeben«, erklärte er. »Sie beweist, daß unser geliebtes Frankreich, so schwer geprüft und unglücklich, immer noch die Kraft hat, auf die es zählen kann. Indem wir uns heute abend hier versammelt haben, haben wir bewiesen, daß unser Frankreich, dieses Königreich des Weines, weiterleben wird.«

Epilog

Ein warmer Vorfrühling, Frost, Hagel und dann wieder Hitze. Das Wetter 1945 ließ nichts Gutes hoffen.

Doch die Landarbeiter in den Weinbergen glaubten an einen bestimmten Zusammenhang zwischen dem Gedeihen der Reben und dem Krieg. Sie hatten immer schon gesagt, Gott schickt einen schlechten Jahrgang, wenn ein Krieg ausbricht, und einen guten zu seinem Ende.

Sie sollten auch diesmal recht behalten.

1939, das Jahr des Kriegsausbruchs, war ein schrecklicher Weinjahrgang gewesen – 1945, *l'année de la victoire*, »das Jahr des Sieges«, wurde einer der besten seit Menschengedenken.

Die Weinkritiker überschlugen sich mit Superlativen: »Sechs von fünf möglichen Punkten!«, schrieb einer. »Diese Weine werden erst in 50 Jahren ihre volle Reife erreichen«, sagte ein anderer voraus. Die älteren Weinkenner verglichen den 1945er mit den Jahrgängen 1870, 1893 und anderen legendären Jahrgängen der Vergangenheit.

Obwohl der Ertrag 1945 winzig war – gerade einmal die Hälfte der Menge von 1939 –, war der Traubensaft unglaublich reich und konzentriert, »ein Ausgleich«, wie es ein Beobachter beschrieb, »für all die Jahre des Elends, von Krieg und Entbehrungen«.

Den größten Anteil daran hatte Mutter Natur. Weil es den Winzern an Zucker, Schwefel und anderen Chemikalien fehlte, mußte der Wein in diesem Jahr ohne all diese Zusätze auskommen. Um den fehlenden Zucker zu kompensieren, ließen die Winzer den Most, den gärenden Traubensaft, länger als sonst mit den Schalen der Früchte zusammen stehen. Die Schalen hatten durch das heiße Wetter besonders viel Zucker gespeichert. Aufgrund des Flaschenmangels blieben die Weine auch länger in den Fässern und konnten dadurch einen noch großartigeren Charakter und eine noch raffiniertere Komplexität entwickeln.

1945 war gewissermaßen der letzte große Jahrgang des 19. Jahrhunderts. Für Winzer und Kellereien markierte erst das Ende des Zweiten Weltkriegs den Beginn des 20. Jahrhunderts. Nun wurden allmählich die Pferde durch Traktoren ersetzt, und die traditionellen Arbeiterinnen durch Abfüllmaschinen.

Auch das Leben im Weinberg änderte sich. Die Tageszeiten wurden nicht mehr länger von den Kirchturmuhren vorgegeben, und auch der Rhythmus und die Geschwindigkeiten des Alltags waren jetzt nicht mehr durch das Wachstum der Rebstöcke bestimmt. »Früher gehörten die Arbeiter zur Familie dazu; heute sind sie Arbeitnehmer«, stellte Robert Drouhin in unserem Interview nüchtern fest. »Statt eines Weinfests mit einem großen Gelage am Ende der Lese geben wir ihnen ihren Gehaltsscheck, ein Glas Wein, und das war's dann.«

»Der steigende Lebensstandard hat auch zu Mentalitätsveränderungen geführt. Immer mehr Leute denken stärker an den Profit als an die Qualität der Weine. Ich denke, früher waren die Leute stolzer auf ihre Produkte.«

Und selbst ganz stolz erinnerte sich Robert daran, wie er früher mit seinem Vater durch die Weinberge zog, und an alles, was ihm Maurice damals beibrachte. »Er sagte immer: ›Wenn du jemanden einstellst, achte darauf, wie er als Mensch ist. Es ist sehr einfach, einen guten Techniker zu finden, aber viel schwieriger und wichtiger, jemanden mit einem guten Charakter zu haben.‹«

Als Maurice 1957 einen Schlaganfall erlitt, mußte der erst 24jährige Robert die Winzerfachschule verlassen und den elterlichen Betrieb übernehmen. Der Anfang war sehr hart. »Ich habe weiß Gott genug Fehler gemacht«, erinnerte er sich.

Yvonne Tridon, die damals als Maurices Sekretärin arbeitete, erinnerte sich, wie Robert nach dem Schlaganfall seines Vaters zum ersten Mal ins Büro kam. »Er war ein sehr trauriger junger Mann, aber er hörte sehr sorgfältig auf alles, was ich über das

Geschäft zu sagen hatte, und er hörte auch auf andere. Darin war Robert immer gut.«

Maurice starb 1962. Ein paar Jahre später fand Robert im Nachlaß seines Vaters einen Brief, den er 1941 aus der Kriegsgefangenschaft an seine Frau geschrieben hatte:

> *Wenn ich recht nachdenke, finde ich, daß nichts im Leben mehr zählt als das Glück, das wir anderen geben können, das Gute, was wir tun können. Das vor allem müssen wir unseren Kindern beibringen, stärker an andere zu denken als an sich selbst, denn gerade dadurch werden sie die höchste Erfüllung finden.*

Der Zweite Weltkrieg war eine prägende Zeit für alle, die in Frankreich einen Weinbaubetrieb führten. Sie prägte nicht nur die Nachkriegsgegenwart, sondern auch die Zukunft.

Wie Robert Drouhin dankt auch May Eliane Miailhe de Lencquesaing ihrem Vater dafür, daß er ihr die Prinzipien des harten Arbeitens und der Selbstverpflichtung zur Qualität vermittelt hat.

»Meinem Vater verdanke ich alles. Er glaubte daran, daß Disziplin der Schlüssel zur Erziehung ist, und am allerwichtigsten war es ihm, seine Kinder, insbesondere die Mädchen, zu all den Aufgaben zu befähigen, denen sie im Leben begegnen würden.«

Heute leitet May Eliane Miailhe de Lencquesaing Château Pichon Longueville Comtesse de Lalande, ein während der Besatzungszeit stark beschädigtes Gut, das kurz vor dem finanziellen Zusammenbruch stand, bevor sie es übernahm.

»Diese Jahre nach dem Krieg waren die Grundlage für mich«, erinnerte sie sich. »Wir hatten als Kinder das Gefühl, wir seien Helden, denn wir halfen bei der Befreiung unseres Landes, selbst wenn Bomben fielen.«

Bernard de Nonancourt war erst 18, als er, inspiriert von de Gaulle, in den Krieg zog. Während der folgenden fünf Jahre jedoch wurde sein jugendlicher Enthusiasmus durch die grimmigen Realitäten, die er in der Résistance kennenlernte, erheblich gedämpft.

Nach dem Krieg stand Bernard vor einer ganz anderen Herausforderung. Jetzt sollte er die kränkelnde Champagnerkellerei aufbauen, die seine Mutter gekauft hatte. 1945 war Laurent-Perrier am Boden, genauer gesagt auf Platz 98 einer Rangliste der 100 größten Champagnerfirmen.

Heute gehört die Marke unter Bernards Leitung zu den zehn größten der Branche mit 360 Mitarbeitern und einer Jahresproduktion von annähernd 11 Millionen Flaschen. Bernard schreibt seinen Erfolg direkt den Fähigkeiten zu, die er in der Résistance erworben hat: »Das Wissen, wie man etwas organisiert, und die Erfahrung, in einem Team zusammenzuarbeiten.«

Und noch etwas anderes hatte er im Untergrund gelernt: »Bleibe risikofreudig«, meint er. »Sei nicht zu schnell mit dir selbst zufrieden.«

Als Bernard in den 60er Jahren nach einem Namen für eine Luxuschampagnermarke suchte, die er auf den Markt bringen wollte, sandte er eine Liste mit Namensvorschlägen auch an den Staatspräsidenten Charles de Gaulle. Dieser antwortete umgehend: »*Grand siècle*, ›Großes Jahrhundert‹ natürlich, de Nonancourt!«

Jahre später, mittlerweile war *Grand siècle* längst das Flaggschiff von Laurent-Perrier geworden, erklärte uns Bernard: »Wenn ich diese Mitteilung von de Gaulle lese, höre ich noch immer die Stimme des Generals.«

Auch Douglas MacArthur hatte ihn inspiriert. Auf seinem Schreibtisch steht eine Plakette mit einem Zitat des amerikanischen Generals. »Ich schaue es mir jeden Tag an«, erklärte uns Bernard stolz. »Hier steht: *Be young!* – ›Bleibe jung!‹ Ich bin jetzt 78, und in der Rückschau vermisse ich manchmal meine Jugendjahre. Obwohl dieser Krieg schrecklich für die Welt war, war es für mich doch die schönste Zeit meines Lebens. Ich fühlte mich so voller Patriotismus!«

Nach fünf Jahren Kriegsgefangenschaft wurde Gaston Huet schnell zu einem der größten Weinproduzenten Frankreichs. Er wurde auch zum Bürgermeister von Vouvray gewählt, ein Amt, das er insgesamt 46 Jahre innehatte.

Am 22. April 2002 starb Gaston Huet. Bis zuletzt verbrachte er einen großen Teil seiner Zeit mit Vorträgen auf Winzerfachschulen. Sein Ratschlag an den Berufsnachwuchs: »Vergeßt alles, was ihr in der Schule gelernt habt. Legt schlechte Gewohnheiten ab. Kehrt zurück zur Tradition.«

Bis vor kurzem gehörte auch noch das alljährliche Kriegsveteranentreffen seiner ehemaligen Mitgefangenen des Lagers *Oflag IV D* zu den Höhepunkten des Jahres. Nach dem Krieg trafen sich die Männer alljährlich wieder, um alte Erinnerungen auszutauschen und sich gegenseitig zu versichern, daß sie diese Zeit tatsächlich überlebt hatten. Von Mal zu Mal jedoch kamen immer weniger. Auch sie wurden älter, und einer nach dem anderen starb.

Vor drei Jahren gab es dann zum ersten Mal kein Veteranentreffen mehr. »Wir waren einfach nicht mehr genug Leute«, bedauerte Huet.

Huets Glaube an die Tradition ist etwas, woran auch Jean Hugel festgehalten hat. Wieder und wieder erklärte er seinen drei Söhnen, daß »ein guter Wein ein unbehandelter Wein« sei, und jeder Winzer nicht mehr als ein Vermittler zwischen dem Boden und dem Wein, und daß der Mensch so wenig wie möglich eingreifen solle.

Niemals standen seine Reben besser als im Juni 1989. In diesem Jahr konnten die Hugels endlich auch das große Jubiläum feiern, das 50 Jahre zuvor ausfallen mußte. Das 300. Firmenjubiläum im September 1939 hatte wegen des Kriegsausbruchs abgesagt werden müssen. Doch jetzt konnten sie das 350. Jahr feiern.

Es war ein glamouröses Ereignis, zu dem unter anderem die Verkostung einiger der besten Weine des Hugelschen Weinkellers gehörte. Darunter befand sich auch der 1945er Gewürztraminer *Sélection de grains nobles*, ein außerordentlich süßer, komplexer und konzentrierter Wein. »Der Wein schmeckt einfach unsterblich«, kommentierte Jean Jr. diesen Genuß.

Die Weinprobe folgte einem von Papa Jean Hugel bereits 1967 aufgestellten Schema. »Diese Weine«, hatte er damals schon verfügt, »sollt ihr nur unter den folgenden Bedingungen verkosten: allein, nicht zu einem Essen; mit euren allerbesten Freunden; in gepflegter Atmosphäre – und ohne die geringste Anspielung auf ihren Preis. Auf diese Art und Weise werdet ihr dem Geschick und der Ehre der Winzer am ehesten Eure Reverenz erweisen, ebenso wie der Natur, ohne die die Herstellung solcher Juwelen unvorstellbar wäre.«

Leider konnte Jean Hugel selbst an der Zeremonie nicht mehr teilnehmen. Er war bereits 1980 gestorben.

Einige Jahre nach dem Krieg kam der kleine Armand Monmousseaux aus der Schule nach Hause gerannt und wedelte mit Aufzeichnungen aus dem Geschichtsunterricht.

»Papa, Papa«, rief er, »warst das wirklich Du?« Seine Klasse hatte gerade die französische Résistance durchgenommen, und an einer Stelle im Lesebuch war von einem Jean Monmousseaux die Rede, der für die Résistance Personen in leeren Weinfässern über die Demarkationslinie geschmuggelt hatte.

Sein Vater schaute auf den Artikel. Er handelte von einem Winzer aus der Touraine, der der Organisation *Combat* beigetreten war, einem der ersten Vorläufer der Résistance, und sein Leben riskierte, um Waffen, Dokumente und Résistance-Führer in leeren Fässern zu verstecken und sie mit Pferdefuhrwerken an den deutschen Kontrollstellen vorbeizuschmuggeln. Als Jean zu Ende gelesen hatte, schaute er seinen Sohn an und gab etwas verwirrt zu, daß die Geschichte tatsächlich von ihm handelte.

Jeans Frau, eine Engländerin, die »versucht hatte, während des Krieges sehr, sehr unauffällig zu leben«, hatte das mitgehört und war verblüfft. »Und die ganze Zeit hast du mir nichts davon erzählt?«, rief sie. »Wie konntest du nur? Meintest du etwa, du konntest mir nicht vertrauen?«

»Nein, nein«, entgegnete Jean. »Ich wollte dich nur nicht beunruhigen oder irgend jemanden in Gefahr bringen.«

Al Ricciuti war unruhig. Er hatte eine Menge zu tun; dennoch begann er erst mit einem Brief. Es war einer von Dutzenden, die er in den Jahren seit Kriegsende an Paulette Revolte geschrieben hatte. »Ich denke daran, wieder nach Frankreich zurückzukommen«, schrieb er. »Ich würde gerne noch einmal die Gegenden sehen, wo ich im Krieg gewesen bin. Ob ich wohl Sie und Ihre Familie besuchen kann?«

Paulettes Antwort war überschwenglich. »Wir würden Sie herzlich gern wiedersehen; bitte planen Sie ein paar Tage bei uns ein. Wir haben jede Menge Champagner, den Sie probieren müssen.«

Al packte seine Koffer. Keine zwei Tage später war er wieder am Utah Beach in der Normandie, 18 Jahre nach der damaligen Landung mit Pattons 3. Armee. Erinnerungen kamen zurück, einige davon bitter, andere ließen ihn laut loslachen. Wie könnte er je seine erste Begegnung mit General Patton vergessen? »Wir standen zu etwa 100 Mann splitternackt in einer Reihe und warteten auf eine freie Dusche, jeder mit einem Stück Seife in der Hand, als Patton aufmarschierte. Er hielt direkt vor meinem Nebenmann und fragte ihn: ›Wann haben Sie das letzte Mal geduscht?‹ Der Mann antwortete: ›Vor etwa einem Monat, Sir!‹ Darauf der General: ›Gut so, machen Sie weiter so!‹« Nach Als zweiter »Landung« in der Normandie reiste er zunächst weiter nach Nordfrankreich und in die belgischen Ardennen. Schließlich kam er wieder in die Champagne.

»Als ich sie wiedersah, traf es mich wie ein Blitz. Es war wirklich Liebe auf den zweiten Blick«, erzählte er uns.

Am 21. Januar 1963 heirateten Al und Paulette in Avenay-Vald'Or. Nach einer kurzen Hochzeitsreise kehrte Al mit seiner Frau nach Baltimore zurück, wo er für die *National Guard Armory* und Paulette daran arbeitete, ihr Heimweh zu überwinden.

Sieben Monate später erhielten sie einen Brief von Paulettes Bruder, der schrieb, er könne den Familienbetrieb einfach nicht mehr länger alleine führen. Wenn Paulette kein Interesse mehr an dem Betrieb habe, müsse er ihn verkaufen.

Und so packte Al abermals seine Koffer, diesmal zusammen mit Paulette, und ging zurück nach Frankreich. Er glaubte, eine Stelle als Zivilangestellter bei den amerikanischen Streitkräften in Frankreich finden zu können, während sich Paulette weiter um den Betrieb kümmern würde, aber so kam es nicht. Die französische Regierung verfügte plötzlich die Schließung aller amerikanischen Militäreinrichtungen im Land.

Für Paulette jedoch hätte es nicht besser kommen können. »Ich brauche deine Hilfe«, bat sie Al. »Du kannst doch hier mit uns arbeiten.« Er war einverstanden, es wenigstens zu versuchen.

Zunächst folgte er ihr überall bei allen Arbeitsschritten und beobachtete sie genau. »Ich schrieb mir alles auf und führte sorgfältig Tagebuch«, erinnerte sich Al. Und er kostete so viele Weinsorten wie möglich. »Ich hatte wirklich überhaupt nichts von Champagner verstanden, doch ich war fasziniert zu sehen, wie im Laufe des Arbeitsprozesses dieses Produkt entstand. Das war nicht so wie bei den meisten anderen Jobs, wo man arbeitet und arbeitet und nie sieht, was man eigentlich gemacht hat.«

Und so wurde Al Ricciuti der erste Amerikaner, der echten Champagner herstellte. Dennoch ist er auch heute noch sehr bescheiden, was seine Kenntnisse angeht. »Ich trinke gerne Champagner, aber ich habe nicht, was man vielleicht als den ›goldenen Gaumen‹ bezeichnen könnte. Den hat nur meine Frau.«

Bei dieser Bemerkung mußte Paulette lachen und meinte: »Ich brauche den Champagner gar nicht zu schmecken. Ich habe ihn im Blut.«

Viele von Als und Paulettes Kunden sind ehemalige amerikanische Armeeangehörige. Gewöhnlich sitzt man in der Küche und tauscht Kriegserlebnisse aus – unter den wachsamen Augen von Präsident Truman und General Eisenhower, deren Porträts die Wände zieren, gemeinsam mit Urkunden, die Paulette und ihrer Familie für die Rettung der US-Piloten danken.

Im Jahre 1959 sah der Oberkellner des Hôtel Meurice in Paris einen kleinen, kräftigen Mann »mit unglaublich korrekter Haltung«, der unruhig in der Bar auf und ab ging. Er schien wie benebelt, wie in einer anderen Welt zu sein.

»Kann ich Ihnen helfen?«, fragte ihn der Kellner.

»Ja, gerne«, antwortete der Mann. »Ich habe hier einmal für eine kurze Zeit gelebt und frage mich, ob Sie mir vielleicht einmal das Zimmer von damals zeigen könnten?«

Der Barkellner, Pierre Lévéjac, erkannte daraufhin den Mann wieder und bat ihn, einen Augenblick zu warten, während er mit dem Hotelmanager telefonierte. »Chef, Sie werden es nicht glauben, aber Dietrich von Choltitz ist wieder hier und möchte gerne sein altes Zimmer sehen.«

Der Manager stürzte in die Bar, wo sich ihm von Choltitz, elegant gekleidet in einem dunkelblauen Anzug, selbst vorstellte und seine Bitte wiederholte. Der Manager antwortete: »Es wäre mir eine Freude, Ihnen Ihr altes Zimmer zu zeigen. Wenn Sie mir bitte folgen wollen.«

Die beiden gingen in den vierten Stock, wo der ehemalige deutsche Kommandant von Paris einst lebte. Von Choltitz schaute sich einige Minuten schweigend in dem Raum um, bevor er die Balkontür öffnete und nach draußen trat. Zu seinen Füßen lagen die Tuilerien. »Ah ja, daran erinnere ich mich …«, sagte er nachdenklich.

Keine Viertelstunde später saß der Manager zusammen mit von Choltitz in der Bar und schlug vor, eine Flasche Champagner zu öffnen. »Wir müssen Ihre Rückkehr gebührend begehen, *mon général.*« Von Choltitz lehnte ab. »Ich habe gesehen, was ich sehen wollte, und muß nun weiter«, meinte er.

Von Choltitz hatte nämlich noch eine andere Verabredung, und zwar mit Pierre Taittinger, dem Bürgermeister von Paris während des Krieges. Taittinger hatte einen Empfang zu Ehren von Choltitz' organisiert, doch der alte General, der Hitlers Befehl zur Zerstörung der Stadt mißachtet und damit die Stadt gerettet hatte, weigerte sich, sich wie ein Held empfangen zu lassen. »Von Choltitz war ein schwieriger Mann«, meinte Taittingers Sohn Claude, der ebenfalls bei dem Empfang anwesend war. »Er war eben ein Preuße und hatte vielleicht immer noch ein schlechtes Gefühl, daß er einmal einen Befehl verweigert hatte. Später, beim Kaffee auf der Terrasse, erzählte er mir dann aber etwas, was ich nie vergessen werde. Er meinte: ›Ich hatte wohl verstanden, was Ihr Vater mir damals sagte. Nach diesem Gespräch hatte ich mich entschieden, Paris nicht zu zerstören.‹«

Drei Jahre später, 1962, waren die Pariser überrascht, wieder einmal deutsche Flaggen neben französischen auf den Champs-Elysées wehen zu sehen. Zum ersten Mal nach dem Krieg empfing ein französischer Staatspräsident einen deutschen Regierungschef.

An jenem Abend sah Robert-Jean de Vogüé zusammen mit seinem Sohn Ghislain die Nachrichten im Fernsehen. Als die Kameras sich auf Präsident Charles de Gaulle richteten, wie er Bundeskanzler Konrad Adenauer die Hand schüttelte, sprang Ghislain auf und meinte: »Laß' uns das gleich ausschalten. Ich bin sicher, das willst Du gar nicht sehen.«

Doch sein Vater hielt ihn ab. »Nein, laß' es«, meinte er. »Um das zu sehen, dafür habe ich mein ganzes Leben gearbeitet.«

Im Jahre 1968 ließ Präsident Charles de Gaulle zum ersten Mal Blumen am Grab des 1951 gestorbenen Marschalls Philippe Pétain niederlegen.

Glossar

APPELLATION D'ORIGINE CONTRÔLÉE (A.O.C.) – Bezeichnung für französische Weine aus einem kontrollierten Ursprungsgebiet. Die Qualitätsbezeichnung garantiert nicht nur eine bestimmte geographische Herkunft des Weines (z. B. Burgund oder Bordeaux), sondern auch bestimmte Qualitätsstandards.

BOCHE – Schimpfname für Deutsche

BORDELAIS – Weinbauregion um Bordeaux

CAVE – »Keller«, »Weinkeller«

CHAMPENOIS – Bewohner der Champagne

CHÂTEAU / MZ. CHÂTEAUX – »Schloß«, aber auch Bezeichnung für ein gesamtes Weingut einschließlich der Weinberge, Gebäude (unabhängig davon, ob es sich wirklich um ein »Schloß« oder um ein modernes Industriegebäude handelt) und Keller

CHEMINOTS – Angestellte der französischen Eisenbahnen (abgeleitet von *Chemin de fer*, frz. »Eisenbahn«)

CHEVALIERS – »Ritter«; heute oft verwendet für Mitglieder einer »Weinbruderschaft« (*confrérie*)

COMITÉ NATIONAL DES APPELLATIONS D'ORIGINE CONTRÔLÉES – Behörde zur Vergabe der Qualitätsprädikate für den französischen Wein

COMITÉ INTERPROFESSIONNEL DU VIN DE CHAMPAGNE (C. I. V. C.) – halbstaatliche Organisation zur Überwachung und Selbstkontrolle der Champagnerindustrie

CÔTE D'OR – Region des Burgund und Département zwischen Dijon und Santenay; Ursprungsgebiet einiger der berühmtesten roten und weißen Burgunderweine.

CUVÉE – a) in der Champagne Bezeichnung des »Vorlaufmosts«, des besten Teils des Traubensafts, der schon bei leichtem Anpressen der Trauben abläuft; b) Zusammenfügen von gleichen Weinen bzw. Weinen gleicher Herkunft

DORYPHORES – »Kartoffelkäfer« – Wahrscheinlich in den 1930er Jahren aus Amerika nach Europa eingeschlepptes Schadinsekt, das große Verluste im Kartoffelanbau verursachte. In Frankreich während des Krieges Schimpfname für deutsche Soldaten.

DOSAGE – Mischung aus Wein und Zucker (gelegentlich auch Branntwein und Zucker), die Schaumweinen gerne zugesetzt wird, um diese geschmacklich abzurunden

DRÔLE DE GUERRE – wörtl. »seltsamer, komischer Krieg«. Französische Bezeichnung für die Phase zwischen der Kriegserklärung am 3. September 1939 und den ersten Kämpfen am 10. Mai 1940, während der die Deutschen und die Franzosen tatenlos in ihren Stellungen verharrten (»Sitzkrieg«).

EAU-DE-SANTENAY – ein französisches Abführmittel; altes Hausmittel

EAU-DE-VIE – wörtlich »Wasser des Lebens«; französische Sammelbezeichnung für Schnäpse und andere Spirituosen

ENTENTE – a) »Übereinkunft«; b) politisches Bündnis zwischen Staaten oder gesellschaftlichen Gruppen

ENTRECÔTE – »Rippenstück«

FEUILLES MORTES – »tote Blätter«; Bezeichnung für die traditionelle grün-braune Färbung von Burgunderweinflaschen

FROGS – (»Frösche«) Englischer Spottname für Franzosen

GOURMANDISE – »Leckerbissen«

GRAND SIÈCLE – wörtlich »Großes Jahrhundert«; Bezeichnung von Bernard de Nonancourt für einen Champagner

HOSPICES DE BEAUNE – 1443 gegründetes Hospiz (ursprüngl. Armenspital) in Beaune im Burgund. Das Krankenhaus wurde finanziert durch die Produktion der anstaltseigenen Weingüter. Die bei der alljährlich im November durchgeführten, weltweit beachteten Weinauktion erzielten Verkaufspreise gelten als Meßlatte für die Preise des Jahrgangs.

INSTITUT NATIONAL DES APPELLATIONS D'ORIGINE CONTRÔLÉES (I. N. A. O.) – Staatliche Organisation zur Überwachung von Ursprung und Qualität der französischen Weine. Die Zentrale befindet sich in Paris, doch in jeder Weinbauregion sind Experten vertreten.

KUPFERSULFAT – Chemikalie zur Behandlung von Reben gegen Pilzkrankheiten

LA TOUR D'ARGENT – Eines der ältesten und berühmtesten Restaurants von Paris; besonders bekannt sind seine Entengerichte. Sehr beliebt auch bei den deutschen Offizieren während des Zweiten Weltkriegs. Damals wie heute im Besitz der Familie Terrail.

LAMPROIE – »Neunauge«, eine in der Region um Bordeaux häufige Fischart

LE VIN CHAUD DU SOLDAT – wörtl. »der heiße Wein des Soldaten«; eine Art Glühwein, der im Winter zur Vorbeugung gegen Infektionskrankheiten auch an die Soldaten an der Front ausgegeben wurde

LEBENSRAUM – Nationalsozialistischer Propagandabegriff zur Legitimation des Eroberungskrieges insbesondere in Osteuropa, der u. a. der »Schaffung von Lebensraum für die arische Rasse« dienen sollte

MADERISIERT – Bezeichnung für stark oxidierten, nicht mehr genießbaren Wein

MAIRIE – »Rathaus«, »Bürgermeisteramt«

MAISON DE VIN – wörtl. »Weinhaus«; Kellerei. Weingroßhandelsbetrieb, der Weine von kleineren Winzereibetrieben aufkauft und unter eigener Markenbezeichnung abfüllt und verkauft oder Trauben aufkauft und daraus Wein herstellt. Eine *Maison de vin* besitzt gelegentlich auch eigene Weinberge.

MAQUIS – ursprüngl. Bezeichnung für das undurchdringliche Dickicht von Hecken und Gestrüpp im Inneren Korsikas (ital. »Macchia«), das traditionell als Versteck für Kriminelle und von der Blutrache Verfolgte diente. Im Zweiten Weltkrieg allgemeine Bezeichnung für »den Untergrund«, die Illegalität, in die viele Résistance-Angehörige abtauchten.

»MARÉCHAL, NOUS VOILÀ« – (»Marschall, wir sind zur Stelle«) Lied zu Ehren von Marschall Philippe Pétain, Staatschef des »freien« Frankreich, des während des Krieges von Vichy aus regierten unbesetzten Landesteils. Das Lied war vor allem zu Beginn des Krieges sehr populär und wurde regelmäßig in den Schulen und sogar bei religiösen Versammlungen von Kinderchören gesungen.

MEHLTAU – Zwei gefährliche Pilzerkrankungen der Weinreben. Man unterscheidet »Echten« und »Falschen Mehltau«. Aus Amerika nach Europa eingeschleppt und durch den Wind verbreitet, daher schwierig einzugrenzen. Entwickelt sich vor allem in feuchter Wärme. Die meisten amerikanischen Reben sind gegen Mehltau resistent, müssen also nicht mit Kupfersulfat behandelt werden.

MONUMENT AUX MORTS – »Kriegerdenkmal«; Ehrenmal zum Gedenken an die Toten der Kriege (insbesondere des Ersten Weltkriegs), in fast jedem noch so kleinen französischen Dorf. Meist mit der Inschrift *Morts pour la France* – »Gefallen für Frankreich«

MOST – unvergorener Rebensaft

NACHT UND NEBEL – Tarnbezeichnung der Nationalsozialisten für Personen, die spurlos verschwinden sollten. Geht auf einen Erlaß Hitlers von 1941 zur Abschreckung der Bevölkerung in den besetzten Gebieten, insbesondere Westeuropas zurück. Bei »Straftaten gegen das Deutsche Reich« konnten Beschuldigte zur Aburteilung durch Sondergerichte heimlich nach Deutschland gebracht und in KZs eingewiesen werden.

NARGUER LES ALLEMANDS – wörtl. »Die Deutschen foppen«. Sprichwörtliche Strategie des zivilen Ungehorsams gegen die Besatzungsmacht

NÉGOCIANTS – Weingroßhändler. Bis vor dem Zweiten Weltkrieg füllten sie die Weine auch noch selbst ab, vor allem im Bordelais, wo die meisten Châteaux erst nach dem Krieg eigene Abfüllanlagen aufbauten

NOM DE GUERRE – wörtl. »Kriegsname«. Pseudonym oder Aliasname von Résistance-Mitgliedern, die diese zur Tarnung annahmen. Einige der berühmtesten Résistance-Mitglieder fügten ihren *nom de guerre* nach dem Krieg offiziell ihrem eigentlichen Familiennamen hinzu, zum Beispiel General Leclerc, der als Philippe de Hauteclocque geboren wurde. Heute nennt sich die Familie Hauteclocque-Leclerc. Der bekannte französische Politiker und langjährige Bürgermeister von Bordeaux, Jacques Chaban-Delmas, hatte den Namen *Chaban* als *nom de guerre* gewählt.

OFLAG IV D – Deutsches Kriegsgefangenenlager für französische Offiziere in Schlesien, in dem Gaston Huet und 5000 andere während der fünf Jahre des Zweiten Weltkriegs festgehalten wurden

»PANZERMILCH« – Wortschöpfung französischer Kriegsgefangener für den in den Lagern ausgegebenen Kaffee-Ersatz

PIQUETTE – a) Schwach alkoholhaltiges Alltagsgetränk für die französischen Weinbauarbeiter, hergestellt durch Aufnehmen von Trester (Keltereirückstände, z.B. ausgepreßte Schalen) in Wasser. b) Allgemein: abfällige Bezeichnung für schlechten Wein

REBLAUS *(PHYLLOXERA)* – Aus Amerika eingeschleppter Pflanzenschädling, der im 19. Jahrhundert praktisch den gesamten europäischen Rebenbestand zerstörte. Die Rettung kam ebenfalls aus Amerika, denn dortige Reben waren widerstandsfähiger gegen das Insekt. Hierzu mußten aber sämtliche europäischen Rebstöcke auf amerikanische Wurzelstöcke aufgepfropft und damit neu angepflanzt werden.

ROBE DES CHAMPS – (wörtl. etwa »Feldrock«, analog zu *robe de chambre* – »Schlafrock«) Kriegsgefangenenjargon für »Pellkartoffeln« (möglicherweise aufgrund der »feldgrauen« Schale der gekochten Knollen)

SERVICE DE TRAVAIL OBLIGATOIRE, S. T. O. – Staatlicher Zwangsarbeitsdienst für Franzosen während der deutschen Besatzung

SCHWARZFLECKENKRANKHEIT – Pilzkrankheit, die schwarze Flecken auf den Blättern des Weinstocks verursacht und die Trauben schrumpfen läßt. Tritt vor allem bei feuchtem, warmem Wetter auf. Behandlung zum Beispiel mit Kupfersulfat

ST. VINCENT – Der Heilige Vinzenz, Schutzpatron der französischen Winzer. Sein Namenstag wird am 24. Januar begangen. Bizarrerweise wurde er zum Schutzpatron gewählt, weil die erste Silbe seines Namens, *vin*, gleich dem französischen Wort für »Wein« ist. Für die Winzer hat das Datum einen weiteren Vorteil: Der Januar ist praktisch der einzige Monat, wo es fast nichts im Weinberg zu tun gibt – also die ideale Zeit zum Feiern. Traditionellerweise wird der Festtag mit einer feierlichen Prozession zur Kirche begangen. Daran schließt sich eine Messe, in der die Produktion des letzten Jahres gesegnet wird, und eine Statue des Schutzheiligen wandert von einem Winzer zu einem anderen, der im kommenden Jahr auf sie achtgeben wird.

TERROIR – (wörtl. »Ackerboden«, »Scholle«) Die Gesamtheit der natürlichen Gegebenheiten, die das Gedeihen des Weinstocks beeinflussen, also Klima, Bodenbeschaffenheit, Landschaft (z. B. Ebene oder Hang)

VIGNERONS – »Winzer«

VINIFICATION – »Weinherstellung«

VIN ORDINAIRE – wörtl. »einfacher Wein« (keine offizielle Qualitätsbezeichnung)

»WEINFÜHRER« – Französische Wortschöpfung zur Bezeichnung der von den deutschen Besatzungsbehörden eingesetzten Beauftragten für die Vermarktung der französischen Weine

Anmerkungen

Einleitung

1 Ambrose, S. 271.

2 Zuletzt im Münchner Abkommen von 1938 – A. d. Ü.

3 Payne, S. 351–354.

4 Baus, S. 182.

5 *Bulletin international du vin*, Oktober/November 1939, S. 109.

6 Baus, S. 183.

7 Simon, S. 11.

8 »La vigne et le vin«, Vol. 2, Bd. II von P. Nora, S. 196f.

9 Zitiert in Paxton, *French Peasant*, S. 22.

Eins – Aus Liebe zum Weinstock

10 Warner, S. 157, und *Bulletin international du vin*, August 1939.

11 In englischer Fassung zitiert in P. Johnson, S. 360.

12 Wie die Franzosen und Engländer den Ersten Weltkrieg auch heute noch bezeichnen – A. d. Ü.

13 Ausführliche Darstellung in Lichine, *New Encyclopedia*, S. 31.

14 Warner, S. 4.

15 Ausführliche Diskussion der Anbaubedingungen in Warner, S. vii–x, 70–79, sowie bei Bonal, S. 4f., 174.

16 Zur Entstehungsgeschichte der Bezeichnung »A.O.C.« s. Norman, S. 244.

17 Simon, S. 71.

18 Flanner, »Letter from France«.

19 Flanner in *The New Yorker War Pieces, London 1939 to Hiroshima 1945*, S. 6.

20 Azema, S. 27.

21 Lottmann, S. 6.

22 A. J. Liebling in *The New Yorker War Pieces*, S. 40.

23 Zitiert in Jean-Louis Crémieux-Brilhac, *Les Français de l'an '40*, Bd. II, S. 463.

24 Paxton, *Vichy France*, S. 11f.

25 Aus einem Bericht des französischen Kriegsministeriums vom 26. Januar 1938.

26 Zitat in englischer Fassung in I. C. B. Dear (Hrsg.), *The Oxford Companion to World War II*, S. 408.

27 Essay von Allistair Hornes über den Fall Frankreichs, in Dear (Hrsg.), *The Oxford Companion to World War II*, S. 411.

28 Liebling in *The New Yorker War Pieces*, S. 39.

ZWEI ❀ AUF DER FLUCHT

29 Dear (Hrsg.), *The Oxford Companion to World War II*, S. 392.

30 Aus den *Cahiers* von Paul Valérie, zitiert in Paxton, *Vichy France*, S. 13.

31 A. a. O., S. 15.

32 René Engel, *Vosne-Romanée, un mémoire*, S. 24.

33 Mothe, S. 147.

34 Dear (Hrsg.), *The Oxford Companion to World War II*, S. 408.

35 Zitiert in Paxton, *Vichy France*, S. 37.

36 A. a. O., S. 14.

37 Aus einem von Pétain selbst geschriebenen Essay für Derys, 1935.

38 H. R. Kedward, *Resistance in Vichy France: A Study of Ideas and Motivation in the Southern Zone, 1940–1942*. S. 11.

39 Johnson, S. 364.

40 Paxton, *Vichy France*, S. 3.

41 Kedward, *Occupied France*, S. 3–5.

42 Paxton, *Vichy France*, S. 19.

43 A. a. O., S. xii.

44 Zitat in englischer Übersetzung in Wright, S. 117.

45 Nach einem Interview der Autoren mit Jean-Bernard Delmas, Sohn des Leiters der Kellerei Haut-Brion während des Krieges.

46 Nach Angaben von Bruno Prats, dem früheren Eigentümer des Château.

47 Nach Jacques Chevignard, Vorstandsmitglied der *Confrérie des chevaliers du Tastevin*, einer Burgunder Winzervereinigung.

48 Nach einer Schilderung der Ereignisse von Maître Antoine Petit im Katalog für die Auktion einiger der Weine des Hôtel de France am 29. November 1998 und einem ausführlicheren Interview mit den Autoren nach der Veranstaltung.

49 Wright, S. 119.

50 Zitat in englischer Fassung a. a. O., S. 117, sowie in Delarue, S. 80.

51 Zitat in französischer Fassung in Delarue, S. 80.

52 Aus der Serie *Dijon sous l'Occupation* der Dijoner Zeitung *Le bien publique*, Januar/Februar 1965.

53 Paxton, *Vichy France*, S. 7–11.

54 Wright, S. 116–120.

55 Diese Haltung der Franzosen läßt sich umfangreich belegen; s. z. B. den Essay von Kedward in Dear (Hrsg.), *The Oxford Companion to World War II*, S. 392.

56 Tatsächlich gab es auch in Frankreich Konzentrationslager, und Tausende wurden auf Anordnung der Vichy-Regierung nach Deutschland deportiert oder noch in Frankreich umgebracht – A. d. Ü.

57 Eine ausführliche Diskussion der Politik des Vichy-Regimes findet sich z. B. in den Werken von Paxton und Kedward.

58 Johnson, S. 365.

59 Vgl. Allistair Horns Essay über den Fall Frankreichs in *The Oxford Companion to World War II*, sowie Bertram Gordons Artikel »Ist Gott Französisch? German Tourism and Occupied France, 1940–1944« in *Modern and Contemporary France*, 1996. Ernst Jünger, *Das erste Pariser Tagebuch*, Stuttgart 1982, S. 341.

DREI ❦ DIE »WEINFÜHRER«

60 Die Angaben zu den Beziehungen zwischen der deutschen Führung und französischen Weinhändlern stammen aus Interviews der Autoren und anderen Quellen, darunter Mothe, S. 148–158.

61 Speer, *Inside the Third Reich*.

62 Zitat in französischer Übersetzung in Mothe, S. 157 f.

63 Payne, S. 346.

64 Speer, *Erinnerungen*, Berlin 1979, S. 105.

65 Delarue, S. 80.

66 Mothe, S. 153 f.

67 A. a. O., S. 160 f.

68 Aus einem Interview der Autoren mit Segnitz' Sohn.

69 Die Briefe von Maurice Drouhin aus dem Gefängnis wurden uns von seinem Sohn Robert zur Verfügung gestellt.

70 *Bulletin of the Centre Beaunois d'Etudes Historiques*, Nr. 37, November 1990, S. 90.

71 Nach Angaben des Marquis d'Angerville in einem Interview mit den Autoren.

72 Segnitz' Dankesbrief erhielten wir aus den Archiven der Familie Drouhin.

73 Bonal, S. 192.

74 Die Angaben zum Treffen zwischen de Vogüé und Klaebisch stammen zum großen Teil aus Interviews mit de Vogüés Sohn Ghislain und mit Claude Fourmon.

75 Parzych und Turner, S. 14.

76 Taittinger, S. 87.

77 Schilderung Claude Taittingers in einem Interview mit den Autoren, sowie Taittinger, S. 87 f.

78 Parzych und Turner, S. 36.

79 *Janet Flanner's World: Uncollected Writings, 1932–1975*, S. 51.

VIER ✾ VERSTECKEN, BESCHWINDELN, ABBLITZEN LASSEN

80 Henri Gaillards Geschichte wurde aus zwei Stationsbüchern rekonstruiert, die in den 1990er Jahren in einem Schrank in Gaillards ehemaligem Bahnhof gefunden wurden.

81 Flanner, »Letter from France«.

82 Forbes, S. 215.

83 Taittinger, S. 36 f., sowie persönliche Erinnerungen Taittingers im Interview mit den Autoren.

84 Vaughan-Thomas, S. 155; die Anekdote wurde dem Autor von André L. Simon erzählt.

85 Erinnerung von Gaston Huet im Interview mit den Autoren.

86 A. J. Liebling, *The New Yorker War Pieces*, S. 349.

87 Faith, *Victorian Vineyard*, S. 146.

88 Professor Helmut Arntz, ehemals deutscher Soldat in Paris, in einem Interview mit den Autoren.

89 Von Ronald Barton erzählte uns sein Neffe Anthony Barton, heute Inhaber und Direktor der Châteaux Langoa- und Léoville-Barton.

90 Ray, S. 61–64, sowie Baron Eric de Rothschild im Interview mit den Autoren.

91 Kedward, S. 8.

92 Aus einem Interview mit Suzanne Dumbrill in der Champagne.

93 Schoenbrun, S. 88–96.

94 Jean Paulhan, *Summer of '44*, S. 91.

95 Schoenbrun, S. 134, sowie detaillierter in einem persönlichen Interview der Autoren mit Monmousseaux' Sohn Armand.

96 Aron, »Bordeaux sauvé par son vin«.

97 Paxton, *Vichy France*, S. 237.

FÜNF MIT KNURRENDEM MAGEN

98 Zitat in französischer Übersetzung in Delarue, S. 79.

99 Cépède, S. 151.

100 *Comptes rendus du 5e congrès national du vin de France*, S. 12.

101 A. a. O., S. 67.

102 Drutman, S. 52.

103 Paxton, *Vichy France*, S. 238.

104 Bericht in der Tageszeitung *Sud-Ouest*, September 1997, im Rahmen einer Serie mit dem Titel »Procès Papon: l'histoire d'une époque« über die Kriegszeit in Bordeaux.

105 Fry, S. 182.

106 A. a. O., S. 158.

107 Warner, S. 160 f.

108 A. a. O., S. 158.

109 Aus der Gedichte- und Essaysammlung von J. McNutt (Hrsg.), S. 218.

110 Paxton, *Vichy France*, S. 146–148.

111 Warner, S. 161.

112 Terrisse, S. 160.

113 Lichine, *New Encyclopedia*, S. 317.

114 Aubrac, S. 52.

115 A. a. O., S. 51.

116 Johnson, *Modern Times*, S. 365.

117 Der Kalauer wird von mehreren Quellen dem französischen Kolonialminister Georges Mandel zugeschrieben.

118 Warner, S. 162.

119 Kedward, S. 61 f.

120 Johnson, *Modern Times*, S. 380.

SECHS ❧ WÖLFE VOR DEN TOREN

121 Casey, S. 21–23.

122 Kedward, S. 28.

123 A. a. O., S. 63.

124 Paxton, *Vichy France*, S. 62.

125 Kedward, S. 9.

126 Forbes, S. 215, sowie weitere Details aus einem Interview der Autoren mit Claude Taittinger.

SIEBEN ❧ DAS FEST

127 Diese Geschichte wurde aus einer Reihe von Interviews mit Gaston Huet rekonstruiert. Huet stellte uns auch ein Tagebuch zur Verfügung, das er und andere Mitgefangene damals im Lager geführt hatten. Hieraus wurde uns nochmals besonders deutlich, was jenes Fest für die Gefangenen damals bedeutete.

128 Die hier erzählte Geschichte basiert vollständig auf Roger Ribauds in Gefangenschaft geschriebenem und nach dem Krieg veröffentlichtem Buch *Le maître de maison, de sa cave à sa table.*

ACHT ❧ DIE RETTUNG DES SCHATZES

129 *Bulletin international du vin*, Juli/August 1938.

130 Jacques Cortot im Interview mit den Autoren.

131 Zitat in englischer Übersetzung in Collins und Lapierre, S. 38.

132 A. a. O., S. 117.

133 Dieses Detail wurde von Dominique Lapierre verbürgt.

134 Schoenbrun, S. 439.

135 A. a. O., S. 439.

136 Das Gespräch wurde u. a. aufgrund der in einem Interview mit den Autoren geäußerten Erinnerungen des Sohnes des Bürgermeisters, Claude Taittinger, rekonstruiert.

137 *New York Times*, 27. August 1944.

138 Mothe, S. 164.

139 Die Versuche Louis Eschenauers, Kühnemann von der Zerstörung des Hafens abzubringen, werden von verschiedenen Quellen beschrieben, darunter Bécamps, S. 57–75.

140 Vaughan-Thomas, S. 3.

141 Aldeman und Walton, S. 111–116.

142 Ambrose, *The Victors*, S. 229.

143 Jacques Chevignard in einem Interview mit den Autoren.

144 Ricciutis Vermutung wurde von Forbes, S. 216, bestätigt, der außerdem davon berichtet, Himmler habe auch in den Kalksteinhöhlen von Epernay Sprengladungen anbringen lassen, die bei einem erzwungenen Abzug der Deutschen gezündet werden sollten. Damit habe Himmler der deutschen Sektindustrie einen Vorsprung für die Nachkriegszeit verschaffen wollen.

145 Al Ricciuti in einem Interview mit den Autoren bei sich zu Hause in der Champagne.

146 Ausführliche Darstellungen der Befreiung des Elsaß lieferten uns Georges, Jean Jr. und André Hugel in mehreren langen Interviews.

NEUN HITLERS »ADLERHORST«

147 Aus einem bei Martel, *Leclerc*, zitierten Brief.

148 Ambrose, *Band of Brothers*, S. 273.

149 A. a. O., S. 273.

150 A. a. O., S. 273.

151 Payne, S. 354.

152 A. a. O., S. 351–354.

153 A. a. O., S. 352 f.

154 Payne, S. 353.

155 Nach Martel, *Leclerc*.

156 A. a. O.

157 Die Darstellung der Rolle de Nonancourts basiert auf einem langen Interview mit ihm selbst bei sich zu Hause in der Champagne.

ZEHN DER KOLLABORATEUR

158 Ein Großteil der hier erwähnten Informationen über das Privatleben von Louis Eschenauer stammt aus einem Interview mit der Winzerin und Journalistin Florence Mothe aus Bordeaux, deren Stiefvater für »Onkel Louis« arbeitete. Außer mit uns führte sie auch Interviews mit Dr. J. Kim Munholland von der University of Minnesota und schrieb das Buch *Toutes hontes bues*.

159 Zitiert in Mothe.

160 Zahlreiche Informationen über den Abzug der Deutschen aus Bordeaux fanden sich in den Archiven der Tageszeitung *Sud-Ouest*.

161 Paxton, *Vichy France*, S. 368.

162 Verbannung auf die kleine Atlantikinsel Ile d'Yeu vor der Küste von Nantes, wo Pétain 1951 im Alter von 95 Jahren starb (A. d. Ü.).

163 Corinne Verdet zitierte Gertrude Stein in *Summer of '44*, S. 70: »Today the village is topsy-turvy, because they are going to shave the heads of the girls who compromised themselves with the Germans. It's what they call Coiffure 44 and it is terrible because they are shaved in public.«

164 Die Miliz war eine von der Vichy-Regierung eingesetzte, aus Franzosen bestehende paramilitärische Polizeieinheit, die mit Einverständnis der deutschen Behörden nach dem Vorbild der SS als Terrortruppe agierte (A. d. Ü.).

165 Kedward, S. 77.

166 A. a. O., S. 77.

167 Aus Regierungsdokumenten, die von Dr. J. Kim Munholland erschlossen wurden.

168 Die Anklagepunkte und Eschenauers Aussage, kein Kollaborateur zu sein, wurden am 10. und 12. November 1945 in der Zeitung *Sud-Ouest* veröffentlicht.

169 Die übrigen Details aus dem unter Ausschluß der Öffentlichkeit geführten Prozeß stammen aus von Florence Mothe erschlossenen Regierungsdokumenten, von denen sie freundlicherweise Dr. J. Kim Munholland Kopien überließ.

ELF »ALS ICH HEIMKAM, WAR ICH ALT«

170 Die Darstellung folgt einem Interview der Autoren mit Gaston Huet.

171 Gemäß Aufzeichnungen aus jenem Jahr, die heute im Besitz der Brüder Lawton in Bordeaux sind.

172 Von der Rückkehr de Vogüés berichtete uns sein Sohn Ghislain.

173 Die Schilderung seines Leidenswegs fiel Claude Fourmon auch im Gespräch mit uns immer noch sehr schwer; zeitweise konnte er gar nicht mehr weiterreden.

174 Rothschilds Geschichte erzählte uns seine Tochter Philippine.

175 Rothschild, S. 70.

176 Johnson, *Modern Times*, S. 590 f.

177 *Bulletin of the Centre Beaunois d'Etudes historiques* Nr. 37, November 1990.

178 Details von der Abrißaktion berichtete uns Robert Drouhin.

179 Angaben der Gesellschaft für Stadtgeschichte von Beaune.

Bibliographie

Aldemann, Robert H. und Col. George Walton. *The Champagne Campaign*. Boston: Little, Brown and Co., 1969.

Ambrose, Stephen E. *Band of Brothers: E Company, 506th Regiment, 101st Airborne, from Normandy to Hitler's Eagle's Nest*. New York: Simon & Schuster, Touchstone Books, 1992.

Ambrose, Stephen E. *The Victors. Eisenhower and His Boys, the Men of World War II*. New York: Simon & Schuster, 1998.

Aron, Robert. »Bordeaux sauvé par son vin«, in: *Nouveaux grands dossiers d'Histoire contemporaine*. Paris: P. Perrin, 1972.

Association des médecins amis du vin de France. *Comptes rendus du 5ᵉ Congrès national du vin de France*. Montpellier, 1951.

Aubrac, Lucie. *Outwitting the Gestapo*. University of Nebraska, Bison Books. Paris: Editions du Seuil, 1984.

Azema, Jean-Pierre. *From Munich to the Liberation, 1938–1944*. Paris: Editions du Seuil, 1979.

Baudot, Marcel et al. (Hrsg.). *The Historical Encyclopedia of World War II*. New York: Facts on File. Paris: Editions Casterman, 1977.

Baus, Herbert M. *How to Wine Your Way to Good Health*. New York: Masson & Lipscomb, 1973.

Bécamps, Pierre. *La Libération de Bordeaux*. Paris: Hachette, 1974

Bonal, François. *Le livre d'or du Champagne*. Lausanne: Editions du Grand-Pont, 1984.

Briggs, Asa. *Haut-Brion*. London: Faber & Faber, 1994.

Broadbent, Michael. *The Great Vintage Wine Book*. London: Mitchell Beazley, 1980.

Bulletin du Centre Beaunois des Etudes Historiques. Beaune.

Bulletin international du vin (hrsg. von der International Wine Association). Paris.

Casey, Robert J. *The Lost Kingdom of Burgundy*. London: Leonard Parsons, 1924.

Cépède, Michel. *Agriculture et alimentation en France durant la Deuxième guerre mondiale*. Paris: Génin, 1961.

Coates, Clive. *Grands Vins: The Finest Châteaux of Bordeaux and Their Wines*. Berkeley: University of California Press. London: Weidenfeld & Nicolson, 1995.
Collins, Larry und Dominique Lapierre. *Is Paris Burning?* London: Pan Books, 1974.
Comité du livre-souvenir. *Oflag IV D: Annales et répertoire*. Arras: L'amicale du Oflag IV D, 1946.
Cook, Don. *Charles de Gaulle: A Biography*. London: Secker & Warburg, 1984.

Dear, I. C. B. (Hrsg.). *The Oxford Companion to World War II*. Oxford: Oxford University Press, 1995.
Delarue, Jacques. *Trafic et crimes sous l'Occupation*. Paris: Fayard, 1993.
Derys, Gaston. *Mon docteur le vin*. Paris: Draeger Frères, 1936.
Diamond, Hanna. *Women and the Second World War in France, 1939–1948: Choices and Constraints*. Harlow: Pearson Education, Longman, 1999.
Druijker, Hubrecht. *The Wines of the Loire, Alsace and Champagne*. London: Mitchell Beazley, 1983.
Drutman, Irving (Hrsg.). *Janet Flanner's World: Uncollected Writings 1932–1975*. New York: Harcourt Brace Jovanovich, 1979.

Engel, René. *Vosne-Romanée, un mémoire*.
Eyres, Harry. *Wine Dynasties of Europe: Personal Portraits of Ten Leading Houses*. London: Lennart Publishing, 1990.

Faith, Nicholas. *The Winemasters*. London: Hamish Hamilton, 1978.
Faith, Nicholas. *Victorian Vineyard: Château Loudenne and the Gilbeys*. London: Constable & Company, 1983.
Flanner, Janet. »Letter from France«. *The New Yorker*, 15. September 1945, New York.
Forbes, Patrick. *Champagne: The Wine, the Land and the People*. London: Victor Gollancz, 1985.
Fry, Varian. *Surrender on Demand*. Nachdruck der Ausgabe von 1945. Boulder, Co.: Johnson Books, 1997.

Gordon, Bertram M. »Ist Gott Französisch? Germans, Tourism and

Occupied France, 1940–1944«, in: *Modern and Contemporary France*, Boston: Addison Wesley Longman, 1996.

Hanson, Anthony. *Burgundy*. London: Faber & Faber, 1982.
Hastings, Max. *Overlord: D-Day and the Battle for Normandy 1944*. London: Michael Joseph, 1984.
Hutter, Clemens M. *Hitlers Obersalzberg*. Berchtesgaden: Berchtesgadener Anzeiger, 1998.

Johnson, Hugh. *The World Atlas of Wine*. London: Mitchell Beazley, 1971.
Johnson, Hugh. *Wine*. London: Mitchell Beazley, 1984.
Johnson, Hugh und James Halliday. *The Vintner's Art: How Great Wines Are Made*. New York: Simon & Schuster, 1992.
Johnson, Paul. *Modern Times: The World from the Twenties to the Eighties*. New York: Harper & Row, Harper Colophon, 1985.

Kaufman, William I. *Champagne*. New York: Park Lane, 1973.
Kedward, H. R. *Occupied France: Collaboration and Resistance, 1940–1944*. Oxford: Blackwell Publishers, Historical Association Studies, 1985.

Lawton, Hugues und Jean Miailhe. *Conversations et souvenirs autour du vin de Bordeaux*. Bordeaux: Edition Confluences, 1999.
Le Bien Publique, Tageszeitung, Dijon.
Lichine, Alexis. *Alexis Lichine's Guide to the Wines and Vineyards of France*. New York: Alfred A. Knopf, 1986.
Lichine, Alexis. *Alexis Lichine's New Encylopedia of Wines and Spirits*. 7. Ausg. London: Cassell Publishers, 1992.
Lottman, Herbert R. *The Fall of Paris, June 1940*. New York: Harper Collins Publishers, 1992.
Loubère, Leo A. *The Wine Revolution in France: The Twentieth Century*. Princeton, N.J.: Princeton University Press, 1990.
Loubère, Leo (Hrsg.). *The Vine Remembers: French Vignerons Recall the Past*. Albany, NY: State University of New York Press, 1985.
Lynch, Kermit. *Adventures on the Wine Route: A Wine Buyer's Tour of France*. New York: Farrat, Straus & Giroux, 1988.

Martel, André. *Leclerc: Le soldat et le politique.* Paris: Albin Michel, 1998.

Matthews, Patrick (Hrsg.). *Christie's Wine Companion.* London: Webb & Bower, 1987.

McNulty, Henry. *Champagne.* London: Collins, 1987.

McNutt, Joni G. (Hrsg.). *In Praise of Wine.* Santa Barbara, Ca.: Capra Press, 1993.

Mothe, Florence. *Toutes hontes bues.* Paris: Albin Michel, 1992.

The New Yorker War Pieces, London 1939 to Hiroshima 1945. New York: Schocken, 1947.

Nora, Pierre (Hrsg.), *Les lieux de mémoire.* Eine Untersuchung der französischen Regierung. Paris 1990.

Norman, Remington. *The Great Domaines of Burgundy.* London: Kyle Cathi, 1992.

Parker, Robert. *The Wines of the Rhône Valley and Provence.* New York: Simon & Schuster, 1987.

Parzych, Cynthia und John Turner. *Pol Roger.* London: Cynthia Parzych Publishing, 1999.

Paxton, Robert O. *Vichy France: Old Guard and New Order, 1940–1944.* New York: Columbia University Press, Morningside Edition, 1982.

Paxton, Robert O. *French Peasant Against Fascism: Henry Dorgère's Greenshirts and the Crisis of French Agriculture, 1929–1939.* New York und Oxford: Oxford University Press, 1997.

Payne, Robert. *The Life and Death of Adolf Hitler.* New York: Praeger, 1973.

Price, Pamela Van Dyke und Christopher Fielden. *Alsace Wines.* London: Sotheby's Publications, 1984.

Pryce-Jones, David. *Paris and the Third Reich: A History of the German Occupation, 1940–1944.* London: Collins, 1981.

Ray, Cyril. *Lafite.* London: Christie's Wine Publications, 1968.

Ribaud, Roger. *Le maître de maison, de sa cave à sa table.* Paris: Editions Jacques Vautrain, 1945.

Robards, Sherman M. *Terry Robard's New Book of Wine.* New York: G. P. Putnam's Sons, 1984.

Robinson, Jancis. *The Great Wine Book*. London: Sidgwick & Jackson, 1982.
Rothschild, Baron Philippe de. *Vivre la vigne: Du ghetto de Francfort à Mouton Rothschild, 1744–1981*. Paris: Presses de la Cité, 1981.

Schoenbrun, David. *Soldiers of the Night: The Story of the French Resistance*. New York: New American Library, 1980.
Simon, André L. *A Wine Primer*. London: Michael Joseph, 1946.
Speer, Albert. *Inside the Third Reich*. New York: Macmillan, 1970.
Stevenson, Tom. *Champagne*. London: Sotheby's Publications, 1986.
Sud-Ouest. Tageszeitung, Bordeaux.
Sutcliffe, Serena. *The Wines of France: The Indispensable Companion*. London: Futura Publications, 1985.

Taittinger, Claude. *Champagne by Taittinger*. Paris: Editions Stock, 1996.
Taylor, A. J. P. *The Second World War: An Illustrated History*. London: Penguin Books, 1976.
Terrisse, René. *Bordeaux 1940–1944*. Paris: P. Perrin, 1993.

Vaughan-Thomas, Wynford. *How I Liberated Burgundy*. London: Michael Joseph, 1985.
Verdet, Corinne (Hrsg.). *Summer of '44*. Paris: Editions Arthaud, 1984.
Vigreux, Marcel und Jacky Cortot. *Comblanchien, village-martyr: 21–22 août 1944*. Nuits-Saint-Georges: Imprimerie SBI, 1995.

Warner, Charles K. *The Winegrowers of France and the Government Since 1885*. New York: Columbia University Press, 1960.
Wildman, Frederick S., Jr. *A Wine Tour of France*. New York: Vintage Books, 1976.
Wright, Gordon. *The Ordeal of Total War, 1939–1945*. New York: Harper & Row Publishers, Harper Torch, 1968.

Young, Brigadier Peter (Hrsg.). *The World Almanac of World War II*. London: Bison Books, 1981.

Verzeichnis der Abbildungen

Der Verlag Klett-Cotta dankt allen, die zum Gelingen der deutschen Ausgabe mitgeholfen haben, insbesondere aber den Familien, Firmen und Verwandten, die uns zahlreiche Bilder aus dem persönlichen Besitz zur Verfügung gestellt haben: Anthony Barton, Châteaux Langoa-Barton & Léoville-Barton; Heinz & Michael Bömers, Bremen; André Hugel, Hugel & Fils, Riquewihr; Bernard de Nonancourt, Laurent-Perrier, Tours-sur-Marne; Claude Terrail, »La Tour d'Argent«, Paris; Hermann Segnitz, Lilienthal bei Bremen. – Unser besonderer Dank gilt Alain Fion, Heike Pesch und Uwe Stark vom Informationsbüro Vin de Champagne, Reutlingen, für ihre unermüdliche Hilfe beim Recherchieren und Übermitteln von Fotos, Adressen und vielen wichtigen Kontakten nach Frankreich.

SEITE 11 Nur wenige Personen hatten Zutritt zum »Adlerhorst«, einer über hundert Meter höher als der »Berghof« gelegenen Festung. Hitler selbst soll nur dreimal dort oben gewesen sein. Erbaut über einen Zeitraum von drei Jahren und ausgelegt, um Bomben und Artillerieangriffen zu widerstehen, konnte die Anlage nur durch einen Aufzug erreicht werden, dessen Schacht in den harten Fels gesprengt worden war. – Der junge Bernard de Nonancourt stammte mütterlicherseits aus dem Champagnerhaus Lanson Père & Fils und leitete später die von seiner Mutter übernommene Firma Veuve Laurent-Perrier & Cie. Er war der erste, der am 5. Mai 1945 den Weinkeller Adolf Hitlers betrat, nachdem die Stahltür am Eingang gesprengt worden war, und entdeckte neben einmaligen Raritäten auch Champagnerflaschen der Marke Salon 1928. Fünf Jahre zuvor hatte er beobachtet, wie deutsche Soldaten Kisten mit ebendieser Marke in seiner Heimat verladen hatten, die er jetzt wiederentdeckte. – *Mit freundlicher Genehmigung von Bernard de Nonancourt, Privatbesitz.*

SEITE 19 Ein »Paß« oder »Passierschein« der Französischen Revolutionsverwaltung in Bordeaux. Ausgestellt wurde der Ausweis am 27. *Floréal im Jahr Zwei* (17. Mai 1794) der Französischen Republik für den damals 28 Jahre alten Hugues (eigentlich Hugh) Barton (1766–1854) aus der berühmten irisch-englischen Winzerfamilie Barton. Seit 1725 im Bordelais ansässig, gehört ihr bis heute Château Longoa-Barton und Château

Léoville-Barton. – *Mit freundlicher Genehmigung von Anthony Barton, Châteaux Langoa-Barton & Léoville-Barton.*

SEITE 25 ❧ Wie zu Zeiten ihrer Groß- und Urgroßväter bringen Weinbauarbeiter wie hier in St. Emilion noch in den vierziger Jahren ihre Ernte ein. – *Mit freundlicher Genehmigung von Patrimoine Photographique, Paris.*

SEITE 29 ❧ »Er rollt das Faß« ist der Titel eines ursprünglich tschechischen Chansons und erfreute sich in den dreißiger und vierziger Jahren großer Beliebtheit in England und den USA. Das Bild zeigt einen französischen Soldaten, wie er den Nachschub von Wein während des sogenannten »Sitzkrieges« (Drôle de guerre) organisiert. – *Mit freundlicher Genehmigung von Broadway Books, New York.*

SEITE 43 OBEN ❧ Hier eine Zeichnung des weltberühmten Stammhauses Hugel & Fils in Riquewihr, ein Weingut, das sein 300. Jubiläum im Jahr 1939 wegen des Ausbruchs des Zweiten Weltkrieges nicht feiern konnte. Die Familie Hugel & Fils in Riquewihr im Elsaß ist eine der bedeutendsten, wenn nicht die bedeutendste Weinkellerei für elsässischen Weißwein. 1639 gegründet, erlebte die Weinkellerei etliche Machtwechsel in ihrer Geschichte mit. Immer wieder machten sich Frankreich und Deutschland das Elsaß, dieses traditionell zwei Kulturen und zwei Sprachen verpflichtete Grenzland, streitig. »Wir sind«, wie es Jean Hugel jun. ausdrückt, »Spezialisten für Wein und Krieg.« – *Mit freundlicher Genehmigung von André Hugel, Hugel & Fils, Riquewihr. © Ralph Steadman für die Zeichnung.*

SEITE 43 UNTEN ❧ Die »Familie Hügel & Söhne«, Reichenweier, wie sich die elsässischen Winzer nun nennen mußten, war tragisch in die Ereignisse des Zweiten Weltkriegs verstrickt. Die Familie, die sich für den französischen Staat und seine demokratische Tradition eingesetzt hatte, wurde von der deutschen Besatzungsverwaltung mit strengen Auflagen belegt und am 30. Juni 1943 aufgrund von Requirierungsmaßnahmen geschlossen. Zwei Söhne mußte als Soldaten für Deutschland in den Krieg ziehen. – *Mit freundlicher Genehmigung von André Hugel, Hugel & Fils, Riquewihr.*

SEITE 57 ❧ Eine nordfranzösische Familie flieht vor der Invasion der Deutschen von zu Hause – wie über 10 Millionen andere Franzosen im

Jahre 1940. »Sie wissen nicht, niemand weiß, wohin« (Tagebuch von Paul Valéry, 1940). – *Mit freundlicher Genehmigung von Roger-Viollet, Agence photographique, Paris.*

SEITE 63 Das Ehepaar André und Augusta Terrail. André Terrail übernahm die Führung des Restaurants »La Tour d'Argent« und führte es zusammen mit seiner Frau Augusta, geborene Burdel, von 1914 bis 1947. – »La Tour d'Argent« wurde 1582 als Nobelherberge gegründet, war bald eine der führenden Küchen Frankreichs, zählte den Hochadel und Könige zu seinen Gästen und wurde vor allem durch seine verschiedenen Entengerichte seit Mitte des 19. Jahrhunderts weltweit bekannt. Alle Enten, die seither serviert werden, sind durchnumeriert, so daß jeder Gast weiß, die wievielte Ente er in der »Tour d'Argent« genossen hat. – *Mit freundlicher Genehmigung von Claude Terrail, dem derzeitigen Inhaber des Restaurants »La Tour d'Argent«, Paris.*

SEITE 64 Hier ein Foto von Claude Terrail, dem Großvater des derzeitigen Inhabers, am Eingang zum Weinkeller des Restaurants »La Tour d'Argent«, sicherlich einer der berühmtesten und bedeutendsten Weinkeller der Welt, in dem heute über 400 000 Weinflaschen gelagert werden. Als die deutschen Besatzungstruppen sich Paris näherten, ließ André Terrail 20 000 der wertvollsten Flaschen einmauern, darunter den berühmten Jahrgang 1867, den die unmittelbar nach der Besetzung von Paris eintreffenden deutschen Offiziere jedoch vergeblich suchten. 80 000 Flaschen ließen sie jedoch umgehend aus dem Restaurant abtransportieren. – *Mit freundlicher Genehmigung von Claude Terrail, dem derzeitigen Inhaber des Restaurants »La Tour d'Argent«, Paris.*

SEITE 65 Die Equipe des Restaurants »La Tour d'Argent« Anfang der zwanziger Jahre des 20. Jahrhunderts unter der Leitung von André Terrail, mit Kochmütze in der Mitte hinter dem Stuhl stehend, und seine Frau Augusta, die dritte Frau rechts neben ihrem Ehemann André. Hier speisen zu dürfen, gehörte und gehört zu den außergewöhnlichsten Erlebnissen für Feinschmecker. Beschreibungen wie »göttlich« oder »im sechsten und siebten Stock dieses Restaurants ist man im Himmel« sind für die Kochkünste der Familie Terrail nichts Ungewöhnliches. »Hier eine Mahlzeit zu genießen ist eine wohltuende Unterbrechung des Absurden«, wie sich Claude Terrail einmal ausdrückte. – *Mit freundlicher*

Genehmigung von Claude Terrail, dem derzeitigen Inhaber des Restaurants »La Tour d'Argent«, Paris.

SEITE 73 ꕥ Graf Robert-Jean de Vogüé, Chef des Hauses Moët & Chandon, war mit vielen europäischen Königshäusern ebenso verwandt wie mit den Familien der führenden Weinerzeuger Frankreichs. Selbst in den Vatikan gab es Verbindungen. Und außerdem war er auch noch der Bruder von Bertrand de Vogüé von Veuve Cliquot, dessen Château der Weinführer Otto Klaebisch kurzerhand beschlagnahmt hatte. Mit Klaebisch war nicht zu spaßen; er diktierte die »Spielregeln«, an die sich die französischen Champagnerhäuser zu halten hatten. – *Mit freundlicher Genehmigung des Champagnerhauses Moët & Chandon, Epernay.*

SEITE 79 ꕥ Nach der Besetzung und Annexion durch die deutschen Truppen wurden die elsässischen Winzer verpflichtet, ihre Weine in deutscher Sprache zu etikettieren, deutsch zu sprechen und sich zum Nationalsozialismus zu bekennen, was zu heftigen Auseinandersetzungen und Zerwürfnissen in vielen Familien, Gemeinden und Städten führte. – *Mit freundlicher Genehmigung von André Hugel, Hugel & Fils, Riquewihr.*

SEITE 87 ꕥ Heinz Bömers mit seinem bordelaiser Freund Roger Descas, Inhaber des Weinhandelhauses Descas Père & Fils, in seinem Büro in Bordeaux. Heinz Bömers, Chef des größten deutschen Weinimporteurs Reidemeister & Ulrichs, war der wichtigste Weinführer und im Bordelais tätig. Er hatte sich ausbedungen, ehrenamtlich tätig zu sein, um unabhängig agieren zu können. Heinz Bömers hielt die guten traditionellen Geschäftsbeziehungen zum Weinbau und Weinhandel im Bordelais aufrecht. Unter anderem verhinderte er, daß die Weine der Châteaux Lafite-Rothschild und Mouton-Rothschild konfisziert wurden. Schon vorher hatte Heinz Bömers der Bevölkerung des Bordelais versichert, er werde alles in seiner Macht Stehende tun, um ihre Weine zu schützen. – *Mit freundlicher Genehmigung von Heinz Bömers jun., Bremen.*

SEITE 99 ꕥ Adolph Segnitz war schon über 60, als ihm die Position eines »Importbeauftragten« in Burgund angeboten wurde. Wie sein Freund Heinz Bömers, der nach Bordeaux gegangen war, verachtete er die Nazis und arbeitete nur ungern für sie. Dennoch nahm er das Angebot an, aber unter der Bedingung, selbständig und unbeeinflußt von Weisungen aus Berlin arbeiten zu können. »Hierauf legte mein Vater ganz besonderen

Wert«, meinte sein Sohn Hermann. »Er war entschlossen, vollkommen unabhängig zu agieren.« – *Mit freundlicher Genehmigung von Hermann Segnitz, Firma Adolph Segnitz & Co, Bremen.*

SEITE 101 ❦ Adolph Segnitz, Inhaber der Firma A. Segnitz & Co. und Deutschlandvertreter von Domaine de la Romanée-Conti, war als Weinhändler in Burgund tätig und importierte französische Spitzenweine seit der Firmengründung 1859. Einige Jahre vor dem Zweiten Weltkrieg hatte Adolph Segnitz die Firma übernommen und sich allmählich auf Burgunderweine spezialisiert. Er war fasziniert von dieser Gegend, ihrer Geschichte und Kultur, besonders aber von ihrem Wein, ein echter Frankophiler. »Für uns war er nie ein Fremder oder Ausländer, weil er immer gut mit den Leuten hier zusammenarbeiten konnte, und niemand hatte Angst vor ihm.« – *Mit freundlicher Genehmigung von Hermann Segnitz, Firma Adolph Segnitz & Co, Bremen.*

SEITE 103 ❦ Ende Oktober 1940, kurz nach seiner Ankunft in Beaune, erhielt Adolph Segnitz eine anonyme Botschaft: »Bitte beachten Sie, daß Sie betrogen werden sollen. Die besten Weine hier werden versteckt; Sie bekommen nur die zweite Wahl.« Einige Tage später versammelte Segnitz Winzer zu einem Gespräch, zeigte ihnen den anonymen Brief und sagte: »Hier habe ich etwas, das ich Ihnen gerne vorlesen möchte.« Als er geendet hatte, legte sich ein bedrücktes Schweigen über die Runde. Einige rutschten nervös auf ihren Stühlen hin und her. Doch nach einigen Augenblicken fuhr Segnitz fort: »Ich möchte Ihnen eines sagen: Für mich bedeutet dieser Zettel gar nichts. Was mich persönlich angeht, hat es ihn nie gegeben.« Damit zerriß er das Schreiben, und die Erleichterung in der Runde war deutlich zu spüren. – *Mit freundlicher Genehmigung von Hermann Segnitz, Firma Adolph Segnitz & Co, Bremen.*

SEITE 115 ❦ Ein Champagneretikett von Pol Roger & C., Epernay, aus der Besatzungszeit mit der Aufschrift »Wehrmachts-Marketenderware«. *Mit freundlicher Genehmigung der Domaine Pol Roger.*

SEITE 133 ❦ Ein Weinkeller im Bordelais. Im ganzen Land versuchten Winzer, ihre besten Weine einzumauern und so vor den Nazis in Sicherheit zu bringen. *Mit freundlicher Genehmigung von Patrimoine photographique, Paris.*

SEITE 136 ❧ Als der Zweite Weltkrieg ausbrach, erkannte Ronald Barton, der englisch-irischer Abstammung war und die beiden Weingüter der Familie Barton führte, aber nie die französische Staatsangehörigkeit angenommen hatte, daß die Zeit für ihn knapp wurde. Entschlossen, sich so lange wie möglich um seine Angelegenheiten in Frankreich zu kümmern, trank Barton nun jeden Abend eine gute Flasche Langoa oder Léoville und brachte seinen privaten Toast aus, ganz ähnlich wie jener von Maurice Chevalier: »Wenn die Deutschen gewinnen, bekommen sie eine Flasche weniger, wenn sie verlieren, dann trifft es meine Erben.« – *Mit freundlicher Genehmigung von Anthony Barton, Châteaux Langoa-Barton & Léoville-Barton.*

SEITE 137 ❧ Ein Kupferstich des berühmten Château Langoa-Barton während der Ernte 1845. – Nachdem Frankreich im Juni 1940 das Waffenstillstandsabkommen unterzeichnet hatte, wußte Ronald Barton, daß er als britischer Staatsbürger fliehen mußte, und schaffte es gerade noch, das letzte Schiff zu erreichen, das aus Bordeaux auslief. Würde er sein Château jemals wiedersehen? Tatsächlich beschlagnahmte die deutsche Besatzung zunächst seine Weingüter als feindliches Eigentum. Doch dann geschah etwas Ungewöhnliches. Bartons Geschäftspartner Daniel Guestier ging zu den deutschen Besatzungsbehörden in Bordeaux und brachte vor, die Beschlagnahmung sei illegal, denn Barton sei Ire. Er erinnerte die Deutschen daran, daß Irland ein neutrales Land sei und daß sie daher kein Recht hätten, Bartons Besitz zu beschlagnahmen. Freunde, Geschäftspartner, ja, sogar Fremde überschütteten die Besatzungsbehörden daraufhin mit Briefen – alle mit irischen Briefmarken und Poststempeln –, in denen Bartons irische Abstammung betont wurde. Sogar der irische Botschafter in Berlin beteiligte sich an der Verschwörung, unterstrich erneut die Neutralität Irlands und bekräftigte, Barton sei tatsächlich Ire. Der Coup funktionierte. Obwohl die Deutschen die Châteaux Langoa und Léoville-Barton zur Einquartierung von Soldaten nutzten, wurden die beiden Güter doch nicht wie vorgesehen konfisziert. – *Mit freundlicher Genehmigung von Anthony Barton, Châteaux Langoa-Barton & Léoville-Barton.*

SEITE 139 ❧ Blick in einen der Weinkeller der Weingüter der Familie Barton im Bordelais. – *Mit freundlicher Genehmigung von Anthony Barton, Châteaux Langoa-Barton & Léoville-Barton.*

SEITE 155 Eine Suppenküche unter freiem Himmel in Paris. *Mit freundlicher Genehmigung von Patrimoine photographique, Paris.*

SEITE 177 »Am Strand in Heringsdorf 1936. Auf dem Photo Georges Hugel (1922–2000)«. Die Familie Hugel hatte während der Olympischen Spiele 1936 in Heringsdorf an der Ostsee eine Villa gemietet. Dort gab es ein Wiedersehen mit Madame Hugels Bruder André Zoll, der mit seiner Familie in Berlin lebte. Sehr patriotisch pflanzte Frau Hugel zu dieser Gelegenheit einen Fahnenmast bei den Strandkörben auf und hißte der Reihe nach die Flaggen: zuoberst die olympische Flagge, darunter die schweizerische – André war in der Schweiz geboren –, dann die französische und zuunterst eine Hakenkreuzflagge. Die Gestapo, der diese Reihenfolge mißfiel, vernahmen die Zolls, die es jedoch verstanden, die Gestapoleute einzuschüchtern: Im Haus nebenan verbrachte der französische Botschafter seine Ferien, mit dem sie gut bekannt waren. »Er wird kaum erfreut darüber sein, wenn er erfährt, daß Sie uns Unannehmlichkeiten bereiten wollen.« So löste sich die Angelegenheit von selbst. – *Mit freundlicher Genehmigung von André Hugel, Hugel & Fils, Riquewihr.*

SEITE 179 Der Schließungsbescheid, der das vorläufige Ende des Weinhauses Hugel & Fils bedeutete, hier etwas unleserlich als »Hügel & Söhne, Weingroßhandlung« bezeichnet, wurde für die Familie Hugel zum Alptraum, als die deutschen Behörden den 300 Jahre alten Familienbetrieb tatsachlich zum 30. Juni 1943 schlossen. Offiziell wurde zwar keine Begründung angegeben, aber es war ein offenes Geheimnis: Jean Hugel sen. hatte sich standhaft geweigert, der NSDAP beizutreten. Die Nazis hatten ihm deswegen einen Brief nach dem anderen geschickt, doch Jean hoffte, um einen Beitritt herumzukommen und dennoch seine Firma *Hugel & Fils* (die jetzt »Hügel & Söhne« heißen mußte) zu behalten. Außerdem wollte er den Betrieb für seine Söhne erhalten. Inzwischen waren jedoch zwei der Söhne schon zur Wehrmacht eingezogen worden. – *Mit freundlicher Genehmigung von André Hugel, Hugel & Fils, Riquewihr.*

SEITE 189 Hauptstraße von Riquewihr (»Reichenweier«) nach der Besetzung des Elsaß 1940. »Praktisch über Nacht mußte alles Französische deutsch werden« (Jean Hugel jun.). – Einige Bewohner von Riquewihr hatten 1939 offen ihre Bewunderung für den »Führer« geäußert, sich über die Schwäche der französischen Dritten Republik beklagt und gefordert, auch Frankreich könne einen »starken Mann« gut gebrauchen.

Diese Ansichten versetzten Großvater Emile Hugel, der damals Bürgermeister von Riquewihr war, in Rage. Als er seine Rede zum französischen Nationalfeiertag am 14. Juli 1939 hielt, schaute er auf das Kriegerdenkmal, dann wies er mit der Hand zum Rhein und erklärte: »Für alle von euch, die ihr Frankreich nicht mögt: Dort ist die Brücke!« Von da an galten die Hugels nicht mehr bloß als »zu französisch« – sie galten als nazifeindlich. Riquewihr aber wurde nach der Besetzung durch die deutschen Truppen in Reichenweier umbenannt und war bald der nationalsozialistischen Propaganda ausgesetzt. – *Mit freundlicher Genehmigung von André Hugel, Hugel & Fils, Riquewihr.*

SEITE 197 Etiketten mehrerer exzellenter Jahrgänge von Léoville-Barton, St. Julien. In diesem Weingut wie auch in Château Langoa-Barton wurden zwar Soldaten einquartiert, die Beschlagnahmung beider Weingüter aber nach heftigen Protesten unter Hinweis auf die irische Abstammung Ronald Bartons wieder aufgehoben. *Mit freundlicher Genehmigung von Anthony Barton, Châteaux Langoa-Barton & Léoville-Barton*

SEITE 235 Die Begrüßung von Robert-Jean de Vogüé durch seine Mitarbeiter in der Champagnerkellerei Moët & Chandon nach seiner Rückkehr aus der Inhaftierung. – De Vogüé hatte sich entkräftet und verletzt zu Fuß auf den Weg nach Hause gemacht, als er bewußtlos am Straßenrand von einem britischen Offizier entdeckt wurde, der früher bei de Vogüé in der Champagne gearbeitet hatte. Der Engländer lud den Bewußtlosen in seinen Jeep und benachrichtigte de Vogüés Familie, er werde ihn bald nach Hause bringen. Für de Vogüés fünf Kinder war das ein aufregender Augenblick. Sie hatten keine Ahnung, in welchem Zustand ihr Vater war, und dekorierten das Wohnzimmer festlich. Als er eintraf, verschwand die Freude schlagartig. Niemand erkannte diese gebrechliche, dürre Gestalt, die nicht mehr aufrecht stehen konnte und keinerlei Ähnlichkeit mehr mit dem eleganten und dynamischen Mann hatte, der die Champagnerkellerei Moët & Chandon leitete. – *Mit freundlicher Genehmigung des Champagnerhauses Moët & Chandon, Epernay*

SEITE 245 Amerikanische GIs nach der Landung in der Normandie. Kurze Rast, bevor sie weiter ins Land vorstoßen. Kommentar eines Soldaten: »Unser Unterschlupf für die Nacht war ein Weinkeller. Es gab dort eine Menge Fässer, aber leider alle leer … Mann, was für ein Pech!« *Photo Nr. 111-SC-192224 aus den National Archives.*

SEITE 259 ✿ Hitlers Anwesen bei Berchtesgaden in den bayerischen Alpen. *Mit freundlicher Genehmigung von Bettmann/Corbis.*

SEITE 263 ✿ Nachdem der Weinkeller Adolf Hitlers geöffnet war, stand Bernard de Nonancourt vor dem Problem, eine halbe Million Flaschen den Berg hinunterzutransportieren. Da der Aufzug nicht mehr repariert werden konnte, forderte er über Funk Sanitäter und Tragen an. Was dann geschah, dürfte zu den bizarrsten Rettungsaktionen gehören, die je während eines Krieges stattfanden. Kistenweise wurde der Wein aus dem »Adlerhorst« herausgeschleppt, auf die Krankentragen gebunden und mit Hilfe von Bergsteigern wurden die Tragen vorsichtig einige hundert Meter vom Gipfel hinunterbugsiert, wo schon Sanitäter und andere Träger warteten. Von diesen wurden die Tragen dann langsam den Berg hinuntergebracht, wo wiederum Panzer, Lastwagen und andere Militärfahrzeuge warteten. – Hier ist einer der seltsamsten Krankentransporter mit seiner kostbaren Ladung zu sehen: links Bernard de Nonancourt, rechts Ambulanzhelferinnen bei ihrem wohl kuriosesten »Einsatz«. – *Mit freundlicher Genehmigung von Bernard de Nonancourt, Privatbesitz.*

SEITE 266 ✿ Am 4. Mai 1945 traf der 23jährige Bernard de Nonancourt mit den französischen vor den amerikanischen Truppen in Berchtesgaden ein. Am nächsten Tag begann die Rettung des französischen Weins durch die französischen Soldaten, an der Bernard de Nonancourt maßgeblich beteiligt war. – *Mit freundlicher Genehmigung von Bernard de Nonancourt, Privatbesitz.*

SEITE 271 ✿ Links Louis Eschenauer beim Pferderennen mit einem deutschen Offizier. *Mit freundlicher Genehmigung von Heinz Bömers jun.*

SEITE 287 ✿ Wappen und Motto von Châteaux Langoa-Barton & Léoville-Barton, St. Julien, im Bordelais.– *Mit freundlicher Genehmigung von Anthony Barton, Châteaux Langoa-Barton & Léoville-Barton.*

SEITE 293 ✿ In den frühen Morgenstunden des 5. Dezember 1944 bekamen die Einwohner von Riquewihr ihre Befreier erstmals in Gestalt einer texanischen Einheit zu Gesicht, die vor der Weinhandlung der Hugels einen Halt einlegte. – *Mit freundlicher Genehmigung von André Hugel, Hugel & Fils, Riquewihr.*

SEITE 301 Robert-Jean de Vogüés Assistent Claude Fourmon hier in seinem Büro im Champagnerhaus Moët & Chandon. Fourmon war zusammen mit seinem Chef de Vogüé in Klaebischs Büro am 24. November 1943 festgenommen worden und kehrte in einem noch schlimmeren Zustand in die Champagne zurück. Fourmon war nach Bergen-Belsen bei Hannover gebracht worden, wo jeder Tag ein Kampf ums Überleben war. Er hatte sich selbst immer ein Datum zum Ziel gesetzt, an dem er noch am Leben sein wollte. Hatte er diesen Tag erreicht, setzte er sich ein neues Ziel. So nahm er sich zum Beispiel vor: »Wenn ich es nur bis zum 13. Januar aushalte, dann schaffe ich es auch ganz.« Am 13. Januar suchte er sich dann ein neues Datum aus. Auf diese Weise überlebte er den Winter 1943/44. – Als er schließlich nach Hause zurückkehrte, war er wie de Vogüé mehr tot als lebendig. Er war auch gefoltert worden und keineswegs mehr der aufbrausende junge Mann, den die Gestapo zwei Jahre zuvor in Reims festgenommen hatte. »Als ich nach Hause kam, war ich ein alter Mann«, erinnerte sich Fourmon. Tatsächlich war er erst 30 Jahre alt. – *Mit freundlicher Genehmigung des Champagnerhauses Moët & Chandon, Epernay.*

Danksagungen

Dieses Buch wäre niemals geschrieben und mit Sicherheit nicht beendet worden ohne die Hilfe einiger ganz besonderer Menschen.

Hierzu zählen Gerry Holmes von ABC Network News und Jennifer Ludden von National Public Radio, die uns unablässig an unsere Pflichten erinnerten und Kontakte zu zahlreichen hilfsbereiten Menschen herstellten.

Einer von diesen ist ihr Freund Stefan Fatsis, ein Korrespondent des *Wall Street Journal* und Autor zweier Bücher. Stefan meinte: »Am besten setzt ihr euch mit meinem Agenten Robert Shepard in Verbindung.« Er hatte recht. Robert war für uns weit mehr als ein Agent. Er ist ein Freund und Ratgeber, und man darf sich an seiner Schulter ausweinen, wenn die Wörter und die Ideen einmal nicht in der richtigen Reihenfolge fließen wollen. Er ist, in der Tat, ein wirklich guter Hirte.

Schließlich brachte er uns auch mit Charles Conrad zusammen, dem Vizepräsidenten und *Executive Director* von Broadway Books. Charlie ist ein Mann mit einer hiobsgleichen Geduld, der den Mut hatte, uns »unser Ding machen zu lassen«, auch wenn wir selbst nicht immer wußten, worum es sich dabei genau handelte. Seine Assistentin Becky Cole kam ihm und uns dabei unermüdlich zu Hilfe. Der Cheftexter von Broadway, Harold Grabau, rettete uns öfter vor uns selbst, als wir zählen konnten. Allen diesen Menschen möchten wir danken.

Keiner von allen hätte jedoch irgend etwas für uns tun können, wenn es zuvor nicht John Lally gegeben hätte, der uns beim Kampf mit den neuen Computern den Rücken gestärkt hat. Ohne John würden wir immer noch mit den Federn schreiben, die den Enten auf unserem Teich aus dem Bürzel fallen.

Weiterhin möchten wir folgenden Personen danken: James Lawther, *Master of Wine*, für seinen Rat und seine Anregungen; Larry Collins und Dominique Lapierre, deren Hilfe wir ebenso schätzen lernten wie ihre Bücher; Marie Carnot und Yves Fernique, die uns mit gutem Wein und Geschichten über den Krieg eindeckten, wenn unsere Kräfte zu schwinden drohten; Christel Kucharz und ihrer Familie sowie Renate Gozlan, die einige nahezu unlesbare, in Sütterlin geschriebene deutsche Briefe in ein sehr klares Englisch übersetzten.

Dann Leslie MacBee, eine Mitarbeiterin des US-Außenministeriums, die sich entschlossen hatte, ein altes Bahnhofsgebäude im Burgund zu kaufen und als Ferienhaus auszubauen. Beim Ausräumen der alten Schränke kam das Berichtsheft von Henri Gaillard zum Vorschein, das uns einen der seltenen Einblicke erlaubte, was es bedeutete, für die Nazis zu arbeiten. Danke, Les.

Unseren Freund Doug Tunnell, der das Leben als Auslandskorrespondent für CBS News aufgab, um in Oregon auf seinem Gut Brick House Vineyard seinen eigenen Wein herzustellen, hat auch jetzt noch sein gutes Gespür für Neuigkeiten nicht verlassen. Als er nämlich bei einer Gelegenheit Philippe Drouhin von seinem Großvater Maurice erzählen hörte, rief er uns an und stellte uns der Familie Drouhin vor. Doug war auch weiterhin ein wundervoller Unterstützer, und er hatte immer einen großartigen Wein für uns übrig! (Bekommen wir jetzt noch ein Glas oder zwei, Doug?)

Debby Loff verwendete einen Teil ihres Urlaubs dazu, kritisch, aber wohlwollend unser Manuskript durchzulesen, und war uns in einer besonders kritischen Situation mit entscheidendem Zuspruch behilflich.

Unsere Arbeit erleichterten ebenfalls Pascale Doussot von der Maison Joseph Drouhin, Nicole Snozzi-Arroyo von der Domaine Laurent-Perrier, Christine Riassa und Sophie Ferrer von Château Pichon Longueville Comtesse de Lalande und Marie-José Baudoin von der Maison Louis Latour. Sie nahmen unsere ungezählten Telefonanrufe entgegen, beantworteten unsere vielen hundert Fragen und behielten dennoch durchweg ihre gute Laune und Hilfsbereitschaft.

Sämtliche Leute aus der Weinbranche, mit denen wir korrespondierten, telefonierten und uns persönlich unterhielten, waren einfach großartig. Sie teilten mit uns ihre Zeit, ihre Erinnerungen, kurz – ihr Leben. Hierzu zählten insbesondere der inzwischen verstorbene Peter A. Sichel von Château Palmer und sein Cousin Peter M. S. Sichel von Château Fourcas-Hosten, Jacques Chevignard von der Confrérie des Chevaliers du Tastevin, Louis Latour von der Maison Louis Latour, der Weinjournalist und -berater Steven Spurrier von der Zeitschrift *Decanter*, der *wine consultant* David Cobbold, der Champagnerhersteller André Secondé, Colonel François Bonal, der als Historiker über die Regionalgeschichte der Champagne forscht, Henri Brunier von der Domaine du Vieux Télégraphe, Professor Claude Chapuis von der Universität Dijon, Richard Dumbrill, der britische Konsul in der Champagne, der Burgunder Winzer Philippe Engel, der Schriftsteller Nicholas Faith, der bereits verstorbene

André Gagey von der Maison Louis Jadot, Anthony Barton von den Châteaux Léoville- und Langoa-Barton, Hervé Berland von Château Mouton-Rothschild, Bernard Pauzié vom Museum über den Zweiten Weltkrieg in Vraux, Christian Pol-Roger von Champagne Pol-Roger sowie die beiden deutschen Weinimporteure Heinz Bömers jun. und Hermann Segnitz.

Einige unserer Freunde haben angemerkt, daß es sich bei unseren Hauptfiguren durchweg um die anerkannten Stars der heutigen französischen Weinszene handelt. Das ist richtig, war jedoch nicht die ursprüngliche Absicht unseres Projekts.

Uns ging es in erster Linie darum, Menschen zu finden, die eine Geschichte zu erzählen hatten und uns damit einige ihrer persönlichsten und oftmals schmerzlichen Erinnerung mitteilen, also mit uns teilen wollten. Es stimmt, daß heutzutage Namen wie Huet, Drouhin, de Lencquesaing, Miailhe, de Nonancourt und Hugel einen illustren Klang haben. Doch zu Beginn des Zweiten Weltkriegs war das nicht der Fall. Damals waren sie alle kleine Familienbetriebe, wie sie nur allzu typisch für Frankreich waren, Betriebe, die nur versuchten zu überleben. Wie das diesen Menschen gelang, das interessierte uns. Wir sind ihnen allen dankbar.

May Eliane Miailhe de Lencquesaing, die uns auf Château Pichon Longueville Comtesse de Lalande einlud. Dort las sie uns auf der Terrasse aus einem Tagebuch vor, das sie als junges Mädchen während des Krieges führte, was viel zu unserem Verständnis des Lebens unter der Besatzung beitrug.

Ihrem Cousin Jean Miailhe von Château Coufran, der uns lebhaft die Gefahren schilderte, die er mit seinem Geheimlabor zur Herstellung von Kupfersulfat eingegangen war.

Robert und Françoise Drouhin von der Maison Joseph Drouhin, die uns ihre Herzen ebensoweit wie die Türen zu ihrem Heim öffneten. Sie gingen weit über das hinaus, was wir uns von ihnen erhofften, indem sie uns anderen Menschen vorstellten, die den Krieg erlebt hatten, und uns Briefe und historische Dokumente zur Verfügung stellten, die unsere Geschichte um vieles reicher machten.

Bernard de Nonancourt von der Domaine Laurent-Perrier, der uns lebhaft vor Augen führte, daß Enthusiasmus und Vaterlandsliebe nicht nur etwas für junge Leute ist. Sein wacher Geist ist ebenso erfrischend wie sein wundervoller Champagner.

Gaston Huet, der uns vor einigen Jahren auf den langen Weg zu diesem Buch brachte. Er ist am 22. April 2002 gestorben. Gaston Huet hatte die seltene Gabe, die Zeit stillstehen und zugleich die Vergangenheit lebendig werden zu lassen. Für dieses Erlebnis brauchen Sie eigentlich nur einmal einen seiner Weine zu kosten.

Den Hugels aus Riquewihr: André, dessen scharfer Sinn für geschichtliche Zusammenhänge es uns erleichterte, die einzigartige Situation des Elsaß zu verstehen; seinem Bruder Jean jun., dessen unermüdlicher Enthusiasmus uns immer das Gefühl gab, willkommen zu sein; und schließlich ihrem Bruder Georges, dessen erschütternder Bericht von seinem Dienst in Hitlers Armee uns erschaudern ließ. Ehrfürchtig bewunderten wir seinen Mut.

Georges' Großzügigkeit und Bereitschaft, selbst während einer schweren Erkrankung auf unsere unablässigen Fragen und Anrufe einzugehen, kann gar nicht hoch genug gewürdigt werden. Einmal bat er sogar die schon angerückten Sanitäter, die ihn ins Krankenhaus bringen sollten, zu warten, damit er mit uns sprechen konnte. Das war uns ungeheuer peinlich, und wir entschuldigten uns, ihn mit einer eigentlich »dummen Frage« zu belästigen. Doch Georges meinte nur: »Nein, nein, fragen Sie nur. Es gibt keine dummen Fragen. Fragen Sie, solange ich noch am Leben bin.« Das war im Sommer 2000.

Zwei Monate später starb Georges.

Bei zwei Menschen wissen wir gar nicht, wo wir anfangen sollen, uns zu bedanken, gute Freunde, die uns von Anfang an begleitet haben, schon lange bevor wir wußten, daß wir dieses Buch schreiben würden.

Tatsächlich wäre dieses Buch nie geschrieben worden ohne Kim und Anne Munholland. Es ist ein Gemeinschaftsprodukt im besten Sinne. Kim, Professor für moderne europäische Geschichte an der Universität Minnesota und Experte für Frankreich während des Zweiten Weltkriegs, der uns sein Wissen und seine Erfahrung uneingeschränkt zukommen ließ.

Entscheidend hierfür war auch die großzügige finanzielle und institutionelle Unterstützung durch die University of Minnesota Graduate School. Dank einer Reihe bewilligter Förderanträge konnte Kim zur Library of Congress in Washington, D. C. sowie in Archive und Bibliotheken nach Frankreich reisen. Im Zuge seiner Recherchen kam er nach Paris, Bordeaux, ins Burgund und in die Champagne. Lange und oftmals enttäuschende Stunden verbrachte er damit, sich durch Tagebücher, alte Akten und Bücher zu arbeiten und Hunderte Mikrofilm-Rollen mit historischen Dokumenten zu durchforsten, um Informationen auszugraben, die wir für unser Buch dringend brauchten. Ohne diese verbissene Hartnäckigkeit hätten wir niemals etwas über Roger Ribaud erfahren, dessen Aufzeichnungen aus der Gefangenschaft in den Aktenbergen der französischen Nationalbibliothek in Paris bereits so gut wie versunken waren. Auch die Details von Louis Eschenauers Verhaftung und seinem Prozeß hätten wir nie entdeckt – ein Ereignis, das auch heute noch für viele in Frankreich ein Tabuthema ist. Angesichts dieser Brisanz war es eigentlich auch keine Überraschung, daß viele der Dokumente über »Onkel Louis« falsch eingeordnet waren und sich hinter Aktendeckeln verbargen, die auf den ersten Blick kaum etwas oder gar nichts mit Eschenauer oder seinem Prozeß zu tun hatten. Doch Kim fand sie, und dazu noch viele weitere – Fotos, alte Zeitungsausschnitte etc. –, die dabei halfen, Licht auf eine Periode der französischen Geschichte zu werfen, zu der erst heute allmählich eine offene Diskussion in Frankreich einsetzt.

Und doch ging seine Mitwirkung darüber weit hinaus. Er behielt auch den Überblick über unsere Arbeit und beantwortete unermüdlich alle unsere Fragen, bis wir uns selbst einen Überblick verschafft hatten und eine Ahnung von den zahllosen Dramen bekamen, die sich unter der Besatzung durch die Nazis abspielten. (Noch eine Frage, Kim: Wie hast du bloß all unsere »naiven« Fragen ausgehalten?)

Anne, Kims Chefredakteurin, war nicht minder geduldig. Wieder und wieder warf sie einen sorgsamen Blick auf unser Manuskript, stellte Fragen, machte Vorschläge und erarbeitete eine Liste für das Glossar. Dank ihr können wir guten Gewissens die alleinige Verantwortung für sämtliche möglicherweise noch vorhandenen Fehler übernehmen.

Gemeinsam trugen Anne und Kim entscheidend dazu bei, daß dieses Buch Wirklichkeit wurde. Sie durchstreiften mit uns Weinberge, führten Interviews und ermutigten uns bei jedem Schritt. Ob es gut lief oder schlecht, stets standen sie uns zur Seite.

Doch sie waren weit mehr als Mitarbeiter oder Berater. Sie waren Freunde, und diese Arbeit wäre ohne sie nicht möglich gewesen.

Wein- und Champagnerregister

Namenregister

Sach- und Ortsregister

LAURA
HILLENBRAND
UNBEUGSAM
Eine wahre Geschichte
von Widerstandskraft und
Überlebenskampf
Unbeugsam
Laura Hillenbrand Klett-Cotta

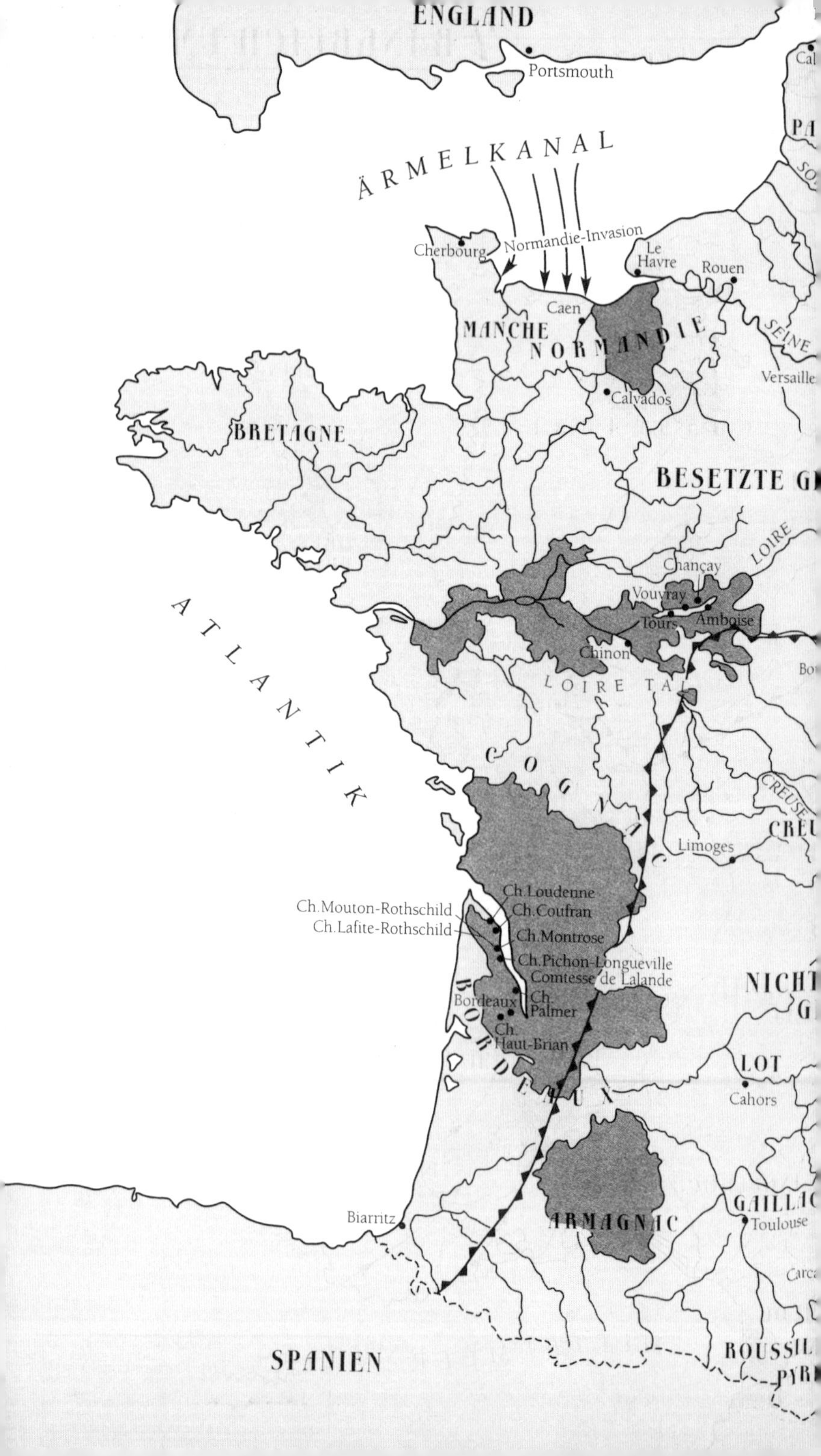

ENGLAND
Portsmouth
ÄRMELKANAL
Normandie-Invasion
Cherbourg
Le Havre
Rouen
Caen
MANCHE
NORMANDIE
SEINE
Versailles
Calvados
BRETAGNE
BESETZTE G
LOIRE
Chançay
Vouvray
Tours
Amboise
Chinon
LOIRE TAL
ATLANTIK
COGNAC
CREUSE
Limoges
Ch. Loudenne
Ch. Coufran
Ch. Mouton-Rothschild
Ch. Lafite-Rothschild
Ch. Montrose
Ch. Pichon-Longueville Comtesse de Lalande
Bordeaux
Ch. Palmer
Ch. Haut-Brian
BORDEAUX
NICHT
LOT
Cahors
ARMAGNAC
Biarritz
GAILLAC
Toulouse
SPANIEN
ROUSSIL